《通报》百年文萃

张靖 主编

原始察终

《通报》史学文萃

陈龙 编

T'OUNG PAO

商务印书馆
The Commercial Press

This book is the result of a translation licensing agreement between Koninklijke Brill BV and The Commercial Press, Ltd. This book is translated into Chinese from a selection of articles published in the journal *T'oung Pao*《通报》.

Copyright by Koninklijke Brill BV, Leiden, the Netherlands.

Simplified Chinese translation copyright by The Commercial Press, Ltd.

All rights reserved. No part of this publication may be reproduced, translated, stored in a retrieval system, or transmitted in any form or by any means, without prior written permission from the publisher.

BRILL

中国人民大学比较文明跨学科重大创新平台

"古文字与中华文明传承发展工程"

中国人民大学重大规划项目
"国际汉学期刊《通报》(T'oung Pao)百年经典文萃选编与研究"
（项目号：16XNLG04）

综合性研究成果

主编简介

张靖，文学博士，毕业于中国人民大学，现任中国人民大学国际文化交流学院副研究员，汉语国际推广研究所副所长，兼任中国比较文学学会副秘书长及国际比较文学学会"经文辩读与比较文学研究会"秘书长。主要研究领域为圣经文学、女性主义、汉学与比较文学。主编中英文图书有《〈论语〉英译本术语引得》、《中国、基督教和文化问题》(*China, Christianity and the Question of Culture*)等。

编者简介

陈龙，文学博士，毕业于中国人民大学，现任中国社会科学院大学文学院副教授，世界汉学大会理事会青年委员会委员，全国马列文艺论著研究会理事，中国中外文艺理论学会理事，中国社科院文学与阐释学研究中心研究员，中国社科院大学阐释学高等研究院研究员，"外国思想理论与学术的中国阐释丛书"副主编。著有《约翰·卡普托的事件诗学研究》，合著《德国古典哲学美学宗教观念的批判性阐释》，译有《列维-斯特劳斯》。学术论文散见于《哲学研究》《道风》等，学术译文散见于《文史哲》《国学学刊》《中国社会科学院大学学报》等。

总序一

杨慧林

《通报》(*T'oung Pao*)于 1890 年在法国创刊,由荷兰博睿出版社(Brill)出版发行。该刊最初的名称较为繁复:《通报:供东亚(中国、日本、朝鲜、印度支那、中亚与马来西亚)历史、语言、地理与民族研究的档案》(*T'oung Pao: Archives pour servir à l'étude de l'histoire, des langues, la géographie et l'ethnographie de l'Asie Orientale <Chine, Japon, Corée, Indo-Chine, Asie Centrale et Malaisie>*),后于 1906 年(总第 7 卷)改称《通报:关于东亚历史、语言、地理与民族的档案》(*T'oung Pao: Archives concernant de l'histoire, les langues, la géographie et l'ethnographie de l'Asie Orientale*),最终又改用现在的名称《通报:国际中国研究学刊》(*T'oung Pao: International Journal of Chinese Studies / Revue internationale de sinologie*)。130 多年来,一批最为著名的汉学家先后出任该刊主编,比如施古德(Gustaaf Schlegel, 1840—1903)、考狄(Henri Cordier, 1849—1925)、沙畹(Édouard Chavannes, 1865—1918)、戴闻达(J. J. L. Duyvendak, 1889—1954)、戴密微(Paul Demiéville, 1894—1979)、何四维(A. F. P. Hulsewé, 1910—1993)、谢和耐(Jacques Gernet, 1921—2018)、许理和(Erik Zürcher, 1928—2008)、魏丕信(Pierre-Etienne Will, 1944—   )、田海(Barend J.ter Haar, 1958—   )等。现任的三位

主编,则是法国高等研究实践学院(École Pratique des HautesÉtudes)高万桑(Vincent Goossaert)、美国普林斯顿大学柯马丁(Martin Kern)和美国哈佛大学东亚语言与文明系罗柏松(James Robson)。

如果说《通报》是要"填补远东研究的空白",那么这正是针对着已经被汉学家意识到的某种局限,即:仅仅"翻译经典、小说,或者出版良莠不齐的语法书和字典";而新的文献、新的领域、新的方法成就了一个跨文化、跨学科的学术共同体,因为"唯有通过学者们协力合作,方能照亮研究的晦暗之处"("Avertissement des Directeurs," T'oung Pao, Vol. 1, No. 1, 1890, pp. Ⅰ—Ⅲ)。查其细节,可知这确非虚言。据2015年的统计,《通报》自创刊以来收录英、法、德等语言的学术论文1000多篇,其中约900篇与中国的思想文化相关,涉及文学、语言学、史学、地理学、哲学、宗教学、民族学、科技等诸多领域,还包括敦煌学、满学、突厥学等,具有很高的学术价值和文献价值。

民国时期已有中国学者对《通报》有所留意,比如陈寅恪从欧洲回国后曾在清华大学国学院主讲过《考狄书目》,傅斯年也曾引导学生研究过考狄的《中国学书目》。可惜这些材料因种种条件所限,始终未能得到充分的利用。而我们之所以"比以往任何一个时代都更有条件破解'古今中西之争'",当是时势使然;从《通报》选译出"熔铸古今、汇通中西的文化成果"(习近平:《在文化传承发展座谈会上的讲话》,《求是》2023年第17期),可能也正逢其时。

"国际汉学期刊《通报》百年经典文萃选编与研究"是中国人民大学设立于2016年的重大项目,至今已有八载。课题组从100多卷、500余期的多语种文献中精选最具代表性的学术论文80篇,分为文学、历史、古文字、哲学、宗教等五个专题,整理编译为"《通报》百年文萃";另拟约请中外学者据此再度合作,共同完成《国际汉学期刊〈通报〉百年经典文萃研究述评》。其间当然也绝非一帆风顺，比如某个专题曾得到国家社科基金的立项支持，但可能由于成果体例与预期不符，未能善终，尽管这"预期"本身未必不可斟酌。不过，承蒙荷兰博睿出版社提供了《通报》文章的中文版权，又蒙莱比锡大学柯若朴（Philip Clart）、科罗拉多大学柯睿（Paul Kroll）、夏威夷大学安乐哲（Roger Ames）、威尼斯大学李集雅（Tiziana Lippiello）、耶鲁大学司马懿（Chloe Starr）、牛津大学恰德（Robert Chard）与《通报》的三位主编及我的多位中国同事共同推荐并选定了所收文章，最后终于将英、法、德等语种的所选文献编译为以下五卷：

原始察终：《通报》史学文萃（陈龙编）

视通万里：《通报》文学文萃（赵倞编）

思接千载：《通报》哲学文萃（张靖编）

寄言出意：《通报》古文字学文萃（马晓稳编）

天人之际：《通报》宗教学文萃（张靖编）

上述主编均另有文字说明各卷内容、理路和原委，本无须前言，因此谨录大致由来以及各卷主编不拟详述者，以备来日。

总序二

张靖

1890年在法国创刊的《通报》为西方世界当今最权威的三份汉学（中国研究）专门学术期刊之一（另两份为《哈佛亚洲研究学报》[1936年创刊]与《亚洲研究期刊》[1941年创刊]），由荷兰博睿出版社出版发行。博睿出版社成立于1683年，是世界著名学术出版社，深度参与了荷兰的汉学研究发展，1875年购买了汉字字模，成为欧洲为数不多的中文和日文出版社。《通报》长期采用双主编制，近年来变为三主编制，主编皆为世界一流汉学家。历任主编的强大学术背景和贡献形成了汉学和中国研究的"巴黎学派"和"莱顿学派"，保证了《通报》在汉学领域的领先地位。因着这个优质的学术成果发布阵地，荷兰和法国至今仍是汉学和中国研究的重镇；作为出版方，博睿出版社因《通报》及其他相关汉学出版物而与历代荷兰汉学家往来紧密。1877年，《通报》创始人之一的施古德受聘于莱顿大学，成为荷兰第一位汉学教授，这一年也被荷兰汉学家们追溯为"荷兰中国学术研究"的开端。

《通报》在创刊初期将自己定位为档案性刊物，主要是供东亚历史、语言、地理和民族研究的档案。在130多年的发展历史中，《通报》几次改版，从原来发表法语、德语、英语、日语等多语种文章的刊物，逐渐变成一本专门研究中国的全英文期刊（2018年开始每篇学术文章都要求提供英、法、中三种语言的摘要)。《通报》设立了学术论文、书评、杂录、讣告、简报等栏目,其中学术论文栏目为主打栏目,内容涉及诸多领域,在地域上覆盖中国、日韩、中亚、东南亚等地区,具有相当珍贵的文献价值。

遗憾的是,中国学界对《通报》的使用和研究较为有限,相关介绍通常散落在"汉学史"之类的文献中,甚至只有很少高校和研究机构的图书馆收录。除了两篇硕博士学位论文,尚未有学者或机构对《通报》学术文献进行系统整理和翻译。虽然近年来国内已经翻译了《通报》主编如沙畹、戴密微、许理和等著名汉学家的重要著作,但《通报》中更多研究者的优秀论文(特别是早期的论文)因以英语、法语、德语写成,中国学者虽闻其名,却因语言隔阂而无法窥其真貌,或者由于译者缺乏专业知识、译文佶屈聱牙而产生误解。汉学家和中国本土学者无法开展有效沟通和深入对话,不能不说是一种遗憾。

为改变此种中外隔膜的局面,中国人民大学自 2007 年开始举办世界汉学大会(World Conference on Sinology),与海外汉学家保持密切联系,努力为中外学者搭建学术交流平台,提供学术对话契机。2016 年第六届大会专门邀请两位《通报》主编在分论坛"汉学刊物的百年回顾"上做主旨发言。博睿出版社亚洲部资深编辑何世泰先生(Albert Hoffstädt)是杨慧林教授的好友,每次参加世界汉学大会,都会提供海外汉学界的最新学术动态信息,并馈赠博睿出版的多部大部头汉学研究新书,也多次表示希望《通报》能被更多的中国学者知晓和阅读,推动中外学者对话交流。为加强对海外汉学的研究,推动中外文明交流互鉴,2016 年,时任文学院院长的孙郁教授与杨慧林教授共同牵头组织研究团队,以"国际汉学期刊《通报》百年经典文萃选编与研究"为题,成功申请了中国人民大学重大规划项目,本人担任项目执行负责人。

项目组希望通过甄选和翻译百年来海外汉学重要成果，梳理其中特有的问题意识和研究方法，为中国学界提供翔实可靠的文献依据；进而借由中外学者对精选成果的研究和评述，进一步推动中外学界在人文学领域的跨文化对话与跨学科交流，为双方的深度合作奠定基础。

为此，项目组在立项后广泛咨询海外汉学家及国内人文领域著名学者，邀请国内外知名学者成立国际编委会，在文章甄选和专业翻译等方面给予全面支持。法国东亚文明研究中心（CRCAO）研究员寿酬（Johan Rols）时为法国高等实践研究院（EPHE）与中国人民大学联合培养博士生，受"新汉学计划"支持在人大学习，主动参与项目，将《通报》百余年的总目录进行细致分类和梳理，并撰《〈通报〉与西方汉学研究的发展（1890—2016）》（《全真道研究》2019 年第 8 期）一文向学界介绍了《通报》在西方汉学研究中发挥的重要作用。

在此基础上，我们邀请国内外文学、哲学、宗教、历史等学科领域 20 多位资深学者从分类目录中挑选和推荐其认为最值得、最有必要翻译的文章。项目组以这份推荐名单为纲，依据代表作、时代分布、学科类别、问题意识、文献依据、研究方法、当代价值与国际影响力等标准，综合考量，最终甄选了英、法、德三种语言的文章，分为史学、文学、哲学、宗教和古文字学五卷，力求将这些文章完整、准确、规范地译介至汉语学界。中国人民大学外国语学院德语系主任张意教授、法语系主任刘海清教授、文学院赵倞副教授等帮助寻找专业译者，并参与了译校工作。中国社会科学院大学陈龙副教授在项目开始时还是一位博士生，承担了大量的翻译和校对工作，特别需要感谢的是，他查阅文献认真努力，增加了很多译校注，提升了译稿的质量。此外，需要感谢的是诸多为翻译工作贡献专业知识并协助修改校对的学者，如道教和佛教类文章的翻译就得到了中国人民大学何建明教授、张雪松教授以及西南交通大学吕鹏志教授的慷慨支持。

总体而言,各卷选文遵循了以下基本原则:

首先,选文均为西方汉学家的代表作。翁有理(Ulrich Unger, 1930—2006)被誉为西方金文大师,威利·邦格(Willy Bang, 1869—1934)是突厥学柏林学派创立者,顾立雅(Herrlee Glessner Creel, 1905—1994)以孔子研究闻名于世,何可思(Eduard Erkes, 1891—1958)在《道德经》和中国神话研究方面有独特视角和方法,许理和的《佛教对早期道教的影响》《月光童子:中古时代早期中国佛教中的弥赛亚主义和终末论》等文章是中国佛教和道教学者早有耳闻的大作。

其次,选文重视突出汉学的开放性、丰富性、包容性,突破单一语言范畴,展示学术汉学发展初期对中国文化中不同语言的研究,如邦格对突厥文的研读、希姆利(Karl Himly,1836—1904)对满文的译解等。这些研究证实了中华文化的多元属性,展示了汉学研究的跨语言本质。

第三,选文注重出土文献及其与传世文献的辨读,突出汉学家的"语文学"功底,重视名称的起源和概念的流变,呈现目录考据和文献版本方面的进展。如柯马丁深入研究了"文"在早期中国的历史演变;龙彼得(Pier van der Loon,1920—2002)考察了历史上不同版本的《管子》;桀溺(Jean-Pierre Diény,1927—2014)用手稿学的方法研究有纪年标记的写本,以此来为无纪年标记写本的断代工作提供参考。

第四,选文立足中西比较,重视思想与现实的互动关系。如侯思孟(Donald Holzman,1926—2019)考察了魏晋风度与社会政治的关系;魏德玮(Howard J. Wechsler,1942—1986)与何汉心(Penelope A. Herbert,1945—)考察了儒家思想对唐代政治决策的影响;马伯乐(Henri Maspero,1883—1945)、戴闻达、葛瑞汉(A. C. Graham,1919—1991)分析了先秦思想家的语言哲学与逻辑学;福兰阁(Otto

Franke，1863—1946）和德效骞（Homer H. Dubs，1892—1962）从汉语的特质出发，阐发中国独特的哲学思维。

第五，选文力图呈现国外汉学的多元声音、复杂面貌与创新之处，展示汉学家们开拓的新领域和跨学科方法。福兰阁、德效骞、卜弼德（Peter A. Budberg，1903—1972）和顾立雅的论文都具有鲜明的针对性和"论战"风格；宫崎市定（1901—1995）与霍塔陵（Stephen James Hotaling）接续进行中国的城市研究；瓦格纳（Rudolf G. Wagner，1941—2019）开展了中国医学史研究；鲁惟一（Michael Loewe，1922— ）深度研究的中国汉代政治制度的方方面面；何四维和陆彬（Vitali Rubin，1923—1981）开启了中国古代法律史研究。

最后，选文注重有机综合西方汉学的研究成果。如在大一统的问题上，尤锐（Yuri Pines，1964— ）与鲁惟一的论文分别涉及先秦和秦汉，二者并举，完整呈现了当代西方汉学对中国早期大一统思想的形成过程、原因及特点的思考，从而有助于我们深化对大一统问题的理解。

值得庆贺的是，2022年项目组得到了中国人民大学比较文明跨学科重大创新平台和"古文字与中华文明传承发展工程"的支持，翻译了《通报》中几篇非常重要的中国古文字学研究论文，邀请了古文字学专业学者在校对译文的同时撰写论文，回应海外学者的研究方法和研究问题。这种对谈的模式是本项目计划之初的设想，希望史学、文学、哲学和宗教等卷能够在未来组织学者完成这样的学术对话。

2023年项目组与商务印书馆达成合作意向，将陆续出版《通报》文萃各卷。从立项到选文，从翻译到校对，从修改到出版，八年光阴如白驹过隙，其间的艰难和辛苦难以言述。但愿呈现您面前的这些译文可以激起浪花，留下痕迹，搭起一座座沟通和对话的桥梁。

本卷说明

自创刊以来，历史研究始终是《通报》的焦点之一，由刊物旧名即可窥一斑。本卷从中甄选两类共12篇代表性文章，发表时间横跨近百年，涵盖社会、经济、政治、文化、法律、军事、医学等不同领域，呈现了百年汉学的发展线索与核心方法，浓缩了跨文化、跨学科、博精相济的重要成就。

第一类文章的作者是各国汉学旗帜，包括德国莱比锡汉学的何可思、德国海德堡汉学的瓦格纳、日本京都学派的宫崎市定、荷兰莱顿汉学的何四维、法国汉学的侯思孟、美国西雅图汉学的鲍则岳（William G. Boltz，1943— ）。这些学派各有特色，又绝非泾渭分明，而是日益交织互通，与中国学界亦有千丝万缕的联系。编者力图借此呈现各类汉学经典范式与重要传统，展示其"异"与"同"、地域性与国际性的动态关系。

第二类文章出自特定领域的汉学专家之手。如汉学家吉德炜（David N. Keightley，1923—2017）所言，20世纪70年代以来，海外汉学的重大变化是专家不断涌现，专业化程度大幅提升。为反映汉学由博识型向专业型的整体发展趋势，本卷特挑选苻坚研究专家罗杰斯（Michael C. Rogers，1923—2005）、唐史名家何汉心、《淮南子》与中国早期天文学研究权威马绛（John S. Major，1942— ）、汉史专家霍塔陵等人具有重要学术影响、可填补研究空白的代表作。

本卷翻译缮校时，检寻典籍，查核原文，订正补全选文中错误、阙遗或缩略的各类参考文献信息；若文献原为日文，选文引用信息却为西文，则一律还原为日文；凡遇引用中文原典，除对蕴含作者特殊用意的引文予以回译并双语对照外，一般以原典的中文原文完整替换，并在注释中附上包含引文的完整段落文句，便于读者阅读、查核与研究。对于选文中的重要讹误，尽量在译校注中纠正说明。若有其他需加说明之处，亦在译校注中呈现。不足之处，敬请方家指正。

目　录

夏朝历史真实性考 ……………………………〔德〕何可思　1
中国古代占卜术 …………………………………〔德〕何可思　12
竹林七贤与当时社会 ……………………………〔法〕侯思孟　17
中国汉代的城市 …………………………………〔日〕宫崎市定　39
淝水之战（383年）的神话 ……………………〔美〕迈克尔·罗杰斯　50
中古时代中国的生活方式与药物 ………………〔德〕鲁道夫·瓦格纳　73
唐代国家垄断铸币之争 …………………………〔英〕何汉心　162
汉代长安的城墙 …………………〔美〕斯蒂芬·詹姆斯·霍塔陵　206
1975年湖北发现的秦代文献 ……………………〔荷〕何四维　262
论汉初风与方向的命名 …………………………〔美〕马绛　316
共工与洪水——《尧典》中颠倒的神话史实说 ……〔美〕鲍则岳　331
汉律残片 …………………………………………〔荷〕何四维　347

在故闻与异说"之间"——本卷导读 ………………………陈龙　378

夏朝历史真实性考*

〔德〕何可思 著
徐胤 译 / 陈龙 校

顾立雅（Herrlee Glessner Creel，1905—1994）在其名著《中国的诞生》（*The Birth of China*）中对夏朝（即古书中相传在商朝之前的朝代）一笔带过，并在该书第 53 页用一句话总结道："事实上，整个夏朝的历代君主世系以及流传于世的夏朝传统中的一切详细情况，都很可能是后世伪造的。"** 顾立雅并未对这个激进的否定性观点做更多解释。顾立雅的观点得到了许多中国和欧洲汉学家的赞同，不过迄今为止，关于这一足以改变中国古代史和历史文献的论断，笔者所见到的只有空泛的猜测而非有理有据的论证。所以我们有必要研读涉及夏朝的材料，以对这一问题做深入研究。

据笔者所知，那些主张夏朝并不真实存在的人所持有的论据大致有二：其一是迄今为止，尚未有能够证明夏朝存在的考古材料出土；其二是出土的商代甲骨文未提及夏朝。

---

* 本文译自 Eduard Erkes, "Ist die Hsia-Dynastie Geschichtlich?" *T'oung Pao*, Second Series, Vol. 33, No. 2, 1937, pp. 134-149。何可思（1891—1958），德国著名汉学家、莱比锡大学教授，代表作有《〈淮南子〉的世界观》（*Das Weltbild des Huai-nan-tze*）等。——译者

** Herrlee Glessner Creel, *The Birth of China: A Survey of the Formative Period of Chinese Civilization,* London: Jonathan Cape, 1936. ——校者

根据我们目前所知，这两个观点毫无疑问是正确的，但适用范围有待商榷。究其本质，二者皆属默证[①]，对历史问题毫无效力可言。缺乏考古线索不足为奇，因为中国的考古发掘工作刚刚起步，与夏朝历史相关的区域还有待系统性的发掘研究。我们不妨回想一下，欧洲人花了很长时间方才证明了某一段史前时期的存在。例如人们在发现了旧石器时代和新石器时代岩层后，又花费了数十年的苦功，才证明了中石器时代的存在。所以目前缺少夏朝存在的考古资料，既不足为奇，也无法成为否认夏朝历史真实性的理由。

第二个理由同样缺乏说服力，因为夏室后裔在亡国后便隐居杞国，未给商朝造成任何麻烦（现存的历史文献也没有再提及夏朝亡国后的任何政治活动），所以商人自然也没有必要提及夏朝。甲骨文上记载的内容多与商朝统治腹地的活动相关；夏人显然未滋扰商朝，也就没有出现在甲骨文上的必要。所以"甲骨文未提到过夏朝"无法成为否定夏朝历史真实性的理由。

相反，在笔者看来，另有多重理由证明夏王朝在历史上真实存在。首先，众所周知，商朝文化有着悠久的历史沉淀，顾立雅也曾在书中特别强调这一点。尚无证据表明商人由外部迁入或是其文化诞生于外部；无论是从人类学还是考古学角度看，现有的证据与文献记载保持高度一致，均认为商朝的民俗文化成形于本地。也就是说，在商朝以前的较长一段时间里，一定有大型文明存在；它拥有商文化中的文字、青铜器和其他特征，因为这些东西在最有可能成为商文化前身的新石器时代并未出现。一个时代拥有较为先进的文化，就必然拥有较为发达的政治架构。从现有的类似案例来看，这种政治架构必然是王位世袭制。

[①] 默证认为由于支持某事的人未提供证据，所以某事不是真的，这是一种非形式谬误。——译者

而世袭制的基础是祖先崇拜和世系。由于文字显然出现在商代之前，故而我们根据商代文字的用途类推，不难猜测前人也跟商人一样，将文字用于记载历史事件。毫无疑问，古代史家在撰写历史文献时，必然参考了权威的夏朝文献；这样一来，就算我们不承认《书经》成书于夏朝，也不能否认夏朝的存在。

另外，从商朝的情况推断，夏朝的君主世系也完全可能存在。在出土的甲骨文证实商朝君主世系之前，许多人也怀疑商朝君主世系的真实性。既然我们现已证实了商朝君主世系的真实性，那么从方法论的角度看，除非我们能拿出强有力的否定性证据，否则必须承认出处相同、以同样方式世代相传的夏朝君主世系也有可能属实。

在将夏朝君主世系和商朝君主世系逐一对比之后，我们愈发可以相信夏朝君主世系是真实的。如果夏朝君主世系是伪造的，人为模仿了商朝君主世系，那么两者必有相似之处，从而肯定会露出端倪。但实际上，我们完全看不出任何破绽。夏朝君主的名字和商朝君主的名字完全不同。商朝君主的名字由双音节词组构成，其中第二个字取自天干地支，而夏朝君主的名字多由单音节字组成（其中有两处例外，笔者马上还会予以详细分析），并且这些单音节字是典型的普通汉字，不像某些生造的名字那样具有神话或另类特征。再者，夏、商两朝的王位继承制度也大相径庭。商朝传位给兄弟，夏朝则传位给子嗣（也有一个有趣的例外），这也间接说明两者的社会结构存在本质差别。因为传位给兄弟是母系社会的做法，我们可以在商代看到许多母系社会的迹象[①]，

[①] 笔者在《古代中国的母系特权》("Der Primat des Weibes im alten China," *Sinica*, Vol. 10, 1936, pp. 166-176)一文中，列出了商朝可能是母系社会的诸多证据。顾立雅也在《中国的诞生》一书的第180页中给出了一个关键性证据：甲骨文记载，女性祖先的忌日被定为众人向一对国王夫妇献祭的日子。

而传位给子嗣是父权社会的表现。

在夏朝君主世系中,只有两位君主的名字由两个字组成。其中一位不但名字特殊,而且未能将王位传给子嗣。此人就是夏朝第 11 代君主不降,相传他退位后,王位传给了弟弟。① 夏朝第 14 代君主孔甲的名字也是两个字,且第二个字与历代商王的名字一样,取自天干地支。史书中关于他的记载十分特别,将他描述成一位十分出格的君主,称他"好事鬼神,肆行淫乱"。② 由此看来,他似乎奉行的是在夏朝时期已经遭人唾弃的巫师祭祀,侍奉鬼神和淫乱都是后者典型的表现。③ 另外,相传他还使人豢养龙(或许就是鳄鱼),并食之,由此可见其对神明颇为不敬。④ 总之,孔甲似乎对外来的世界观钟爱有加,《左传·昭公二十九年》甚至记载他自愿为"上帝"服务("扰于有帝")。"上帝"是商朝人心目中的至高神明,却在夏朝不为人知;由此可见,孔甲皈依了商朝的宗教文化,这或许是其名字与商王近似的原因。同样,"不降"之所以是两个字,或许是因为他违背了一般的王位继承顺序。如果这只是一个神话传说或者为了某种目的而编造的故事,那么像孔甲这般胡作非为,肯定会遭受应有的惩罚。而实际上,并不存在与此相关的记载。由此可以推测,这些关于夏朝君主的记录都基于真实的历史事件,它们虽然有些单薄而模糊,却也正因此显得真实。所以,夏朝君主应该

---

① 《竹书纪年》,参见 James Legge, trans., "The Annals of the Bamboo Annals," in *Chinese Classics*, Vol. 3, Part I, London: Trübner, 1865, p. 123("逊位于弟扃"——校者)。

② 《竹书纪年》,参见 James Legge, trans., "The Annals of the Bamboo Annals," p. 124。

③ 参见《尚书·伊训》:"恒舞于宫,酣歌于室,时谓巫风。"

④ James Legge, trans., "The Annals of the Bamboo Annals," in *Chinese Classics*, Vol. 3, Part I, p. 124. 亦参见《左传·昭公二十九年》、吴韦昭注《国语·郑语》、《史记·夏本纪》、《论衡·龙虚》。参见 Eduard Erkes, " Strohhund und Regendrache," *Artibus Asiae*, Vol. 4, 1934, pp. 210–211。

确有其人。

夏朝世系的真实性就其来源而言也不难证实。君主世系的记录者显然是杞国的王室,即夏人的后代,他们这么做是出于祭祖的需要,所以在这份世系中应该不存在错误或伪造的成分,因为插入任何一个虚构的人物都会搅乱世系,从而在祭祖时造成混乱,激怒先祖的在天之灵。当时的人敬畏先祖的力量甚于畏惧人间的灾祸,不会在此事上胡作非为。最多也就是世系的源头可能会有一些神话色彩,但这是一种普遍现象,夏朝的创立者禹也的确是一位具有半神话色彩的图腾式人物。但我们没有任何理由认为夏朝世系属于伪造。杞国的历史记忆真实存在,并非后人虚构,这一点也得到了古代文献的证实。例如《论语·八佾》:"子曰:夏礼,吾能言之,杞不足征也。"[①]《礼记·礼运》:"孔子曰:我欲观夏道,是故之杞,而不足征也,吾得《夏时》焉。"但同时孔子指出"夏时"其实一直在原夏朝领土上被沿用。这也证明了杞国人没有想要为了光宗耀祖而编造这些传统。

所以我们没有必要怀疑古代文献中记载的夏朝历史的真实性。这些记载主要来自《竹书纪年》和《诗经》,它们既很少美化夏朝,也很少贬低夏朝。前文提及的孔甲以及夏朝末代君主亡国的故事是两个例外,但这些文字毫无疑问出自商人之手,所以也带有一定的倾向性。[②] 事实

[①] 亦参见《中庸》第二十八章("子曰:'吾说夏礼,杞不足征也。'"——校者)。

[②] 但这并不意味着这些记载不具备历史真实性。葛兰言(Marcel Granet, 1884—1940)(*Danses et légendes de la Chine ancienne*, Paris: Librairie Félix Alcan, 1926, 393ff.)和卫礼贤(Richard Wilhelm, 1873—1930)(*Geschichte der chinesischen Kultur*, München: Verlag F. Bruckmann, 1928, p. 89)认为对亡国之君的记叙遵照了同一个神话模型,记载夏桀生平的史料也可被用于描述商纣王。但这些看法显然站不住脚。实际上,记载夏桀和商纣王的史料鲜有共通之处。商纣王的残暴和邪恶并没有出现在夏桀身上;而且夏桀在亡国后没有像商纣王那样丧命,只是被囚禁了起来。两者唯一的共同点就是因贪淫女色而亡国。但无论是在中国还是在其他民族的历史上,这样的事情屡见不鲜,一点都不具有传说色彩。

上，现存史料对每一代夏朝君主的执政时间都一笔带过，这反倒值得后人推敲。相反，我们没有任何理由怀疑这些信息的真实性。

杞国是小国，从权力政治角度上看无足轻重，但直至周朝后期，它依然具有一定的地位，这显然只能用它辉煌的过去来解释。《左传·襄公二十九年》记载了一起发生在公元前543年的事件："晋平公，杞出也，故治杞，六月，知悼子合诸侯之大夫以城杞，孟孝伯会之，郑子大叔与伯石往，子大叔见大叔文子，与之语，文子曰：'甚乎！其城杞也。'子大叔曰：'若之何哉，晋国不恤周宗之阙，而夏肆是屏。'"尽管如此，子大叔依然只得遵命。由此可见，杞国虽然地处边荒，但因为是夏朝的后裔，所以依然受人尊崇。同时，杞周不同祖为邻人所知，并左右着他们的言行。

在有些方面，夏朝的礼俗既有别于商朝，也有别于周朝。得以流传于世的礼俗主要存在于原来的夏朝统治区域，亦即位于今山西南部的晋国。《左传·定公四年》记载晋国的第一位君主"封于夏虚①，启以夏政，疆以戎索②"。同样，《左传·定公四年》还记载"命以《康诰》，而封于殷虚，皆启以商政，疆以周索"③。卫国第一代君主之墓被发现后，商朝文化在卫国存续这一点得到了证实；他虽是周朝贵族，但墓葬并未

---

① "虚"同"墟"，意为"故城"，最早见于《诗经》"升彼虚矣"。
② 参见《左传·襄公四年》："戎狄荐居，贵货易土，土可贾焉。"这层关系与今天内蒙古的情况十分相似。汉人买下了蒙古族人的草原，将其开垦为农田。霍古达（Gustav Haloun, 1898—1951）不无道理地指出："晋国沿用夏法夏历，即便是在春秋时代，夏朝的印记也依然存在。"(*Seit wann kannten die Chinesen die Tocharer oder Indogermanen überhaupt*, Leipzig: Verlag der Asia Major, 1926, p. 21.)他将"疆以戎索"解释为"将自己的国家与偏远的戎族隔离开来"，对此笔者不敢完全苟同。另外，这也与杜预的注释有出入；后者认为"索"即"法"，注云："大原近戎而寒，不与中国同，故自以戎法。"更主要的是，上文的《左传》段落也与霍古达的解释相矛盾。
③ 杜预注："皆，鲁、卫也。启，开也。居殷故地，因其风俗，开用其政。疆理土地以周法。"

依循周朝样式，反倒具有商朝墓葬的特征。其中发掘出的青铜器虽年代可考，但具有模糊的商代风格。① 这一考古发现证实了夏文化完全有可能在晋国（偶尔直接被称作"夏"）延续②；何况，现有的资料并不反对这种说法，有时甚至还对其颇为支持。

我们此前多次提到夏历在晋国和中国其他地方得到了沿用。根据上文所引孔子之言，夏历流传到晋国；霍古达发现《左传》中与晋国相关的日期均采用夏历，从而证明晋国人的确使用夏历推断日期。③《周礼》中对"凌人"的描述证明周朝有时也会使用夏历，因为他下令在"正岁"十二月斩冰。④《周礼》的注释者杜子春指出，该处使用的是夏朝的自然纪年方法，而非将"正岁"人为变动两个月的周朝纪年法。周朝文书中突然出现按照夏历纪年的官职，说明这一职位的历史可以追溯至夏朝。无论如何，这至少说明夏历仍偶尔在周朝的官方场合被使用。⑤ 因为《诗经》记载："二之日凿冰冲冲，三之日纳于凌阴。"⑥ 从这一点看，

---

① Herrlee Glessner Creel, *The Birth of China: A Survey of the Formative Period of Chinese Civilization*, p. 249.

② 《国语·晋语》："戎夏交捽。"韦昭注："言晋胜戎，戎复胜晋。"此处的"夏"明显指"晋"。

③ Gustav Haloun, *Seit wann kannten die Chinesen die Tocharer oder Indogermanen überhaupt*, p. 76, note 1.

④ 《周礼·天官》："凌人掌冰，正岁十有二月，令斩冰。"毕欧（Édouard Biot, 1803—1850）的《周礼》译本偶尔错将"凌人"印作"冰人"。

⑤ 需要强调的是，《周礼》反映的是现实状态，而非从未成为现实的理想化状态；此处提到的官职真实存在，而非虚构。理论上，凌人按照周历计时并非难事，其在《周颂》中也的确是这样做的。实际上，这样做却面临不小的困难，因为许多协助的"庖人"（参见《周礼·天官》）并不习惯与根据周历计算时间。引进一种新的计时方法究竟有多困难，从近些年欧洲历法在引入中国后所遭遇的失败中就可见一斑。人们显然更习惯使用古老的自然历法，而不愿随意改变古往今来都同样重要的斩冰时间。（关于它的意义，参见《左传·昭公四年》。）

⑥ 《诗经·豳风·七月》。

夏历似乎经受住了商历的冲击（商历普遍较夏历推迟一月），并最终影响了周人。《左传·昭公十七年》也称"夏数得天"，而其注释更是将夏历当作正历（杜预注："得天正"）。① 孔子本人也在《论语·卫灵公》中建议使用夏历（"行夏之时"）。这显然是出于实用的考虑，因为就在同一句中，孔子还建议遵从商周的礼仪（"乘殷之辂，服周之冕"），并在其他地方称赞周礼② （当时鲁国尚未完全废止商礼），但作为商人后裔，孔子在晚年回归先人智慧，其丧礼遵从了商礼。③

此外，还有一些夏文化的痕迹也被保留到了周朝。其中较为重要的是起源于夏朝的"祝"这一官职，在《仪礼》中，"夏祝"和"商祝"均肩负重要使命。另外，夏朝礼仪与商周礼仪多有不同，也经常被用来与后者对比。但有时候这种比较未免存在人为将不同礼仪间的差异系统化的嫌疑，因为造成差异的实际原因也可能是地点或其他原因。在《礼记·明堂位》中，这样的例子屡见不鲜。反之，我们也不能断言这些所谓的夏朝礼仪与夏朝无关；毕竟我们的确有时可以证明礼仪存在一个历史发展过程，而这一过程很可能与文化发展过程一致，并在政治上反映为夏商周的三朝更迭。在此方面，葬礼的发展极具代表性意义。《礼记》④ 列出了夏商周三朝葬礼的差别：

---

① Wolfram Eberhard, "Beiträge zur kosmologischen Spekulation Chinas in der Han-Zeit," *Baessler Archiv*, Vol. 16, No. 1, 1933, p. 96.

② 《论语·八佾》："子曰：'周监于二代，郁郁乎文哉！吾从周。'"

③ 《礼记·檀弓上》（"殷人殡于两楹之间，则与宾主夹之也；周人殡于西阶之上，则犹宾之也。而丘也殷人也。予畴昔之夜，梦坐奠于两楹之间。"——校者）。

④ 《礼记·檀弓上》。该文的前半部分亦载于《淮南子·氾论训》（"有虞氏用瓦棺，夏后氏堲周，殷人用椁，周人墙置翣，此葬之不同者也。"——校者）。

有虞氏^①瓦棺，夏后氏堲周^②，殷人棺椁^③，周人墙置翣。周人以殷人之棺椁葬长殇，以夏后氏之堲周葬中殇、下殇，以有虞氏之瓦棺葬无服之殇^④。

该现象可以用民俗学上的生物发生律解释。它特指一个民族的年轻群体亲身体验过往阶段特有事物的普遍现象。这样一来，每个个体都以缩略形式经历了整个民族的发展过程，就如同单个动物在胚胎状态下经历整个族类的历史一样。所以，周朝最年轻的成员适用史前祭礼，次年轻的成员适用夏礼，再稍年长者适用商礼，而只有成年人才依照当朝礼仪下葬。我们无法想象周代思想家可以在理论上独立发现这一生物发生律，并由此在观念上根据历史顺序来建构不同的礼仪。于是便只剩下了一种可能性，即夏朝的堲周葬、史前的瓦棺葬和商朝的棺椁葬（已得到安阳出土的考古遗迹证实）都是真实的历史传统。

除此以外，夏朝的习俗其实与商周的习俗差别不大，三种文化相互依存，周礼基于商礼，商礼又基于夏礼。这一点在周代众所周知，所以

---

① 舜称帝后，定国号为"有虞"（此处作者误将"有"和"虞"分开，在文中认为"虞"是国号。——译者）。据《孟子·离娄下》，舜应是"东夷之人"（或许与以制造黑陶罐闻名的山东城子崖新石器文化有关？）。舜一直被视作陶氏的首领和祖先。参见 André Wedemeyer, "Schauplätze und Vorgänge der altchinesischen Geschichte," in *Hirth Anniversary Volume*, London: Probsthain, 1923, 516ff.

② 郑玄《礼记》注："火熟曰堲，烧土冶以周于棺也。"高诱《淮南子·氾论训》注："夏后氏世无棺椁，以瓦广二尺，长四尺，侧身累之以蔽土，曰堲周。"从高诱注来看，"堲周"应当不是顾赛芬（Séraphin Couvreur，1835—1919）在其辞典中所认为的"砖石围墙"，而是一种将死者侧卧屈腿埋葬进坛子里的安葬方法。它对于鉴定夏朝墓葬而言十分重要。

③ "椁"应为"墓室"，而非通常译文中所以为的"棺材"，孔好古（August Conrady，1864—1925）对此有过详细论证（"Zu der Frage nach Alter und Herkunft der sog. japanischen Dolmen," *Ostasiatische Zeitschrift*, Vol. 4, 1916, pp. 229-247）。

④ 今天依然存在将两岁以下婴儿葬在坛子里的风俗。参见 Jan Jakob Maria de Groot, *The Religious System of China*, Vol. 1, Brill: Leiden, 1892, p. 330.

孔子才会说："殷因于夏礼，所损益，可知也；周因于殷礼，所损益，可知也。"①

夏朝君主的坟墓也为夏朝的历史真实性提供了具体的线索，其中至少有一部分在古代为人所知，相关信息甚至也流传至今，从而为考古验证夏朝历史提供了契机。例如，夏朝第15代君主皋的墓地相传位于今河南西北洛宁县的崤陵南峰上。②虽然坟墓并不能证明历史上确有其人，但它至少能证明相关记载的存在，例如嵩山周围至今还流传着关于禹及其家人的传说，③从而证明了夏朝在这一带诞生的经过。在周朝，"夏"或"大夏"是中国的代名词，是中华文明的典范（"大夏"亦是夏朝祭祀舞蹈的名称；霍古达用翔实的证据证明它其实与吐火罗人无关）。在两首周朝的歌谣④中，"时夏"直接代表中华；"诸夏"也在古代文献中指代整个中华。另一方面，我们发现"夏"字从未在商代甲骨文中出现（如果甲骨文中只是没有提到"夏朝"之"夏"，那还不足为奇；但含义更为一般的"夏"字也未曾出现），由此可见，商朝人似乎刻意避免使用该字，以免勾起对前朝的记忆。同样，周朝重新景仰起夏朝，却避讳"商"字，转而以商人自己并不使用的"殷"字代替。⑤而在文化上，商

---

① 《论语·为政》。《孟子·万章下》中也有类似的表述："殷受夏，周受殷，所不辞也。"但这句话所言不明，故备受争议。

② 《左传·僖公三十二年》还提到了另一处皋的墓地所在，但其出处似乎较晚。（"殽有二陵焉，其南陵，夏后皋之墓也。"——译者）

③ 相传禹的儿子启从石头中迸生，至今在嵩山上还能找到那块岩石；参见《穆天子传》，卷5和《楚辞·天问》(August Conrady and Eduard Erkes, *Das älteste Dokument zur chinesischen Kunstgeschichte*, Leipzig: Verlag Asia Major, 1931, p. 233)；《汉书》卷25《郊祀志》。《中国杂志》(*China Journal*) 1935年2月刊第79—80页刊载了这块岩石的照片，并介绍了与之相关的祭祀活动。

④ 《诗经·周颂·清庙之什》中的《时迈》和《思文》两篇。

⑤ Herrlee Glessner Creel, *The Birth of China: A Survey of the Formative Period of Chinese Civilization*, p. 224.

对周有着极大的影响,而夏对商的影响也不逊于此。

综上所述,现有材料表明夏朝作为一个较成熟的朝代,在历法等方面具有引领文化的重要影响力,也具有以君主世系为标志的成熟政治结构。除非有新的相反证据出现,否则夏朝世系的真实性毋庸置疑。当然,另外一个问题在于《竹书纪年》中的夏朝年表是否准确可靠,或者说它是否为一份根据大量神话传说而编造的"官方年表"。关于这一问题,笔者从对这些资料最有研究的艾伯华(Wolfram Eberhard,1901—1989)那里得知,他目前尚未找到任何证据可以证明《竹书纪年》年表属于神话重构。既然我们也无法验证夏朝君主的在位时间,那么在新的证据出现之前,我们至少可以有所保留地认为夏朝世系年表具有真实的历史依据。

中国古代占卜术[*]

〔德〕何可思 著

张晏 译 / 陈龙 校

顾立雅的《中国之诞生》(*The Birth of China*, 1936)在阐述商代宗教时,专门用了一个章节来介绍占卜术,他这样做是完全有道理的。不只是因为我们谈及商代宗教时首先会想到在安阳发现的龟骨,而且是因为在商周时期中国人的社会生活与私人生活中,占卜所扮演的角色也显示出其特殊地位,它对此时中国人的重要性与它对古代西亚人和欧洲人的重要性基本相当。顾立雅在描绘了占卜术之后(可惜现在已经无法窥见占卜术的全貌了),又提出了一个密切相关的问题:占卜者是否有可能操纵龟甲的预言?顾立雅得出的结论是:这种情况很有可能发生,他也尝试解释了操纵占卜结果的方法。[①]

凡是对中国古代占卜术的历史和意义有所研究的人,估计十有八九都会得出这样的结论。占卜师由于掌握了占卜术而在商朝末期获

---

[*] 本文译自 Eduard Erkes, "Zum Altchinesischen Orakelwesen," *T'oung Pao*, Second Series, Vol. 35, No. 2, 1940, pp. 364-370。

[①] Herrlee Glessner Creel, *The Birth of China: A Survey of the Formative Period of Chinese Civilization*, London: Jonathan Cape, 1936, pp. 190-192.

得了很高的权力地位,从而更加有可能操纵占卜,这在世界各国皆有先例①;而且很多古老文献记载了一系列占卜实例。虽然占卜术起源于周朝中期,但是因为周朝的宗教像它的整个上层文化一样都源自商朝,所以可以肯定这些占卜实践被占卜师操纵,接下来列举的情况皆佐证了这一点。

《左传·僖公十五年》记载了一则颇有启发性的实例。晋献公(前676—前651)有意将女儿嫁与秦穆公,因此向主管占卜的史问卦,史显然并不中意这桩婚事,所以他在占卜时首先得到的结果是《易经》第54卦"归妹"卦("归妹"即"出嫁女子"),在《易经》的所有卦象之中,这是最适合占卜婚嫁之事的,而通过人为操控,又得到了《易经》第38卦"睽"卦,"睽"为"相反"之意,结合之前占卜的卦象,预言了计划中的婚嫁有不祥之兆。所以他毫无疑问知道甲骨将会呈现的确切结果。

另外一个例子来自《左传·僖公二十五年》。僖公二十五年(前632),晋文公因一场战事问卜龟甲,卜偃回答说:"遇黄帝战于阪泉之兆。"问答之间如此合拍,不可能是纯粹的盲卜。

最令人印象深刻的是《左传·僖公四年》所载的占卜之事。齐桓公(前685—前643)*想娶名声不好的美女骊姬为夫人,于是问卜,龟甲占卜的结果不吉利,而蓍草占卜的结果是吉利的。齐桓公想按照蓍草占卜行事,"卜人曰:'筮短龟长,不如从长。'②且其繇曰:'专之渝,攘

---

① 参见 Eduard Erkes, "Der Primat des Weibes im alten China," *Sinica*, Vol. 10, 1935, pp. 175–176。
* 此处"齐桓公(前685—前643)"有误,应为晋献公。——译者
② 意思是说龟甲的预测比蓍草的预测准。龟甲占测(作为动物占测)是由男性占卜师操作,而蓍草占卜是由萨满教女巫进行的,她们被视为已经过时的母系氏族时期的宗教代表,所以龟甲占卜享有更高的地位,在灭亡的商代,在《洪范》中就已经有具体的规定(《尚书·洪范》,参见 Eduard Erkes, "Der Primat des Weibes im alten China," *Sinica*, Vol. 10, 1935, p. 176)。

公之瀚。一薰一莸，十年尚犹有臭。'"《左传》的研究者林尧叟批注说，卦象在所有的细节上如此符合情况，可见占卜一定是有人按照要求操纵的。

《左传·襄公十年》记载的问卜之事也非常明了。晋侯在一个很不合适的场合听完桑林（商代祭祀的音乐）表演之后就病倒了，在占卜问疾时，龟甲上出现了"桑林"二字（"桑林见"，杜预的注释解释得更详细："祟①见于卜兆"）。占卜师一定了解此事的原委，或者控制了龟甲上出现的裂痕，让裂痕呈现出之前写上去或者刻上去的名字，或者让小裂缝变成大的裂痕。在所有的可能性中，第一种最容易被接受。可以想象，虽然可以通过巧妙的操控诱发这样的裂痕，可是这么复杂的形状实在太难，更别说大部分古代文字都极其复杂，已经发现的甲骨是没有办法呈现这种结果的。前引《左传·襄公二十八年》用下述文字显示龟甲上的预测确实能够被读出来："卜之，示之兆。曰：死。奉龟而泣。""死"这个字不仅是占卜者能够看到的，而且应该是每个人都能看出来的。这一切都说明，要问龟甲的问题在询问之前就已经刻好，而不

（接上页）按照《洪范》的记载，大事问卜可以用龟甲占卜五次，而蓍草只能用两次（"卜五，占用二"），因此在商朝末期由男性主持的占卜就已经超越女性主持的占卜。《论衡·卜筮》（Alfred Forke, trans., *Lun-hêng*, Leipzig: Harrassowitz, 1907, Part 1, p. 182）也说到蓍草由女子使用，而龟甲由男子操作："卜者问天，筮者问地。"意思是说，询问至高男性神明的事情由男性占卜师进行，询问至高女性神明的事情由女性占卜师操作。按照《论衡·卜筮》（Forke, trans., *Lun-hêng*, p. 182）的记载，似乎兽骨占卜被视作龟甲占卜的一种更便宜简陋的亚种，子路曾问孔子："猪肩羊髀可以得兆，藿苇藁芼可以得数，何必以蓍龟？"——"长"可以视为一种龟甲在仪式中的称谓（参见《礼记·曲礼》）。龟甲和蓍草也被称为"长与短"。在张衡所著《思玄赋》（《文选》卷 15，第 31 页）中，就有"惧筮氏之长短"这样的句子。相关的注释提及"长"和"短"这两个称谓来自于《左传·僖公四年》。也许"长"也能用来解释惠子的悖论"龟于蛇长"（字面意思是乌龟与蛇相比为"长"）。

① 此处版本较劣，崇应作祟。读"遂"。"祟"应当理解为"突出、引人注意"之意。

是像很多人认为的那样,在询问之后才刻上去的。① 而且正如《左传·襄公七年》所解释的那样,非常规问卜会出现不利的回答作为惩罚,从中也可窥见占卜师对龟甲的操纵。

当然,连中国人自己也注意到占卜结果为何如此准确。《论衡》曰:"吉人钻龟,辄从善兆;凶人揲蓍,辄得逆数。"② 作者王充援引了一些古老的故事来加以证明,不过这些古老故事的来源大多未经检验,王充似乎想将其解释为一种对命运的信仰。毫无疑问,他观察到了这些龟甲给出的预言出乎意料地准确。当然中国的占卜师在紧急状况下,面对那些模棱两可的回答,并不会感到尴尬,这与其他国家的同行们的情况完全相同。按照《左传·僖公十五年》的记载,公元前645年,秦伯伐晋,正在犹豫不决之际,秦国占卜师徒父得到以下卦语:"涉河侯车败。"意思是越过河去,秦伯战车必败——这几乎就是古希腊德尔斐神谕"凡事勿过度"的直接翻译。

此种占卜活动在商代就已经非常普遍,从周公面对占卜师的态度中就可见一斑。周武王即位不久便身染重病,周公不愿让占卜师独自预测周王的命运,而是让大史写下主要的祷文,周公亲自来操纵龟甲占卜,没有按照惯例委托大史或者大卜去实际负责此事③;很明显他不信任商朝留下来的占卜师。周公的另外一则逸闻趣事也显示出他极不信

---

① 参见 Herrlee Glessner Creel, *The Birth of China: A Survey of the Formative Period of Chinese Civilization*, pp. 190–192; Eduard Erkes, "Review of *The Birth of China*," *Artibus Asiae*, Vol. 7, 1937, p. 253。

② 《论衡·卜筮》,卷24 (Forke, trans., *Lun-hêng*, p. 185)。

③ 《尚书·金縢》;郭沫若:《两周金文辞大系》,东京:求文堂,1932年,第84—85页。周孝王(前869—前861)(原文如此。——校者)时期的金文记载周孝王让司徒(即内政部长)而非大卜去占卜战事,而依据《周礼》,应由大卜负责占卜战事。这就表明周王保留了周公那种不信占卜的倾向,但是这丝毫不能使我们有理由去像郭沫若那样怀疑《周礼》给出的信息,因为《周礼》记载的情形更接近殷商的职官情况,因此要早于周代金文所记载的实践。

任占卜术,这个故事出现在汉代文献中,极为符合这位开明的摄政王的性格。周武王讨伐纣王,卜筮(也许是由那些从殷商逃往周国的占卜师们操作)给出的预测十分不吉利,显示大凶。周公推开蓍草,践踏龟甲("推蓍蹈龟")后说:"枯骨死草,何知而凶?"④ 周公十分反对卜筮,这还表现在大部分由他编写的《周礼》里,大史、大祝和大卜这些最高等级的占卜师都仅仅是第二等级官员,而在《礼记》中保存的殷商法典断章残篇⑤里,这些人都属于最高等级的官员。

古代中国有一些人并不相信这些甲骨占卜,而且毫不隐瞒自己的看法。因此管子就曾警告国家治理之事不可完全依赖占卜:"上恃龟筮,好用巫医,则鬼神骤祟。"⑥《左传·哀公十八年》中有一句来自《志》的引言:"圣人不烦卜筮。"杜预解释说:"不疑故不卜也。"优秀的人有理智,所以无需占卜。而《左传·昭公十二年》也拒绝使用《易经》:"且夫《易》,不可以占险。"意思是在充满危险的情况下不可以用《易经》来占卜。到了宋代,《易经》已被视为智者之书,而注释家林尧叟在谈及对《易经》的评判时仍然说道:"易道正大,故险事不可以占。"这也证明了这句话里隐含的一种认知,即恰恰在最需要占卜的时候,它经常是不灵验的,这也就使得那些有思想的占卜师和学者本身是拒绝相信占卜的,只不过对于那些没有这样深邃思想的身边人而言,占卜是用来实现其自身想法的一种工具。

因此,古老的文献完全证实了本文开篇提及的顾立雅的观点,即中国古代的占卜师依照自己的意愿操控了占卜,而且经常会这样做。

---

④《论衡》卷 24《卜筮》(Forke, trans., *Lun-hêng*, p. 187)。

⑤《礼记·曲礼》("天子建天官,先六大,曰大宰、大宗、大史、大祝、大士、大卜、典司六典。"——校者)。

⑥《管子·权修》。

竹林七贤与当时社会*

〔法〕侯思孟 著
刘海清 译/陈龙 校

在中国历史上，鲜有人物能像竹林七贤那般家喻户晓。曹魏末年（约260年），这一小团体由七位名士组成，以饮酒纵歌为乐。笔者此前已经探讨过竹林七贤在嵇康生活中所扮演的角色以及对中国历史的影响。[①]因此，本文主要探讨竹林七贤在当时社会中的地位。[②]

---

* 本文译自 Donald Holzman, "Les Sept Sages de la Forêt des Bambous et la Société de Leur Temps," *T'oung Pao*, Second Series, Vol. 44, Livr. 4/5, 1956, pp. 317-346。侯思孟（1926—2019），曾任法国高等汉学研究所所长，著有《诗歌与政治：阮籍（210—263）的生平与作品》(*Poetry and Politics: The Life and Works of Juan Chi, A.D. 210-263*)等。——译者

① 参见笔者在巴黎大学的博士论文《嵇康的生平与思想》(*La vie et la pensée de Hi K'ang*, 1952)（该论文被列入哈佛燕京学社专著丛书，很快就将出版[Leiden: E. J. Brill, 1957——校者]）以及 Donald Holzman,《竹林七贤在中国历史上的地位》("The Place of the Seven Sages of the Bamboo Grove in Chinese History," in *Occasional Papers*, No. III, Kyoto: Kansai Asiatic Society, 1955, pp. 1-13）一文。

② 本文的修订充分得益于索邦大学的戴密微（Paul Demiéville, 1894—1979）教授和哈格纳（Charles Haguenauer, 1896—1976）教授，在此谨致谢忱。

一、社会与政治背景

1. 从汉朝的中央集权到中古时代的权力分化

竹林七贤处在一个极其特殊、不断变化的社会中。这个社会正从汉朝僵化的等级制度向新的分权模式演变,这种新的分权模式以封建门阀为基础,成为整个中古时代中国社会的典型。汉朝遵奉儒家哲学,演变为一个父权制国家。皇帝就如同整个帝国的父亲,像管理家庭一样治理国家,而这个家庭对他绝对尊敬与顺服。汉宣帝(前74—前49在位)曾言:

> 庶民所以安其田里而亡叹息愁恨之心者,政平讼理也。与我共此者,其唯良二千石乎!(《汉书》卷89《循吏传》)

皇帝就像父亲一样关注着臣民生活,认为自己能够帮助他们,甚至克服他们内心的痛苦。汉朝的政治哲学实际上旨在从各个方面规范人民的生活[①],要求人民像孝顺父母一样绝对顺服皇帝及其辅臣。

自汉朝开始腐败、衰落以来,中央权力被慢慢削弱,对皇帝的孝道也渐渐被更本能的需求取代。[②] 对于孝道及其演变问题的重要性,我们找到了一个有力的例证:后来成为继汉朝之后,魏朝的首位皇帝曹丕

---

① 譬如参见《汉书》卷22《礼乐志》。
② 如感兴趣,可参见 Marcle Granet, *La civilisation chinoise*, Paris: Renaissance du livre, 1929, pp. 493–495 and figure, p. 494。

(186—226)。

> 太子燕会，众宾百数十人，太子建议曰："君父各有笃疾，有药一丸，可救一人，当救君邪、父邪？"众人纷纭，或父或君。时原在坐，不与此论，太子咨之于原，原悖然对曰："父也。"太子亦不复难之。(《三国志》卷11《魏书·邴原传》)[①]

从国家层面孝道到家庭层面孝道的窄化演变，与当时社会的一般趋势（即汉末权力分化，原子化现象扩散至更大范围的群体中，地方自治扩大）紧密相关。在行政层面最能体现这一趋势的就是职官考选制度发生变化：这一传统制度由来已久，最早可追溯至汉朝，要求中央权力足够强大，可以组织考试，创办学校，供考生备考。然而，汉末频仍的叛乱和战争令这一系列措施难以实施。当时民间流传着一句民谣，讥讽了年轻官员的察举结果：

> 举茂才[*]，不知书。察孝廉，父别居。(《抱朴子外篇·审举第十五》)

一些重要人士试图匡正国事，便主动采取措施，挑选官员，提拔人才。他们结成团体，分布于全国各大地区。[②]一些人则利用自己的名望，开始批判国事和官员，展开"清议"（jugements purs）。可见在汉朝末期，个人权力早已凌驾于中央权力之上了。在此，我们举一个汉末时期

[①] 《三国志》裴松之注引《邴原别传》。
[*] 原文如此，通行版本俱作"举秀才"。
[②] 著名的例子如刘表（144—208），参见《三国志》卷6《魏书·刘表传》。

的例子：

> 时汉中晋文经、梁国黄子艾，并恃其才智，炫曜上京，卧托养疾，无所通接。洛中士大夫好事者，承其声名，坐门问疾，犹不得见。三公①所辟召者，辄以询访之，随所臧否，以为与夺。（《后汉书》卷98《符融传》）

其中提及的两位人物虽不知名，却权力极大。著名学者马融（88—166）、郑玄（127—200）及其同僚曾结成团体，郭泰（128—169，字林宗）也在当时的政府中极具影响力。团体的领袖董卓（死于192年，在190年焚毁都城洛阳）让荀爽（128—190）快速升迁，三个月便跻身三公，成为司空②，而在一个世纪前，要想成为司空，就需要通过考试或者一辈子的勤务。

东汉末年，各大门阀界限分明，共同瓜分政权。时人早已看出这一局面的弊端。仲长统（179—219）在《昌言》中便写道：

> 天下士有三俗：选士而论族姓阀阅③，一俗；交游趋富贵之门，二俗；畏服不接于贵尊，三俗。④

王符也在《潜夫论》中写道：

---

① 中国行政等级中地位最高的三位官员。
② 《后汉书》卷62《荀爽传》（"爽自被征命及登台司，九十五日。"——校者）。
③ 关于"阀阅"一词的来源及意义的讨论，可参见守屋美都雄『六朝門閥の一研究：太原王氏系譜考』，東京：日本出版協同，1951年，第29頁。
④ 《全后汉文》卷89。

虚谈则知以德义为尊，贡举则必阀阅为首。①

中古时代中国的封建趋势在上述引文中可见一斑。与此同时，政权逐渐被各大门阀瓜分，儒家道德沦为服务门阀利益的工具。太原王家（竹林七贤之一的王戎也是这一门阀的远支②）的奠基者之一王昶就曾在《家诫》中谈道：

夫孝敬仁义，百行之首，行之而立身之本也。孝敬则宗族安之，仁义则乡党重之。（《三国志》卷27《魏书·王昶传》）

从汉末开始，中国的统治权就落入了各大门阀之手，同时，他们也想尽办法维持其统治。③

2. 曹操

曹魏政权的奠基人曹操（155—220）在汉末一方独大，凌驾于其他豪强门阀之上，在控制区域内独揽大权。因其出身并不显赫，无望在其他世袭名门望族中占据一席之地，故而曹操决定仿效汉朝，加强中央集权，令自己的家族成为皇室。曹操只占据了当时中国三分之一的区域，因此他没有获得完全成功，而其所获得的部分成功甚至从一开始也具有妥协性，因为他试图沿袭汉朝模式以建立一个新王朝，但这种思想本身违背时代

---

① 《潜夫论》卷8《交际》，《四部丛刊》本。
② 关于当时家庭的隶属含义和王戎的情况，参见守屋美都雄『六朝門閥の一研究：太原王氏系譜考』，第48—49頁。（王戎属琅琊王氏，非太原王氏远支。——译者）
③ 对这一时期最新、最优秀的研究，当推王瑶《中古文学思想》，上海：棠棣出版社，1951年，第1—43页。笔者在自己的阐释中就已经使用了该书。

潮流，与当时的时代精神冲突，特别是违背了已经采纳封建制的各大门阀的意愿。曹魏政权的衰亡，部分源于各大门阀豪强反对曹操的帝制思想。

在华北建立霸权之后、权力得到稳固之前，曹操就在一系列诏书中清晰表达了这种思想。建安十五年（210）（此时仍沿用汉朝年号），他颁布政令：

> 今天下尚未定，此特求贤之急时也。……若必廉士而后可用，则齐桓其何以霸世！……唯才是举，吾得而用之。（《三国志》卷1《魏书·武帝纪》）

建安二十二年（217），他颁布政令：

> 今天下得无有至德之人放在民间，及果勇不顾，临敌力战，若文俗之吏，高才异质，或堪为将守；负污辱之名，见笑之行，或不仁不孝而有治国用兵之术：其各举所知，勿有所遗。（《三国志》卷1《魏书·武帝纪》）

曹操主张对"有治国用兵之术"之人"唯才是举"。"孝廉"在汉朝是地方选拔制度的名称，而曹操对一切有利于建立门阀秩序的孝廉之人弃之不用。

相较于选拔有才之人而非传统守旧之人的主张，如何选拔他们却没有这么简单。曹操实行的措施反而加速了其政权的衰亡，甚至决定了中古时代中国社会的特征。曹操或其继任者曹丕的一位大臣[①]创设了

[①] 即便不是曹操始创这一制度，也是由他提出了构想。对此存在不同观点：有些人认为是曹丕的属下陈群发明了这一制度（《三国志》卷22《魏书·陈群传》）；还有人认为是曹

九品制度，根据官员的能力和才华，将其划分为九品，无须经由考试，只须听由候选者所在地区的中正的意见。此种简易之法适用于汉末的混乱时期，看上去也很符合曹操的需求，但其实它更有助于门阀掌控政权。当中正的个人意见成为选拔官员的唯一标准时，没有什么可以阻止（甚至传统的考试也只能减缓而无法阻止）各大门阀安插子弟，互相勾结，快速垄断高位①，甚至担任中正，以致于人们会说：

上品无寒门，下品无势族。②

之后，在中古时代：

士庶之际，实自天隔。（《宋书》卷42《王弘传》）

反讽的是，正是曹操本人的九品制度为门阀提供了护身符，门阀从中找到了一种甚至比清议③更加有效的合法方式去影响政权。曹操死后不久，各大豪族卷土重来，重新获得曹操试图收归中央的权力。

（接上页）操本人（《宋书》94《恩幸传》；《通典》卷14《选举二》；《晋书》卷36《卫瓘传》）。参见宫川尚志「魏・西晋の中正制度」，『東方学報』第18册，1950年，第112—113页。针对九品中正制度，笔者也将在巴黎大学高等汉学研究所出版的刊物上发表一篇文章（"Les débuts du système médiéval de choix et de classement des fonctionnaires: Les Neuf Catégories et l'Impartial et Juste," in *Mélanges publiés par l'Institut des Hautes Études Chinoises*, Vol. 11, Paris: Presses Universitaires de France, 1957.——校者）。

① 不过品级与官职之间并没有确定联系（因为魏朝官职也分为九等），参见宫川尚志「魏・西晋の中正制度」，第114—115页。
② 出自刘毅（殁于285年）之口，参见《晋书》卷45《刘毅传》。
③ 清议和九品制度之间的关系有史为证，参见宫川尚志「魏・西晋の中正制度」，第127页，注释20。公元611年的一块碑上写道："魏大司空［即陈群］开九品之清议。"参见《金石文钞》卷2（隋大业七年的《陈叔毅修孔子庙碑》——校者）。

3. 司马氏家族与意识形态的冲突

曹操身边的大将军司马懿(179—251)权势极大,也是门阀豪族的大靠山。在施政措施方面,司马氏家族远没有曹氏家族那么激进。他们站在了士族这一边①,采取了一种迥异于曹魏政权的哲学思想。曹操受法家思想影响很大,又吸收道家思想,曹魏政权沿袭了这一理念,而司马氏家族将自己塑造为正统儒家思想的信奉者。自汉朝以来,儒学就推崇家庭道德,尤其是孝,这就与门阀试图削弱中央权力的封建制度"完美"契合。相反,法家提倡中央集权,道家在极少数政教相连的情况下会支持政权完整归一,主张极权,这些都迥异于封建思想中固有的分化观念。纵观这一时代的整个历史,我们可以看出隐藏于背后的两种政治权力竞争势力的意识形态对立,这种对立也推动了历史的发展。②

正始年间(240—257)哲学思想的繁荣状况事实上与这些政治主张有着密切联系,竹林七贤几乎都把自己的哲学思想与当时的政治生活结合起来。所有的重要人士都开始谈论哲学,甚至谈论玄学。东汉时期的清议逐渐演变为了清谈(causeires pures),③这种模式不仅保留了清议中对官员或公众人物的臧否,更涉及对中国文明根本问题的讨论。我们在记录这些谈话的《世说新语》中就能看到一些中国有史以来最著

---

① 参见王瑶《中古文学思想》,第15页;冈崎文夫『魏晋南北朝通史』,東京:弘文堂,1954年,第489頁;冈崎文夫『南北朝に於ける社会経済制度』,東京:弘文堂,1935年,第204頁;村上嘉実「魏晋交迭の際における老莊思想の展開について」,『東洋史研究』第12卷第1期,1952年,第44頁。

② 陈寅恪:《陶渊明之思想与清谈之关系》,日本京都重印本,1954年,第3页及以下。

③ 陈寅恪:《逍遥游向郭义及支遁义探源》,《清华学报》第12卷第2期,1937年,第309页。

名的哲学家试图调和儒、道两家思想，或者至少把儒家的一些纲常与核心范畴引入令他们所有人着迷的道家思想中。我们还可以看到司马氏家族是如何通过自249年政变开始的一系列清洗活动，除掉最具自由精神和最忠诚于曹魏家族的人士，导致曹爽、何晏、夏侯玄（生于209年）和其他道家思想家丧命。

竹林七贤就是在司马氏家族正式建立晋朝（265）前的10年左右聚集起来的。[①] 当时正处于巨大变革的末期，我们可以把这一时期视为中国历史的转折点。一部分统治阶级，例如曹魏家族，虽然试图建立一个人民顺服的中央集权政府，但因其反对儒家，主张个人主义，所以在思想上给了人民很大的自由。另一部分人在司马氏家族的领导下，鼓吹儒家传统主义，要求完全遵循汉朝的儒家道德规范，不过在施行时要兼顾中央与地方封建制。因此汉末的混乱和曹魏缔造者的创新曾给思想和社会结构提供了相对宽松的自由空间，而在此之后，一切又回归了儒家正统，这也正是竹林七贤所处的时代背景。面对此种政治环境与思想氛围的变化，他们不都只是简单地反社会、反儒家传统，相反，他们的反应各式各样，错综复杂，堪称当时上层社会的缩影。

二、竹林七贤在当时社会中的地位

1. 竹林七贤的贵族身份和经济状况

就我们目前所知，竹林七贤都出身贵族，虽然不是豪族，但都属于

---

① 参见 Donald Holzman, *La vie et la pensde de Hi K'ang*。

上层社会。我们可以通过查阅氏谱的方法来了解一个贵族家庭。① 在《三国志》和《世说新语》的注释中,我们都能找到关于氏谱的记载。在竹林七贤之中,我们能找到嵇康②(223—262)、阮籍(211—264)、阮咸③和王戎④(234—305)的氏谱残卷,而山涛(205—283)、向秀(约223—300)和刘伶(刘灵)的氏谱不复存在,但他们也几乎不可能出自普通人家,只是家世没有前几位那么显赫罢了。

据唐代谱牒姓氏专著《元和姓纂》(812)记载,向秀是东汉侍中向栩的五世孙。⑤ 而根据《世说新语》的注释,"山涛字巨源,河内怀人。祖本,郡孝廉。父曜,宛句令"⑥。这两处记载不足以体现向秀、山涛的家族并非豪族,但关于山涛的家族,还有另外的记载:

> 年十七,宗人谓宣帝曰:"涛当与景、文⑦共纲纪天下者也。"帝戏曰:"卿小族,那得此快人邪?"⑧

但我们对刘伶的家族几乎一无所知。

竹林七贤出身贵族,享誉天下,拥有一官半职,但矛盾的是,他们

---

① 参见王瑶《中古文学思想》,第28—29页。
② 《三国志》卷20《魏书·武文世王公传》裴松之注(以下简称裴注)。
③ 关于阮籍的族兄阮武,参见《三国志》卷16《魏书·杜畿传》裴注;关于阮裕的长子(阮牗——校者),参见《世说新语·尤悔》刘孝标注(以下简称刘注)。
④ 王戎的家族(参见《三国志》卷24《魏书·崔林传》裴注)是古代中国最显赫的家族之一,守屋美都雄的『六朝門閥の一研究:太原王氏系譜考』完整地介绍了这一家族的历史。
⑤ 《元和姓纂》卷9,转引自《晋书斠注》卷49。
⑥ [晋]虞预:《晋书》,转引自《世说新语·政事》刘注;另参见《元和姓纂》卷4。
⑦ 汉朝的两位贤君,公元前179—前141年在位,参见《汉书》卷5《景帝纪》。
⑧ [晋]虞预:《晋书》,转引自《世说新语·政事》刘注。

七人中至少有五人生活贫困，下面的事例非常清楚地展现了这种情况：

> 阮仲容、步兵居道南，诸阮居道北。北阮皆富，南阮贫。七月七日①，北阮盛晒衣，皆纱罗锦绮。仲容以竿挂大布犊鼻裈于中庭。人或怪之，答曰："未能免俗，聊复尔耳！"（《世说新语·任诞》）

嵇康②据说也和向秀③、山涛④一样贫困。然而我们因此就能得出结论：竹林七贤虽出身贵族，却生活贫困吗？其实，嵇康为曹魏宗室的女婿，⑤司马昭想让儿子娶阮籍的女儿，⑥竹林七贤凭借自身的名望和家庭关系，加之官位所得俸禄，是不可能真正贫困的。我们只能说这里的贫困只是一种相对的贫困，⑦是相对于《世说新语》第29章（"俭啬"）和第30章（"汰侈"）提及的人物而言的，他们和王戎这种"既富且贵，区宅、僮牧⑧、膏田、水碓之属，洛下无比"⑨的人相比，自然是贫困的。

王戎的兄长王济曾命百位奴婢衣着绫罗绸缎，以琉璃食器盛人乳蒸肉服侍晋朝未来皇帝司马炎，⑩竹林七贤与之相比，难道不算贫困吗？

---

① 年中的这天是曝晒衣服的日子。
② 《文士传》，转引自《世说新语·容止》刘注。
③ 《向秀别传》，转引自《世说新语·言语》刘注。
④ ［晋］虞预：《晋书》，转引自《世说新语·政事》刘注；参见王瑶《中古文学思想》，第39页。
⑤ 《世说新语·德行》刘注。
⑥ 《晋书》卷49《阮籍传》。
⑦ 吉川幸次郎『儒者の言葉』，東京：筑摩書房，1953年，第129頁。
⑧ 宇都宮清吉『漢代社会経済史研究』，東京：弘文堂，1955年，第296頁。书中详细解释了"僮"一词，并指出该词指代的是当时的奴仆。
⑨ 《世说新语·俭啬》。
⑩ 《世说新语·汰侈》。

王戎虽富有,却十分吝啬:

> 王戎有好李,卖之恐人得其种,恒钻其核。(《世说新语·俭啬》)
> 契疏鞅掌,每与夫人烛下散筹算计。(《世说新语·俭啬》)
> 王戎俭吝,其从子婚,与一单衣,后更责之。(《世说新语·俭啬》)
> 王戎女适裴𬱖,贷钱数万,久而未还。女后归宁,戎色不悦,女遽还直,然后乃欢。(《世说新语·俭啬》)[①]

2. 竹林七贤为官

竹林七贤出身贵族,也纷纷入仕。唐朝就记载了对魏朝九品制度的评论:

> 于时有司选举,必稽谱籍而考其真伪,故官有世胄,而谱有世官。[②]

嵇康时任中散大夫,是个只有名号、没有职务的散官;阮籍在历任数职后,因步兵校尉兵营"厨中有贮酒数百斛"[③]而选择担任步兵校尉;

[①] 参见《世说新语·任诞》中涉及的婚姻问题。宇都宫清吉在「世説新語の時代」(『東方学報』第10册,第2期,1939年,第244—245页)中解释了《世说新语》中王戎的事迹,展现了其性格和形象。

[②] [唐]柳芳:《氏族论》,载《新唐书》卷199《柳冲传》。

[③] 《世说新语·任诞》。

山涛虽入仕较晚,却屡任名职①,仕途生涯末期,和王戎②一样升为司徒,山涛谥号"康",王戎谥号"元";③阮咸曾任散骑侍郎,逝时任始平太守。④向秀曾任数职,后官至散骑常侍。⑤最后这几个官职和嵇康的官职都带有一个"散"字,表示这是一种以示尊崇而无职掌的荣誉称号。由此可见,竹林七贤通常都有可观的俸禄,足以使他们脱离真正的贫困。

3. 竹林七贤和九品中正制度

竹林七贤入朝为官,自然被卷入魏朝实施的九品中正制度的浪潮中:他们曾被依据"行状""定品",而他们也需要给别人定品,因为高官自身也同时充当中正的角色。⑥山涛和王戎都是晋朝最有名的官员之一,两人都擅长选拔贤士。凡甄别人才、选拔官员,山涛必定亲自拟定题目,详加评判,记录在案,以昭慎重,其选贤之能简直可谓传奇:

> 山司徒前后选,殆周遍百官,举无失才;凡所题目,皆如其言。唯用陆亮,是诏所用,与公意异,争之,不从。亮亦寻为贿败。⑦

---

① [晋]虞预:《晋书》,转引自《世说新语·政事》刘注。
② 《世说新语·俭啬》。
③ 《晋书》卷43《山涛传》;《晋书》卷43《王戎传》。
④ 《晋书》卷49《阮咸传》。
⑤ 《晋书》卷49《向秀传》。
⑥ 王瑶:《中古文学思想》,第12—13页。
⑦ 《世说新语·政事》。参见王隐《晋书》和徐广《晋纪》,转引自《北堂书钞》卷60。根据《晋诸公赞》(转引自《世说新语·政事》刘注),陆亮字长兴,吏部郎出缺,司徒山涛推荐阮咸,贾充(217—282)则推荐自己的亲信陆亮。参见《晋诸公赞》,转引自《三国志》卷15《魏书·贾充传》裴注。

时人对山涛的选贤之能赞叹不已,其事迹载于《山公启事》①,在六朝的史学家中传为佳话。

山涛想要举荐的人不是刘伶,而是竹林七贤中的阮咸②,并对阮咸的品级极力推荐③:

> 吏部郎史曜出,处缺当选。涛荐咸曰:"真素寡欲,深识清浊,万物不能移也。若在官人之职,必妙绝于时。"诏用陆亮。④

山涛在此几乎使用了道家术语来形容阮咸,曾有一位古代批评家指出,在司马氏家族儒学至上的统治下,山涛不敢对自身的道家思想直抒胸臆,只能借此曲微表达"迹外之意"。⑤山涛也曾在调职之后,想举荐嵇康⑥任其旧职——也正是这一举荐,才促使嵇康后来写下著名的《与山巨源绝交书》。

接下来要说的是王戎,王戎也是当时的名官,《世说新语》中也记载了他的几处定品之言。通过《晋书》中对其生平的记载,我们也能了解他的选官之法:

> 戎以晋室方乱,慕蘧伯玉⑦之为人,与时舒卷,无謇谔之节。自经典选,未尝进寒素,退虚名,但与时浮沉,户调门选而已。(《晋

---

① 今已失传,但在前列参考文献中有涉及。
② 参见《名士传》,转引自《世说新语·赏誉》刘注。
③ 参见王瑶《中古文人生活》,上海:棠棣出版社,1953年,第30—31页。
④ 《山涛启事》,转引自《世说新语·赏誉》刘注。
⑤ [晋]戴逵:《竹林七贤论》,转引自《世说新语·赏誉》刘注(原文戴逵误作"戴胜"——校者)。事实上有必要就此做一点推论,将山涛视为道家。参见下文论述。
⑥ 参见 Donald Holzman, *La vie et la pensde de Hi K'ang*。
⑦ 蘧伯玉,与孔子同时期的卫国大夫,提倡思想要格外的谨慎和灵活。

书》卷43《王戎传》)

王戎对贵族和"虚名"极其狂热,从不考虑候选人的真正才华,这也是中古时代最大的弱点之一。山涛曾用道家术语品评他:

王戎目山巨源如璞玉浑金,人皆钦其宝,莫知名其器。①

4. 竹林七贤的反礼教

以上描述为我们展现了当时的荐举制度,同时揭露了一个更为普遍的事实,即人性回归,个人利益觉醒,人将自身视为一个独立的个体,而不是由儒家礼教驱动的国家机器②的简单组成部分。面对传统礼教,竹林七贤采取了一种个性独特、充满人性的新态度,成为上文所述的社会原子化的时代先驱,他们对待礼教的态度就此而言十分重要。竹林七贤的反礼教精神流传至整个远东地区,而正是他们的这种处世态度使得对他们的研究最有意义。

阮籍和嵇康是竹林七贤的领袖,两人的反礼教思想立场鲜明,最为激进。嵇康因蔑视儒家礼教,贬低商汤王、周武王、周公和孔子,招致杀身之祸。③阮籍甚至更加激烈地反对礼教,若不是其生性"至慎"④,"口

---

① 《世说新语·赏誉》;另参见《老子》第15章。
② 贺昌群:《魏晋清谈思想初论》,上海:商务印书馆,1947年,第12—17页。他将这场演变追溯至马融(79—166)。
③ 参见 Donald Holzman, *La vie et la pensde de Hi K'ang*。
④ 《世说新语·德行》,出自司马昭之口。

不论人过"①,他也必将因离经叛道而招致极刑。关于阮籍,有这样一则记载:

> 阮籍嫂尝还家,籍相见与别。或讥之,籍曰:礼岂为我辈设耶。②

如前所述,汉朝礼教与所有道德规范都是以孝为中心,因此,当谈及竹林七贤循规拘礼或反对礼教时,大部分的资料都直接或间接地与孝挂钩。其中有大量关于阮籍在为母亲守丧期间的行为的记载:

> 阮籍当葬母,蒸一肥豚,饮酒二斗③,然后临诀,直言:'穷矣!'都得一号,因吐血,废顿良久。④

根据《礼记》记载,为父母守丧是生活中最为庄重的场合之一⑤,守丧期间需禁食,不可吃肉饮酒,只可饮水食蔬。孔子认为这些规范符合人们对父母离世的重视,但随着传统的固化,守丧沦为纯粹的形式主义,礼节仪式取代了真实的内心感情。⑥而引文中阮籍试图冲破礼教的形式主义束缚,表达真实的情感和真正的孝。

王戎似乎也和阮籍一样,想要表达个人的真挚情感:

---

① 引自嵇康《与山巨源绝交书》。
② 《世说新语·任诞》。参见《礼记》的"嫂叔不通问"。
③ 王瑶(《中古文人生活》,第74—76页)指出此处的"斗"并不是我们常说的"斗"(大约2升),而是取其本义("大型的饮器")。
④ 《世说新语·任诞》。
⑤ 《礼记·三年问》和《礼记·问丧》。
⑥ 参见贺昌群《魏晋清谈思想初论》,第19页。

> 王戎、和峤①同时遭大丧，俱以孝称。王鸡骨支床，和哭泣备礼。武帝谓刘仲雄②曰："卿数省王、和不？闻和哀苦过礼，使人忧之。"仲雄曰："和峤虽备礼，神气不损；王戎虽不备礼，而哀毁骨立。臣以和峤生孝，王戎死孝。陛下不应忧峤，而应忧戎。"(《世说新语·德行》)

裴楷对阮籍的"不崇礼制"表示理解，③但他只是魏晋时期的一个特例，相反，当时主流思想仍然崇尚遵守礼仪准则：

> 阮籍遭母丧，在晋文王坐进酒肉。司隶何曾④亦在坐，曰："明公方以孝治天下，而阮籍以重丧显于公坐饮酒食肉，宜流之海外，以正风教。"文王曰："嗣宗毁顿如此，君不能共忧之，何谓！且有疾而饮酒食肉⑤，固丧礼也！"籍饮啖不辍，神色自若。(《世说新语·任诞》)

阮咸也十分鄙视当时的丧事礼俗：

> 阮仲容先幸姑家鲜卑婢。及居母丧，姑当远移，初云当留婢，既发，定将去。仲容借客驴，著重服自追之，累骑而返，曰："人种不可失！"即遥集母也。(《世说新语·任诞》)

---

① 和峤来自显赫的富贵家庭，他和王戎一样贪财（"钱癖"），于292年逝世。
② 刘毅（殁于285年）因猛烈抨击九品制度而闻名于世，更多内容请参见《晋书》卷45《刘毅传》。
③ 《世说新语·任诞》。
④ 何曾(199—278)是当时的司隶校尉(249—254)；参见《晋书》卷33《何曾传》。
⑤ 参见《礼记·丧大记》。

阮籍、王戎和阮咸面对丧礼，洒脱放达，特立独行。山涛却是一个循规蹈矩的典范：

> 遭母丧，归乡里。涛年逾耳顺，居丧过礼，[1]负土成坟，手植松柏。(《晋书》卷43《山涛传》)

和竹林七贤中的其他人相比，山涛从未显示出任何自由的倾向，而是和向秀一样，缺少离经叛道的革命思想。

5. 竹林七贤与酒

竹林七贤皆以喜好饮酒著称。他们每逢聚会，都要"肆意酣畅"[2]，流传下来的与酒相关的轶事更是数不胜数。阮籍和刘伶最爱喝酒，但我们对刘伶的了解仅局限于其与酒相关的事迹和一首《酒颂》[3]，阮籍和阮咸似乎来自著名的饮酒世家：

> 诸阮皆能饮酒，仲容至宗人间共集，不复用常杯斟酌，以大瓮盛酒，围坐相向大酌。时有群猪来饮，直接去上，便共饮之。[4]

这种对酒的狂热在当时并不罕见，从另一方面来说，这体现了竹林

---

[1] 参见《礼记·丧大记》("五十不成丧"——校者)。
[2] 《世说新语·任诞》。
[3] 译文见 Henri Maspero, *Le taoïsme*, Paris: Musée Guimet, 1952, pp. 65–66。
[4] 《世说新语·任诞》。这里可能暗示了道家列子的"食豕如食人"，参见 James Legge, trans., "The Writings of Kwang-Tze," in *The Sacred Books of China, The Texts of Taoism*, London: Humphrey Milford, 1927, ch. 7, p. 265。

七贤对当时僵化造作文化的反对，他们只能纵酒避世，以抵抗墨守成规的社会。①

6. 个人与社会的关系

曹魏时期，孝顺父母、为父母守丧被视为最重要的美德和礼数，不仅如此，生活中的其他方面也要遵循礼教。例如在两性关系上就存在着严格的规定，年轻女性被要求身居深闺，大门不出，二门不迈，②女性地位低下，是丈夫的私有财产。下文的例证则反映了竹林七贤是如何试图打破这些汉朝遗留下的儒家规范。王戎的妻子就是一位不拘礼数的代表：

> 王安丰妇常卿安丰，安丰曰："妇人卿婿，于礼为不敬，后勿复尔。"妇曰："亲卿爱卿，是以卿卿，我不卿卿，谁当卿卿。"遂恒听之。③

人与人之间的关系也严格依据社会地位和家世来划分，下文中的与刘昶相关的事例就体现了阶级差异的奥秘。尽管我们对刘昶（字公荣）知之甚少，但毫无疑问的是，他出身贵族，与阮籍同为沛国人，后任兖州刺史：④

---

① 王瑶的《中古文人生活》第2章等处详尽地谈论了当时酒在贵族间盛行的原因。
② 参见森三树三郎「魏晋时代における人間の発見」，『東洋文化の問題』第1号，1949年，第147—148頁。
③ 《世说新语·惑溺》。在汉语原文中，本句中的"卿"重复了8次。
④ 参见刘孝标注《世说新语·任诞》所引用的《刘氏谱》（"昶字公荣，沛国人"——校者）和《晋阳秋》（"昶为人通达，仕至兖州刺史"——校者）。

> 刘公荣与人饮酒,杂秽非类,人或讥之。答曰:"胜公荣者不可不与饮,不如公荣者亦不可不与饮,是公荣辈者又不可不与饮。"故终日共饮而醉。(《世说新语·任诞》)
>
> 王戎弱冠诣阮籍,时刘公荣在坐,阮谓王曰:"偶有二斗美酒,当与君共饮,彼公荣者无预焉。"二人交觞酬酢,公荣遂不得一杯,而言语谈戏,三人无异。或有问之者,阮答曰:"胜公荣者,不可不与饮酒;不如公荣者,不可不与饮酒;唯公荣,可不与饮酒。"(《世说新语·简傲》)

阮籍戏谑刘昶(喝酒的时候)不顾身份,就故意不给他酒喝,还对他与众人皆饮的名言做了曲解。

当时,阶级思想、等级观念根深蒂固,人们喜欢对不同家族的人物或同族的古今成员进行比较,加以集合归类,品评不同贵族的才华。[①] 人们也曾把竹林七贤与他们的后代进行比较[②],之后又与佛教人物比较[③]。也许正是因为此种品评归类的传统,才使得竹林七贤聚集在了一起。[④]

7. 结论

然而,竹林七贤各有特点,以至于我们无法一概而论。山涛当朝为官,忠于统治者和儒家传统;王戎既富且贵,性格孤僻,与当时社会并

---

① 可参见《世说新语·品藻》中的众多例证。
② 《世说新语·品藻》。
③ 这一方法被称为"格义"。
④ 参见陈寅恪《陶渊明之思想与清谈之关系》。

无扞格；向秀似乎没有非常突出的性格特点；阮咸和刘伶主要以嗜酒著称。① 竹林七贤的这些差异对于研究当时的社会历史很有价值。根据上文对于他们事迹的种种记载，我们可以总结出当时贵族社会的几个特点：家世极其重要、采用了新的选官制度、社会阶级分化日益鲜明。但竹林七贤并非因为表现了这些时代特点而闻名于世，而是因为他们标新立异，尤其以阮籍和嵇康最为突出。南宋著名历史学家、文学批评家沈约就曾谈道：

> 彼嵇、阮二生，志存保己，既托其迹，宜慢其形。慢形之具，非酒莫可，故引满终日，陶瓦尽年。酒之为用②，非可独酌，宜须朋侣，然后成欢。刘伶酒性既深，子期又是饮客，山、王二公悦风而至，相与莫逆，把臂高林，徒得其游。故于野泽衔杯举樽之致，寰中妙趣，固冥然不睹矣。③

沈约称嵇康为"上智之人"，而"阮公才器宏广，亦非衰世所容，但容貌风神，不及叔夜"④。沈约认为嵇康与阮籍二人才是竹林七贤的灵魂所在，而其他五位只是"饮客"而已。

除了展现阮籍和侄儿阮咸反对礼教的一些文字外，上述的轶事并不足以解释竹林七贤在中国传统中的重要性。不过，轶事中只是暗示的内容，在嵇康和阮籍的作品中得到了确证。嵇、阮二人是竹林七贤真

---

① 《世说新语·言语》记载了向秀和司马昭的谈话，显示了他否定道家生活，改信儒家思想。向秀本人也试图通过对《养生论》的批评，证明比起道家思想，他更信奉儒家思想；参见 Donald Holzman, *La vie et la pensée de Hi K'ang*。

② 这在远东地区依然存在。

③ ［梁］沈约：《七贤论》，《全梁文》卷29。

④ 同上。

正的精神领袖,他们厌倦儒家社会生活的人为桎梏,追求个体生命的自在,信奉广为流传却为礼教不容的道教。正是此种反叛的精神和对人性的重视、对个人宗教价值的关注,才使得竹林七贤具有了真正的历史意义。沈约口中的"寰中妙趣",说的正是他们不问世事、清静无为和实践自己的宗教哲学。[①] 竹林七贤幽默、古怪的行径必须被解释为对当时虚伪社会的批判,他们通过引发大笑,试图将世人带回一个以人为本、排除桎梏、充满自然生命活力的"道"的世界。

[①] 林庚试图在《中国文学简史》(上海:文艺联合出版社,1954年,第171—182页)中论证阮籍和嵇康在"民主革命"的历史进程中扮演着重要的角色。虽然我们从阮籍的作品中能发现其平等思想,以及受道家启发的无为思想(林庚对此闭口不谈),但说他们参与了"民主斗争"(同上书,第182页)是不符合时代原貌,没有史实依据的。

中国汉代的城市 *

〔日〕宫崎市定 著
刘海清 译 / 陈龙 校

一

30多年前,当我还是京都大学的学生时,我的老师桑原骘藏(1871—1931)先生向我们讲解了《日知录》,这是一部著名的每日学习笔记集,作者是明末清初著名学者顾炎武(1613—1682)。其中一篇说明乡亭长职能的文章(《日知录》卷8《乡亭之职》)引起了我的特别注意。在这篇文章中,顾炎武指出汉代地方政府超过了其他朝代。事实上,乡官在汉代发挥了重要作用;政治家、高官乃至皇帝自己都十分尊重他们,"礼之者甚优",并听取他们对政治的看法。这种事情在之后的朝代是难以想象的。要解释这一事实,就必须假定汉代社会基础与其后朝代的社会基础差别极大。过去不是现在的缩影;过去拥有现在

---

* 本文译自 Ichisada Miyazaki, "Les villes en Chine à l'époque des Han," *T'oung Pao*, Second Series, Vol. 48, No. 4-5, 1960, pp. 376-392. 本文是1961年4月17日和20日宫崎市定在法兰西公学院举办的两次讲座的文稿。宫崎市定(1901—1995),日本著名汉学家,京都学派的标志性人物。——译者

业已丢失的特征。

我们知道汉代在县以下设置了乡、亭和里；但它们的真正本质尚未得到厘清。① 令学者特别尴尬的是汉代文献对它们的三种描述似乎相互矛盾：

十里一亭② —— 十里一乡③ —— 十亭一乡④

不言而喻，"十"这个词并不一定是确指；它可以表示许多。解决这些表述所带来的矛盾也同样困难。我在此将依据我的研究成果，对此提出一个假说，由于时间有限，我就不详细论证了。⑤

首先，乡和亭。它们都是被城墙（"城"或"郭"）包围的小城，城墙四面都有门。城墙内的小城分为多个街区（"里"），它们之间由马路（"街"）隔开。每个街区被墙（"垣"或"墙"）包围，只有一个入口（"闾"或"闾门"）。每个街区包含约100间房屋（"家"），每间房屋由"墙"包围。小巷（"巷"）可由街区唯一入口通往每间房屋的大门。这

---

① 小畑龙雄「漢代の村落組織に就いて」,『東亞人文學報』第1卷第4期,1942年；松本善海「秦漢時代における亭の變遷」,『東洋文化研究所紀要』第3册,1952年；增我部静雄「都市里坊制の成立過程について」,『史學雜誌』第58卷第6期,1949年；日比野丈夫「鄉亭裡についての研究」,『東洋史研究』第14卷第1—2期,1956年；增村宏「晋南朝の符伍制」,『鹿大史學』第4卷,1956年；王毓诠：《汉代"亭"与"乡""里"不同性质不同行政系统说》,《历史研究》1954年第2期。

② 《汉书》卷19《百官公卿表》,"县令长"；《宋书》卷40《百官志下》,"县令长"；《风俗通》引自《后汉书》卷28《百官志五》,"亭"。

③ 《风俗通》被引用于《后汉书》卷28《百官志》,"乡"。

④ 《汉书》卷19《百官公卿表》,"县令长"；《宋书》卷40《百官志下》,"县令长"。

⑤ 详见拙作「漢代の鄉制」,『史林』第21卷第1期,1935年,转载于『アジア史研究』（京都）第1卷,1957年；「中国における聚落形体の変遷について」,『大谷史學』第6卷,1957年；「中国における村制の成立」,『东洋史研究』第18卷第4期,1960年。

些小巷非常狭窄,宽度仅够让车通过。出城的居民必须通过至少三扇门:家门、闾门、城门。

在汉代之前,闾门是上述这种城市的鲜明特色。当天子或诸侯希望向一个人致敬时,便会在坐车经过此人所在的闾门时点头。① 闾门的门梁足够高,能让马车通过。《汉书》讲述了当时伟大政治家于定国父亲的一段重要经历。"闾门坏,父老方共治之",于定国的父亲向父老宣称:"少高大闾门,令容驷马高盖车。我治狱多阴德,未尝有所冤,子孙必有兴者。"后来于定国真如其父亲所预言,成了丞相,并且常常穿过这座闾门来看望父亲。

当一名高官将要进入闾门时,他的随从向前跑来通知门卫,门卫就要跑去向被访者告知访客的到来。② 只能通过闾门往返,这当然非常不方便,但任何人都无权打通围墙,在大道边私自建门,只有封地超过万户的侯才被允许这么做。③

所有的城门与闾门都被守卫监视,并在夜间关闭;夜里禁止在大街上行走。也禁止在没有通过闾门的情况下,穿过房屋围墙、里墙和城墙。"逾墙"即穿越房屋围墙,意指当时不同街区的年轻人之间被认为应受到谴责的偷情行为,而"阋墙"即在围墙内吵架,指兄弟间的争吵,该行为更受世人谴责。翻越城墙的人会受到严厉的惩罚,有时甚至会遭受刖刑(被砍掉一只脚)。

里制是指将人们关在一个用城墙围起来的街区里,这一制度从汉

---

① "轼"或"式"表示在车顶向某人致意的动作。魏文侯在经过段干木所在的"闾"时就是这样做的(《史记》卷44《魏世家》)("文侯……客段干木,过其闾,未尝不轼也"——校者);周武王在经过商容的闾门时亦是如此(《书经·武成》)("式商容闾"——校者)。
② 参见《说苑》卷9《正谏》:"前驱报闾曰:'君至!'"它指的是齐景公拜访晏子。
③ 参见《魏王奏事》,引自《初学记·居处部·宅》,卷24:"出不由里门,面大道者名曰第。爵虽列侯,食邑不满万户,不得作第。其舍在里中,皆不称第。"

代之前的秦代(前221—前207)就出现了,彰显了皇帝的专制。秦代动用了一半的军队来攻打他国;为了确保征兵,秦代要求征召一个里中居住在闾门左侧的所有成年人。① 在汉代,政府每年都会在农历八月进行严格的人口普查,由于里制,任何人都无法逃脱此次普查。

每个乡或亭都是一个在城墙内包含数个里的城市。正如我已经说过的那样,在这方面,汉代的文献采用了含混不清的表述:有时,十里一乡,有时,十里一亭。乡和亭之间似乎没有本质区别。乡只是一种更重要、更大的亭。当有多个亭时,其中一个亭便成为中心城市或主要城市,即都亭,都亭管辖其他亭:这个中心城市正是乡,乡同时也指这组亭。这就是第三个公式所表达的意思:"十亭一乡"(十亭构成一乡,或者一乡管辖十亭)。另一方面,如果有多个乡,其中一个会成为主要的乡,即"都乡",并被称为"县",类似于沙畹(Édouard Émmannuel Chavannes, 1865—1918)翻译的"地级行政区"(préfecture)。

汉代的城市就同过去一样,是一个农业城市,其居民大部分是农民;工业或商业尚未蓬勃发展。每个大城市都有一块专门为市场保留的区域,称为"市",商人的店铺坐落于此。政府要小心地分配百姓的住所,使商人和工人住在市场附近,农民住在城门附近。② 在夏天,农民每天都要出城务农再回城。靠近城墙的田地,被称为"负郭",这里的田地更方便农作,同时也比远处的田地更昂贵。③ 贫穷可怜之人住在靠近城墙的房屋;政府和公共场所位于城市的中心,该位置被认为是特权的表现。

---

① 参见《汉书》卷24上《食货志上》和《汉书》卷31《陈胜传》中的"发闾左之戍"(《汉书·陈胜传》作"发闾左戍"——校者)和《汉书》卷49《晁错传》的"入闾取其左"。
② 参见《管子·大匡》:"凡仕者近宫,不仕与耕者近门,工贾近市。"
③ 在《史记》里,"负郭田"(《史记·苏秦列传》)和"带郭田"(《史记》卷129《货殖列传》)指的是同一块田地,然而"负郭穷巷"(《史记·陈丞相世家》)指一条位置最差的窄街。

在西汉前期，共有1587县、6622乡和29635亭，共计37844城。如果一个城市的平均人口估算为2000人①，那么这些城就可包含汉帝国的总人口（数量不超过6000万）。大部分人居住在城中，很少有人住在城外；自古以来就是如此。在这方面，通常很难理解所谓的井田制，据说该制度在古代就实行了。根据这一制度，所有农民都将从国家获得约450平方米的土地，该土地被分为9小块。其中8块由8户耕种；那是他们的私人田地，谓之"私田"，私田收成全部归耕户所有。第9块（中间的那一块）由8户共耕，收入全归国家所有。许多学者认为这8户在剩余的占中心地块十分之二大小的土地上拥有永久居住权。但我的看法不同。根据《汉书》的解释，农民在农闲时居于里，"春将出民，里胥平旦坐于右塾，邻长坐于左塾，毕出然后归，夕亦如之。入者必持薪樵,轻重相分,班白不提挈"②。这项检查工作要持续到夏末农活结束。农民在田间有自己的窝棚，谓之"庐舍"，但它被用作棚屋或午餐休息的地方，绝不是他们的永久居所。需要注意的是，田野中的庐舍并没有形成村庄，村在汉代尚未出现。

每座城周围都有它的田地，形成一个直径不是很大的圆形辖域，因为农民必须每天往返。除了这些田地之外，仍有广阔却荒芜的平原。这便是为何北方的游牧民族可以在居民不知情的情况下，直入中国腹地；这也是为何秦始皇必须在北部边境修建长城，以便在将游牧民族赶出国土后保护中国百姓。

城市数量逐渐减少；东汉时期只剩下17303座城。对此我们可以想到两个原因。首先，城市随着时间的推移变得越来越大；中央集权制

---

① 对此没有详细的资料，但据我的计算，亭侯被分封300—500户，即1500—2500人。
② 参见《汉书》卷24《食货志》。

使得人口集中。人们从一座小城迁至一座大城,从一座大城迁至一座更大的城市,而最小的城镇被遗弃,最终消失。其次,人们通过清理荒芜土地,建成了许多庄园,这些庄园采取村庄的形式。军事庄园("屯田")由政府与驻军共同建立,尤其引发了中国社会的巨大变化。在西汉(公元前206—公元9),屯田的目的是增强位于边境附近的弱小城镇实力。① 但是在东汉(25—220),屯田包含许多小村庄,每个村庄有60户。② 这些村庄被称为"邨","邨"字被发音相同的"村"字取代。"村"如今被普遍用于指代村庄。

农民住在城市的原则部分沿用到晋代(265—420)。在当时占领北方的胡人王朝中,有一个是突厥系鲜卑部落,坐落在南凉。这个王朝的第一个统治者秃发利鹿孤在401年征服了位于黄河以西省份的汉人后称王。他想在一座大城市定居,成为中国的皇帝。他的安国将军鍮勿仑劝阻他:"昔我先君肇自幽、朔,被发左衽,无冠冕之义,迁徙不常,无城邑之制,用能中分天下,威振殊境。今建大号,诚顺天心。然宁居乐土,非贻厥之规;仓府粟帛,生敌人之志。且首兵始号,事必无成,陈胜、项籍,前鉴不远。宜置晋人于诸城,劝课农桑,以供军国之用,我则习战法以诛未宾。"③ 如果我们不记得农民和蚕农在中国古代住在城市中,那么这段话就解释不通了。

最近在居延地区发现的汉代木简有助于我们厘清当时的城市制度。多亏了劳榦(1907—2003)教授在台湾对这些新文件进行的研究,我们才得以知晓那些人属于里,并且那片土地属于亭。里和亭是汉代

---

① 《汉书》卷69《赵充国传》。
② 参见《晋书》卷26《食货志》。
③ 参见《晋书》卷126《秃发利鹿孤传》和《资治通鉴》卷112的简述。

社会的根本基础。帝国行政制度"郡县制"只是叠加在此基础上的表面结构。

二

我已经描述了汉代的城市形态和市民生活。这种城市的起源是什么呢？在古代，所有的城市都被称为"邑"，从最大的城市洛邑（东周的首都）到孔子曾提及的"十室之邑"。在这些城市中，诸侯国的首都被称为"国"；那里有诸侯的宫殿与宗庙，诸侯被称为"君"。根据传统历史记载，在中国文明初期约有一万个诸侯国。由于内战之后的兼并活动，国家数量逐渐减少。在西周初期仍有约1700个，而在东周（前8世纪—前5世纪）时只剩下几十个。但是如果诸侯国的数量减少，那么小城镇的数量就会增加。这种结果既是由于人口增加，也是因为中国文明在游牧民族或山地蛮夷中扩散。城市生活通过将中国人与其他民族区分开来而成为中国人的特色。正是这些古代城市（邑）变成了汉代城市（亭）。这种名称的改变似乎在秦代的管理下得到了推广。

从古代至战国时期（前5世纪—前3世纪），诸侯国的首都具有内外双重城墙。内墙被称作防御工事，即"城"，也就是说，它们被用来保护诸侯以抵抗敌人的攻击；它们环绕位于城市中心的一座小山上的宫殿：这是一座类似于古希腊卫城的城堡。外墙只是一道薄弱的围墙，用来保护人民免受罪犯或野生动物的伤害，同时防止人民逃跑。外墙被称为"郭"（意思是"环绕"）并且没有军事价值。一个大国的军队经常入侵到邻国城市的郭内部，并在洗劫之后烧毁房屋；这样的袭击对诸侯造成了巨大的经济损失，但是在他的"城"，他自己仍然保持安全并得到很好的保护。诸侯必须一点一点地加强对整个城市的防御,不再加固城堡,转而增高外墙。在战国时代末期,城市中心的城堡越来越不受重视,外墙成为主要的防御工事。"城"和"郭"这两个词之间的区别消失了,几乎所有城市都只有外墙,这样的外墙有时被称为"城",有时被叫做"郭"。①

战国时期大国施行中央集权制,由此这些国家的都城成了大城市。例如在齐国,"临淄之中七万户"②。在秦代,秦始皇离宫所在地长安只是一个"乡"。刘邦住进这座宫殿后,长安成为西汉的首都。这个城市的平面图非常不规则;它被城墙环绕,南墙与北墙呈梯形,北墙为北斗形,南墙为南斗形。人口超过80000户③,有"三宫九府三庙十二门九市十六桥"④。

随着时间推移,贸易发展起来了,在大城市尤其如此。市场变得重要;它吸引了空闲的居民。它不再仅仅是一个交易场所,而是成了一个市民消磨时间的公共场所。正是在这里,市民们彼此相识,甚至参与政治运动。虽然他们被关在他们的街区("里"),但是市场("市")使他们得以构筑一个开放的社会。

燕国著名刺客荆轲(他后来刺杀始皇帝失败)喜欢和他的两位朋友一起在燕国首都的市场饮酒闲逛,这两位朋友分别是音乐家和狗肉屠夫(当时,百姓食用很多狗肉,因为狗肉比羊肉便宜);当音乐家演奏他的乐器时,"荆轲和而歌于市中,相乐也,已而相泣"。

---

① 参见拙作「中国城郭の起源異説」,『歴史と地理』第32卷第3期,1933年;再版于『アジア史研究』第1卷,1957年。
② 参见《战国策·齐策》。
③ 参见《汉书》卷28《地理志》,关于长安县的人口,其写作"户八万八百,口二十四万六千二百",这看起来是汉初的数据。
④ 参见[清]顾炎武《历代帝王宅京记》卷4《汉长安故城》。

当齐国遭到燕国入侵时,一位齐国大臣杀死了齐王并篡夺了王位。一位名叫王孙贾的男子受到母亲的启发,在市场上向同胞宣告:"淖齿乱齐国,杀闵王,欲与我诛者,袒右!""市人从者四百人,与之诛淖齿,刺而杀之。""市人"并不是指商人,而是恰好在市场上的人。①

在西汉首都长安,太学附近有一处市场("槐市"),学生每个月在那里聚会两次,交换书籍和地方特产,并花一整天讨论哲学、科学等各种学科。

在汉代,县虽受中央政府派遣的县令管辖,但拥有相当大的自治权。在县的里中,一些老人("父老")拥有很大的影响力。在每个亭中,县令任命一位亭长,负责治安。但是直接管理居民的是乡的代表。有三位乡代表具有特别重要的权力:三老负责教化;啬夫负责征收赋税;游徼循禁贼盗。三老是精神领袖,拥有很大的权威,就连皇帝本人也要尊敬他们。

但是汉代的中央集权制与城市自治相悖,并最终摧毁了城市自治;另一方面,百姓的反复迁徙完全破坏了里制。北魏(386—534)试图重建汉代的里制,而唐代创造了所谓的坊制。但是数世纪以来,中国社会发生了巨大变化。唐代(618—907)的城市与汉代的城市不再一样。首先,唐代城市不再是过去的农业城市;其居民不是农民,而是士兵、官员、商人、工人、贵族。大多数农民生活在村庄中,这些村庄分散在中国广阔的领土上。城乡共存是唐代社会的最大特色。延续到唐代的城市数量要比汉代城市数量少得多,但这些城市大到足以容纳当地百姓。② 旧时的大多数小城市已经消失不见,他们的居民已经分散到村庄里。

---

① 参见《战国策·齐策》。
② 在唐代,据统计,639 年有 1551 个县,740 年有 1573 个县;而且除了县,几乎没有其他城市。

唐代城市也被城墙包围，内部分为许多"坊"，与汉代的"里"相似，但也有一些相当大的差异。汉代的里只有一扇大门，而唐代的坊通常开有四扇大门，分别位于坊的四侧，这极大地促进了居民之间的交流。在汉代，鲜有封侯可以临街建门；而在唐代，高级贵族和大型佛寺被允许在大道旁设立私门。总之，汉代的里制比唐代的坊制严格得多，这反映了社会进步和人民自由的增加，而这些进步最终导致了这些制度在之后的朝代中解体。

　　唐人有时住在广阔平原上的孤立村庄里，有时住在坊中，坊不像过去那样封闭。唐代政府认为需要像汉代皇帝那样掌控人民，汉代皇帝通过里制将人民分成小群体，群体之间互相监督。该政策是在考虑数量和正式数据的情况下精心制定的。

　　无论是在城市还是在村庄中，人们以小组的形式分布。五家形成了一个"保"，其中每家都要为其他四家的行为负责。此外，每家都必须与"邻"的行为一致（"邻"是指与之四边接壤且并不总是同属一保的家庭）。① 一百家（或约二十保）形成一里，里的负责人（"里正"）从里的成员中任命，负责户籍和地籍。里正也负责征收赋税，稽查违法行为。

---

　　① "四家为邻"的含义非常模糊。"四"通常指"四个方向"，比如"四海"。这样理解的话，"四家"便是指分别位于东西南北的四家。在C和H、G和H、I和H、M和H之间有"邻"的关系，如下图所示：

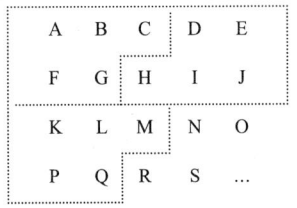

A	B	C	D	E
F	G	H	I	J
K	L	M	N	O
P	Q	R	S	...

"保"是由ABCFG、DEHIJ等构成的，在此图中得到了很好的展示。请参见我的一篇短文「四家を隣となす」,『東洋史研究』第11卷第1期, 1951年; 增村宏:「唐の隣保制」,『鹿大史學』第6卷, 1951年。

最后，为了方便县府管理，五里组成一乡。因此，"乡"和"里"在唐代的含义与它们在汉代的含义非常不同。

除了根据数量进行分组外，另有一个特点。在农村，村庄被允许组建成"村"，村的负责人（"村正"）是从居民中挑选出来的。村正辅助里正，尤其是在维护公共和平与安全方面。在城市里，每个坊仍然是一个准自治单位，坊的负责人（"坊正"）相当于村里的村正。

应该指出的是，在唐代，农民住在城外的村庄中，而大多数城市人口不再是农民。在每座城市，多个坊被保留为市场，商人在那里开设店铺。原则上农民必须前往城市的市场，销售他们的产品并购买所需商品。如果这个城市远离他们的村庄，那么这会非常不便。因此形成了未经官方许可的民间集市，这些集市每月举行几次，地点一般临时在路口交会处。这种集市没有固定的店铺；它由露天小摊组成，被称为"草市"，是一种临时市场。但这些市场变得越来越重要，最终形成了固定的城市。就是在这里，我们可以追踪到新兴城市的起源，这些城市被称作"镇"。镇产生于宋代，是小型的商业城市。

另一方面，在大城市中，随着交易需求变得愈发活跃，垄断商业的市场使百姓感到不满。因此，在城外建立了一些草市，非常靠近外墙的城门；然后渐渐地，商人在城市内、在官方许可的市场之外、在大街边上、在生活区内设立店铺，最终使整个城市变为市场。[①] 与此同时，坊的围墙被拆除，结束了那种将城市划分为坊的制度。因此在宋代出现了完全商业化的现代大城市。

人们不禁会被东西方城市演变中的某些相似性所震撼。我相信如果深入挖掘世界历史，我们将可以从人性深处的共同根源中汲取更多。

---

① 参见加藤繁「唐宋の草市」，『支那経済史考証』（上卷），東京：東洋文庫，1952年。

淝水之战(383年)的神话*[①]

[美]迈克尔·罗杰斯 著
陈龙、徐美德 译 / 陈龙 校

一

4世纪初,司马氏家族的西晋(265—316)面对部分汉化的突厥-蒙古部落的猛攻,放弃了北方,栖身长江下游,肇造了东晋(317—420)。[②]

---

* 本文译自 Michael C. Rogers, "The Myth of the Battle of the Fei River (A. D. 383)," *T'oung Pao*, Second Series, Vol. 54, Livr. 1/3 (1968): 50-72. 罗杰斯(1923—2005),加州大学伯克利分校东亚系教授。——译者

[①] 本文口头宣读于太平洋海岸语文学协会(The Philological Association of the Pacific Coast)第64届年会(加州大学伯克利分校,1966年11月26日)。其研究结果基于《晋书》卷113—114《苻坚载记》。我们在《苻坚载记》中可以看出两种文本层。较早的一层源自先唐,代表了《晋书》编纂者所继承的记述;另一层源自初唐,出自《晋书》编纂者,旨在提升其思想旨趣。本文聚焦先唐的淝水之战记述。为求全面完整,读者可以参考笔者即将出版的《苻坚载记》注释译文(Michael C. Rogers, *Chronicle of Fu Chien: A Case of Exemplar History*, Berkeley & Los Angeles: University of California Press, 1968.——译者)。

[②] 关于西晋的覆灭与继之而起的东晋(更加现实的区分应是"北"晋与"南"晋),参见 Otto Franke, *Geschichte des chinesischen Reiches,* Vol. 2, Berlin: Walter de Gruyter, 1936, 44 ff., 55 ff. ; L. S. Yang, "Notes on the Economic History of the Chin Dynasty," in *Studies in Chinese Institutional History*, Cambridge, MA.: Harvard University Press, 1961, 124 ff. ; A. F. Wright, "Fo-t'u-teng, a Biography," *Harvard Journal of Asiatic Studies*, Vol. 11, 1948, pp. 322-324 ; Arthur Waley, "The Fall of Lo-yang," *History Today*, Vol. 4, 1951, pp. 7-10。

直至5世纪,北方始终政治动荡,四分五裂,仿若鏖战正酣的战国时代。不过二者存在一个重要区别。东汉时代,天下帝国的理想不是一个梦想或愿望,而是一个被铭记的现实。汉朝的成就是一种普遍的精神遗产,不仅对具有中原王朝血统和文化的人们影响甚巨,而且对那些统治着被统称为十六国的北方部落首领产生了重大影响,其中,就政治统一与文化影响的范围程度与持续时间而言,尤以苻氏前秦(351—394)最为彰著。第四任统治者苻坚(357—385年在位)铸就了前秦的历史形象[*],统治了自高句丽至西域的整个北方地区。然而,苻坚首先是以淝水(淮河在安徽境内的支流)之战而被永载史册。《晋书·苻坚载记》及相关文献描述了383年苻坚猛攻东晋淮河防线,大规模入侵东晋,却在淝水遭受彻底失败,导致前秦覆灭。东西学者普遍认为淝水之战是"世界历史上决定性战役之一,因为倘若苻坚大军成功战胜东晋,那么这一分裂时期中的中国文化堡垒将会被摧毁,我们就只能猜测中国文化此后的历史会是什么样了"[①]。德高望重的中国学者雷海宗(1902—1962)将淝水之战作为其划分整个中国历史两个周期(古典中国时期和"胡汉混合、梵华同化"时期)的巨大分界线。[②] 中国共产党人也未曾忽视淝水之战。毛泽东将淝水之战归入中国早期战史的六大实例,弱者先让一

---

[*] 作者应是将苻洪、苻健、苻生作为前秦的前三任君主。——译者

① Kenneth Chen, *Buddhism in China: A Historical Survey*, Princeton: Princeton University Press, 1964, p. 101. 另见 J. D. Frodsham, "Hsieh Ling-yün's Contribution to Medieval Chinese Buddhism," in *Proceedings of the Second Biennial Conference, International Association of Historians of Asia*, Taipei: Taiwan Provincial Museum, 1963, pp. 27–55。

② Lei Hai-tsung, "Periodization: Chinese History and World History," *The Chinese Social and Political Science Review*, Vol. 20, 1936–1937, p. 478; James T. C. Liu, "The Neo-traditional Period in Chinese History," *The Journal of Asian Studies*, Vol. 24, No. 1, 1964, pp. 105–107.

步,后发制人,以少击众,以弱胜强。① 马克思主义历史学家李季平对淝水之战充满热情,将其描绘为中国团结一致,众志成城,战胜外部入侵——李季平认为这种立场是中国民主革命传统不可分割的一部分。②

二

无论这些判断是否正确,前秦在其兴衰历程中吞并或催生了"十六国"中的逾半数国家。因此,对中国的一般历史学家而言,前秦似乎更值得关注,这些历史学家在试图总结 4 世纪瞬息万变的政治发展历程时,困难重重。前秦历史的基本文献来源是《晋书·苻坚载记》,而《晋书》本身是初唐根据目前仅存片断的先唐记载而加以编纂的产物。③ 众所周知,王朝正史,尤其是《晋书·载记》的相关篇章,一般而言,绝非客观准确的历史记载素材库。神话的自发演进、叙事技艺以及在文人精神风气中铸就的典范要求,都扮演了重要角色,但要析离某种因素在其中发挥的特定作用,或者将虚构内容与确凿史实完全剥离,绝非易事,甚至绝无可能。《晋书·苻坚载记》中的确凿史实显得异常薄弱;事实上,本文试图揭橥即便是《晋书·苻坚载记》中的高潮部分(即对淝水之战的描述),也不能被视为对实际事件的描述。对相关文本、政治和文化因素的考察迫使我们得出结论:《晋书·苻坚载记》的历史编纂遵循了特定模式,出于江南地区的某些政治与文化需要。此外,《晋

---

① 毛泽东:《毛泽东选集》第 1 卷,北京:人民出版社,1951 年,第 203、242 页。
② 李季平:《淝水之战》,上海:上海人民出版社,1955 年,第 46—48 页。
③ 关于《晋书》编纂的记载,参见 L. S. Yang, "Notes on the Economic History of the Chin Dynasty," in *Studies in Chinese Institutional History*, 119ff.。

书·苻坚载记》作为一个整体,堪称某种重写本(palimpsest),其中,唐代文本层被叠加在先唐文本层上;虽然这两层无法完全分开,但其基本主题易于辨别。本文主要讨论先唐文本层,但对唐代文本层的一些综论在此也必不可少。

三

《晋书》编纂者同时兼任唐太宗(627—649年在位)的高级谋臣。他们在苻坚生平的记载,尤其是在383年入侵东晋与淝水之战的故事中,发现了一个合适的框架,可在此之上建构典例。差不多也是这批御用史官,编纂了记述隋代覆灭的正史(《隋书》),他们设计此种典例,旨在用一般的文人精神风气和某些特殊政策(尤其是和平的边境政策)的实践价值来影响唐太宗。出于自身需要,他们采取的基本方法是将大量7世纪的情况注入4世纪的历史中。因此,得益于众多更佳证据,我们发现苻坚面对着某些我们知道唐太宗自己也要面对的问题,并且史官们以暗含褒贬的方式来叙述苻坚是如何处理这些问题的。毋庸置疑,唐太宗史官谋臣的隐含判断始终得到了辩护。如果说他们在处理苻坚时似乎随意对待传统史学编纂的界线,那么有几个理由可以为之辩护:他们绝不仅仅是史官;在他们看来,道德善恶直接关系到迫切需要考虑和决定的政策问题(他们也亲身参与了这一决策过程),因此对他们而言,道德善恶比历史真伪这样的抽象概念更具说服力[1];面对唐太宗这样具有非汉

---

[1] H. H. Frankel, "Objectivität und Parteilichkeit in der officiellen chinesischen Geschichtsschreibung vom 3. bis II Jahrhundert," *Oriens Extremus*, Vol. 5, 1958, pp. 133-144.

族背景、无情野心和好战倾向的统治者,他们会觉得有理由将手上的任何工具用到极致;最后,前秦是一个在时间上已经与唐朝相距甚远的胡人政权,当时可获得的有关它的史实相对较少,因此,史官们可以凭着良心,充当他们国家道德智慧和政治智慧遗产的守护者,修订和增补这些史实,建构典例。关于史书中的唐代文本层,我们将详加论述,尤其因为它与《隋书》对 612 年(大业八年)隋炀帝征讨高句丽的记述有关。

四

先唐文本层在美学上更令人满意,在哲学上更为深刻,在史学上比任何例证都更有意义。一旦清除唐代文本层的干扰,产生先唐文本层的南方(即江南)氛围就彰明较著。早期文本层融摄了神话框架,蕴含着悲剧性反讽,不仅仅是一个高度精致的人工产物;它令人想起了产生干宝《搜神记》、孙绰《喻道论》和谢灵运山水诗的环境。[1] 如果有任何

---

[1] D. Bodde, "Some Chinese Tales of the Supernatural: Kan Pao and his *Sou-shen chi*," *Harvard Journal of Asiatic Studies*, Vol. 6, 1941, pp. 338–357; Richard Mather, "The Mystical Ascent of the T'ien-t'ai Mountain: Sun Ch'o's *Yu T'ien-t'ai-shan fu*," *Monumenta Serica*, Vol. 20, 1961, pp. 226–245; H. Wilhelm, "Sun Ch'o's *Yü-tao lun*," in *Liebenthal Festschrift, Sino-Indian Studies*, Vol. V, Parts 3/4, ed. Kshitis Roy, Santiniketan: Visvabharati, 1957, pp. 261–271. 关于谢灵运(385—433)(383 年指挥东晋抵御前秦的谢玄之孙),参见 P. Demiéville, *Annuaire du Collège de France*, 63e année, 1963–1964, pp. 325–331, and 64e année, 1964–1965, pp. 349–360; P. Demiéville, "À la mémoire d'un ami: Un poème de Sie Ling-yun," *Asiatische Studien*, Vol. 18–19, 1965, pp. 1–10; R. Mather, "The Landscape Buddhism of the Fifth Century Poet Hsieh Ling-yün," *Journal of Asian Studies*, Vol. 18, No. 1, 1958, pp. 67–79; J. D. Frodsham, "Hsieh Ling-yün's Contribution to Medieval Chinese Buddhism"。正如戴密微(P. Demiéville)教授所言,谢灵运表面上效忠后继的刘宋王朝,但内心仍忠于已不复存在的晋朝。

真实的前秦档案材料进入载记中(鉴于众所周知的帝国分崩离析状况，此种可能性微乎其微)[1]，那么它要么完全失去了其北方特征，要么只是为自身融入其中的南方混合物提供了趣味佐料。这份载记实乃虚假文件，它自称是对南朝政权官方档案中的前秦历史的提炼。(相当悖谬的是，正如前文所述，这份载记的历史价值在很大程度上要归功于唐太宗史官将7世纪的史实倾注其中。)特别是对383年前秦入侵和淝水之战的叙述带有仪式性戏剧化色彩，蕴含各种令人印象深刻但或多或少隐而不显的民间传说因素，这些色彩和因素累积相加，令人对其真实性产生很大怀疑。[2] 构成此种传说特征的主题是苻坚统一天下的野心与江南地区被赋予的神秘力量之间不可避免的碰撞。作为天下政治分裂的产物，这或可称为正统性神秘力量。其核心是在精神与文化延续性上的独一正统谱系，使得无论这个政权的政治环境多么严峻，此种正统性都不可剥夺和不可分割。[3] 对先唐文本层的创作者而言，此种神秘力量构

---

[1] 刘知幾(661—721)提到417年(Otto Franke, *Geschichte des chinesischen Reiches*, Vol. 2, 139f.)。"宋武帝入关，曾访秦国事，又命梁州刺史吉翰问诸仇池，并无所获"(《史通》卷12《外篇·古今正史》)。

[2] 譬如笔者认为选定淝水为战场，乃是源于"肥"(可用于祭祀牺牲)的含义，也是因为它容易与各种预言苻坚覆灭的天象相系。关于此类传说特征，参见本文注释1中的文献。

[3] 正如斯普仁克尔所言(O. B. Van der Sprenkel, "Chronologie et historiographie chinoises," in *Mélanges publiés par l'Institut des Hautes Études chinoises*, Vol. II, Paris: L'Institut des Hautes Études Chinoise, 1960, pp. 407-421)，王朝正统性的概念在起源上代表了汉族文人憎恶前秦政权的态度。"正统"一词融合了《公羊传》中的"居正"和"一统"两个概念。司马光对王朝正统性的开明看法可见《资治通鉴》卷69，英译文参见 Achilles Fang, trans., *The Chronicle of the Three Kingdoms: Chapters 69 to 78 from the Tzu Chih T'ung Chien of Ssu-ma Kuang*, Vol. 1, Cambridge, Mass.: Harvard University Press, 1952, pp. 45-48.("苟不能使九州合为一统，皆有天子之名，而无其实者也。虽华夷仁暴，大小强弱，或时不同，要皆与古之列国无异，岂得独尊奖一国谓之正统，而其余皆为僭伪哉！若以自上相授受者为正邪，则陈氏何所授？拓跋氏何所受？若以居中夏者为正邪，则刘、石、慕容、苻、姚、赫连所得之土，皆五帝、三王之旧都也。若有以道德者为正邪，则蕞尔之国，必有令主，三代之季，岂无僻王！是以正闰之论，自古及今，未有能通其义，确然使人不可移夺者也。臣今所

成了一种精神力量,比任何单纯的物质力量都要强大,能够保护该地区击退北方入侵者。①

人们很容易想到对东晋正统性神秘力量之脉动活力的解释。中华文明核心地带落入胡人之手,对北方移民来说肯定是一次毁灭性的心理打击,更何况他们的文化并不承认道德哲学与政治哲学泾渭分明(政治的衰落证明了道德的堕落)。正统性神秘力量慰藉了他们,使其确信自己从滔天灾难中救出了一些东西,即以王朝正统性形式存在的精神整体。另一个补偿功能是北方移民在当时文化相对落后的南方环境中灌注了文化优越性的光环。最后,就本研究而言,最重要的是内部政治

(接上页)述,止欲叙国家之兴衰,著生民之休戚,使观者自择其善恶得失,以为劝戒,非若《春秋》立褒贬之法,拨乱世反诸正也。"——译者)笔者以为,正统性的概念在东晋发展为准宗教神秘力量,是对北方落入胡人之手的补偿性反应。这种神秘力量在其所在的社会环境中往往是潜移默化的,似乎适合用文学手法(民间传说、历史记述)而非哲学方式来表达,尽管一种"持续运作"的神秘力量很可能会引出或多或少的哲学论证。习凿齿(卒于384年)在《汉晋春秋》中似乎就给出了这样一种理据。《汉晋春秋》虽未完整传世,但留存两个清代辑佚本。该书思想旨意似与习凿齿临终上疏晋廷的内容相同,《晋书》卷82《习凿齿传》详引了该奏疏。Richard Mather, "Chinese Letters and Scholarship in the Third and Fourth Centuries: The *Wen-hsüeh p'ien* of the *Shih-shuo hsin-yü*," *Journal of the American Oriental Society*, Vol. 84, No. 4, 1964, pp. 348–391; Otto Franke, *Geschichte des chinesischen Reiches*, Vol. 3, Berlin: Walter de Gruyter, 1937, pp. 227–228. 习凿齿主张正统性的有效标准不是王莽开创的禅让制,而是帝王世系的承续。

① 在淝水之战前,正统性的神秘力量几乎就已经影响了现实。当时,苻坚遭受幻觉侵扰,这要归功于八公山和钟山的神力,它们分别护卫着寿春与建康两座大城(《晋书·苻坚载记》:"坚与苻融登城而望王师,见部阵齐整,将士精锐,又北望八公山上草木,皆类人形,顾谓融曰:'此亦勍敌也,何谓少乎!'怃然有惧色。初,朝廷闻坚寇,会稽王道子以威仪鼓吹求助于钟山之神,奉以相国之号。及坚之见草木状人,若有力焉。"——译者)。或可推测,它们共同代表了整个淮南地区的神力,共同保卫了东晋,证明了此地乃天命之所在。苻坚遭受的幻觉是神秘力量作用的结果,15世纪朝鲜王朝颂歌《龙飞御天歌》的编纂者敏锐捕捉了这一点。《龙飞御天歌》第98章将这一幻觉与苻坚执信自己拥有"正统"并置(《龙飞御天歌》,汉城:朝鲜古书刊行会,1911年,第468页)("弗听臣言,有心正统,山上草木,化为兵众。弗顺君命,无礼嫡子,城中街陌,若填骑士。"——译者)。

因素。和 12 世纪的南宋朝廷一样,对建康(今南京)的东晋朝廷而言,全面控制现有领土比夺回故土更重要。① 对此态度迥异的是传统上积极扩张的长江上游地方军阀,尤以桓温(卒于 373 年)最为知名;在建康与这些地方军阀的长期周旋对抗中,对北方的立场是一个恒久议题。② 此种神秘力量注定了任何北方入侵者都会失败,从而使得那些主张对北方采取以攻代守的预防性观点不再可信;面对北方入侵者,尤其是军力占优的入侵者,晋军越是获得惊人完胜,神秘力量就越能得到证实,那些相信神秘力量的领袖就越能得到擢升和尊崇。

五

到了 383 年,谢氏家族在建康的政治统治地位业已牢不可破;谢氏家族的领袖谢安(332—385)乃是正统性神秘力量的卓越代表。此时,谢安的劲敌桓温早已去世十年,但其子桓玄(369—404)继之而起,展现了桓温肆无忌惮的政治野心已在桓氏家族中生根发芽。③ 因此,桓谢

---

① Hellmut Wilhelm, "From Myth to Myth: The Case of Yüeh Fei's Biography," in *Confucian Personalities*, eds. Arthur F. Wright and Denis Twitchett, Stanford: Stanford University Press, 1962, p. 160.

② 福兰阁(Otto Franke,1863—1946)对此时东晋政治局势的描述差强人意,因其未能把握此种周旋对抗的意义(Otto Franke, *Geschichte des chinesischen Reiches*, Vol. 2, pp. 121-123)。此种周旋对抗尤其影响了东晋对待北方的态度与能力,越智重明(1923—1998)业已撰文澄清了这一点,参见越智重明「東晉朝中原恢復の一考察」,『東洋學報』第 38 卷第 1 号,1955 年,第 73—88 页。

③ 桓玄于 402 年在建康执掌朝权,404 年称帝;三个月后为日后肇造刘宋王朝的刘裕所杀。(Otto Franke, *Geschichte des chinesischen Reiches*, Vol. 2, 27f. and 130ff.)桓温热衷于收复北方故土,这是其性格和事业的"积极"特征,似乎令正统史官陷入了两难境地。为了解决这一难题,正统史官将桓温塑造为冷酷无情的机会主义者,北方边境议题纯粹是为了

家族的世仇虽然在 383 年现实层面平静沉寂,但在精神领域(或者说在这些传奇人物的脑海中)持续肆虐。很有可能曾有一些亲桓氏的著作,但即便有这样的著作,它们也没有在 5 世纪之交存世很久。以尊崇谢氏为基调的记述(《晋书》是其中的最大纪念碑)垄断了这一领域,并且很可能早在唐太宗的史官着手编纂《晋书》前,就已经占据了无可置疑的主宰地位。无论如何,同样的偏见也在刘义庆(403—444)《世说新语》中得到了确证。① 所有现存的记载都强调,在 372 年的王朝危机中,唯有谢安一人无畏地反对桓温,挽救了司马氏家族的命运;② 次年桓温去世后,谢安取代桓温,总领朝政,大权在握。东晋军队在淝水战胜了优势巨大的北方胡人入侵者,这构成了为谢氏家族辩护的基石;③ 对谢

(接上页)满足桓温的一己私利,尤其是他要推翻司马氏家族,创建新王朝。这种刻画漏洞百出,有待进一步研究。在此,我们念兹在兹的不是此种刻画是否正确,而是其对《晋书·苻坚载记》的影响。

① 毫无疑问,《晋书》卷79《谢安传》颇多得益于《世说新语》之处。此外,显而易见,在臧荣绪《晋书》(据说是二十四史《晋书》的主要文献来源)中,淝水之战神话和谢氏家族在其中的角色已经得到了充分发展(参见臧荣绪《晋书》黄奭辑本,《汉学堂丛书》本,第38a-38b页)。谢安在建康对不合心意的文字进行了严格审查,可从《世说新语》的相关插曲中见出端倪。参见《世说新语·轻诋》("庾道季诧谢公曰:'裴郎云:谢安谓裴郎乃可不恶,何得为复饮酒? 裴郎又云:谢安目支道林,如九方皋之相马,略其玄黄,取其俊逸。'谢公云:'都无此二语,裴自为此辞耳!'庾意甚不以为好,因陈东亭经酒垆下赋。读毕,都不下赏裁,直云:'君乃复作裴氏学!'于此语林遂废。今时有者,皆是先写,无复谢语。"——译者) Richard Mather, "Chinese Letters and Scholarship in the Third and Fourth Centuries: The *Wen-hsüeh p'ien* of the *Shih-shuo hsin-yü*," 383f; Lu Hsün, *A Brief History of Chinese Fiction*, Beijing: Foreign Languages Press, 1959, p. 72("晋隆和(362)中,有处士河东裴启,撰汉魏以来迄于同时言语应对之可称者,谓之《语林》,时颇盛行,以记谢安语不实,为安所诋,书遂废。"——译者)。

② 当桓温控制的傀儡简文帝司马昱驾崩时,谢安据说回击了桓温,确保了简文帝 10 岁的儿子司马曜继位(孝武帝)。

③ 在 8 世纪的一个故事("黄粱一梦",参见 E. D. Edwards, *Chinese Prose Literature of the T'ang Period*, London: Probsthain, 1938, Vol. 2, pp. 212-215)中,一位中国农民所设想的尘世幸福的巅峰包括了:(1)"征为京兆尹";(2)"大破戎虏"。这则故事"蕴含了全体

氏家族而言,桓温当政时,对抗北方,成效不彰,而这场大捷的(伪)事件与之形成了鲜明对比。

在深入研究《晋书》中"褒谢抑桓"这一偏见的影响时,《世说新语》乃是重要文献来源,蕴含着丰富的江南文化传说,对正确理解当时的政治和军事历史而言必不可少。诚然,我们永远无法详细知晓桓温和谢安时代的政治现实。但若虑及造成二人分歧的哲学议题,则有可能发现存在严重的史学编纂扭曲,并能在一定程度上加以纠正。谢安代表了王弼(226—249)在3世纪所阐明的儒道会通①,桓温则倾向墨守成规的旧派儒家。因此,他们二人延续了在3世纪就已非常激烈的思想冲突,当时著名"竹林七贤"之一的嵇康(223—262)反对极端保守派钟会(225—264)。②这种冲突在西晋时期持续延烧,当时道家最重要的代表人物是王衍(256—311),保守派的最著名代表则是裴頠*(267—300)。③西晋灭亡时,王衍位极人臣,被后世文人斥责为这场灾难的罪魁祸首。谢安继承了王衍思想的衣钵,致力于为王衍洗刷罪名,

---

(接上页)中国人的幸福梦想,并以最简明扼要、无所遗漏的方式予以表达"。(Étienne Balazs, *Chinese Civilization and Bureaucracy*, New Haven and London: Yale University Press, 1964, p. 151.)谢安似乎是实现这一传统理想的典范。

① T'ang Yung-t'ung, "Wang Pi's New Interpretation of the *I-ching* and *Lun-yü*," trans. W. Liebenthal, *Harvard Journal of Asiatic Studies*, Vol. 10, 1947, pp. 124-161; Arthur F. Wright, "Review of A. A. Petrov's *Wang Pi (226-249)*," *Harvard Journal of Asiatic Studies*, Vol. 10, 1947, pp. 75-88. 正如芮沃寿(Arthur F. Wright, 1913—1976)所见,王弼摒弃了清净无为主义,在道家哲学中找到了建立强大中央政府的理据。

② Donald Holzman, *La Vie et la Pensée de Hi K'ang*, Leiden: E. J. Brill, 1957. 虽然嵇康和钟会都致力于曹魏王室事业,但钟会认为嵇康等名士的态度是在颠覆社会既定秩序。

* 原文作"頎",有误,今改。——译者

③ Étienne Balazs, *Chinese Civilization and Bureaucracy*, 250 ff.; Richard Mather, "Chinese Letters and Scholarship in the Third and Fourth Centuries: The *Wen-hsüeh p'ien* of the *Shih-shuo hsin-yü*," p. 355.

桓温则力图维护钟会、裴頠一派的传统。① 谢安在这场斗争中获胜,对臧荣绪《晋书》(即唐代《晋书》的蓝本)产生了深远的史学影响;谢安的思想也在很大程度上形塑了其后的南朝历史。谢安的"形象"被塑造为一位致力于3世纪新道家遗产的政治家(故而被认为没有个人野心或政治倾向),并借此得以在抵御侵略时获得了那种他在内政舞台上已经取得过的辉煌成就。此外,他甚至通过无为就完成了所有这些事情;事实上,无为是谢安的核心成就。② 据说他在收到淝水之战捷报时表现得极度镇定,但此事与淝水之战大捷本身一样纯属虚构;它也是当时江南文化理想的象征,恰如构成"清谈"艺术的温文尔雅的妙语对答一样③——无需多言,谢安是公认的清谈大师。事实上,与清谈相关的传说对《晋书·苻坚载记》产生了相当深远的影响;383 年前秦入侵一事的心理学"风格"令人强烈联想起涉及儒家钟会与道家嵇康的一起著

---

① 356 年,桓温为东晋收复了洛阳,据说他"与诸僚属登平乘楼,眺瞩中原,慨然曰:'遂使神州陆沈,百年丘墟,王夷甫诸人,不得不任其责!'"(《世说新语·轻诋》)嗜好"清谈"的王衍应为永嘉之乱以来的灾难负责。另一方面,谢安据称在与大书法家王羲之(321—379)的谈话中,针对"清谈"因道德沦丧而导致政治败坏的指控,做出辩护(《世说新语·言语》)("王右军与谢太傅共登冶城。谢悠然远想,有高世之志。王谓谢曰:'夏禹勤王,手足胼胝;文王旰食,日不暇给。今四郊多垒,宜人人自效。而虚谈废务,浮文妨要,恐非当今所宜。'谢答曰:'秦任商鞅,二世而亡,岂清言致患邪?'"——译者)。

② 因无情(故而无意)而能够更有效地对外部刺激做出反应的能力,在早期道家文献中得到了充分论述,对此的讨论,尤其是《庄子》和《淮南子》中的相关论述,参见 P. Demiéville, "Le miroir spirituel," *Sinologica*, Vol. 1, No. 2, 1948, 117ff。"无情"在 4 世纪清谈群体中得到热烈讨论,被视为圣人的属性,参见王修与僧意在《世说新语》里的谈话(《世说新语·文学》; Richard Mather, "Chinese Letters and Scholarship in the Third and Fourth Centuries: The *Wen-hsüeh p'ien* of the *Shih-shuo hsin-yü*," p. 371)("僧意在瓦官寺中,王苟子来,与共语,便使其唱理。意谓王曰:'圣人有情不?'王曰:'无。'重问曰:'圣人如柱邪?'王曰:'如筹算,虽无情,运之者有情。'僧意云:'谁运圣人邪?'苟子不得答而去。"——译者)。

③ "清谈"研究的最近成果是 Richard Mather, "Some Examples of 'Pure Conversation' in the *Shih-shuo hsin-yü*," *Transactions of the International Conference of Orientalists in Japan*, Vol. 9, 1964, pp. 58-70。

名事件。《世说新语·文学》记载:"钟会撰《四本论》,始毕,甚欲使嵇公一见。置怀中,既定,畏其难,怀不敢出,于户外遥掷,便回急走。"①此事可视为一场未能实现的"清谈";其作用只是导致泄气的钟会将其"巨著"遥掷在嵇康那里,隐含之意是重要人士会认为它不值一顾。从这段插曲中可以见出前秦入侵之事的心理学模式,这么说或许并不牵强。因为苻坚确实携带其强大的战争机器(他的"巨著")来了,但畏难泄气,实际上用一种不由自主的愤怒致敬行为,将之猛掷在了谢安的脚下。谢安则全神贯注于他的棋局(这是一种卓越的军事游戏,但其中无人受伤),耸肩以对。如果说江南地区受到精神堡垒的保护,无形散发出强力,在苻坚的胡人部落心中引起恐惧,使他们像祭祀之刀下的羔羊一样无助,那么挥舞这把刀的人就是谢安这位拥有神秘力量的正统大祭司。谢安的传奇可被视作一位文化英雄的传奇,他将南方朝廷塑造为一个文化实体,与北方的粗野文化判然有别,并走上了直至隋朝统一中国的道路。②

与此十分相关的是,淝水之战神话在官方记载的西晋太乐传承中发挥了关键作用。太乐从古代起,通常与它的补充部分"礼"一并被提

---

① 马瑞志(Richard Mather, "Some Examples of 'Pure Conversation' in the *Shih-shuo hsin-yü*," Mather, "Some Examples," p. 63)和侯思孟(Donald Holzman, *La Vie et la Pensée de Hi K'ang*, 38f)没有注意到这个故事的原型肯定是《庄子》中对孔子问礼于老子的著名记述,参见 Arthur Waley, *Three Ways of Thought in Ancient China*, Garden City, N.Y.: Doubleday, 1956, 12f;侯思孟推之过甚,以至于痛惜这种胆怯阻碍了钟会向嵇康展示自己的文稿,因为嵇康可能会被这份文稿刺激,对名教作出正式回应。

② 隋文帝(581—604 年在位)不仅必须为南征做好军事准备,还必须提出天命所归,超过南朝的正统性声明。他在统治初期,召集鸿学大儒,编纂礼仪;主修者提倡回归古典文本,因为南、北两朝礼学的传统都十分欠缺。Arthur F. Wright, "The Formation of Sui Ideology, 581-604," in *Chinese Thought and Institutions*, Chicago: The University of Chicago Press, 1957, pp. 84-89.

及，成为儒教国家的统治工具，也是王朝正统性的标志。[1] 根据官方的说法，随着 311 年永嘉之乱，洛阳被匈奴攻占，太乐的传承遭受了重大破坏。自那时起直至 383 年，东晋宫廷乐队缺乏完整的乐工和乐谱；在此期间，东晋地方官员主要得益于北方动乱，鸠集遗逸，采拾伶人乐器，努力修复完整的宫廷雅乐。但在 383 年以前，这些努力只取得部分成功。根据《晋史》记载，谢安之弟谢石在淝水战场上俘获一队乐师，送往建康，于是东晋宗庙"四厢金石始备焉"，首次响起西晋太乐。[2] 我们并不十分关心这一官方记载是否真实，而是关注它对淝水之战文化影响的独特贡献。它标志着以建康为中心的"东"晋政权与以洛阳为中心的"西"晋政权之间的纽带得到了巩固，这种纽带在 311 年因匈奴征服

---

[1] Richard Wilhelm, *Chinesische Musik*, Frankfort-am-Main: China-Institut, 1927, 37ff; Otto Franke, *Geschichte des chinesischen Reiches,* Vol. 1, Berlin: Walter de Gruyter, 1930, pp. 206–208; Kurt Sachs, *The Rise of Music in the Ancient World, East and West*, New York: W. W. Norton, 1943, 111f. 在另一个层面上，南朝因有传国玺而为正统继承者，传国玉玺充满传说，至少自东汉初期开始就一直是王朝的护符。对 4 世纪传国玺历史的介绍非本文所能承载，在此只需记住史官记载了传国玺在 352 年送达东晋，谢安的从兄谢尚（308—357）在其中发挥了核心作用。

[2] 《晋书》卷 23《乐志下》；Maurice Courant, "Chine et Corée," in *Encyclopédie de la musique et dictionnaire du Conservatoire*, Vol. 1, Paris: Delagrave, 1921, 82f. 在淝水之战获胜前，对修复西晋礼乐做出最大贡献的人也是谢安的从兄谢尚。另一方面，《晋书》记载桓温掌权时，"专事军旅，乐器在库，遂至朽坏焉"。这种对太乐（及其激发的崇高理想）抱持迥异态度的描述，当然是《晋书》中无处不在的亲谢偏见的一个例证。有趣的是，尽管这位史官通过描述传国玺被及时带离北方，从而排除了苻坚拥有传国玺的可能性（见上注），但他确实允许太乐随着 370 年苻坚灭前燕，落入这位北方统治者的手中。这种区别无疑源自传国玺与太乐的本质差异。因为传国玺拥有神奇力量，自动发挥作用，不假人力，苻坚若在 383 年获得传国玺，将会造成令人难以容忍的含混状况，因为传国玺的正统章印会与正统性神秘力量发生冲突，造成传国玺永久失效。但事实上，这一有用的舞台道具在 383 年为东晋所用，后来又传给了南朝，证明南朝的历代王朝都拥有神秘力量。另一方面，礼乐的效力既需要宇宙的感应协作，也要求统治者内心真正认同道德和文化价值，礼乐被认为是道德与文化价值的一种表现；苻坚在这两方面都有所欠缺。因此，他由于拥有太乐而遭受诅咒：礼乐乃是西晋与东晋在精神上的"第五纵队"，为苻坚成为淝水祭祀的祭品做了仪式铺垫

北方而断裂。这让人不禁想起君士坦丁堡声称自己是第二罗马所依据的礼仪问题(和子说、无酵饼)。① 恢复太乐,提升了建康的正统性,使中国文化天平向江南倾斜;而由于中原地区的魅力相应减少,从胡人手中重夺中原变得似乎没有像过去那样必要。这样的心理效应当然符合谢安一派的思想,而从长远来看,也符合整个南朝的情感。②

六

要从战略角度看待383年,至少需追溯至379年。当时随着前秦攻占襄阳,东晋防御圈出现了一个重大破口。③ 襄阳是汉水流域要塞,前秦由此获得了进攻淮河沿岸寿春这个显著目标的跳板,寿春是北方

---

① R. L. Wolff, "The Three Romes: The Migration of an Ideology and the Making of an Autocrat," *Daedalus*, Vol. 88, 1959, p. 296. 对拜占庭与南京之相似性的综论,参见 E. Reischauer and J. Fairbank eds., *East Asia: The Great Tradition*, Boston: Houghton Mifflin, 1958, 148f. ; H. Köster, "Ostasien," *Sinologica*, Vol. 9, 1966, 20f.。

② "谢氏不仅仅拯救了[晋]朝。"傅乐山(J. D. Frodsham, 1930—2016)是如此总结淝水之战的(J. D. Frodsham, "Hsieh Ling-yün's Contribution to Medieval Chinese Buddhism," p. 29)。他将淝水之战呈现为如下清晰历史:(1)谢安是中国历史上最有天赋的政治家之一;(2)373年,谢安挫败了桓温的篡位企图;(3)到了383年,前秦已经占领了襄阳和寿春,"并且一支百万大军正扑向建康,难以阻挡";(4)谢安出山拯救南方;(5)在淝水之战中,秦兵被远小于它规模的东晋军队切割击破;(6)毫无疑问,如果苻坚获胜,整个中国文化史将会被彻底改写。我们还可补充一点:谢安的公关人员工作出色。

③ 关于襄阳陷没的细节,参见《晋书》卷81《朱序传》;《资治通鉴》卷104。《晋书》卷9《简文帝本纪》记载是年因自然灾害,朝廷下诏("四年春正月辛酉,大赦,郡县遭水旱者减租税。丙子,谒建平等七陵。二月戊午,苻坚使其子丕攻陷襄阳,执南中郎将朱序。又陷顺阳。三月,大疫。壬戌,诏曰:'狡寇纵逸,藩守倾没,疆埸之虞,事兼平日。其内外众官,各悉心戮力,以康庶事。又年谷不登,百姓多匮。其诏御所供,事从俭约,九亲供给,众官廪俸,权可减半。凡诸役费,自非军国事要,皆宜停省,以周时务。'"——译者),回响在《晋书》中的此种阴沉之音意在显示襄阳陷没在江南产生了危机气氛。

势力侵入东晋核心地带的主要剩余障碍。因此,从379年至383年,谢安针对北方的无为政策似乎导致国家无限滑向灾难边缘。当时的人们可能会据此认为,作为一种进攻战略,桓温当权时的扩张行动虽已失败,但至少阻止了北方齐集大军威胁东晋。无论383年在寿春附近发生了什么,它都标志着前秦梦魇从建康的地平线上消失了;对建康的居民而言,这的确是神奇的一击,是建康当权派为维护自身威望所迫切需要的。那么,383年究竟发生了什么?《晋书·苻坚载记》对此事的主要描述如下:

> [苻坚]遣征南苻融……率步骑二十五万为前锋。坚发长安,戎卒六十余万,骑二十七万,前后千里,旗鼓相望。坚至项城,凉州之兵始达咸阳,蜀汉之军顺流而下,幽、冀之众至于彭城,东西万里,水陆齐进。运漕万艘,自河入石门,达于汝、颍。
>
> 融等攻陷寿春,梁成与其扬州刺史王显、弋阳太守王咏等率众五万,屯于洛涧,栅淮以遏东军。成频败王师。晋遣都督谢石、徐州刺史谢玄、豫州刺史桓伊、辅国谢琰等水陆七万,相继距融,去洛涧二十五里,惮成不进……
>
> 晋龙骧将军刘牢之率劲卒五千,夜袭梁成垒,克之,斩成及王显、王咏等十将,士卒死者万五千。谢石等以既败梁成,水陆继进……
>
> 时张蚝败谢石于肥南,谢玄、谢琰勒卒数万,阵以待之。蚝乃退,列阵逼肥水。王师不得渡,遣使谓融曰:"君悬军深入,置阵逼水,此持久之计,岂欲战者乎?若小退师,令将士周旋,仆与君公缓辔而观之,不亦美乎!"融于是麾军却阵,欲因其济水,覆而取之。军遂奔退,制之不可止。融驰骑略阵,马倒被杀,军遂大败。王师

> 乘胜追击,至于青冈,死者相枕。(《晋书》卷114《苻坚载记下》)

刘牢之的壮举在其传记中得到了更详细的描述:

> 坚将梁成又以二万人屯洛涧,玄遣牢之以精卒五千距之。去贼十里,成阻涧列阵。牢之率参军刘袭、诸葛求等直进渡水,临阵斩成及其弟云,又分兵断其归津。贼步骑崩溃,争赴淮水。杀获万余人,尽收其器械。坚寻亦大败,归长安,余党所在屯结。(《晋书》卷84《刘牢之传》)

这场"大败"当然是淝水之战。上引文字与其他文本都一致认为刘牢之在洛涧之战中贡献卓绝,但对其余相关事件的描述相当混乱;这些事件实际上被重重迷雾笼罩,有彼此抵牾的证词,有模式化的修辞,有叙述者的夸张渲染,还有占星卜筮之言。[1] 如果根据上文讨论的文化和政治

---

[1] 《晋书》卷29《谢玄传》记述谢玄派遣刘牢之率领五千人,在苻坚进屯寿春前,"直指洛涧"。《太平御览》卷109所引的《晋中兴书》走得更远,声称刘牢之甚至赶在苻融进屯寿春前,便进攻了洛涧("玄先遣广陵刘牢之五千人直指洛涧,即斩梁成及成弟云,步骑崩溃,争赴淮水,斩首万级,生擒五千余人。十月,苻融进屯寿阳。"——译者)。在《晋书》卷81《朱序传》中,朱序对谢石的一番劝说被当成谢石派遣谢玄"涉肥水挑战"而促发淝水之战的原因("坚遣序说谢石,称己兵威。序反谓石曰:'若秦百万之众悉到,莫可与敌,及其未会,击之,可以得志。'于是石遣谢琰选勇士八千人涉肥水挑战。"——译者),这种说法与《晋书·苻坚载记》的内容一致("坚遣其尚书朱序说石等以众盛,欲胁而降之。序诡谓石曰:'若秦百万之众皆至,则莫可敌也。及其众军未集,宜在速战。若挫其前锋,可以得志。'石闻坚在寿春也,惧,谋不战以疲之。谢琰劝从序言,遣使请战,许之。时张蚝败谢石于肥南,谢玄、谢琰勒卒数万,阵以待之。"——译者),但值得注意的是,在司马光《资治通鉴》卷105中,朱序的这番劝说被描述为谢玄派遣刘牢之攻打洛涧的原因,而非谢玄进行淝水之战的原因("遣尚书朱序来说谢石等以'强弱异势,不如速降'。序私谓石曰:'若秦百万之众尽至,诚难与为敌。今乘诸军未集,宜速击之;若败其前锋,则彼已夺气,可遂破也。'石闻坚在寿阳,甚惧,欲不战以老秦师。谢琰劝石从序言。十一月,谢玄遣广陵相刘牢之帅精兵

因素,借助在传统史学中起着突出作用的模仿原则,来审视这些文本,我们几乎不得不得出结论:洛涧之战是383年晋、秦军队之间真正发生的唯一一场战斗,而且是淝水之战的故事模型。二者的本质区别在于规模不同:在真实的战役中,侵略者是两万人,与在神话中被击溃的军队规模相去甚远。① 不过,我们在《晋书·苻坚载记》中所见的"淝水之战"版本,无疑包含了《晋书》编纂者唐太宗官方史官提供的内容。我们有可能确定其中的一些内容。

这些唐朝史官并非进行客观研究的学者。他们念兹在兹的是,像苻坚这样才能出众的领导人,如何由于383年的轻率冒险,导致庞大的国家陷入灾难;为此,他们采用了戏剧化叙述,旨在形象地说明权力和成功甚至对用意最好的人也会产生可怕的影响。因此,书中的叙述十分简短,事实也很简单。丰富的细节只会损害叙述的目的;唯一需要凸显的是383年行动的空前规模,最好借助修辞手法,用华丽的措辞去生

(接上页)五千人趣洛涧"——译者)。《晋书》卷9《简文帝本纪》将淝水之战的时间记述为十一月乙亥,由于是"亥"日,所以让人怀疑生于亥年的苻坚理应遭受"肥豕"之运。按照这个日期的话,淝水之战距离苻融十月癸酉攻克寿春仅仅过了两日,因此司马光《资治通鉴》否定了这个日期,将淝水之战的时间定在十一月,确切日子未定。关于淝水之战的地点,未有共识定论:《晋书》卷79《谢玄传》声称在"肥水南",《晋中兴书》则定在淝水北。

① 根据记载,刘牢之最终以对司马氏家族不忠而结束了自己的一生:因牵涉桓玄叛乱,他在402年自缢而亡(Richard Mather, "Chinese Letters and Scholarship in the Third and Fourth Centuries: The *Wen-hsüeh p'ien* of the *Shih-shuo hsin-yü*," p. 389, note)。因此,刘牢之的洛涧战功被随后发生的规模巨大的(尽管是假想虚构的)淝水之战贬低到相对无足轻重的地位,也就不足为奇了。要是让这样的人促成东晋北方强敌的崩溃,将会造成令人无法容忍的抵牾。但毫无疑问,早在刘牢之表现出任何不忠的迹象之前,谢安的鼓吹者就已经准备好了记述淝水之战辉煌战绩的初稿。重要的是,刘牢之在《世说新语》中的唯一一次亮相就是与桓玄叛乱有关(《世说新语·文学》)("桓玄下都,羊孚时为兖州别驾,从京来诣门,笺云:'自顷世故睽离,心事涔滥。明公启晨光于积晦,澄百流以一源。'桓见笺,驰唤前,云:'子道,子道,来何迟?'即用为记室参军。孟昶为刘牢之主簿,诣门谢,见云:'羊侯,羊侯,百口赖卿!'"——译者)。

动呈现动员盛况与庞大规模,激发读者的想象力。这不仅是《晋书·苻坚载记》在描述苻坚调动军队时的明显目的,《隋书》在类似描述隋炀帝为准备 612 年征讨高句丽而下诏征兵时,也带有相同目的。① 隋炀帝征讨高句丽的规模据说是苻坚南侵的两倍,在这两次行动中,我们都见识到了旗鼓相望亘千里的壮观景象,这意味着全国人力、物力全被投入到一项庞大震撼的壮举中。隋炀帝 612 年征讨高句丽被认为很大程度上导致了隋朝覆灭②;此外,隋炀帝征讨高句丽与苻坚南侵东晋有许多共性:

(1)进攻方都击败了防守方,从而得以横渡大河(383 年是渡过淮河,612 年是渡过辽河)。

(2)滩头阵地派出一支部队,火速进军,阻止敌军统领逃遁。③

(3)进攻方在敌方统帅的建议下,自愿折回。④

---

① 612 年隋朝征讨高句丽的情况可见:《隋书》卷 61《宇文述传》;《北史》卷 79《宇文述传》;《隋书》卷 60《于仲文》;《隋书》卷 4《炀帝本纪下》;《资治通鉴》卷 181;《三国史记》(朝鲜史学会,1928 年)卷 20、卷 44。众多史料记载了主持《晋书》编纂并参与《隋书》编纂的房玄龄(578—648)和褚遂良(596—658)反对唐朝用兵东北。贞观十八年(644)用兵东北一事引发群臣廷议(《旧唐书》卷 80《褚遂良传》;《贞观政要》卷 9;《资治通鉴》卷 197;《玉海》卷 149);相关言辞很容易令人联想到苻坚据说在 383 年主持的朝议。征讨高句丽的雄心当然承自隋朝;唐太宗似乎更为痴迷于此,谏臣对此感到沮丧。对他们而言,统治者的狂妄自大与军事扩张偏好有着不言自明的关系。

② Woodbridge Bingham, *The Founding of the T'ang Dynasty*, Baltimore: Waverly Press, 1941, p. 42; Arthur F. Wright, "Sui-Yang-ti: Personality and Stereotype," in *Confucianism and Chinese Civilization*, ed. Arthur F. Wright, New York: Atheneum 1964, p. 179.《隋书》很可能夸大了隋炀帝征讨高句丽对隋朝覆灭的影响。唐代文人似乎将这些事件(尤其是 612 年隋炀帝征讨高句丽)当作狂妄自大扩张主义综合征的表现,隋炀帝即为典型。

③ 苻坚据说"舍大军于项城",火速赶往寿春,阻止谢石逃遁(《晋书》卷 114《苻坚载记下》)。612 年隋炀帝征讨高句丽,高句丽大将乙支文德前往宇文述帐营谈判,在其离开后,宇文述后悔未予扣押,遂率军追击。

④ 383 年的情况参见前引文字(《晋书·苻坚载记下》:"王师不得渡,遣使谓融曰:'君悬军深入,置阵逼水,此持久之计,岂欲战者乎?若小退师,令将士周旋,仆与君公缓辔而观

(4)灾难接踵而至,进攻方在渡河(在 383 年与 612 年均是横渡大河支流)时遭到防守方偷袭,在一名统帅被杀后惊慌失措,遂大败。

(5)进攻方只有很小一部分人成功逃脱,留下了不可胜数的辎重。①

将这些平行特征放在与隋炀帝和苻坚的性格相似的背景下进行审视,②我们只能得出结论,612 和 383 年这两场灾难的叙述之间存在某种联系,这两位君王都被认为应该对此负责。③文本相互交织融合,因此,无法仅仅通过剥离很容易借由参考《隋书》612 年记述而辨识出的

之,不亦美乎!'融于是麾军却阵"——译者)。612 年,宇文述渡过萨水(今清川)后,乙支文德遣使诈降,条件是隋军折回,这得到了宇文述的同意(《隋书》卷 61《宇文述传》:"东济萨水,去平壤城三十里,因山为营。文德复遣使伪降,请述曰:'若旋师者,当奉高元朝行在所。'述见士卒疲敝,不可复战,又平壤险固,卒难致力,遂因其诈而还。"——译者)。

① 在隋军横渡萨水时,高丽人半途杀出,奋力进攻。隋将辛世雄战死,隋军遂崩溃。据说"初,渡辽九军三十万五千人,及还至辽东城,唯二千七百人"(《隋书》卷 61《宇文述传》)。

② 对比《隋书》中的隋炀帝形象与《晋书》中的苻坚形象(二者均为初唐史学的产物),可知隋炀帝的"妄自尊大形象"(芮沃寿语)毫无疑问严重影响了《晋书·苻坚载记》对苻坚的描述。

③ 为了避免将 612 年的辽东和 383 年的江南进行类比显得牵强附会,我们可以注意到《隋书》明确比较了长江和辽河对抗入侵力量的能力,认为长江更加险要。《隋书》卷 70 史臣的那段话专门比较了隋文帝与隋炀帝,得出了不利于隋炀帝的结论("诚地险则石隧未拟于长江,语人谋则勾丽不侔于陈国。高祖扫江南以清六合,炀帝事辽东而丧天下。其故何哉?所为之迹同,所用之心异也。高祖北却强胡,南并百越,十有余载,戎车屡动,民亦劳止,不为无事。然其动也,思以安之,其劳也,思以逸之。是以民致时雍,师无怨讟,诚在于爱利,故其兴也勃焉。炀帝嗣承平之基,守已安之业,肆其淫放,虐用其民,视亿兆如草芥,顾群臣如寇雠,劳近以事远,求名而丧实。兵缠魏阙,贻危弗图,围解雁门,慢游不息。天夺之魄,人益其灾,群盗并兴,百殃俱起,自绝民神之望,故其亡也忽焉。讯之古老,考其行事,此高祖之所以兴,而炀帝之所以灭者也,可不谓然乎!其隋之得失存亡,大较与秦相类。始皇并吞六国,高祖统一九州,二世虐用威刑,炀帝肆行猜忌,皆祸起于群盗,而身殒于匹夫。原始要终,若合符契矣。"——译者)。这段话本身似乎就包含了将隋炀帝与苻坚类比的萌芽,因为与隋文帝不同,苻坚未能征服南方,其与隋炀帝同病相怜,远征失败(分别在南方和东北),并导致了王朝覆灭。《贞观政要》曾言:"苻坚自恃兵强,欲必吞晋室,兴兵百万,一举而亡。隋主亦必欲取高丽,频年劳役,人不胜怨,遂死于匹夫之手。"若是我们相信这段话出自唐太宗之手,那么唐太宗在 630 年就已经发现了苻坚与隋炀帝的联系。

唐代文本层，就得到《晋书·苻坚载记》的先唐文本层。关于征伐一事，612 年的记述很可能得益于 383 年的记述，因为按照传统描述，很可能到了唐代，383 年苻坚大举南侵就已成为一个政权全力投入征伐的典型形象。然而，关于战役的描述，影响关系恰恰截然相反；也就是说，在洛涧之战模式确定了淝水之战的主要轮廓后，唐代史官对淝水之战的记述进行了补充，以便更好地符合对 612 年战役的描述。

从 7 世纪的史学编纂情况，我们返回我们愿意相信的 4 世纪历史。毋庸置疑，383 年东晋反攻，将前秦军队逐出寿春，结束了前秦的短暂占领；此外，在这一事件发生后不久，前秦帝国彻底崩解。这一系列事件似乎不可抗拒地诱使谢安的辩护者诉诸夸张修辞。因为如果前秦自己完全致力于一场规模空前的入侵，而一旦入侵失败，这个北方帝国将不可避免地崩溃解体，那么谢安就能为前秦后来的崩解邀功了：不恰恰是他领导了这一造成前秦崩解的事件吗？在笔者看来，这恰恰是产生先唐版本淝水之战神话的动机和诱惑。唐代史官的目的与谢氏家族辩士的目的基本上并不扞格，因此，唐代史官的工作是在补充而非颠覆谢氏家族辩士的工作。

与淝水之战故事相似的一个有趣事件是 1841 年 5 月发生在广州附近的"三元里事件"。[①] 该事件导致一名英国士兵死亡，但正如魏斐德教授（Frederic Wakeman, Jr., 1937—2006）所言，事实如何，并不重要，"重要的是，一代广东人相信，农民军击溃了英国侵略者……三元里是一个意识形态的分水岭"[②]。我们或可再思考一下加勒特·马丁利

[①] Frederic Wakeman, Jr., *Strangers at the Gate*, Berkeley and Los Angeles: University of California Press, 1966, pp. 11-21. 加州大学历史系的罗伯特·克荣帕特（Robert Krompart）先生为笔者指出这一类比，在此谨致谢忱。

[②] Frederic Wakeman, Jr., *Strangers at the Gate*, pp. 20, 58.

（Garrett Mattingly，1900—1962）对西班牙无敌舰队的评论：

> 与此同时，随着逐渐湮没在过去的尘埃中，无敌舰队事件以另一种方式影响了历史。它的故事被金色迷雾放大和扭曲，成为以弱胜强、大卫王战胜巨人歌利亚的英雄寓言。它在至暗时刻唤醒人心，激发他们说："我们曾经赢过，还能再赢一次。"就此而言，击败西班牙无敌舰队的传说变得与实际事件同样重要——或许更加重要。①

七

除了神话的巨大心理价值之外，还有两个因素可以很好地解释为何淝水之战的历史真实性长期不受质疑：

一、在对这一时期的研究中，无论是传统研究还是现代研究，政治与文化的心理划分已经达到了一定程度，也许可以被得到更好记载的后世证明是合理的，但这种划分在被应用于 4 世纪历史时，会产生更加盲目的后果，剥夺了在这些领域中它们相互昭明的机会。②

---

① Garrett Mattingly, *The Armada*, Boston: Houghton-Mifflin, 1962, 401f.
② 依笔者之见，整个淝水之战的故事例示了文化史对政治史的影响。在《世说新语》中可以找到相反影响关系的例子：(1)据说桓温将谢安所作的简文谥议描述为"安石碎金"（《世说新语·文学》）。正如马瑞志所言（Richard Mather, "Chinese Letters and Scholarship in the Third and Fourth Centuries: The *Wen-hsüeh p'ien* of the *Shih-shuo hsin-yü*," p.382），"碎金"不仅仅是用来讽刺，指"破碎的黄金"，它还是一个带有险恶政治含义的双关语，可被译为"粉碎金属"，因为按五行之德，晋属金（《文选》卷 30 李善注引干宝《搜神记》）（"金者，晋之行也。"——译者），桓温肯定用它来指责谢安在 372 年简文帝去世后的关键时刻意欲篡位。据此可知，就像谢安怀疑桓温的野心，桓温同样怀疑谢安的野心，并且或许也有同

二、尽管出于完全不同的原因,但无论是对唐太宗的史官谋臣而言,还是对谢安的辩护者而言,苻坚发动的大规模入侵具有同样重要的意义,因此最初的主张在7世纪获得了"推波助澜"。

综上所述,淝水之战记述中的先唐文本层,远非任何北方档案文献的产物,而是回应了东晋内部当权派的政治需求和整个江南地区的精神需求。被载入史册的史实酵母必须首先经过过滤、塑造,并用传说来充实,以确保它能够回应上述需求,或者至少不会发生抵牾。就像在唐代文本层的背景中一样,在这个早期文本层的背景中,隐现着一位强人。如果说唐代文本层代表了用来影响唐太宗的典例,那么早期文本层乃是替人辩护,其主要受益者是谢安。[①] 谢安并未肇造新朝;观其一生,最具决定性意义的成就是当前秦在向淮南发动适度规模的进攻后不久,主要由于其内部紧张局势而迅速崩溃时,谢安在建康位极人臣。正是建康朝廷与长江上游军阀的政治竞争,令谢安得以在383年北方入侵时戏剧性地成为东晋王朝的保护者。

但与唐太宗传奇不同的是,谢安传奇没有刻画一位兀然独立、挑战

(接上页)样充分的理由。(2)在另外的场合(《世说新语·文学》),桓温因369年北伐惨败,遭到尖锐讽刺。袁宏(328—376)奉桓温之命,撰文宣扬北伐,文学才华受到同僚称颂,袁宏答曰:"当令齿舌间得利。"(也就是说,不是在战场上得利;马瑞志忽视了这一要点,参见 Richard Mather, "Chinese Letters and Scholarship in the Third and Fourth Centuries: The Wen-hsüeh p'ien of the Shih-shuo hsin-yü," p. 385.)理解这段插曲(尤其是袁宏那句冷嘲热讽的回答)的意义非常重要,它唤起了产生淝水之战故事或至少是其最初草稿的整体公共关系氛围。毫无疑问,我们应当避免将当代新闻业情况与4世纪中国历史混为一谈;但显而易见,像谢安和桓温这样的人对善恶报道的潜在后果十分敏感,并不排斥利用他们能够争取到的任何文辞技巧来实现个人野心。

[①] 唐太宗当然有为他辩护的文字。庞大的官方史料,包括新旧唐书的相关内容,都致力于提升他的品格和功绩。只是到了最近,人们才开始意识到这种压倒一切的动机对历史事实造成了扭曲影响;参见李树桐《初唐帝室间相互关系的演变》,《大陆杂志》1961年第22卷第5期和第6期。

命运、掌控历史潮流的伟人；谢安的英雄事迹较为温和，并且似乎更多地将他作为集体的成员而非个人来刻画。《晋书·谢安传》和《世说新语》的记述充满了象征意义，将其刻画为建康统治阶层的理想人物和最高领袖。383年的战役，正如传统所示，满足了建康统治阶层的心理需求，所有承认王朝正统性传统的后代都是他们的精神传人。当然，对他们来说，上述分析似乎忽略了一个不受物理规模大小影响的基本事实：真正的斗争既发生在精神领域，也发生在战场上。笔者对此深表赞同。这里提出的结论基本上没有颠覆雷海宗教授对中国历史的分期；他只需要将"淝水之战"改为"前秦崩解"，作为中国历史周期分界线。因为正是前秦崩溃解体，给了南方政权喘息的空间，使其得以恢复镇定和自尊，并在洛涧之战的基础上建构了一场英勇的胡汉对抗。谢安的辩护者不仅精确地衡量了时代风气，而且令人信服地以戏剧化的方式表达了一个伟大的南朝文化理想：精神必然战胜蛮力。共产党人重新夺回这种精神，并使之适应意识形态需要，证明了蒂利亚德（E. M. W. Tillyard，1889—1962）的睿见："一个健康的神话是一个国家最宝贵的财富。"[①]

[①] E. M. W. Tillyard, *Myth and the English Mind*, New York: Collier Books, 1962, p. 28.

中古时代中国的生活方式与药物 *

〔德〕鲁道夫·瓦格纳 著

张晏 译 / 陈龙 校

一、引言

1. 方法介绍：对药物的分类和目前药物情况的分析

在中古时代的中国，封建贵族大规模服用寒食散。此种药物并非用来治疗急性疾病，而是被当作具有神经性功效的兴奋剂和补药，而且不需要任何特殊的服食动机。

药物可以粗略地分为两类。一类是针对急性疾病，这些疾病或多或少有规律性症状，原则上病程有限。这类药物旨在治疗体内的病灶以及调动人体自身的抵抗力。另一类药物并不攻击病原体或病灶，而是用于减轻疾病和干扰效应带来的主观痛感。由于它们并不针对病原

---

* 本文译自 Rudolf G. Wagner, "Lebensstil und Drogen im chinesischen Mittelalter," *T'oung Pao*, Second Series, Vol. 59, Livr. 1/5, 1973, pp. 79–178。鲁道夫·瓦格纳（1941—2019），德国著名汉学家，海德堡大学资深教授，曾获 1993 年的莱布尼茨奖。——译者

体，故而它们的药效并不持久，其药效取决于药物在体内的降解时间。

这种药物类型的分类对应着疾病类型的分类。急性病症有明显的临床表现和规律性症状，或多或少可以明确辨别发病原因以及病原体，与之相对的是亚临床的植物神经紊乱，它具有弥漫性症状，其病原从传统医学理论来看也是弥漫性的。注意力不集中、失眠、胃部不适或者性功能障碍都属于此类神经紊乱。疾病和药物的这两种分类界限模糊且相互重叠。针对急性疾病，经常会使用止痛药物，也会用神经药物来调节患者的精神状态，从而达到加快治疗进程的效果。另一方面，植物神经紊乱也会导致胃溃疡和咽喉炎等有临床表现的疾病。

其中最让人感兴趣的是第二种类型的紊乱，寒食散的使用显然针对此种紊乱。此种紊乱并没有医学上可确定的病原体，它是个体在社会环境中受到精神和神经压力而引发的。对此种紊乱使用的药物实际上并不针对病症的原因（即社会现实），而是调节社会现实对个体的精神影响。就此而言，它和止痛药的疗效类似，并不治愈引起疼痛的伤口，而是麻醉感知疼痛的神经。其药效并不持久，只要社会现实及其引发的神经紊乱没有变化，病人就只能一直服用该药物。

对该药物在中古时代中国的使用环境的研究兴趣并非空穴来风，而是源于人们想要理解此类药物在当今世界能够广泛流行的原因。因此，在这样的研究中，当前使用的概念扮演了重要角色。为了避免这些概念扭曲分析结果，并且为了不遗漏当今药物使用状况分析所揭示出的问题，我们应当核实当前问题的状况和关于寒食散的中文材料。虽然当前的一些研究结果不能生搬硬套到中古时代的中国社会，但是从中得出的方法对我们的研究颇有裨益。

过去的数十年时间里，在全世界范围内，尤其是在资本主义经济体制的国家中，一般临床表现有了很大改变。在当今的联邦德国，接近一半的病人是因植物神经紊乱而去求医的。[①]但统计数据只显露了冰山一角,因为更多的此类神经紊乱患者并不会为此去医院就诊。与此同时,缓解和抑制此类神经紊乱的药物却广泛流行。神经紊乱体现在生活的两个方面。一方面,工作中个体的绩效压力空前加大。注意力减退、效率低下等负面表现都属于该范围内的紊乱症状。为了抑制这种紊乱,从咖啡、神经增强剂直到安非他命等兴奋剂类药物广泛流行。这些药物能够帮助使用者抵抗工作压力,在同他人的竞争中站稳脚跟。另一方面的紊乱主要影响私人生活,比如失眠、性功能障碍等问题。这些问题又往往是工作中精神压力所带来的后遗症。针对这些问题所使用的药物包括酒精、神经镇静剂、安眠药以及鸦片制剂和大麻衍生物,这些药物主要起到舒缓和镇定的作用。如果说在工作时间服用的药物是刺激型的,那么在私人生活中服用的药物就是舒缓型的。关于寒食散材料的一个问题是在生活中服用寒食散的范围,而这需要我们论证古人对公共工作领域和私人空间是否有明确分界。

这两种不同类型的紊乱以及对应所服用的两类药物都属于一个特殊的文化范畴。工作的环境是等级森严、正式、很大程度上极其不自主的,它以工作绩效为导向,有固定的着装规范、用语规范和由竞争所决定的交流模式,与之相对的是私人生活空间,它是自主(至少在想象中如此)、不拘礼节、放松和非竞争的(例如兴趣爱好)。这两种类型所对应的药物使个体有能力应付相应的生活环境,两者都处在一个特殊的文化和意识形态语境中。

针对中文资料所提出的第二个问题是关于服用寒食散的思想与文

[①] Alexander Mitscherlich, *Krankheit als Konflikt, Studien zur psychosomatischen Medizin,* Vol. I, Frankfurt: Suhrkamp, 1966, p. 13, 45.

化语境。工作领域与私人领域交织在一起,工作中遭受的精神压力需要通过"闲暇时间"来平衡,舒缓压力的能力很大程度上取决于压力的大小;压力越大,越难通过放松来平衡压力。而能否成功舒缓压力反过来又会严重影响个体承受压力的能力。因此,在私人生活中服用药物是因为它可以平衡工作中的特殊压力。如果承受的主要是身体压力而非精神压力,那么二者需要的压力平衡就有所不同。植物紊乱通常由精神压力引起。精神压力并非来自工作量和工作方式,而是来自竞争所导致的矛盾体验。工作中我们常要忍受那些违背自己意愿的事情,"让人心烦意乱"。于是那些不同药物具备的功效会让人以为是沮丧导致了人们服药;但是尽管有那么多可以服用的药物,却只有特定的几种被广泛使用,这就足以证明其实是通过药效而平衡了某些特定的矛盾。造成服药的社会语境是关键因素,与之相比,药物的化学成分反而是次要的。

那么相应地就要提出第三个问题了:寒食散是用来平衡哪些矛盾的?它是否真的有效?用药物来对抗这里所说的两种紊乱,这种情况在(或者说曾经在)上层社会中最为常见;最明显的一个标志就是这些紊乱症状有一个十分流行的大众化名字:"经理病"。这个阶级不从事体力劳动,显然要忍受的也不是雇佣劳动与资本之间的社会主要矛盾,而仅仅是阶级内部的矛盾。他们"痛苦"是因为这个阶级的成员对享受生活有更高的期待,也更容易陷入沮丧情绪。他们尽管富裕,却不能退回到仅靠利息生活,而是必须积极占据权力地位,否则就有将特权拱手让予同一阶级其他成员的风险,或者当广泛丧失统治地位时,他们将失去所有特权。所以这个阶级的成员最为关心的就是如何能够维持其统治地位,同时要一直压抑内心的愿望,不能为了享受更悠闲精致的生活而归隐田园,逃避阶级内部斗争带来的持续沮丧。

在这种分裂状态下，面对客观利益，他们当然会通过自我调节来提高个人承受沮丧和压力的能力，而不是通过退出造成沮丧的领域来获得必要的适应能力，因为这样也意味着失去获得更高享受的基础。这种自我调节包括两个层面，第一个层面是通过服用药物来达到提神和放松的双重功效，第二个层面是尝试通过理想的和谐模式来改进等级制。那些组织理论家们发展出的模式（例如"T 小组"和"E 沙龙"）虽然不会改变在这一阶级的管理等级制中已经固化了的矛盾的客观本质，却可以改变阶级成员对这些矛盾的主观接受态度，方法就是用以共同的全体利益为出发点的个体和谐来代替由某些特定竞争引发的内在矛盾。①

由此引出的问题是服用寒食散的团体属于哪个阶级，这个阶级的兴趣以及平衡矛盾的兴趣是什么。除了文化和化学的平衡作用之外，还需要调查意识形态是否也相应地发挥了平衡作用。

一个阶级的经验具有一种阶级的独特性和集体性；如果一个阶级中的大部分成员都有相同的紊乱症状，那么就不能根据传统的个体医学模式去寻找个体的"病原体"。这种紊乱的集体性（亦即引发紊乱的社会经验）是集体认可该治疗药物及其治疗观念的前提条件。因为自我调节就是统治阶级的兴趣所在，所以该阶级成员的行为举止如果符合

---

① 米切利希（Alexander Mitscherlich，1908—1982）不只观察到了一个阶级内部的摩擦，还观察到不同阶级间被称为"社会身体疾病"的摩擦；他认为这样一种紊乱的环境导致了"紊乱的环境关系"，而一种由社会引发的疾病就是"社会身体疾病"。借用这个比喻，这种身体的四肢无法通过改变环境而自我痊愈，而是需要"医生"的治疗，而医生遵从伦理的"良心"，但是当然不受任何民主的控制。他很赞同并引用了维尔考（Rudolf Virchow，1821—1902）的话："医学是一种社会科学，而政治学也无非是医学，只不过规模更大。"（Alexander Mitscherlich, *Krankheit als Konflikt, Studien zur psychosomatischen Medizin*, Vol. I, p. 52.）此种反转致使原本能从其医学社会学理论中获得的洞见完全失去了作用，因而显得有些可疑。

阶级标准，就会被大家接受。[①]

由上述思考引出了一个关于集体认可寒食散的问题。对寒食散的集体认可取决于寒食散在社会语境中的效果，而不取决于对寒食散的药效以及可能出现的有害副作用的详细研究。酒精、香烟、镇静剂以及其他一些药物的危害早就尽人皆知，但这并不会导致集体不再认可这些药物或者限制消费它们，因为由社会环境造就的服药动机并未发生改变；人们仅仅尝试通过其他的合成物或者制作工艺来减少这种药物的毒性。

由此我们必须追问：寒食散是否具有毒副作用？大家对这些副作用的了解程度如何？这些因素是否会影响到集体认可（如果存在集体认可的话）？医学研究会如何影响该药物的服用？

寒食散的药效并不持久，而且不作用于引发紊乱的病原体。药效消失之后，服药者对于导致其服药的社会环境仍然感到无能为力，而且这种补偿体验更加强化了这种无力感，所以服药者下次服药的动机反而更强了。社会体验的持续性决定了服药的规律性，外在的症状就和成瘾的症状一样——服药者规律地服用药物。笔者想把该类型的成瘾称为"社会性成瘾"，与之相反的就是"生理性成瘾"，即身体对所服药物中的某些化学成分产生了依赖。纯粹的"生理性成瘾"极为罕见；不过，我们可能会联想到那些受伤后用吗啡来抑制疼痛的人，这样会引起对吗啡成瘾。但是社会造成的成瘾比单纯的生理性成瘾更为普遍；社会原因造成的服药只有在持续较长时间，令身体对药物产生了依赖性之后，才会导致服药者最终陷入生理性成瘾。

因此，我们也要相应地研究寒食散服用者的成瘾程度，并且如果寒

---

① 笔者从米切利希的著作中接受了"集体认可"一词（Ibid., 14）。

食散会使人成瘾,那么这究竟是何种类型的成瘾?

对某种药物的集体认可也会减少服用禁忌;对于某个小团体的成员而言,定期服用此类药物稀松平常。从当前美国对大麻的讨论中可以看出,伴随着对某种药物的认可而产生的讨论,其声音逐渐减弱不是因为人们不再服用该药物,而是因为服用该药物已经成了日常行为。随着集体认可,服用药物所面临的压力会变小,而随着药物普及,相关信息也会越来越少。关于酒精的广泛流行及其副作用的信息,如今只能在专业医学杂志上才能读到,它们会讲解如何治疗酒精滥用引发的副作用,但酒精消费还是一直在上升。

所以人们还应该追问:服用寒食散在何种程度上成了一种日常行为?在公共讨论中,对服用寒食散的讨论是如何消退的?从医学专业文献中找到了哪些导致寒食散广泛流行的原因?

从当今对药物服用情况的研究中,还会引出无数其他的问题。可是笔者无法找到任何关于寒食散的价格、市场以及市场监控的可靠资料,从中引出的问题都无法找到答案,所以只能去研究那些寒食散服用者。种种迹象表明在中国,只有统治阶级才服用寒食散,所以,我们还需要调查寒食散在流行的过程中,经历了哪个特别重要的阶段从而将下层群众排除在外。还有大量其他的问题,例如寒食散的成分、身体症状、流行时间和关于寒食散的文献,当然也都是需要查考的,在此笔者就不再专门介绍研究方法了。

2. 历史背景介绍:魏国的社会状况

魏国的何晏于249年发现了寒食散的特别功效,才导致了其广泛流行。在对寒食散进行详细介绍前,有必要先简要介绍服用寒食散的小团体所生活的社会经济和文化背景,因为只有了解这些背景知识,才能更好地理解寒食散的功效。

曹魏政权(官方的起止年代是 220—265 年)是依靠各地中小豪强地主的支持才建立起来的。正因为曹操秉承"唯才是举"(并不以出身高低及占有土地多寡来分配官职)的原则,他们才获得擢升的机会。曹魏创建初期,就有一些汉朝反宦官集团的成员被任命担任一些较低职位。这些人要么是出身于古老的大地主集团,或者是身为汉朝外戚,通过获得一些肥缺和职位而达到更高的社会地位。两个集团都感到自己的特权受到了宦官的威胁,希望这些特权在汉朝灭亡后可以在曹魏政权获得长久复兴。

那些在魏国站稳了脚跟的大地主们,其经济基础在魏国建立初期还比较薄弱;汉末战争频仍,导致人口锐减,农业生产大幅降低,饥荒大范围爆发。这些集团的成员很少主动参与战争,而是选择逃走或者仅限于保住自己的财产,所以他们的军事力量不足。那些被曹操击败的农民武装为了保命,被迫成为豪族们的佃农。魏国建立后,这种寻求保护的需求就消失了。但魏国还是将佃农的地位进行了合法化,这些佃农都登记在豪族的名册上,失去了自由迁移权。[①]

对佃农的这种新规定等于免除了这些人的徭役和兵役,所以在颁布新规定后,佃农的人数反而有所增加。一户人家的佃农数量甚至有时高达数千。这项措施相当于为大地主提供了一支由佃农组成的军队,但其本意是促进农产生产。为了实现该目标,政府还将官牛租给地主

[①] Yang Lien-sheng, "Notes on the Economic History of the Chin-dynasty," in *Studies in Chinese Institutional History*, Cambridge, Mass.: Harvard University Press, 1961, p. 129;参见汤用彤、任继愈《魏晋玄学中的社会政治思想略论》,上海:上海人民出版社,1956 年,第 2—3 页。

使用。①

魏国设立屯田制最初旨在和吴、蜀作战时缩短部队给养物资运送的距离。这些屯在初建的前几年还能享受很大的赋税优惠,这不仅有助于促进生产,还增加了政府税收收入;而显然税收收入又让政府有能力减轻这些地主的赋税并提供官牛给他们使用。②魏国肇造后最初数年的生产基本上就是满足当地的基本需求以及恢复农业生产,以奢侈品为主的跨地区贸易几乎停滞,因为这些交易必须使用货币支付而非实物交换;3世纪20年代初政府基本废除了货币,回归到实物交换的模式。③

通过这些措施,政府在很短时间内就大幅提升了农业产量,满足了直接需求。而这些措施同时(不是刻意地)大大加强了那些大地主的权力,他们掌控了大部分农业生产。3世纪20年代末,政府的税收大为增加,也令大地主的私人收入大为提高。在都城逐渐兴起了一种新的奢华之风;货币再次启用。④魏明帝凭借税收和徭役,修建了奢华宫殿,遭到那些并非出身上层封建贵族的官员们的激烈抨击。⑤何晏受到委派,为新建的夏宫景福殿写了一篇赋。⑥在那些重新追求浮华生活的年轻一代封建贵族中,有些还在太学读书,有些已经有了一官半职,他们发展出一种精致奢华的社交生活,同时他们还有政治上的抱负,希望在

---

① Yang Lien-sheng, "Notes on the Economic History of the Chin-dynasty," p. 128, note 51.
② Ibid., p. 140;汤用彤、任继愈:《魏晋玄学中的社会政治思想略论》,第2页。
③ Ibid., p. 191;汤用彤、任继愈:《魏晋玄学中的社会政治思想略论》,第9页。
④ Ibid.
⑤ 参见《三国志》卷3《魏书·明帝纪》,《四部备要》本,第10b页;《三国志》卷25《辛毗传》,第10a页;《三国志》卷25《杨阜传》,第12a页。
⑥ [清]严可均:《全三国文》卷39,第1271b页以下;Erwin von Zach, *Die Chinesische Anthologie*, Vol. I, Cambridge, Mass.: Harvard University, 1958, 170 f.

经济整顿成功后重新享有政治上的特权。

大地主集团的后代认为司马懿是一个理所当然的盟友,他曾担任大将军,与曹操并肩作战,又被托孤作为年幼皇帝的辅臣,更何况他还担任军队统帅,拥有广泛的任免权。

上层封建贵族的政治野心在年轻一代身上表现得尤为突出,特别是在 3 世纪 30 年代,并非相同出身的同僚们将这种野心与较早时候两次反对曹魏政权的叛乱联系了起来。在魏文帝即位之前,魏讽就曾在 219 年策划过政变。魏讽"有惑众才"①;《傅子》认为这种能力也是封建贵族推崇的:"初,太祖时,魏讽有重名,自卿相以下皆倾心交之。"② "大军未反,[魏]讽潜结徒党,又与长乐卫尉陈祎谋袭邺。"③ 魏讽的计划遭人泄露,导致他及其党羽二三十人被处决。参与谋反者和被处决者的完整名单并未保留下来。王粲(177—217)的两个儿子也被处决,王粲是高平豪族王氏家族的后代,因关中骚乱,前往荆州依靠刘表,最终成为曹操的宫廷诗人。④ 骠骑将军张绣的儿子张泉也被处决,张绣在其叔父张济死后继承了他的官衔,曹操曾数次被他打败,张绣最终还是投

---

① 《世语》,转引自《三国志》卷 1《魏书·武帝纪》裴注,第 35a 页。
② 《傅子》,转引自《三国志》卷 14《魏书·刘晔传》裴注,第 17b 页。
③ 《世语》,转引自《三国志》卷 1《魏书·武帝纪》裴注,第 35a 页。
④ 《三国志》卷 21《魏书·王粲传》,第 2b 页。王粲的藏书主要由蔡邕所赠,后来传给了王业,王业的父亲(王凯)是王粲的族兄。王业又是王弼和王宏的父亲;参见《博物记》,转引自《三国志》卷 28《魏书·武帝纪》裴注,第 31a 页;汤用彤:《王弼之〈周易〉〈论语〉新义》,《图书季刊》第 4 卷 1、2 合刊,1943 年(英译文参见 Walter Liebenthal, trans., "Wang Pi's New Interpretation of the *I Ching* and *Lun-yü*," *Harvard Journal of Asiatic Studies*, Vol. 10, No. 2, 1947, pp. 132-133)("魏讽"是一个人的名字而非"讽刺魏国的文章",参见 Ibid., 133)。加上王粲在荆州生活期间撰写的著作和赋,其藏书量大为增加。《晋书·礼志》提及王粲藏书的重要作用:"魏氏籍,汉末大乱,旧章殄灭,侍中王粲、尚书卫觊集创朝仪。"(此处转引自侯康:《补三国艺文志》,《丛书集成》本,上海:商务印书馆,1937 年,第 41 页)晋代张湛曾著有《列子注》,其所用到的两个不同的《列子》版本就出自王弼家的藏书,王弼和哥哥王宏一起继承了王粲的藏书。

靠了曹操;张绣的女儿嫁给了曹操的儿子曹均,张绣获赐封邑两千户,比别的将领都高。关于他的祖先,笔者没有查到更多信息。① 刘廙的弟弟刘伟也被处死。刘廙曾劝诫弟弟不要与魏讽交往:"吾观魏讽,不修德行,而专以鸠合为务,华而不实,此直搅世沽名者也。卿其慎之,勿复与通。"② 骠骑将军文稷的儿子文钦也卷入了魏讽谋反事件,后来因父亲的战功被而赦免③,笔者没有查到更多关于他们先祖的资料。《傅子》的说法与几位著名叛乱者的说辞有一些出入,曹操对待其中几位叛乱者及其亲属的态度非常温和,令人意外。这也表明一场范围广泛的大清洗行动让曹操失去了很多重要的支持者。所以张泉的财产被充公,其本身没有得到豪族的支持,而王粲的遗产由其族兄之子(王弼的父亲)继承了。④ 从中可以看出,几大门阀集团中还有其他人参与了谋反之事,《傅子》的说法也证明了这一点。魏讽当时任相国掾,是相国钟繇的下属,钟繇这位当时级别最高的官员也因此事遭到审讯;但不久钟繇便被魏文帝复职。⑤

在魏讽谋反事件中有一个很典型的事实,那就是主要参与者都是比较年轻的人,表面看起来也都有一定的思想基础(魏讽"有惑众才"),由此形成了一个有浮华风气的小集体,当然这也与参与者的出身有关。

两年之后,孙权通过一个叫曹伟的人与魏国的反曹势力建立了联

---

① 《三国志》卷8《魏书·张绣传》,第17a—18a页。
② 《刘廙别传》,转引自《三国志》卷21《魏书·刘廙传》裴注,第14a页。
③ 《魏书》,转引自《三国志》卷28《魏书·毌丘俭传》裴注,第9a页。文钦后来于255年举兵反叛已经相当稳固的司马氏政权。
④ 《魏氏春秋》,转引自《三国志》卷28《魏书·钟会传》裴注,第31a页。
⑤ 《博物记》中记载魏讽担任相国掾,转引自《三国志》卷28《钟会传》裴注,第31a页;陈寿说魏讽的职位是西曹掾。笔者认为《博物志》的记载是正确的,唯其如此,方能解释为何钟繇受审。关于钟繇被重新任用之事,参见《三国志》卷13《魏书·钟繇传》,第4b页。

系，这个曹伟估计不是曹魏家族的一员，没有查到他更多的信息。《世语》是这样记载此事的："黄初中，孙权通章表。伟以白衣登江上，与权交书求赂，欲以交结京师，故诛之。"①

3世纪30年代初期，这两个人的命运成为一种先例，对那些自发组织起来的封建贵族青年起到警示作用。

230年左右，形成了"八达""四聪"以及"三豫"这样的学生群体或者名士群体，其成员几乎都来自上层封建贵族阶级或者利益共同体。因为共同追求的政治哲学、高雅的生活方式和乐于结成小团体相互庇佑的愿望，他们被同时期的敌人称为"浮华"。

其中的"四聪"包括出身皇族的夏侯玄，他属于当时最优雅、最聪明的知识分子。②诸葛诞是西汉诸葛丰的后人，为"八达"之首。③"三豫"指孙密、刘熙和卫烈；孙密和刘熙分别是魏明帝手下最有权势的中书监孙资和刘放的儿子，刘放还是汉室后裔。卫烈是汉代豪族卫臻之子，卫臻曾任吏部尚书，是主管官员录用和晋升的较高级别文职官员。④当时这些小团体都在李胜家聚会，李胜是李休之子，李休和张鲁交好，佩服张鲁的奇异才能，曾劝张鲁自立为帝。曹操实施怀柔政策，因此在打败了张鲁的农民起义军之后，赏赐李休官职和爵位。⑤从其他几位并非这

---

① 《世语》，转引自《三国志》卷27《魏书·王昶传》裴注，第6b页。

② 《世语》，转引自《三国志》卷28《魏书·诸葛诞传》裴注，第9b页。夏侯玄的传记见《三国志》卷9《魏书·夏侯玄传》；他在魏明帝统治时，与皇后的兄弟一起被控告、撤职，参见《三国志》卷9《夏侯玄传》，第21b页。他在3世纪50年代密谋杀死大将军司马师。他与毌丘俭关系甚好，后者在255年与文钦一起反叛司马师。参见《三国志》卷28《魏书·毌丘俭传》，第9b页。

③ 《世语》，转引自《三国志》卷28《魏书·诸葛诞传》裴注，第9b页。他后来反叛了司马昭。

④ 同上。

⑤ 《魏略》，转引自《三国志》卷9《魏书·曹爽传》裴注，第18a页。

几个团体直接成员的传记中可以看出，他们也被其他人称为"浮华"。其中就有邓飏，他出身于东汉显赫的邓氏家族，"自邓氏中兴后累世宠贵，凡侯二十九人，公二人，大将军以下十三人，中二千担十四人，列校二十二人，州牧郡守四十八人，其余侍中、将、大夫、郎、谒者不可胜数"。① 121年，汉和帝的皇后邓绥死后，邓氏家族的一部分人被投入监狱死去，剩余的人撤回了老家巨大的庄园，而这个庄园正好位于后来魏国的领土上。②

丁谧也属于这个小团伙，他是丁斐之子，也许和曹氏家族故乡的丁氏家族有亲属关系。③ 丁斐曾经租用过官牛，想必应该拥有大量的土地。有一次他私自用家里羸弱的牛替换了肥硕的官牛，有人报告了曹操，曹操却没有免去他的职位，并解释道："我非不知此人不清，良有以也。我之有斐，譬如人家有盗狗而善捕鼠，盗虽有小损，而完我囊贮。"④ 丁谧曾对一位藩王出言不逊而被投入监狱，但很快就因为是"功臣子"而被释放。⑤

何晏此时与夏侯玄和邓飏齐名，被人视为一伙。他是何进之孙，何进的同父异母妹妹为汉灵帝生下儿子而被立为皇后，于是何进被封为大将军。何晏的母亲在何晏父亲去世后被曹操纳为妾，得到了封赏。

---

① 《世语》，转引自《三国志》卷28《魏书·诸葛诞传》裴注，第9b页；《后汉书》卷46《邓禹传》，《四部备要》本，第13b页；参见 Paul Michaud, "The Yellow Turbans," *Monumenta Serica*, Vol. 17, 1958, p. 55, note 7.

② 邓氏家族来自南阳新野。

③ 《魏略》，转引自《三国志》卷9《魏书·曹爽传》裴注，第17b页。曹操特别爱护丁斐，因为俩人是同乡。曹氏家族来自沛国；按照《三国志》卷21《魏书·王粲传》记载，丁廙和丁仪来自沛国；二人皆为著名文学家。

④ 同上。

⑤ 同上。

何晏就在曹操的宫廷里长大，曹操收养何晏，甚至还想过将他立为藩王。^① 何晏娶了一位公主；他的聪慧、美貌和浮华举世皆知。

曹爽这位后来的托孤大臣与当时很多的"浮华"交好；他是曹操侄子曹真之子，与夏侯玄是表兄弟；曹爽与文钦^②、丁谧是老乡，这在那个时代是最重要的结盟动机之一；在丁谧和李胜被魏明帝免职后，曹爽尝试为二人重新安排职务。^③

"浮华"团体的构成在经济状况方面比较一致，但是在出身方面大相径庭。其中的三位与曹氏家族有直接关系，三位出自东汉豪族。他们相较而言都很年轻，模仿汉朝的相似团体，结伴而行，以便能在仕途相互提携。魏明帝对政府的构成具有决定权，孙资和刘放担任魏明帝的尚书，在维护旧的大地主集团利益方面发挥了决定性作用。诸葛诞和邓飏也在他们手下供职；^④ 卫臻之子同样也是"浮华"分子，而卫臻身为吏部尚书，占据了更为重要的职位。曹氏家族里比较年轻的一些人也属于这个小团体，他们遭到了中小地主代表们的激烈批评，尤其是因为这个小团体的政治思想迅速流行。后来，王弼以最为纯粹的形式论述了这种思想，他推崇那种将实际统治权交给豪族的"无为"统治者。

---

① 参见《三国志》卷9《魏书·曹爽传》，第19b页；《何晏别传》，转引自《太平御览》卷380、卷393；《魏略》，转引自《三国志》卷9《魏书·曹爽传》裴注，第18a页。傅玄在魏明帝时期十分讨厌这三个人，拒绝与之来往，参见《傅子》，转引自《三国志》卷21《魏书·傅嘏传》裴注，第18b页；《世说新语·识鉴》，《四部备要》本。

② 《三国志》卷9《魏书·曹爽传》，第21b页；《三国志》卷28《魏书·毌丘俭传》，第5b页。

③ 《魏略》，转引自《三国志》卷9《魏书·曹爽传》裴注，第17b、18a页。

④ 《魏略》，转引自《三国志》卷9《魏书·曹爽传》裴注，第17b页；诸葛诞为御史中丞尚书，卫臻为吏部尚书，《三国志》卷28《魏书·诸葛诞传》，第9b页。

当时司徒属于官位最高的三公之一,监管国家意识形态。232年,董昭(152—232)被正式任命为司徒,此前他已经"行司徒事"两年。他认为这些"浮华"团体的所作所为十分危险,他行使自己的职责,"上疏陈末流之弊":

> 凡有天下者,莫不贵尚敦朴忠信之士,深疾虚伪不真之人者,以其毁教乱治,败俗伤化也。近魏讽则伏诛建安之末,曹伟则斩戮黄初之始。伏惟前后圣诏,深疾浮伪,欲以破散邪党,常用切齿;而执法之吏皆畏其权势,莫能纠摘,毁坏风俗,侵欲滋甚。窃见当今年少,不复以学问为本,专更以交游为业;国士不以孝悌清修为首,乃以趋势游利为先。台党连群,互相褒叹,以毁誉为罚戮,用党誉为爵赏,附己者则叹之盈言,不附者则为作瑕衅。至乃相谓:"今世何忧不度邪,但求人道不勤,罗之不博耳;又何患其不知己矣,但当吞之以药而柔调耳。"又闻或有使奴客名作在职家人,冒之出入,往来禁奥,交通书疏,有所探问。凡此诸事,皆法之所不取,刑之所不赦,虽讽、伟之罪,无以加也。①

董昭并非出身于大地主阶级。在这封言辞犀利的奏章中,他并未提及任何人的名字;他提到的两个小团体很有可能是豪族的后代以及与曹氏家族有亲属关系的那些"浮华"。里面提到的"国士不以孝悌清修为首",恐怕指的就是曹氏家族成员,他们没有与那些支持了魏国肇造事业的人联手,而是"趋势游利"。从魏明帝对这封奏章的反应来

---

① 《三国志》卷14《魏书·董昭传》,第14b页及下一页。另一个版本译文(与笔者的译文有一些出入)可见 Achilles Fang, trans., *Chronicle of the Three Kingdoms*, Vol.1, Cambridge, Mass.: Harvard University Press, 1952, pp. 314-315。

看,应该能够猜出奏章针对的是谁:"帝于是发切诏,斥免诸葛诞、邓飏等。"①

其他材料记载了这些小团体经常在李胜家里聚会,因此李胜也被免职;魏明帝甚至判他入狱,不过因其"所连引者多",不久便获释。②连何晏也不再被任用;夏侯玄和丁谧也因为其他的事情被革职。董昭提及了魏讽和曹伟的下场,由此要求处决小团体成员;但是随着大地主阶级权力的加强及其与曹氏家族联手,这种极端的处罚方式肯定是行不通的,因为正如董昭所述,那些负责监管官员行为是否合法的人也畏惧他们的权力("执法之吏皆畏其权势"),觉得自己没有能力给这些人定罪和处决他们。

尽管魏明帝从232年开始正式推行一项政策,禁止任用任何"浮华",但"浮华"的影响力不断扩大。他们的政治思想很大程度上建立在《老子》的基础上,何晏和夏侯玄都曾论述过《老子》。豪族的年轻一代纷纷用《老子》中的词汇来取名和表达自己的观点,一时蔚然成风。太原王氏家族尤其如此,他们在随后由司马懿后代创建的西晋(265—316)中,曾经很长时间占据了最为重要的职位;在这个家族的年轻一代成员中,有四人特别有名,尤其是王沈和王浑。四人的名与字如下:

名	字
默	处静
沈	处道
浑	玄冲
深	道冲

---

① 《三国志》卷14《魏书·董昭传》,第15a页。
② 《魏略》,转引自《三国志》卷9《魏书·曹爽传》裴注,第18a页。

王昶是王浑与王深的生父，王默与王沈的养父，王默与王沈其实是王昶亡兄之子。王昶曾写过一封劝诫信，说他们名字里表露出来的思想显示出他已经与"浮华"同流合污；王昶在这封信里反对的并不是儿子和侄子们奉行的政治思想，而是反对这种虚荣的行为方式。他写道：

> 览往事之成败，察将来之吉凶，未有干名要利，欲而不厌，而能保世持家，永全福禄者也。……夫物速成则疾亡，晚就则善终。……是以大雅君子恶速成，戒阙党也。①

王昶责备他们接受了道家思想，因为阙党而有可能重蹈魏讽和曹伟的覆辙；王昶考虑到魏明帝大力惩治浮华之风，所以劝他们行事务必要谨慎内敛："夫能屈以为伸，让以为得，弱以为强，鲜不遂矣。"②

魏明帝直接下诏免去了诸葛诞、邓飏和其他人的职务，同时从机构上保证不让"浮华"团体的人再次接触到实权职位，以免他们再次拥有特权。他免去了"三豫"成员卫烈的父亲卫臻的官职，任命卢毓为吏部尚书；卢毓对官员任命的标准是绝不能轻易让"浮华"得到任用，而这正是魏明帝对他委以重用的原因。卢毓曾经对和"浮华"比较亲近的李丰说过："才所以为善也，故大才成大善，小才成小善。今称之有才而不能为善，是才不中器也。"③

卢毓之父卢植是一位出身普通人家的大学者，还曾在184年率兵

---

① 《三国志》卷27《魏书·王昶传》，第5a页，引文自第5b页开始。
② 同上。
③ 《三国志》卷22《魏书·卢毓传》，第17b页。

平定黄巾起义。① 同时，魏明帝还采纳了董昭的建议，认为是"浮华"的影响导致了年轻人"不复以学问为本"。他命令法律专家刘劭"作都官考课"，于238年完成，② 以便此后严加监管。这种考课法专门针对豪族特权，引发了他们的强烈抗议；就连平日从不与何晏、邓飏及夏侯玄交往的这一阶层的其他成员（例如傅嘏）也抨击了这种考课法；③ 魏明帝最终没有施行考课法。④

238年秋，魏明帝病重，在病榻上传旨给中书，下令关于邓飏和诸葛诞这类官员的任用事宜全凭卢毓（而非刘放和孙资）决定，因为卢毓主张"选举莫取有名，名如画地作饼，不可啖也"⑤。

魏明帝计划给自己当时年仅七岁的继承人曹芳找一些辅臣，尽量维护曹氏家族的利益，他考虑的人选包括曹氏家族中比较年长的几位大臣，还有一些忠诚的将军。这些辅臣已经得到了任命。刘放和孙资"久专权宠"，在此前的几年中已经遭到这些新辅臣的批评；他们二人害怕一旦新皇帝登基、新辅臣掌权，他们会彻底失去影响力。⑥ 所以他们故意不让其他人接近魏明帝，说服他将正在外征战的司马懿召回都城，立曹爽和司马懿为辅政大臣。由于曹爽与"浮华"关系密切，并因自己

---

① 《后汉书》卷94《卢植传》（《四部备要》本，第9a页）曾写到他的经济状况；关于卢植的先祖，没有任何记载。关于卢植与黄巾军作战的记载，见《后汉书》卷94《卢植传》，第12a页。

② 《三国志》卷21《魏书·刘劭传》，第16b页。

③ 《三国志》卷21《魏书·傅嘏传》，第19a页。

④ 《三国志》卷21《魏书·刘劭传》，第17a页。

⑤ 《三国志》卷22《魏书·卢毓传》，第17b页。

⑥ 《三国志》卷3《魏书·明帝纪》，第16b页；《汉晋春秋》，转引自《三国志》卷3《魏书·明帝纪》裴注，第16b页。新皇帝的辅臣们对刘放和孙资的批评见《世语》，转引自《三国志》卷14《魏书·刘放传》裴注，第28a页。

年纪轻而遵从司马懿,故而他拥有了理想的前提条件去与司马懿结盟,接管大地主集团,而他作为曹魏宗室参与其中,避免了此次权力交接沦为叛乱。①

正始(240—249)初年尚未发生特别的改变。最重要的职位被曹爽和司马懿平分。不过很快就出现了一个新矛盾,这不再是中小地主与大地主之间的矛盾,而是大地主阶级内部的矛盾。一方是一个自身地位直接取决于曹魏政权存续的集团,他们希望能够在当今朝廷新贵的影响下,恢复大地主阶级特权。而他们的对手就是魏朝的豪族后代,他们希望能够排除曹氏家族,回到以前的状态,因此期待司马懿能够掌权。这场矛盾导致了无休止的阴谋诡计和权力斗争,而且几代人之间也有矛盾,因为两个集团年轻一代成员的生活方式都与父辈截然不同。

那些在3世纪30年代开始与曹爽交好的人,特别是曹氏家族的人,都逼迫他对司马懿要更强硬一些,以扩大自己集团的影响力。244年,曹爽没有接受司马懿的劝谏,率夏侯玄出征,任命邓飏、丁谧和李胜为自己的副手。②魏明帝的郭皇后来自"(黄)河右大族"③,代替年幼的曹芳,站在司马懿的一边参与朝政。④曹爽的亲信逼她"出居别宫",远离权力中心。⑤

---

① 关于这段时期曹爽与司马懿的关系,参见《三国志》卷9《魏书·曹爽传》,第14a页。曹爽的弟弟曹羲在曹爽的要求下,上表恳请任命司马懿为太傅,见《魏书》,转引自《三国志》卷9《魏书·曹爽传》裴注,第13a页;任命诏书见《三国志》卷4《魏书·少帝纪》,第1b页。

② 《魏略》,转引自《三国志》卷9《魏书·曹爽传》裴注,第17a、18a页。

③ 《三国志》卷5《魏书·后妃传》,第10b页。

④ 同上。她后来为司马懿颁发了逮捕令,曹爽及其党羽因此遭到逮捕和处决,见《晋书》卷1《宣帝纪》,《四部备要》本,第9a页。

⑤ 《晋书》卷1《宣帝纪》,第8b页;《魏略》,转引自《三国志》卷9《魏书·曹爽传》裴注,第17b页。

247 年，司马懿病重①；曹魏的"浮华"集团以日食为名②，直接接管了整个政府。几周之内，曹爽的党羽占据了所有重要职位。何晏代替卢毓担任吏部尚书，他本来就想打击对方的势力；凭借这个职位，何晏就可以决定任用和提拔较高级别的文官。③ 毕轨也属于当时的"浮华"④，被任命为中护军，负责军队中官员的任用和提拔。⑤ 他挤掉了司马懿之子司马师，后者于 247 年因母亲去世要守丧。⑥ 李胜家经常被用来聚会，他被任命为河南尹，京畿的文官都归他管理。⑦ 曹爽的弟弟曹羲在魏明帝时期就已经受命掌管京城的军队。邓飏和丁谧被任命为其他部门的尚书。⑧ 高层的改组显然只是一种彻底改组整个官僚机构、更改法律规

---

① 陈寿和其他晋代文献认为司马懿装病是一个混淆视线的计谋，是在韬光养晦，准备反击。鱼豢的《魏略》（鱼豢在魏时撰写该书，一直记载到正始末年）说"司马宣王久病"（转引自《三国志》卷 9《魏书·夏侯玄传》裴注，第 26b 页）。248 年冬，曹爽派李胜探望司马懿，欲一探虚实，李胜的记录收在《魏末传》中，里面写了很多司马懿病重的丑陋细节。《魏末传》也解释道，这些都是司马懿故意装出来的，为了让曹爽及其党羽放心。其中用了一个词"阳"（"宣王乃复阳为昏谬"——校者）。在那个时代，公共讨论十分激烈，出现了很多反对政府的讽刺文章，不过最接近事实的可能是如下描写：李胜去拜访司马懿，看到司马懿老态龙钟，衰弱不堪，为了吓唬司马懿的追随者，李胜发表了一份报告，包含所有令人不堪的细节。《魏末传》只是加上了一个"阳"字就揭露出事情的另外一面：在这个版本中，司马懿不再是那个垂垂老者，李胜则成了那个愚蠢的人，轻易上了别人的当。见《魏末传》，转引自《三国志》卷 9《魏书·曹爽传》裴注，第 15a 页。

② 《三国志》卷 4《魏书·少帝纪》，第 5a 页。不只何晏批评了他的同僚，蒋济也提出了批评："今二贼未灭，将士暴露已数十年，男女怨旷，百姓贫苦。夫为国法度，惟命大才，乃能张其纲维以垂于后，岂中下之吏所宜改易哉？终无益于治，适足伤民。"（《三国志》卷 14《魏书·蒋济传》，第 25a 页）

③ 《三国志》卷 22《魏书·卢毓传》，第 18a 页。

④ 《三国志》卷 9《魏书·曹爽传》，第 13b 页。

⑤ 《魏略》，转引自《三国志》卷 9《魏书·曹爽传》裴注，第 18a 页。

⑥ 《晋书》卷 2《景帝纪》，第 1a 页。以前是夏侯玄担此要职，他这段时间曾经给司马懿写过一封长信，阐述了自己对时局的看法（《三国志》卷 9《夏侯玄传》，第 21b 页）。

⑦ 《魏略》，转引自《三国志》卷 9《魏书·曹爽传》裴注，第 18a 页。

⑧ 《三国志》卷 9《魏书·曹爽传》，第 14a 页。

定的手段。仅李胜一人据说就在一年之内更换了他一半以上的属下。[1]毕轨很快就连升三级，从中护军升为司隶校尉，对官员进行司法监督。他"枉奏免官"，除去了很多仍在执行前朝政策者或者与司马懿交好者。许多其他官员选择了辞职，因为他们失去了参政的机会，例如孙资和刘放，正是由于他们二人的诡计，新政权才得以建立。[2]

曹爽集团的任命政策遵循的目标是尽可能地将旧集团的年轻一代招入政府，尤其是那些支持他们的生活方式和政治理论的年轻人，这一点也符合他们的利益。何晏任用了王弼（来自山西高平王氏家族，注解了《周易》《论语》和《老子》）、裴秀（同样出自名门望族，后来官居要职，还是著名的地图学家）、贾充和嵇康（曹魏宗室的女婿）。[3]曹爽将王浑和王沈纳入麾下（王昶曾因为这二人的名字和思想而批评过他们）。[4]以上这些官员，除了嵇康之外，全都参与了司马炎创建西晋的事业，此后他们及其后代都官居要职，直至永嘉年间。

在曹爽及其党羽掌权的大约一年半时间中，早在3世纪30年代就已经出现的争端开始爆发。他们不仅受到来自四面八方的讽刺文章、诗歌和小册子的攻击，甚至集团内部也矛盾重重：邓飏和丁谧阻止何晏对人事的任命；[5]何晏和曹羲写了奏章和文章，规谏曹爽；[6]当时年仅21

---

[1] 《傅子》，转引自《三国志》卷21《魏书·傅嘏传》裴注，第20b页。
[2] 《三国志》卷22《魏书·卢毓传》，第18a页。关于孙资和刘放，见《孙资别传》，转引自《三国志》卷14《魏书·刘放传》裴注，第29a页。
[3] ［晋］何劭：《王弼别传》，转引自《三国志》卷28《魏书·钟会传》裴注，第30a页；《晋书》卷49《嵇康传》，第6b页。汉代末期，宦官们曾经利用"黄门郎"这个职位来保证他们的影响力，裴秀和贾充都曾任黄门郎。
[4] 《晋书》卷39《王沈传》，第1a页；《晋书》卷42《王浑传》，第1a页。
[5] 《魏略》，转引自《三国志》卷9《魏书·曹爽传》，第17b页；［晋］何劭：《王弼别传》，转引自《三国志》卷28《魏书·钟会传》裴注，第30a页。
[6] 《三国志》卷4《魏书·少帝纪》，第5a页；《三国志》卷9《魏书·曹爽传》，第14b页。

岁的王弼拒绝与曹爽"论道",因为他认为彼此观点迥异;① 曹爽则阻止任命王弼为黄门郎。总而言之,当时对曹爽集团的指责主要集中在他们的生活方式过于奢华和腐化。

司马懿于 248 年秋病愈。曹爽率众人一起去祭拜魏明帝位于城外荒僻之地的陵墓,完全不顾曹羲的下属大司农桓范提出的警告。司马懿趁机上奏郭太后,请废曹爽兄弟。曹爽和何晏以为司马懿的政变只是为了夺权以便继续推行对司马氏集团有利的政策,因此听信了司马懿的承诺,以为司马懿只会革去他们的官职而不会剥夺他们的生命和财产,但结果被诛灭三族。② 不过司马懿特别宽大处理了曹爽门下出身

---

① ［晋］何劭:《王弼别传》,转引自《三国志》卷 28《魏书·钟会传》裴注,第 30a 页。"论道"的意思是给出基本思想方面的建议,这其实是最高级别的官员——三公应尽的职责,参见《三国志》卷 27《魏书·徐邈传》,第 2a 页。王弼是五位尚书郎之一,很可能是何晏的秘书。他批评曹爽尤其是其党羽的目的在于他想让曹爽求他"献计"。这则记载以"论道"为题,也旨在显示王弼的傲慢,他拒绝以低职务行使三公的职能。

② "夷三族"的刑法在此第一次被施行,后来也用在 3 世纪 50 年代叛乱者的家族身上,这些叛乱者(例如夏侯玄、毌丘俭、文钦、诸葛诞)早在 3 世纪 30 年代就属于"浮华",参见《三国志》卷 9《魏书·曹爽传》,第 17a 页;《三国志》卷 28《魏书·王凌传》,第 3a 页;《三国志》卷 28《魏书·诸葛诞传》,第 8b 页。司马懿为了让曹爽放弃抵抗,承诺会对他免于处罚;曹爽还猜测说:"我不失为富家翁。"(《魏氏春秋》,转引自《三国志》卷 9《魏书·曹爽传》裴注,第 16b 页)司马懿还给了桓范一个职位(参见《魏略》,转引自《三国志》卷 9《魏书·曹爽传》裴注,第 18b 页),但在儿子的建议下,桓范没有接受。司马懿让何晏参与审理曹爽等人的案子。何晏彻底查办曹爽的党羽,"冀以获宥",因为何晏在此次行动之前恰好与邓飏和其他几个"罪人一起共事(参见《魏略》,转引自《三国志》卷 9《魏书·曹爽传》裴注,第 17b 页)。"宣王曰:'凡有八族。'晏疏丁、邓等七姓。宣王曰:'未也。'晏穷急,乃曰:'岂谓晏乎!'宣王曰:'是也。'"(《魏氏春秋》,转引自《三国志》卷 9《魏书·曹爽传》裴注,第 20a 页)曹爽及其党羽的轻信说明他们(有理由)猜测,司马懿攻击的不是他们的政策,而是个人,他们以为只要自己离职就能平安。何晏所希望达成的政治联盟,是曹爽手下的"浮华"和司马懿联手。所以何晏如下的这番话要放在这样的背景中去理解(这番话引用了《周易·系辞》中的几个概念,参见《周易引得》卷 43《系上》;James Legge, trans., "I Ching," in *Sacred Books of the East*, Vol. 16, p. 370):"初,夏侯玄、何晏等名盛时,司马景王亦预焉。晏尝曰:'唯深也,故能通天下之志,夏侯泰初是也;唯几也,故能成天下之务,司马子元是也;

豪族的次要人物，没有处决他们，而是将他们短暂免职，之后再任命更高的新职位，这些人后来非常努力地帮助肇造新朝，成为晋朝的开国功臣。在曹爽被诛后幸存下来的"浮华"如王凌、夏侯玄、诸葛诞和文钦，在3世纪50年代曾经策划过一次政变，企图颠覆司马氏业已十分稳固的政权，事情败露，被诛灭三族。

虽然有理由说曹爽及其党羽被处决为司马氏完成权力交接和建立晋朝铺平了道路，但是"洛中名士"的哲学和生活方式也获得了承认，因为它们都是建立在相同的经济基础和利益之上的。王弼和何晏的政治理论限制了统治者的权力，合法化了豪族掌权的现实状况（"君要无为，臣要大权在握"）；何晏在正始年间曾经将一些中等职位给了豪族的后代，这种情况在晋朝成为常态。[①]正始年间的生活方式以及文化和科学水平成了晋朝统治阶级的典范。

3. 魏国"浮华"的生活方式

自3世纪30年代起，社会矛盾激化，引发权力斗争、阴谋诡计、党同伐异，此外，礼教日益禁锢社会生活，这使得那些曾经反对"浮华"的封建贵族家庭中的年轻一代开始追求一种轻松浮华的私人生活方式，来排解上述种种压力。新的社交形式正在流行，何晏或者夏侯玄的清

（接上页）惟神也，不疾而速，不行而至，吾闻其语，未见其人。'盖欲以神况诸己也。"（《魏氏春秋》，转引自转引自《三国志》卷9《魏书·曹爽传》裴注，第20a页；《晋书》卷2《景帝纪》，第1a页）。按照何晏的想法，夏侯玄这样的人应该奠定意识形态和哲学的基础，而司马师应该执掌政权。何晏在这段话中并未评价自己。司马光假设何晏认为自己是比这两类人都更高一等的纯粹的知识分子。不过司马师的确"能成天下之务"，他偷偷地招募了一支三千人的大军，在铲除曹爽政权的过程中发挥了关键作用。

[①] 汤用彤、任继愈：《魏晋玄学中的社会政治思想略论》，第6页注释4，第19—20页。

谈聚会成了接下来数世纪中私人聚会的榜样。一种新的美学理想已经出现,拘泥礼教或是骁勇善战的形象不再受到追捧,一种优雅的外貌更受喜爱,而何晏完全符合这种新的审美标准,"惠心天悟,形貌绝美"①,"动静粉白不去手,行步顾影",面白就意味着美貌。

何晏"美姿仪,面至白。魏明帝疑其傅粉,正夏月,与热汤饼。既啖,大汗出,以朱衣自拭,色转皎然"②。当时的最高理想还要求具备深刻的哲学思想,尤其是要深入地了解《老子》《论语》《周易》,这些典籍被认为表现了一种统一原则,而实际的组织能力和管理技巧是次要的。卢毓曾说过:"今称之有才而不能为善,是才不中器也。"在当时有名的学者和名士之中,这方面的能力在他们少年时期就已经显现出来。何晏6岁就能给曹操解释《孙子》中的难解之处;③王弼才10岁就能与人讨论《老子》;④钟会少年时就能看懂《周易》之类的书籍。⑤

传统基于年龄长幼的衡量标准已不再有效,只有思想的深刻程度

---

① 《何晏别传》,转引自《太平御览》卷380。王瑶(《中古文人生活》,上海:棠棣出版社,1953年,第25、30页)认为寒食散发作时会面色红润、神明开朗,加上经常傅粉、"熏衣剃面",旨在改善男性的仪表,以便给以仪表识鉴的中正留下好印象。那些服用寒食散的人属于制定规则标准的阶级,中正所遵循的也是这样的标准,但是中正升职不是通过他们,而是通过直接的任命。面色在评判时不可能真的被当成一个重要标准,不然的话,也应该是红润的面色显示出旺盛的生命力。王瑶引用了一段颜之推(《中古文人生活》,第23页)的话,说明在南梁时期还有人使用红色的粉("粉朱"),不过毫无疑问,肤白在3—4世纪成了审美标准,除了使用白粉傅面之外,还有许多记载是关于"玉人"、"肤若凝脂"、面色洁白的男人的。王瑶自己就收集了很多这样的记载(《中古文人生活》,第21、22页)。

② 《世说新语·容止》。关于这种标准,参见 Werner Eichhorn, "Zur chinesischen Kulturgeschichte des 3. und 4. Jahrhunderts," *Zeitschrift der Deutschen Morgenländischen Gesellschaft*, Vol. 91, 1937, pp. 466, 467, 479。

③ 《何晏别传》,转引自《太平御览》卷385。

④ [晋]何邵:《王弼评传》,转引自《三国志》卷28《魏书·钟会传》裴注,第30a页。

⑤ [三国]钟会:《母夫人张氏传》,转引自《三国志》卷28《魏书·钟会传》裴注,第22a页。

才能作为衡量的标尺。至少在大家的想象中,处心积虑维系的关系也让位给纯粹的个人友谊。私人领域成为与形式主义、等级制度和充满危险的公共生活完全相反的地方,在私人领域里,封建贵族的年轻一代们认为自己找到了"自由",可以抵消公共生活的沮丧和危险。他们在理论著述中试图减少这种沮丧和危险;王弼一再呼吁取消国家的监管,因为这种监管只会在臣子中间引发阴谋诡计和装模做样:统治者应该以静制动,因为动就会对一方有利而对另一方不利,这样所有人都会争取自己的利益,令国家也陷入纷争。① 而根据一些记载,曹爽对宫廷里的一些规定进行了修改,很可能是除去了一些繁文缛节。

同时,这些"浮华"又不能完全撤出政治舞台,否则就有失去他们特权的危险。出于这个原因,他们并不是在为他们的特权提供保障的客观现实里找寻补偿,而是在私人生活领域排解压力。这种态度在何晏的一首诗里表现得淋漓尽致。《名士传》是这样记载的:

> 是时,曹爽辅政,识者虑有危机。晏有重名,与魏姻戚,内虽怀忧,而无复退也。著五言诗以言志曰:"鸿鹄比翼游,群飞戏太清。常畏大罗网,忧祸一旦并。岂若集五湖,从流唼浮萍。永宁旷中怀,何为怵惕惊。"②

何晏不只是在说他自己;他与同道之人都像鸿鹄;他们不是单飞,而是比翼齐飞,朝着同一个方向。他们想要"戏太清","太清"指的是

---

① 关于王弼的理论,笔者希望以后能够予以详述,所以在此不做详解。关于这一点,可参见王弼《老子指略》,载《中国历代哲学文选》,北京:中华书局,1963年,第312—313页。
② 《名士传》,转引自《世说新语·规箴》刘注。

天空，但也象征着"道"。在朝着那个方向的道上，他们要时刻担心大罗网，何晏及其朋友们的担心不无道理，他们害怕不幸会突然降临（"一旦并"）。最理想的就是能够"从流"，也就是顺应时代发展，即便是"喙浮萍"也没什么坏处（估计也是对清谈聚会的一种影射）；这样才能"永宁旷中怀"。"喙"不会改变水流的方向，水也不会倾覆任何一只鸿鹄；自荀子以来，人们经常使用这个比喻，水象征百姓，水上的舟象征统治者，水能载舟，亦能覆舟；而鸿鹄与舟的区别在于它们一直游在水面上。何晏并不是打算像那些拒绝侍奉统治者的学者那样归隐山林，退回到自给自足的古老理想。他和朋友们可不想"凿井而饮，耕田而食"，而是希望在广阔天地中获得永恒的宁静。

这首诗明显没有显露出何晏的归隐之意。其阶级利益迫使他必须积极参与朝政，否则其特权就可能受到威胁。他在朋友圈里不断追求精致的生活享受来满足自己的个人愿望，正如他在诗中所示，这种愿望只能在私人生活中得到满足。至于这些"浮华"的生活方式和哲学在接下来的数百年间产生了哪些影响，一些著作已有讨论。[1] 但是在这些影响中，有一个影响迄今极少被人提及，但它也许是对中国封建上层阶级影响最为深远（也最具毁灭性）的一点，一直持续至唐宋，这便是服用寒食散（一种产生强烈心理刺激的药物），中国中古时代封建贵族生活方式中的那些不同时刻都被寒食散联系在了一起。

---

[1] ［清］顾炎武：《日知录》卷13，《四部备要》本，第4b页；Werner Eichhorn, "Zur chinesischen Kulturgeschichte des 3. und 4. Jahrhunderts," pp. 451-452; Étienne Balázs, "Entre révolte nihiliste et évasion mystique," *Études Asiatiques*, Vol. 1, No.2, 1948, pp. 28-29；侯外庐：《中国思想通史》，北京：人民出版社，1957年，第74—75页。

二、寒食散

1. 寒食散心理作用的发现

何晏发现了寒食散(或云"五石散")令人"神明开朗"的独特功效。《世说新语》是这样记载的:

> 何平叔云:"服五石散,非唯治病,亦觉神明开朗。"①

何晏因为自己的地位、出身、聪慧、美貌、优雅以及"吏部尚书"官职,成为当时封建贵族青年们的偶像,大家争相模仿他的生活方式。被他发现有独特功效的寒食散也因此变得非常流行。

2.*

(1) 寒食散的起源

关于寒食散的起源,我们所知不多。皇甫谧(215—282)曾详细阐述寒食散:

> 然寒食药者,世莫知焉,或言华佗,或曰仲景。考之于实:佗之精微,方类单省,而仲景经有侯氏黑散、紫石英方,皆数种相出入,

---

① 《世说新语·言语》。
* 此处原无标题。

节度略同;然则寒食草、石二方,出自仲景,非佗也。①

皇甫谧提到的张仲景的药方流传至今,与晋朝流行的寒食散药方在很大程度上一致。② 令人惊讶的是,皇甫谧在何晏去世30年后写下了这段话,却已经不得不猜测寒食散的起源了。因为是何晏发现了寒食散的副作用,发现了这种药的真正起源,才引发了它的流行。皇甫谧猜测是张仲景发明了寒食散,这种想法经受住了传统的考验,流传了下来;因为张仲景主要医治伤寒类的疾病,所以可以进一步设想,制作这种药的本意也是用于治疗此类疾病。③

(2) 药名

这种药有两个名称:寒食散和五石散;两个名字指的是同一种药粉。《世说新语》的刘孝标注在谈及何晏时,曾引用过秦承祖关于寒食散的文章《寒食散论》。有两部重要著作存世的孙思邈(581—682?)曾经明确说过:

先名寒食散者,言此散宜寒食。④

"五石散"这个名字的意思是五种矿石的粉末,指五种据说能延年益寿的矿物。比皇甫谧稍微年轻一点的同代人葛洪(282—343?)曾详细说明了这五种矿物,但是它们并没有出现在现存的寒食散或者五石

---

① 转引自[隋]巢元方《巢氏诸病源候总论》卷6。
② 森田幸门(1892—1966)简要描述过两种配方的关系(『金匮要略入门』,大阪:森田漢法治療研究所,1962年,第894—895頁)。
③ [清]俞正燮:《癸巳存稿》(《丛书集成》本)卷7,转引自《资治通鉴》的明代注释:"本避伤寒卒病法也。"
④ [唐]孙思邈:《千金翼方》卷22。

散药方中①，尽管寒食散中的确含有矿物。

(3) 寒食散的药方

何晏使用的药方与后来晋朝流行的药方都满足了皇甫谧记载中的条件，亦即和张仲景发明的药方中的所有成分一致。臧荣绪在《晋书》中谈到过靳邵（生活在4世纪末）的药方：

> 靳邵……创制五石散方，晋朝士大夫无不服饵，皆获异效。②

众所周知，确定中药成分十分困难。因此笔者会列出中文的概念与对应的学名，其中很多内容存在争议。可惜笔者缺乏系统的药理学训练。对这方面的彻底调查不仅取决于概念，还与药材产地有关。

何晏的配方

1. 钟乳，二两半（Stalaktiten：钙）③
2. 石白英，二两半（Milchiger Quartz：SiO_2）④
3. 海蛤，二两半（以上所有材料磨碎）（Austerschale：$CbMgCO_3$）⑤

---

① 葛洪的配方出现在对郭璞《游仙诗》的注释中（《文选》卷21，《四部备要》本，第17b页）。

② 转引自《太平御览》卷722。

③ 孙思邈（《千金翼方》卷22）列出了这个药方，也可参考巢元方引用的释道洪（"道弘道人"）的药方（《巢氏诸病源候总论》卷6）。关于钟乳，参见 B. E. Read and C. Pak, trans., "A Compendium of Minerals and Stones Used in Chinese Medicine from the *Pên Ts'ao Kang Mu*," *Bulletin of the Peking Society of Natural History*, Vol. 3, No. 2, 1928, p. 63。

④ Read and Pak, trans., "A Compendium of Minerals and Stones Used in Chinese Medicine from the *Pên Ts'ao Kang Mu*," p. 40。

⑤ G. A. Smith and F. P. Stuart, *Chinese Materia Medica*, Shanghai: American Presbyterian Mission Press, 1911.

4. 紫石英，二两半（Amethyst）①

5. 防风，二两半（siler divaricum）②

6. 栝楼，二两半（Trichosanthes Kirilowii Max）③

7. 干姜，一两半（Zingiber offizinalis）④

8. 白术，一两半（Atractylis ovata）⑤

9. 桔梗，五分（Platycodon grandiflorum）⑥

10. 细辛，五分（Asarum Sieboldi）⑦

11. 人参，三分（Panax Ginseng）⑧

12. 附子，炮制，去皮，三分（Aconitum L.）⑨

13. 桂心，三分（中国月桂树小树枝的树皮磨成粉）⑩

靳邵的药方没用紫石英，换为等量的赤石脂（红硅土：二氧化硅 42.93%，铝 36.53%，铁锰氧化物 4.85%，钙 0.94%，水 14.75%）再添加

---

① Read and Pak, trans., "A Compendium of Minerals and Stones Used in Chinese Medicine from the *Pên Ts'ao Kang Mu*," p. 41.

② Jacques Roi, *Traité des Plantes Médicinales Chinoises*, Paris: Éditions Paul Lechevalier, 1955, p. 251.

③ Ibid., p. 297.

④ Ibid., pp. 342-343.

⑤ Ibid., p. 305.

⑥ Ibid., p. 299.

⑦ Ibid., p. 111.

⑧ Ibid., p. 236.

⑨ Ibid., p. 128.

⑩ Smith and Stuart, *Chinese Materia Medica*, p. 108. 这个配方是重建的。孙思邈在《千金翼方》（卷22，第261a页）列出了一个叫做"五石更生散"的配方。他在一则笔记中指出可以通过去掉赤石脂（靳邵的配方里有这味药）和石硫黄，将其变成"三石更生（散）"。他写道："一方言是寒食散，方出何侯。"

二两半的石硫黄。①

在中国,钟乳石和乌头被视为重要药材。②钟乳石的使用始自嵇康,在孙思邈之后更是被广泛采用。③俞正燮(1775—1840)转引明代《资治通鉴》注,称寒食散"炼钟乳朱砂等药为之"④。可是这些保留下来的古老药方中都没有朱砂。

据此给出的药量肯定是一个月的用量,也可能是整个家族的用量,还可能是为众人聚会服食而准备的量,因为皇甫谧曾经表示"服寒食散,二两为剂"。⑤

(4) 寒食散的制作与服用

皇甫谧曾言:"石必三旬,草以日决。"⑥(寒食散里的矿物成分在制作之后必须放置三十天,植物性的材料必须在服食的当天制作。)他在关于寒食散的手册(《节度论》)里详细记述了服食的规定:

> 服寒食散,二两为剂,分作三帖。清旦温醇酒服一帖,移日一丈,复服一帖,移日二丈,复服一帖,如此三帖尽。

---

① Read and Pak, trans., "A Compendium of Minerals and Stones Used in Chinese Medicine from the *Pên Ts'ao Kang Mu*," p. 57, 128. 该药方出自孙思邈的一条笔记,见《千金翼方》卷 22。此处他将"靳邵"误作"邵靳"。此处之前孙思邈写的药方和之后给出的靳邵的药方只有一个细小差别,加上硫磺就完全一致。而靳邵的药方与"五石更生散"(寒食散的一个变种)一致。

② [宋]苏轼:《论商鞅》,载《三苏策论》卷 5,上海:会文堂书局,1914 年,第 3a 页。

③ 关于嵇康的轶事,详见下文;孙思邈:《千金翼方》卷 22,第 265a 页。

④ [清]俞正燮:《癸巳存稿》卷 7,第 213 页。葛洪曾经用过其他相似的药材进行实验。他写道:"玉屑服之与水饵之,俱令人不死。所以为不及金者,令人数数发热,似寒食散状也。"就连服药的规则也与寒食散相似:"散发洗沐寒水,迎风而行,则不发热也。"参见 James R. Ware, trans., *Alchemy, Medicine and Religion in China A.D. 300: The Nei P'ien of Ko Hung*, Cambridge: The MIT Press, 1966, p. 189. 另见下文论述。

⑤ 转引自[隋]巢元方《巢氏诸病源候总论》卷 6。

⑥ [日]丹波康赖:《医心方》卷 19,上海:人民卫生出版社,1955 年,第 429a 页。

须臾，以寒水洗手足，药气两行者，当小痹，便因脱衣，以冷水极浴，药势益行，周体凉了，心意开朗，所患即瘥。虽羸困着床，皆不终日而愈。

人有强弱，有耐药；若人羸弱者，可先小食，乃服；若人强者，不须食也。……

常当寒衣、寒饮、寒食、寒卧，极寒益善。若药未散者，不可浴，浴之则矜寒，使药噤不发，令人战掉，当更温酒饮食，起跳踊，春磨出力，令温乃浴，解则止，勿过多也。又当数令食，无昼夜也。一日可六七食，若失食，饥亦令人寒，但食则温矣。⑦

服食者可以从这段描述中知道某些特定的时刻十分关键。药物会导致发热，很有可能是因为其中的钙。这时应该脱去衣物，以冷水沐浴即可缓解。服食者必须不断进食并饮热酒，而且得是好酒才行。即便没有确切的证据，我们还是可能从中推断出寒食散在被人们服食。还有一些对于专门术语的研究，可以从中确定是哪些人在服用寒食散。

(5) 对寒食散术语的最新研究成果

正如下文所示，寒食散在何晏之后的数百年间广泛流传；它因此被直接称作"散"；这就像今天谈到"毒品"，大家会立即联想到大麻或者大麻制剂一样。这一认知导致了清代出现一系列术语方面的新发现，极大地扩大了有关寒食散的材料。郝懿行(1757—1825)在《晋宋书故》一书关于寒食散的段落里，将"散发"一词与寒食散联系起来。"发"这个字不仅在隋唐两代的医学著作中，而且在皇甫谧的书里，都专指寒食

---

⑦ ［隋］巢元方：《巢氏诸病源候总论》卷6。［唐］孙思邈：《千金翼方》卷22，第261b页。孙思邈并没有明确指出这段规定来自皇甫谧。

散过强的发作会带来恶性的副作用。① 郝懿行并没有用医学著作来确定这些症状,而是用《晋书》和《宋书》里的引文来证明自己的猜测。俞正燮通过征引隋唐两代的医学著作,证明了这些"散"的并发症与寒食散的"散发"有关。② 郝懿行和俞正燮各自进行研究,虽然采用了完全不同的研究材料,却得出了同一结论。

鲁迅在1927年发表了《魏晋风度及文章与药及酒之关系》的演讲,对于理解寒食散的相关术语做出了同样重要的贡献。他认为《世说新语》中出现的"行散"一词是指在寒食散的作用下("药的效验既显"),笔者认为这种理解是正确的;"行酒"中的"行"就是指"在酒的作用下"。③ 皇甫谧描写药效时也用到了"行"这个概念,"行"是"发"的反义词,因为"行"表示的是正常药效,"发"则是指药效过强。

鲁迅也是最早将寒食散置于当时的社会与文化语境中的人;不过笔者认为他将药和酒分隔开来的做法是错误的。皇甫谧的《节度论》已经指出服食后要不停地饮酒;很多实例都已经证明,饮酒过量的确与服药规定中的饮酒要求有关。鲁迅似乎没有看过俞正燮和郝懿行的著作。鲁迅在那篇文章里提到了魏晋文化史上还有一个现象与服食有关,那便是魏晋时期轻裘缓带的宽衣。服食者为了散热,不能穿着厚重的衣服。④ 他还指出服食者喜欢穿旧衣服,身上多虱,虱子也堂而皇之地进入了社交生活,并由此引发了很多有趣的说法,鲁迅的这个观点能否站得住脚,尚未有定论。

---

① [清]郝懿行:《晋宋书故》,载《郝氏遗书》,光绪五年(1879)刻本。
② [清]俞正燮:《癸巳存稿》卷7。
③ 鲁迅:《而已集》,《鲁迅全集》第3卷,北京:人民文学出版社,1956年,第379—395页,特别是385—387页。
④ 相关的文字参见王瑶《中古文人生活》,第41—43页。

在鲁迅的作品发表十年之后，余嘉锡于1938年发表了《寒食散考》（其中没有提及鲁迅）。[①] 他是第二个发现"行散"这个概念之意义的人。余嘉锡使用了俞正燮和郝懿行的成果，还有一些自己的新发现，记述了寒食散的服用情况。我们要特别感谢他提到了丹波康赖于982年在日本出版的《医心方》，其中的很多段落来自于已经失传的有关寒食散的古老文本。贺昌群在1946年出版了名作《魏晋清谈思想初论》，将余嘉锡的研究成果宽泛地整合进自己对"新道家"的分析中。[②]

鲁迅以演讲形式所表达的那些观点在未做进一步论证的情况下，就于1928年直接出版了。1951年，王瑶在上海出版了《中古文人生活》，"承继"了鲁迅关于中国中古时期文人生活的论点，并"加以研究阐发"（引言第5页）。王瑶没有读过余嘉锡的著作，但他为鲁迅的观点提供了很多佐证，也补充了一些新材料，不过基本上沿用了鲁迅最关键的方法论进路，即寻找服药的客观社会原因，但其中有一些句子例如"生死问题本来是人生中很大的事情"等于是回到了一种唯心主义的心理学立场，因此推导出服药的"原因"是追求"长生""美貌"和"房中术"。北京大学中文系在1958年曾对王瑶这部著作的方法论进行了仔细的研究和批评。[③]

[①] 余嘉锡：《寒食散考》，《辅仁学志》第7卷第1、2期，1938年，第29—63页，略微增加了一些内容后被收录于《余嘉锡论学杂著》，北京：中华书局，1963年，第181—226页。

[②] 贺昌群：《魏晋清谈思想初论》，上海：商务印书馆，1946年，第38—39页。

[③] 北京大学中国语言文学系编：《文学研究与批判专刊》第3辑，北京：人民文学出版社，1958年，第147—149页。在《中古文人生活》中，王瑶尝试将"服食"一词也确认为寒食散的专门术语。他认为"服食"和"服散"是相同的（第3页）。可是"服食"一词早在发明寒食散之前就已出现了，王瑶自己也引用了一段话（第25页），其中"服食"一词指的不是服用寒食散。同样，在该书第4页，王瑶引用了《晋书·哀帝纪》中的晋哀帝"服食"，但根据史书原文，"服食"之前是"饵长生药"。该书第11页引用了《晋书·王羲之传》，其中的"服食"有可能指的是"寒食散"："又与道士许迈共修服食，采药石不远千里。"我们可以从余嘉锡

据笔者了解，在西方的文献中还没有关于寒食散的文章。中国学者找到了一种方法论，通过对术语和文化史的研究，发现了越来越多直接的、非医学的寒食散文献，研究成果丰硕。接下来笔者觉得有必要将这些寒食散材料重新置于其社会与文化史语境中，理解寒食散的服用和流行背后的原因。

三、药文化

1. 药文化——寒食散的流行

皇甫谧来自吴国，在比较晚的时候才开始服用这种原本来自魏国的药物。他注意到了寒食散的流行情况：

> 近世尚书何晏，耽声好色，始服此药，心加开朗，体力转强，京师翕然，传以相授。①

（接上页）收集的材料中发现王羲之是服用寒食散的。

据笔者所知，"服食"出现时几乎不带宾语，该词的一个意思是"服用某物"，在所有的例子中都指代那些不是用于医学治疗的药物。众所周知，在汉代灭亡后人们曾经用无数此类药物进行过类似的实验，但是没有一种能够像寒食散那样在思想和文化方面产生重要的影响。"服食"是"服散"的通称，但是二者并不相同。王瑶的研究涉及到不同阶级都在追求的长生不老药，而寒食散只是其中的一种，它源自道家长生不老的思想和炼丹术。但是在建制性的道教不同流派中，饮酒都是被禁止的，所以王瑶认为服者可能只喝很少量的酒（第28页），"服药派"和"饮酒派"并不是一回事（第29页）。参见本文后半部分的论述。

① ［隋］巢元方：《巢氏诸病源候总论》卷6。

按照皇甫谧的说法，服用寒食散不仅能让人神智更加清楚，而且可以增强男人对于音乐欣赏的愉悦和房事的快感。但是《世说新语》和皇甫谧没有给出何晏发现寒食散特殊药效的具体时间；皇甫谧说到何晏时提及了"尚书"这个官衔（何晏在247年成为尚书），可是这也不能说明什么，因为当时流行在人死后，以其生前获得的最高官衔来称呼。有些证据表明何晏在3世纪30年代就已经发现了寒食散的效用。何晏属于"浮华"。根据《魏略》的记载，他属于最高等级的贵族，耽于声色，因此他在曹丕在位的黄初年间（220—227）并未获得任何职位。① 到了魏明帝曹叡统治时期，他也只是担任"冗官"。他当时就已经被看作是某个小团体的成员，而似乎这些人当时就已经十分熟悉寒食散了，甚至按照董昭的说法，他们是为了政治目的而服用寒食散：

乃相谓："……又何患其不知己矣，但当吞之以药而柔调耳。"②

笔者还没有发现这个时期"药"这个概念的任何象征意义（笔者听到"给某人药"这个说法，会想到是给某人一个教训的意思），因此这个概念肯定就是指"药"。需要注意的是，引文中的"柔""调"可能出自老子，在此是褒义词，它们与这个时期尖锐激烈的纷争形成了鲜明对比。这些"浮华"名士也参与了这些纷争，他们的内心需求是个人、私生活方面的和谐。如果董昭提到的"药"就是指寒食散（皇甫谧在说到寒食散时也常常用"药"这个字），那么看来这些"浮华"名士为了让别

---

① 《魏略》，转引自《世说新语·言语》刘注。何晏与魏文帝曹丕关系不佳，因为曹操有一段时间宠爱何晏的程度甚至超过了曹丕这位未来的皇帝；魏文帝总是称何晏为"假子"。参见《魏略》，转引自《三国志》卷9《魏书·曹爽传》，第19b页。

② 《三国志》卷14《董昭传》。

人对他们的抱负和生活方式感到信服，有系统地推广了寒食散。

按照《魏略》的记载，"正始中，曹爽用（何晏）为中书，主选举，（何晏）宿旧者多得济拔"①。由此可以推断，在3世纪40年代晚期出现了巨大变化，那些在3世纪30年代属于"浮华"的年轻士族如今都得到了一官半职，并提拔了那些热衷服药、志趣相投的老友。②

在曹爽执掌朝政时期，服药的还不止是这个圈子里的人，到了正始末年，服药已经成为封建贵族精英生活方式里的一个固定的组成部分。赵孔曜是裴徽的下属，裴徽在247年任冀州刺史，曾有人在裴徽的住所中批评何晏。③有一次裴徽问道："君颜色何以消减于故邪？"赵孔曜答曰："体中无药石之疾。"④

前面给出的药方表明矿物是寒食散的重要成分。笔者认为"药石"就是指寒食散，难道赵孔曜是因为正在"戒毒"，所以难受？

寒食散在何晏死后的广泛流行有据可查。4世纪的秦丞祖这样写道："寒食散之方虽出汉代，而用之者寡，靡有传焉。魏尚书何晏首获神效，由是大行于世。"⑤那些服用了寒食散的人必须不停地喝热酒，所以他们还一起聚会服药。秦丞祖写道："服者相寻也。"⑥

于是，服用寒食散的文化与方兴未艾的饮酒文化相辅相成，不仅决定了这些聚会的交往形式（当然它也因为聚会参与者服用药物而发生了变化），而且造就了用来描写这些聚会的语言。过度饮酒一贯遭到谴责，

---

① 《魏略》，转引自《世说新语·言语》刘注。
② 当然，生活方式的共同之处并没有完全消除这个群体内部的政治分歧。
③ 《管辂别传》，转引自《三国志》卷29《魏书·方技传》裴注。
④ 同上。
⑤ ［南朝宋］秦丞祖（《世说新语》"祖"作"相"）:《寒食散论》，转引自《世说新语·言语》刘注。
⑥ 同上。

相反，酒已经成为一种文学主题，所以无论是对这些聚会的批评还是赞美，使用的都是关于饮酒文化的那些词汇。有一个例子形象地证明了这一点。根据《晋书》的记载，石崇因为孙季舒在一次饮酒聚会上的傲慢行为而要罢免他。裴楷批评了石崇的这种想法：

> 足下饮人狂药，责人正礼，不亦乖乎？①

"饮人狂药"这个说法很明显就是指聚会服药，因此酒是必须要喝的。根据《世说新语》中记载的一则轶事，就连石崇自己都经常在这样的聚会上失控：

> 石崇每要客燕集，常令美人行酒，客饮酒不尽者，使黄门交斩美人。②

陈寿的《三国志·魏书》(290)曾记述曹爽有专门用于和何晏等人聚会的房间。这里需要记住的是寒食散有助于男人享受房事和音乐之乐：

> （曹爽）妻妾盈后庭，又私取先帝才人七八人，及将吏、师工、鼓吹、良家子女三十三人，皆以为伎乐。诈作诏书，发才人五十七人送邺台，使先帝婕妤教习为伎。擅取太乐乐器，武库禁兵。作窟

---

① 《晋书》卷35《裴楷传》，第8a页。关于石崇（当时最富有的人之一）的经济状况，参见 Yang Lien-sheng, "Notes on the Economic History of the Chin-dynasty," p. 161.
② 《世说新语·汰侈》。

室,绮疏四周,数与晏等会其中,饮酒作乐。①

很明显在这些聚会上,他们服药喝酒享受音乐,"才人"作陪,何晏也在座,除此之外还有一个有趣的细节。因为服药者会浑身发热,必须发散,所以曹爽命人在地下挖掘了一间"窟室",不仅显示出隔绝于公共生活之外的私密性,而且也是因为地下窟室阴冷。窟室中,四壁"绮疏",有人工照明,这与音乐和婕妤一道创造了一种舒适放松的气氛。钟会在自己母亲的传记中曾经描写过这样的聚会:

> 是时大将军曹爽专朝政,日纵酒沉醉,会兄侍中毓宴还,言其事。夫人曰:"乐则乐矣,然难久也。居上不骄,制节谨度,然后乃无危溢之患。今奢僭若此,非长守富贵之道。"②

对于服药的批评也包含了对过度饮酒的批评。按照此处的引文,曹爽掌权时期将服用寒食散作为私人生活里的一种补偿,不是为了支持行动主义的政策,而是利用权力,扩展服药的文化氛围,与旧友培养感情。在这样的聚会中,女性仅仅被视为性爱工具和乐师;她们并不是服药者。这是因为女性在当时的政治和社会生活中无足轻重,无权分享这些男人们的这种刺激体验。

被后世称为"竹林七贤"的文人全部来自上层贵族,种种迹象表明他们也服药。嵇康在其《养生论》中提及"夫服药求汗",很可能就是影射寒食散。③《晋书·嵇康传》曰:

---

① 《三国志》卷9《魏书·曹爽传》,第14b页。
② [三国]钟会:《母夫人张氏传》,转引自《三国志》卷28《魏书·钟会传》裴注,第22b页。
③ Donald Holzman, *La Vie et la Pensée de Hi K'ang*, Leiden: E. J. Brill, 1957, p. 83。

康又遇王烈，共入山，烈尝得石髓如饴，即自服半，余半与康，皆凝而为石。④

侯思孟（Donald Holzmann，1926—2019）根据形状，认为"石髓"就是钟乳石。笔者觉得这种分析是对的，因为钟乳石正是寒食散的主要原料。⑤ "凝而为石"中的"凝"字在道教文本中经常出现，意指心灵变成不动的、冰一样透明的凝结体。"二人凝而为石"简直就是英美吸毒者口中的"石化"（getting stoned）这一俚语的远古说法。"石化"概念来自英国的饮酒文化，描述了人在醉酒后的精神状态，醉酒者就像石头一样一动不动。这种说法被那些吸食了大麻、麦司卡林或者LSD致幻剂的人借用。

服药者要把衣服脱光，这样做既符合服药规定，又表达了对于公共生活中那些僵化规定的抗议。王隐在《晋书》中记载了阮籍的所作所为：

魏末，阮籍嗜酒荒放，露头散发，裸袒箕踞。⑥

而刘伶写出了关于酒的著名诗歌（《酒德颂》），⑦ 他不仅热衷于狂饮，而且爱裸袒：

---

④ 《晋书》卷49《嵇康传》，第7a页。另见葛洪《神仙传》卷6；Donald Holzman, *La Vie et la Pensée de Hi K'ang*, p. 43。

⑤ Donald Holzman, *La Vie et la Pensée de Hi K'ang*, p. 45。

⑥ 王隐：《晋书》，转引自《世说新语·德行》刘注。

⑦ Georges Margouliès, *Le Kou-Wen Chinois*, Paris: Paul Geuthner, 1926, pp. 124-125.

刘伶恒纵酒放达。或脱衣裸形在屋中,人见讥之。伶曰:"我以天地为栋宇,屋室为裈衣,诸君何为入我裈中?"(《世说新语·任诞》)

这番评论显示出一个有趣的趋势:刘伶将整个世界宣布为他的私人领域,从而拒绝了正式的公共领域和私人领域之间的旧有划分,他在都城外修建了一处竹林,用来和朋友相聚,这一私人领域颇受朋友们尊重。服药之后需要遵守的规定可以随时用来解释这种"非正式"的举动,因为寒食散在其所属阶级中得到了广泛接受。服药的规定几乎迫使一个人去打破神圣的公共形式主义文化(同时也为了保全个人的利益),这肯定也是寒食散迅速流行起来的原因之一。

晋代最为推崇的美德就是"孝"。司马氏以及支持他们的豪族无法推崇"忠",因为他们正是推翻了曹魏旧主才得以建立新的晋朝。司马氏和晋朝开国功臣的传记总是反复提醒人们,他们的孝道超越了一般人能想象的程度,而且无法否认的是,他们都试图(并且成功地)恢复他们祖辈的特权。[①] 孝顺父母的最明显表现就是在他们去世后遵守居丧之礼,包括禁止饮酒食肉。服用寒食散的人必须不停地喝热酒,多吃餐饭。虽然皇甫谧没有详细规定服药者必须吃肉,不过可以推断出那个时期上层阶级是经常吃肉的。鲁迅已经指出东晋时期很多人在居丧期间饮酒食肉,却未因此受到惩罚。[②]

[①] 鲁迅:《而已集》,第117—118页;汤用彤、任继愈:《魏晋玄学中的社会政治思想略论》,第29—30页;晋朝开国功臣的传记中也反复强调他们的孝道非同寻常,参见《晋书》卷34《羊祜传》;《晋书》卷34《杜预传》;《晋书》卷36《卫瓘传》;此外还有下文引用的何曾之言。

[②] 鲁迅:《而已集》,第117—118页。

阮籍之所以担任步兵校尉之职，只是因为有权出入一个存满美酒的酒窖。[1] 根据记载：

> 阮籍遭母丧，在晋文王坐进酒肉。司隶何曾亦在坐，曰："明公方以孝治天下，而阮籍以重丧显于公坐饮酒食肉，宜流之海外，以正风教。"文王曰："嗣宗毁顿如此，君不能共忧之，何谓！且有疾而饮酒食肉，固丧礼也！"籍饮啖不辍，神色自若。[2]

而根据《晋书》的记载，何曾的结论是："宜摈四裔，无令污染华夏。"[3]

后来的研究更为详细，说是服药有治病功效；尽管治病并非服药的原因，然而这是寒食散获得普遍认可的重要时刻。从上述引文中司马昭的评论来看，药效发作时，服药者会粗暴地反抗晋朝的最高美德。另外一则故事说的是阮籍母亲下葬时的情景：

> 阮籍当葬母，蒸一肥豚，饮酒二斗，然后临诀直言："穷矣！"都得一号，因吐血，废顿良久。[4]

在皇甫谧关于寒食散毒副作用的记载中，药效强烈发作时服药者会咆哮和吐血。阮籍的举止没有被理解为不孝。相反，他因为过于悲

---

[1] 《文士传》《竹林七贤论》，转引自《世说新语·任诞》刘注。根据皇甫谧的说法，服药后必须"当饮醇酒，勿饮薄白酒也"（转引自［隋］巢元方《巢氏诸病源候总论》卷6）。
[2] 《世说新语·任诞》。
[3] 《晋书》卷33《何曾传》。
[4] 《世说新语·任诞》。同一卷中也记载了裴楷前往阮籍家吊丧的轶事。

痛，才会服药来克服痛苦。《魏氏春秋》中是这样记述的：

> 籍性至孝，居丧，虽不率常礼，而毁几灭性。①

王戎是王浑之子，也属于"浮华"，与阮籍为友。王戎"以母忧去职。性至孝，不拘礼制，饮酒食肉"②。王戎是4世纪初晋朝政治权力最大的人。其宗族中也有很多人身居高位，例如他的从弟王衍及其弟弟王澄。他们与朋友构成一个小团体，引领着当时封建贵族生活方式的潮流。裴頠在299年写下《崇有论》，抨击王衍这些人仿效何晏和阮籍。③ 他还指出这些人淫抗陵肆，"其甚者至于裸裎"。这些人甚至在宫廷中举办聚会。

> 惠帝元康中，贵族子弟相与为散发俵身之饮，对弄婢妾，逆之者伤好，非之者负讥，希世之士耻不与焉。④

这段引文表明那些拒绝参加服药聚会的人遭受集体压力，因为那些参加者位高权显，可以发挥决定性作用，不只是让这种服药行为获得完全认可，还会令那些拒绝参加的人承受巨大压力。有几则关于这类贵族青年聚会的轶事流传至今。王隐在《晋书》中写道：

> （阮籍之后）贵游子弟阮瞻、王澄、谢鲲、胡毋辅之之徒，皆祖

---

① 《魏氏春秋》，转引自《世说新语·任诞》刘注。
② 《晋书》卷43《王戎传》。
③ 《晋书》卷35《裴頠传》。
④ 《晋书》卷27《五行志》。

述于籍,谓得大道之本。故去衣帻,脱衣服,露丑恶,同禽兽。甚者名之为通,次者名之为达也。①

其中几人在北方国土沦陷之后将这些观念和文化带到了南方。光逸是胡毋辅之的朋友,他们重聚时的情况是这样的:

> (光逸)避乱渡江,复依辅之。初至,属辅之与谢鲲、阮放、毕卓、羊曼、桓彝、阮孚散发裸裎,闭室酣饮已累日。逸将排户入,守者不听,逸便于户外脱衣露头,于狗窦中窥之而大叫,辅之惊曰:"他人决不能尔,必我孟祖也。"遽呼入,遂与饮,不舍昼夜。时人谓之八达。②

"八达"中多是高官,他们和王澄集团一样都参与了4世纪初藩王与豪族之间的权力斗争,而这场斗争以失去北方地区告终。《晋书》记载了王衍作为大将军在与羯人的决定性战争中惨败之后的临终遗言:

> 吾曹虽不如古人,向若不祖尚浮虚,戮力以匡天下,犹可不至今日。③

王衍最终只能把这些感悟带至墓中;而逃往南方的那些豪族成员们继续着无忧无虑的生活方式,悲伤地追忆着在北方度过的光辉岁月。4世纪末的王忱将王澄视为榜样,王忱是王坦之的儿子,也是王恭的朋

---

① 王隐:《晋书》,转引自《世说新语·德行》。
② 《晋书》卷49《光逸传》。
③ 《晋书》卷43《王衍传》。

友,而王恭又是东晋孝武帝(373—397年在位)的内兄。《晋书·王忱传》曾记载:

> 妇翁家有丧事,忱乘醉往吊。妇翁恸哭,忱与宾客十许人连臂被发裸身而入,绕之三匝而出。①

《晋书·王忱传》指出类似的事情时有发生("其所行多此类")。有一次王忱遇到了桓玄,桓玄的祖父就曾参加过胡毋辅之的聚会。《世说新语》的记载如下:

> 桓南郡(桓玄)被召作太子洗马,船泊荻渚,王(忱)大服散后已小醉,往看桓。桓为设酒,不能冷饮,频语左右:"令温酒来!"桓乃流涕呜咽,王便欲去。桓以手巾掩泪,因谓王曰:"犯我家讳,何预卿事!"王叹曰:"灵宝故自达。'"②

家族后辈不得直接说起去世父亲的名字,这是忌讳,而王忱在服药之后迷迷糊糊,按照服药规定,命人拿来"温酒",因此犯了桓玄的忌讳。而对于桓玄的抗议,王忱也只是笑笑,看来寒食散让服用者陷入一种不可撼动的精神状态。阮籍就为准备母亲的葬礼而服用了寒食散。当何曾愤怒地提出要将阮籍流放海外甚或像处死嵇康一样处死他时,阮籍面不改色地继续饮酒。

很多轶事证明人们有时服用寒食散是为了摆脱令人不悦的场景。

---

① 《晋书》卷75《王忱传》。
② 《世说新语·任诞》。

殷颛（？—402）受到自己堂弟殷仲堪的排挤，殷仲堪与桓玄结盟，想用桓玄的人取代殷颛：

> （殷颛）亦即晓其旨，尝因行散，率尔去下舍，便不复还。内外无预知者，意色萧然，远同斗生之无愠。时论以此多之。①

观察一下上述引文就会发现，这个时代的文献只记载了不同寻常和引人注目的人或事，而且在遣词造句上经常会有明确的道德判断。它们却从来没有批评过服药本身，仅仅批评了那些奇怪的行为方式，这些行为大多是因为要遵守服药规定而违背了一般的行为规则。而在这些记载中，那些服药的原因也是不同寻常的：例如提到了丧母或者丢官；这些原因被用来证明服药的正当性。不过在大量例子中，服药并没有什么特别的原因，一群裸体的朋友们在喝酒聚会时就会服药，后世历史学家们也没有找到什么合理原因。笔者在此不是为了证明服药的正当性，而只是探究寒食散的功效。史书中这些特殊的例子只是用了夸张的方式来说明服用寒食散的原因。

所有上文提及的这些服药者都积极参与了其阶级内部的冲突和权力斗争，他们为了不失去自己的财富和特权，不得不加入这些争斗。他们的意识形态和艺术追求一般都集中在私人领域；军队的高级指挥官写诗，歌颂隐居生活，成为《老子》和《易经》方面的知名专家。阶级的特殊兴趣与个体的私人爱好之间的矛盾并不是服药的特别原因，因为在压力重重的公共生活中进行行动主义变革，首先意味着消减自己的特权。只有几首诗能确切地证明是在服药后写出来或者被人引用的，

---

① 《世说新语·德行》。

它们其实都沿用了何晏诗歌中那些旅行和逃离的比喻，这些比喻虽然可以在许多诗歌中发现，但无法证明是在服药后写出来或者被人引用的。不过因为这些作者在实际生活中从来没有真正地逃离过，所以这些诗歌纯粹是白日梦，在晚上才能实现这种化学反应。

王恭（？—398）是孝武帝的内兄，在寒食散的作用下，认为自己发现了《古诗十九首》中的最佳诗句。王恭"美姿仪，人多爱悦，或目之云'濯濯如春月柳'。尝被鹤氅裘，涉雪而行，孟昶窥见之，叹曰：'此真神仙中人也！'"①。《世说新语》是这样描写王恭的：

> 王孝伯（王恭）在京，行散至其弟王睹户前，问："古诗中何句为最？"睹思未答。孝伯咏："'所遇无故物，焉得不速老？'此句为佳。"②

被王恭夸赞的诗歌被保留下来了。在他说出这两句之后，他的弟弟肯定也想起来这首诗的首句：

> 回车驾言迈，悠悠涉长道。③

在原来的上下文里，这一最佳诗句似乎是说因为去年的植物都消失了，未见到上次旅行时熟悉的植物，由此反躬自省：面对自己像去年的植物一样老去，旅人该怎么办呢？不过联系到服药，诗句的意思似乎就变了。

---

① 《晋书》卷84《王恭传》。
② 《世说新语·文学》。
③ 《文选》卷29，《四部备要》本；Erwin von Zach, trans., *Die Chinesische Anthologie*, Vol. I, Cambridge, Mass.: Harvard University Press, 1958, p. 517.

旅人遇到的一切都不同寻常，旅行在这里象征了服药后的体验。

皇甫谧在他那本关于寒食散的著名手册里列举了40多种致命的副作用，死于寒食散的人数惊人，所有人都知道服药的风险。王恭似乎借用上述那句诗来表明心意，即如果能够体验到不同寻常之事，哪怕早逝也是值得的。旅行的象征也是鲍昭（421？—463？）一首诗的写作背景，该诗被收录在《文选》中：

行药至城东桥诗

鸡鸣关吏起，伐鼓早通晨。严车临迥陌，延瞩历城闉。
蔓草缘高隅，修杨夹广津。迅风首旦发，平路塞飞尘。
扰扰游宦子，营营市井人。怀金近从利，抚剑远辞亲。
争先万里途，各事百年身。开芳及稚节，含彩各惊春。
尊贤永照灼，孤贱长隐沦。容华坐销歇，端为谁苦辛？①

这首诗描写了诗人出城（很可能是他任职的地方）游览；游览其实是在寒食散的作用下去行药。药物政治学（Politik der Droge）在本诗中显露无遗。诗人按捺不住即将出城的心情；在第一声鸡鸣时，守卫刚刚打开城门，诗人就立刻"延瞩"，走出城。此前他按照服药规定，在日出时便服下寒食散。绿草茵茵的城角和河畔高高的白杨树很快消失在道路的飞尘之中，"游宦子"和急于将产品拿到市场上出售的农夫们

---

① 《文选》卷22；有几句诗，笔者采用了查赫（Erwin von Zach，1872—1942）的译文（Zach, trans., *Die Chinesische Anthologie*, Vol. I, p. 347）。查赫将题目翻译为"服药后（因年老体衰）为助消化药物而散步至城东桥"。这里并不是很清楚为何要在日出时"行药"，而且还是乘坐一辆准备好远行的马车。鲁迅（《而已集》，第110页）认为这首诗要和寒食散放在一起理解，不过他的征引依据了其有些模糊的记忆。

就在这飞尘笼罩之中向城里走去。他们着急进城，就像诗人着急出城。那些"游宦子"是城里那些小行政岗位的应聘者；农夫们依赖于在市场上出售农产品；他们都希望在城里谋生。"游宦子"努力奋斗，希望成为这"万里途"的第一名，可是这旅途过于漫长，很明显他们一辈子都难以实现目标。农夫们再劳累也是"百年身"，得不到富足。就在这些努力和奋斗中，他们的青春、美貌和乐事都消逝了。他们的处境毫无希望。诗句中对应的限制强调了他们所处环境与行为方式的相似性。

如果将描写游宦子的诗句标注为 a，将描写农夫的诗句标注为 b，那么从"吟咏游宦子"到"各事百年身"的诗句顺序就是 abbaab，即有两份文本，一份是写游宦子的，一份是写农夫的。两份文本像被交叉拼接在一起，并下接对仗的"开芳及稚节，含彩吝惊春"。之后紧接着总结了对二者而言同样是毫无希望的处境："尊贤永照灼。孤贱长隐沦。"诗人乘坐豪华马车，经过熙熙攘攘、匆匆忙忙的人群，觉得他们争先恐后涌向城中桎梏和争斗的行为似乎有些荒诞，因为他正在药物的作用下逃离城市。因为那些豪族已经拥有最多的财富和最高的地位，所以诗人无法理解为何这些游宦子和农夫要付出自己的青春，踏上这没有尽头的万里征途。"端为谁苦辛？！"

由于服药而逃离城市，诗人方才与日常生活拉开了具体的（或者说象征的）距离，诗人从中感受到了荒诞。让他觉得荒诞的不是豪族拥有财富和地位这种社会现象，而是农夫和游宦子们的行为方式，他们仍旧盼望在城市里出人头地，过上诗人已经拥有的生活。此处体现了这首诗的肤浅之处。诗人没有意识到游宦子和农夫都是被生活所迫，要到城里去讨生活，他们不像诗人一样有机会在寒食散的作用下，乘坐豪华的马车去做奢侈的旅行，享受青春韶光。在这种语境中，该诗在结尾所提出的疑问客观来看十分犬儒。

在这些书写寒食散或者与寒食散有关的诗歌中,旅行、飞翔和逃离的比喻都证实了之前暗示的一点,即人们为了自己的阶级利益,不得不面对社会矛盾的压力,寒食散可以将人们从这种状况中解放出来。

自4世纪起,佛教寺庙中逐渐形成了独特的哲学、文学、音乐和药文化。从那时起,越来越多的豪族子弟成为佛教信徒,一些人甚至直接出家。无论是北方的"五胡"统治者还是南方的统治者,都捐献了大量钱财给佛教寺庙,这使得佛教寺庙成了上层阶级成员的避难所,借用何晏的诗句来说,这些人"愿为浮萍草,托身寄清池"(现在是托身佛教寺庙)。他们在寺庙里不用放弃自己的社会地位和政治影响,而且很大程度上不用承担自己所作所为引发的不良后果。虽然如此,这种状态也不能完全替代寒食散,所以寒食散通过这些人在寺庙里流行开来。关于这种药物最重要的手册都是出自4—5世纪的佛教僧人之手,全部是溢美之词,可惜这些作品中仅有少量的引文流传至今。生活于刘宋后期、来自慧远大师一派的释慧义(372—444)有一句评论颇具代表性:

> 五石散者,上药之流也。良可以延期养命,调和性理,岂直治病而已哉。[1]

就连佛教寺庙里的僧人们都一致认为寒食散"岂直治病而已"。

正如上文的那些轶事所展现的那样,寒食散已经成为中国中古时代封建贵族文化的固定组成部分。大多数服药者都属于那个时代的知识精英和文化精英。当时最著名的哲学家、诗人、音乐家和科学家几乎无一例外都来自上层阶级,他们形成了一种私人文化,寒食散在其中的

---

[1] 转引自丹波康赖《医心方》卷19,第426b页;他引用了陈延之的话。

地位牢不可破。在这个阶级中，最晚从3世纪末开始，大家就普遍接受了寒食散。这种私人文化的不同成分都是出于弥合统治阶级内部矛盾而发展起来的，并且共同形成了一种基于某种意识形态的生活方式。尽管如此，这种看法并不能直接推导出这个时代非凡的文化成就都是服药后病态大脑的产物。知道某位哲学家、诗人、音乐家或者僧人服药，对理解其文化作品的内容没有特别的帮助。作者服药并不能使我们放弃对其作品内容的精确分析，这个时代的作品经受得住了这种分析；某首诺瓦利斯（Novalis，1772—1801）或者亨利·米肖（Henri Michaux，1899—1984）的诗歌，并没有因为有证据表明是作者在吸毒后创作出来的，就可以回避对它的历史理解或者社会学理解。

服药者的政治—哲学理论、诗歌主题和个人喜好与同时代不服药者相比，并没有明显区别，因为这两种人所处的社会境况和个人地位都有相同的基础。这种"药文化"的不同时刻因而同样原始，彼此关联，因为它们有一个共同的起因；"药文化"这个表达方式中的"药"一词并不只是直接指寒食散，而是更多地指向服用了这种药之后的那个时刻，即指向用个体补偿（individuelle Kompensation）来代替改变现实。就此而言，理论、诗歌与爱好也都是"药"。

2.[*]

（1）寒食散的效果

有大量关于寒食散的材料保存下来，其中不乏医学材料，但就笔者所知，其中并没有关于寒食散究竟治疗何种疾病的确切记载。7世纪的

---

[*] 此处原无标题。

两位著名医家巢元方和孙思邈都详细描述了寒食散,但仅限于采取哪些方法可以对抗其毒副作用,下文中大家可以看到他们的这些描述。

巢元方的著作被当成一部记录所有疾病原因和症状的手册,详细记载了寒食散可能引发的疾病,却根本没写寒食散是治疗什么疾病的。关于寒食散的医学用途,孙思邈写道:"医不能治,服此无不愈,惟久病者服之。"但他也特别建议只有久治不愈(并且没有希望了)才能服用此药。嵇含(264—307)的一部关于南方植物的手册流传至今,他的孩子十个月大时得了重病,所有的药都不起作用,于是他给孩子喂食了寒食散,孩子得救后,嵇含专门写下《寒食散赋》。①

不过,毫无疑问,寒食散并不是只有垂死之人才服用,其之所以广泛流行是因为其对身心的强劲药效。"病"经常被当作服药的动机,但并未被详细描述究竟是什么病,"病"涵盖的范围要比医学上的"疾病"概念宽泛得多。在有些情况下,"病"的用法类似英语的"我十分厌倦……"(I am sick and tired of...),描述了受挫沮丧的状态;而另外一些时候,"病"描述了一种虚弱憔悴的身体状态。"病"描述的既有身体上的不适也有心理上的压力,可是对这两种情况也都没有更加准确详细的描述。用来描述寒食散药效的语言也同样宽泛。它被称为"更生散",意思是它能普遍增强生命力。何晏的说法是"神明开朗",皇甫谧说"耽情声色";释慧义说此药"延期养命,调和性理"。曹翕在一本小册子里谈到寒食散流行的原因时,曾用"护命"这个概念来总结这些关于身心效果的宽泛说法:

---

① 嵇含是嵇康的后代,参见《晋书》卷89《嵇含传》。其《寒食散赋》的断章残片收录于《艺文类聚》卷75,上海:中华书局,1959年,第75页。

今举世之人，见药本方，号曰"护命神散"。登服日便当解脱衣被向风，将冷水自浇灌。①

寒食散并不是基于某种延年益寿的理论而被发明出来的，而是一次偶然"实验"的结果，它很好地契合了当时的社会和社会心理语境，从而得以广泛流布。关于这一点，下文会详细论述。关于寒食散"护命"的说法并不是真的指延长人的寿命，而是指提高和增强此时此刻的生命感受。服药者希望自己能像嵇康所言的那样，"凝而为石"，即感到身心超越万物。描写寒食散效果的语言与今天宣传具有类似功效的药物的语言一样，都十分含糊。现在的那些"兴奋剂"或者"补药"据说都能"增强活力"，却未准确说明能够治疗哪些具体的病症，而是被概括为万能药，可以对付身心的疲惫、紧张、疼痛和紊乱，增强身心愉悦，也就是说，是对社会性沮丧的化学补偿。我们自然而然地就会推想寒食散对中国中古时代封建上层阶级而言，具有相同或者相似的功能；笔者认为寒食散的社会文化语境恰恰证实了这一猜测。

寒食散的副作用也在一定程度上显示出服药热情高昂，服药者准备承担副作用，它是人们为了获得这种补偿而要付出的代价；这种补偿当然就是医学上的"治愈功效"，譬如全面增强生命活力。②

---

① 曹翕是曹魏宗室，年纪轻轻就在242年继承了父亲王位，入晋后受到赐封。其作品参见下文。

② 但是我们必须特别注意，不能说这是一种理性的衡量；在这一类药物的使用方面，医学上的考虑往往让位于社会和文化上的考虑；我们不能说服药者过于沮丧，以至于甘愿承受副作用。相反，这些副作用的风险在精英人士的记载中被排除在外。因为只有最聪慧的人才被允许服用寒食散，所以如果因为害怕副作用而拒绝服用，那么就是在贬低自我。

（2）寒食散的副作用

统治阶级为了服用寒食散，付出了高昂的代价。想要在身心上获得预期的效果，就肯定要承受那些令人痛苦的副作用。但是因为整个社会都默许了寒食散，所以大家努力的方向都是如何治疗这些副作用，而不是取缔寒食散。从3世纪至5世纪早期，出版了大量有关治疗寒食散副作用的手册。皇甫谧撰写的手册广为流传，因此笔者接下来将主要讨论他的看法，而他和其他作者的观点几乎没有区别。

晋代的皇甫谧（215—282）直到3世纪70年代才第一次接触到寒食散，"亦豫焉"①。他本人也饱受副作用之苦。他曾写道："远者数十岁，近者五六岁；余虽视息，犹溺人之笑耳。"②

《晋书·皇甫谧传》保存了皇甫谧的自传，他在其中描述了寒食散的功效：

> 其后武帝频下诏敦逼不已，谧上疏自称草莽臣曰：
> "臣以尪弊，迷于道趣，因疾抽簪，散发林阜……而小人无良，致灾速祸，久婴笃疾，躯半不仁，右脚偏小，十有九载。又服寒食药，违错节度，辛苦荼毒，于今七年。隆冬裸袒食冰，当暑烦闷，加之咳逆，或若温疟，或类伤寒，浮气流肿，四肢酸重。于今困劣，救命呼噏……设臣不疾，已遭尧、舜之世，执志箕山，犹当容之。"③

皇甫谧身体虚弱，还有旧疾，这些很有可能是他服用寒食散的起因。他喜欢寒食散，尽管其可怕的副作用令他饱受折磨，但他并未停止服用。

---

① 转引自巢元方《巢氏诸病源候总论》卷6。
② 同上。
③ 《晋书》卷51《皇甫谧传》。

显而易见，他最早的服药动机已经被新的动机代替，这个新动机在最后一句话中得到了明确表述。皇甫谧是在亲身体验、拥有充分根据之后写下了这本手册。那些服药后"暴发"的人常常无法自救。

> 凡有寒食散药者，虽素聪明，发皆顽，告舍难喻也。以此死者，不可胜计。①

因此皇甫谧为服用寒食散的亲朋好友编撰了一份纲要，以便于他们尽快确认副作用，并给出治疗建议：

> 世之失救者，例多如此。② 欲服此药者，不唯己自知也，家人皆宜习之，使熟解其法，乃可用相救也。吾每一发，气绝不知人，虽复自知有方，力不复施也。如此之弊，岁有八九，幸家人大小以法救之，犹时有小违错，况都不知者哉！③

当正常使用寒食散时，身心都会出现反应，但也会产生副作用，尤其是心理方面的副作用，这不仅与服药节度有关，还取决于自身对待服药的心理态度。过于紧张，就会出现不良副作用。皇甫谧列出了十条不利于服药的心理状态：

> 凡诸石士十忌：第一忌瞋怒，第二忌愁忧，第三忌哭泣，第四忌忍大小便，第五忌忍饥，第六忌忍渴，第七忌忍热，第八忌忍寒，

---

① 转引自巢元方《巢氏诸病源候总论》卷6。
② 譬如裴秀，详见下文。
③ 转引自巢元方《巢氏诸病源候总论》卷6。

第九忌忍过用力，第十忌安坐不动。①

上述这些行为方式都是错误的，因为有悖于服药规定，服药后会感到发热，所以就要体外降温。错误的看法和态度会引发恶性副作用。皇甫谧认为这是身心过度紧张所造成的后果。皇甫谧继续写道：

> 若犯前件忌，药势不行，偏有聚结，常自安稳，调和四体，亦不得苦读念虑。但能如是，终不发动，一切即愈。②

当前美国地下报纸在关于服用麦司卡林或者 LSD 致幻剂的报道中，也会反复强调身心放松对这类药物的最终效果十分重要，如果服药时无法放松，就会导致"糟糕的旅行"。因此服药的环境就十分重要，一定要有让人放松的氛围，例如曹爽"作窟室，绮疏四周"，与朋友相会其中，"饮酒作乐"，这样的环境就有利于药物发挥良好作用。如果达不到这种放松的状态，并且不能遵守规定，那么就会出现副作用，例如心情极度沮丧，甚至是严重的身体症状。皇甫谧是这样描写自己的情况的：

> 吾尝如此，对食垂涕，援刀欲自刺，未及得施，赖家亲见迫夺，故事不行。退而自惟，乃强食冷饮水，遂止，祸不成，若丝发矣。③

王微（398—425）活跃于刘宋时期，"素无宦情"。其文章用典古雅

---

① 转引自丹波康赖《医心方》卷 19，第 439b 页。
② 同上。后面这一句补充也很有可能是丹波康赖自己添加的。
③ 转引自巢元方《巢氏诸病源候总论》卷 5。另参见《晋书》卷 51《皇甫谧传》。

繁复，甚至同时代的人都看不懂。他生平好服"上药"，曾亲自为弟弟太子舍人王僧谦治病，但王僧谦"服药失度，遂卒"，王微"深自咎恨"。在一封信中，王微写道："忆往年散发，极目流涕，吾不舍日夜。"①

寒食散会在某种程度上增强服药者在服药之前的精神状态。这种理论也有明确的表述。魏收在《魏书》中描写了北魏皇帝拓跋珪服药的情况。北方胡人喜服寒食散，例如佛教在北方的推动者、后秦的第二位皇帝姚兴，②以及北魏第五位皇帝拓跋濬。魏收认为拓跋珪的统治受到了药物副作用的影响：

> 初，帝服寒食散，自太医令阴羌死后，药数动发，至此逾甚。而灾变屡见，忧懑不安，或数日不食，或不寝达旦。归咎群下，喜怒乖常，谓百僚左右人不可信，虑如天文之占，或有肘腋之虞。追思既往成败得失，终日竟夜独语不止，若旁有鬼物对扬者。朝臣至前，追其旧恶皆见杀害，其余或以颜色变动，或以喘息不调，或以行步乖节，或以言辞失措，帝皆以为怀恶在心，变见于外，乃手自殴击，死者皆陈天安殿前。③

与之前那些批评服药者的文章一样，魏收批评的不是服药本身，而是在服用了寒食散之后的行为举止，亦即服用寒食散所产生的社会影响。虽然汉人的王公贵族服药后的表现与拓跋珪也差不了多少，譬如

---

① 《宋书》卷62《王微传》，《四部备要》本。
② 《晋书》卷118《姚兴传下》。
③ 《魏书》卷2《太祖纪》，《四部备要》本；《资治通鉴》卷115"义熙五年"条，《四部备要》本。

石崇因为侍女未能劝说客人喝尽酒而将侍女处死①,但是魏收的批评仅仅针对一位"胡人皇帝",这绝非偶然现象。

在拓跋珪统治时期,寒食散极其流行,甚至连副作用带来的痛苦都成了地位的象征。《太平广记》有如下记载:

> 后魏孝文帝时,诸王及贵臣多服石药,皆称石发。乃有热者,非富贵者,亦云服石发热,时人多嫌其诈作富贵体。有一人于市门前卧,宛转称热,要人竞看,同伴怪之,报曰:"我石发。"同伴人曰:"君何时服石,今得石发?"曰:"我昨市米中有石,食之今发。"众人大笑。自后少有人称患石发者。"②

皇甫谧总结了寒食散在身体上引发的40多种副作用;同时期的其他作家,例如曹翕,③除了列出副作用之外,还提出了相应的治疗建议。这类纲要中有些例子需要引证一下。皇甫谧写道:

> 或有气断绝,不知人,时撅,口不可开,病者不自知,当须旁人救之,要以热酒为性命之本,不得下者,当扣去齿,以热酒灌含之,咽中塞逆,酒入复还出者,但与勿止也。出复纳之,如此或半日,酒下气通乃苏,酒不下者便杀人也。④

在其他的记载中也出现了口和咽喉痉挛的情况,譬如皇甫谧的族

---

① 《世说新语·汰侈》。
② 王瑶:《中古文人生活》,第3页;《太平广记》卷247。
③ 〔日〕丹波康赖:《医心方》卷19,第427a—427b页。
④ 转引自巢元方《巢氏诸病源候总论》卷6。

弟就是因"舌缩入喉"而亡。① 另外一个关于副作用及其治疗方法的例子是:

> 或手足偏痛,诸骨节解,身体发痛及疮结核者,由寝处久不自移徙,暴热偏并,聚在一处故也。若坚结极痛甚者,痈发。若觉,便以冷水洗之,冷石熨之,饮热酒散极热,数日以冷水洗不绝,乃瘥。洗之无限,要瘥为期。若乃不瘥,取磨刀石如手许大,烧令赤,以投苦酒中,石自裂,细捣以冷水和涂之,日二三,止。取粪中大蛴螬,捣令熟,以涂痛上,亦不过三再即瘥,尤良。②

皇甫谧并未详细描写这些痈疮长在哪个部位,至于从哪里弄来那些"蛴螬",他倒是给出了确切答案。不过我们似乎可以合理推测这些痈疮大概长在背部,很可能是脊柱上或者肛门处。皇甫谧在另外一个地方记述王肃之子王良夫"痈疮陷背",辛长绪"脊肉烂溃"。③ 在稍后出现的反对寒食散的评论中,背部的痈疮也被频繁提及。甚至在人死后,寒食散依旧继续产生药效,这一点可从皇甫谧的如下描述中看到:

---

① 转引自巢元方《巢氏诸病源候总论》卷6。
② 同上。孙思邈的《千金翼方》和丹波康赖的《医心方》都没引用最后一段用虫子治病的文字。这种令人毛骨悚然的治疗方法背后其实是医学上的一项新发现,即开放性伤口可以借助虫子来愈合。在欧洲似乎是安布鲁瓦兹·帕雷(Amboise Paré, 1509—1590)首开先河;而诺尔曼·白求恩(Norman Bethune, 1890—1939)医生在进行一例肺部手术时也使用过这种方法,他将活虫放入切开的肺部,通过这种治疗手段救了病人的命。参见 N. Bethune, "A Case of Chronic Thoracic Empyema Treated with Maggot," *Canadian Journal of Medicine*, Vol. 32, 1935; N. Bethune, "Maggot and Allantoin Therapy in Tuberculous and Nontuberculous Suppurative Lesions of the Lung and Pleura," *Journal of Thoracic Surgery*, Vol. 5, 1936; T. Allan and Sydney Gordon, *The Scalpel, The Sword, The Story of Dr. Norman Bethune*, Leipzig: Panther Books, 1956, 81ff., 其中包含对手术过程的描写。
③ 转引自巢元方《巢氏诸病源候总论》卷6。

> 坐久失节度，将死候也，如此难治矣。为可与汤下①之，倘十得一生耳。不与汤必死，莫畏不与也。下已致死，令不恨也。
>
> 或人已困而脉不绝，坐药气盛行于百脉之中，人实气已尽，唯有药两犹独行，故不绝，非生气也。
>
> 或死之后，体故温如人肌，腹中雷鸣，颜色不变，一再宿乃似死人耳。
>
> 或灸之，寻死或不死，坐药气有轻重，重故有死者，轻故有生者。虽灸得生，非已疾之法，遂当作祸，必宜慎之，大有此比故也。②

皇甫谧在其手册中还列出了其他的副作用：腹胀欲决；腰痛欲毙；心痛如刺；眩冒欲蹶；百节酸疼；淋不得小便；大行难；关节强直，不可屈伸；遗粪不自觉；目痛如刺；耳鸣如风声，汁出；口伤舌强烂燥，不得食；阴囊臭烂；两腋下烂作疮（淋巴结？）；嗜寐不能自觉；咳逆，咽中伤，清血出；寒热累月，张口大呼，眼视高③，等等。④

最后的两条症状与上文语及的阮籍在葬母时的情形大致相符。尽管这个时期上层阶级里的无数人被寒食散的副作用害得苦不堪言，然而这一点极少出现在他们的传记中。皇甫谧举了不少例子，前面也已经提到过一些：

> 或暴发不常，夭害年命，是以族弟长互，舌缩入喉；东海王良

---

① 此处的"下"字意思不明。
② 转引自巢元方《巢氏诸病源候总论》卷6。其中关于死后仍如活人一般样貌的文字没有被孙思邈和丹波康赖引用。
③ 同上。除此之外，还提到瞑无所见、肌皮坚如木石枯、夜不得眠、两目欲脱、四肢面目皆浮肿。
④ 同上。

夫，痈疮陷背；陇西辛长绪，脊肉溃烂；蜀郡赵公烈，中表六散，悉寒石散之所为也。①

虽然无法详细证明还有哪些人深受其害，但是从后来的典籍中可以看到还是继续有人服用寒食散，并仍然出现了相同的副作用。

孙思邈在其《千金要方》里专门引用了一段话，出自笔者所知的唯一一篇反对寒食散的文章《解五石毒》：

> 寒石五石更生散方，旧说此药方，上古名贤无此，汉末有何侯者行用，自皇甫士安以降，有进饵者，无不发背解体而取颠覆。余自有识性以来，亲见朝野仕人遭者不一。②

苏轼（1036—1101）在《论商鞅》中主张商鞅开始实施的具有毁灭性的政策直接产生了何晏，何晏的生活方式也是毁灭性的。在这篇文章的结尾，苏轼写道：

> 世有食钟乳、乌喙而纵酒色以求长年者，盖始于何晏。晏少而富贵，故服寒食散以济其欲，无足怪者。彼之所为，足以杀身灭族者，日相继也，得死于服寒食散，岂不幸哉！而吾独何为效之。世之服寒食散疽背呕血者，相踵也。③

叶梦得（1077—1148）曾说自己年轻时"不多服药"，但"中岁以后，

---

① 转引自巢元方《巢氏诸病源候总论》卷6。
② 转引自余嘉锡《寒食散考》，第32页。
③ ［宋］苏轼：《论商鞅》，《三苏策论》卷5，上海：会文堂书局，1914年，第3a页。

或有劝之少留意者,往既不耐烦"。① 从中可见寒食散到了宋代仍然广泛流行。

关于寒食散的副作用,还有两则轶事需要注意,它们讲的是寒食散奇效的发现者何晏在服用寒食散后的变化。

何晏和同为尚书的邓飏在247年(或248年)与管辂会面,管辂精通《周易》,"著爻神妙"。他们询问管辂自己能否官至三公(最高官职),管辂说不会。后来有人问管辂,面对两位官居要职的人,他如何敢给出否定答案。管辂回答道:

> 夫邓之行步,则筋不束骨,脉不制肉,起立倾倚,若无手足,谓之鬼躁。何之视候,则魂不守宅,血不华色,精爽烟浮,容若槁木,谓之鬼幽。②

管辂显然认为面对已经到了这种状态的人没有什么可怕的。他描述二人的时候刻意强调他们看起来"血不华色"(苍白);当时的"美学理想"是高贵的苍白,也许需要研究一下这一点是否与服用寒食散直接相关。另外一则关于何晏健康状况的轶事也发生在3世纪40年代后期,是一个相当可怕的笑话,让人想到何晏服用寒食散的初衷是因为他"好色"。

> 公主贤,谓其母沛王太妃曰:"晏为恶日甚,将何保身?"母笑曰:"汝得无妒晏邪?!"③

---

① [宋]叶梦得:《石林避暑录话》,《丛书集成》本,第63页。
② 《管辂别传》,转引自《三国志》卷29《魏书·方技传》裴注。
③ 《魏末传》,转引自《三国志》卷9《魏书·曹爽传》裴注。

就连魏明帝都曾惊讶于何晏面白如敷粉,还"体弱不胜重服"[1];这句颇具反讽意味的评论让人想到鲁迅的假设,鲁迅猜测那时流行起来的轻薄衣衫是因为那些服用了寒食散的人需要让身体冷下来而不得不选择的一种服饰。

郝懿行认为何晏即便没有被司马懿处死,恐怕也会很快死于寒食散的后遗症("假令何晏不诛,亦终夭殁")。[2]

(3)寒食散的伦理学

皇甫谧等人建议的那些治疗方法有时候非常粗暴,在那些饱受副作用之苦的服药者与那些想帮助他们摆脱副作用的人之间产生了许多社会矛盾。尤其是当服药者的官位比帮助者高的时候,情况更是如此。皇甫谧在一篇关于裴秀之死的文章中描述了裴秀是被何晏提拔为黄门侍郎的,后来作为晋朝创建时的尚书令,官至三公:

> 河东裴季彦,服药失度,而处三公之尊,人不敢强所欲,已错之后,其不能自知,左右人不解救之之法,但饮冷水,以水洗之,用水数百石,寒遂甚,命绝于水中,良可痛也。夫以十石焦炭,二百石水沃之,则炭灭矣。药热虽甚,未如十石之火也。沃之不已,寒足杀人。[3]

下属总是忧惧被他挽救的上司会有抱负之心,皇甫谧看到了这一

---

[1] 《何晏别传》,转引自《太平御览》卷386。
[2] [清]郝懿行:《晋宋书故》(收录于《郝氏遗书》)"寒食散"条。
[3] 转引自巢元方《巢氏诸病源候总论》卷6;《晋书》卷35《裴秀传》(从《晋书》的相关段落中也可以看出);丹波康赖《医心方》卷19 的"饮冷酒"是正确的写法,巢元方的"饮冷水"有误。

点,所以列出一些适当的伦理规则,用来规范服药者与那些想要施以援手的人之间的关系。

> 凡治寒食药者,虽治得瘥,师终不可以治为恩,非得治人后忘得效也。昔如文挚治齐王病,先使王怒,而后病已。文挚以是虽愈王病,而终为王所杀。今救寒食者,要当逆常理,反正性,或犯怒之,自非达者,得瘥之后,心念犯怒之怨,不必得治之恩,犹齐王杀文挚也,后与太子不能救,况于凡人哉!然死生大事也,如知可生而不救之,非仁者也。唯仁者心不已,必冒犯怒而治之,为亲戚之故,不但其人而已。①

皇甫谧设立了伦理规则,服药者在参加一场服药聚会后醒过来发现自己的门牙不见了,他的行为和施救者的行为都要遵守这一规则。施救者出于对病人家属的道义而采取了拯救手段,哪怕这违背了病人意愿。因为施救者是出于道德责任而展开施救的,并非蓄意伤害人身,所以病人不应该对这种违背其意愿的行为进行报复,而是应该认可施救者的责任感并对施救者心怀感激。

(4)寒食散副作用和药效成为辩词与借口

《服石节度》写到了一些"失节度"的行为;脱去衣服赤裸身体就不符合公众场合的穿衣规则,不停地进食饮酒也违反了居丧期间禁止饮酒食肉的规定。然而服药者公开表示他们拒绝一切严苛的、形式主义的行为规范;因此服用寒食散就成了他们公开违反这些规定(同时也是一种抗议行为)的辩词和借口。

---

① 转引自巢元方《巢氏诸病源候总论》卷6。

寒食散会影响人的精神,所以当他们发表了一些(极具批判性)的言辞时,寒食散就被他们当成借口,比如王忱在犯了桓玄家的忌讳后就是这么做的。

有几则轶事显示甚至连寒食散的副作用都可以用作借口,使人摆脱困难的境地。皇甫谧很明显出于意识形态的理由而不愿在晋朝为官,但他以寒食散可怕的副作用作为不应朝廷征召的理由。贺循(260—319)来自一个自汉代起就很显赫的贵族家庭,他也是用类似的借口拒绝了皇帝的任命:

> 循辞以脚疾,手不制笔,又服寒食散,露发袒身,示不可用。①

在这一时期,"告病"是拒绝任命的一个常见理由,由此可以推测,至少在一些例子里,这种拒绝既是出于意识形态的理由,也有服药的缘故。在一些情况下,就连副作用也是装装样子,旨在摆脱困难的境地。譬如王戎身居显位,来自上文多次提及的琅邪王氏家族,本来要被参与西晋权力斗争的齐王司马冏处死,

> 戎伪药发堕厕,得不及祸。②

邓攸(? —326)也同样以寒食散的副作用为借口而免于被处死。他被石勒俘虏。一开始他尽管在晋朝位居高位,却像其他人一样没有被处决。他被安置在石勒的军营中,石勒军中夜间禁火,违犯者都要被

---

① 《晋书》卷68《贺循传》。
② 《晋书》卷43《王戎传》。

处死。邓攸与一胡人在军营中相邻,结果胡人的车辆夜里失火被烧毁,胡人在接受调查时诬陷邓攸。邓攸"度不可与争,遂对以弟妇散发温酒(以致引起失火)为辞"①。邓攸最终被赦免。

(5)寒食散的意识形态

寒食散可怕的副作用并未改变众人对寒食散的追捧。服用寒食散的上层阶级对副作用引发的问题采取了两种态度。一方面发展出来一种精英论,声称最有学识、最聪明的人才配服用寒食散,因为只有他们才能理解和遵守寒食散的服用规定。另一方面开始了大规模的科学研究,旨在改良寒食散配方,改善副作用的治疗方法。在此有必要对这两种态度分别进行陈述。

精英理论是一种辩护性的举措,该理论声称出现副作用并不是因为寒食散本身有问题,而是因为服药者缺乏科学的理解。同时该理论认为来自上层阶级的顶尖知识分子才有资格服用该药物,因为他们对此有科学的理解。在最早的两位寒食散理论家皇甫谧和曹翕的观点里,已经出现了该理论的一些苗头。皇甫谧曾写道:

> 历岁之困,皆不终朝而愈。众人喜于近利,未睹后患。晏死之后,服者弥繁,于时不辍,余亦豫焉。②

在这一段话后面,皇甫谧紧接着列举了一系列死于寒食散副作用的人。这些死去的社会知识精英是《老子》所谓的"众人",尽管享有特权和良好的教育,却忽视了最为重要的服药原则。皇甫谧在这段文字

---

① 《晋书》卷90《邓攸传》。
② 转引自巢元方《巢氏诸病源候总论》卷6。

里批评了封建贵族（也包括他自己）的短视，因为他们忽视了去研究药物的原则；他自己关于寒食散的著作就是为了弥补这一缺陷，让那些凌驾于"众人"之上的社会精英们可以安全服药。下面这段曹翕的话来自其论寒食散的文章，在其他地方已经多次引用，反讽地批评了那些当时位居高位之人，对寒食散不加研究就服用：

> 今举世之人，见药本方，号曰护命神散。登服日盒饭解脱衣被向风，将冷水自浇灌。

释慧义是刘宋时期的高僧，他在上文已经引用过的一句话里更加明确地批评了精英阶层的服药者：

> 良可以延期养命，调和性理，岂直治病而已哉。将得其和，则养命瘳疾；御失其道，则夭性，可不慎哉。此是服者之过，非药石之咎也！①

大约和释慧义同时代的秦丞祖认为副作用的出现与服药者自身的愚钝也有很大关系，他这样写道：

> 夫寒食之药，故实制作之英华，群方之领袖，虽未能腾云飞骨、练筋骨髓，至于辅生养寿，无所与让。然水所以载舟，亦所以覆舟；散所以护命，亦所以绝命。其有浮薄偏任之士，墙面轻信之夫，苟见一候之宜，不复量其夷险，故祸成不测，毙不旋踵。斯药之精微，

---

① 转引自丹波康赖《医心方》卷19，第426b页。

非中才之所究也。①

大约生活在 7 世纪的薛曜也有相同的看法。他写道：

> 凡寒食诸法，服之须明节度，明节度则愈疾，失节度则生疾，愚者不可强，强必失身；智者详而服之，审而理之。"晓然若秋月而入碧潭，豁然若春韶而泮冰积实"，谓之矣。②

可惜笔者尚未找到最后这两句诗的原始出处。看起来这首诗描写的是寒食散的药效；"晓然"及"豁然"这两个词也可以用来形容神志清醒或者很有智慧。这首诗描写的肯定是服药后的效果，否则"谓之矣"这句话就没法理解了。

从这种"服药者是精英"的辩护中可以推断出当时出现了反对寒食散药效（亦即反对"失节度"行为）的声音，不过这些意见不是反对寒食散本身，而仅仅是反对服药者所鼓吹的上述思想。裴頠在 299 年写下《崇有论》，抨击王衍及其朋友居然仿效何晏和阮籍，"其甚者至于裸裎"，拒绝遵从礼教。③虽然裴頠的父亲裴秀正是死于寒食散，但是裴頠并未反对寒食散本身，他甚至还为研究如何进行科学的治疗做出了贡献。

范甯生活在东晋简文帝统治时期（371—373，此时晋朝的统治区域仅限于南方），他反对药文化及其哲学与文化的各个方面。他批评王弼与何晏"罪过桀纣"，因为桀纣虽然暴虐，但只是"一世之祸"，而随着

---

① 转引自丹波康赖《医心方》卷 19，第 425b 页。
② 同上书，第 425a 页。
③ 斐頠的文章收录于《中国历代哲学文选·第二册》，第 376 页。

他们"灭身覆国",其影响也就被消除了。可是何晏和王弼的罪责更重,因为其恶劣影响波及所有领域,令中国数代精英堕落,即便处决二人、肇建新朝(晋朝),也无法消除恶劣影响。当然,范甯也暗示之所以北方疆域被胡人占据,是因为世纪之交的封建贵族在哲学与文化上以何晏和王弼的思想为指导,以至于无法抵抗胡人。① 不过他也并非批评寒食散本身,而是针对产生这种特殊现象的社会文化语境发表评论。

服药者垄断了那个时代的文献和信息,所以寒食散的反对者们书写的文章除了一篇残章之外,全都没有流传下来。不过上文引用的材料带有一种辩护的性质,可见还是有不少人提出过异议,下面这段话是孙思邈转引的,作者不详,文章的标题是《解五石毒》。笔者在历代典籍目录中找不到同样标题的文章。

> 自有识性已来,亲见朝野仕人遭者不一,所以宁食野葛,不服五石,明其大人猛毒,不可不慎也,有识者遇此方即须焚之,勿久留也,今但录主对以防先服者。其方以从烟灭,不复须存,为含生害也。②

自苏轼以后,对寒食散的意识形态批评和医学批评相互结合。皇甫谧之前就已经提到,服用寒食散是为了追求一时奇效,却换来了长期损伤,而这甚至被人们当作一种比喻来使用。吴喜(427—471)是刘宋的将军,出身卑寒,因为功高震主,最终被赐死。其传记收录了一封很长的诏书,罗列了他的行为。诏书结尾处写道:

---

① 《晋书》卷75《范甯传》。
② 转引自余嘉锡《寒食散考》,第32页。

> 凡置官养士，本在利国，当其为利，爱之如赤子；及其为害，畏之若仇雠，岂暇远寻初功，而应忍受终敝耳。将之为用，譬如饵药，当人羸冷，资散石以全身；及热势发动，去坚积以止患。岂忆始时之益，不计后日之损？①

(6) 通过研究寒食散而获得的科学知识

前面引用的很多手册描述了寒食散的副作用和寒食散支持者们的态度，充分表明大家其实都知道寒食散的风险。对服用寒食散的集体默许使得人们开展了科学研究，去寻找更好的配方以及治疗方法。研究寒食散的科学家本人也都服用寒食散，所以其研究目标不是证明寒食散的毒性或者取缔寒食散。

中国药物（据说有"延年益寿"的效果）的配置遵循基于阴阳五行体系的医学理论。对药物配方的挑选通常来自该体系的理论观点而非实践知识，所以其效果主要来自理论分析，只有在之后的服药实践中才能检验其正确与否。很少有对这些药物效果的实践性描写被保留下来，因为大多数科学家都只服用过一次。这些药物经常含有毒性很大的朱砂。

然而早在何晏发现寒食散之前，这种药物就被人服用；何晏是在一次偶然的实验中发现了它的奇效，而相较于何晏原本想要达到的效果，这种奇效很可能只是一项副作用而已。寒食散不是按照某个理论而被调配出来的，而是来自一次偶然的实验。它之所以会流行，不是因为它基于一个可信的理论，而是因为何晏的个人体验。事实上，只是到了5世纪早期才有人尝试创建一个理论，来解释其药效并为理解和治疗其

---

① 《宋书》卷83《吴喜传》。

副作用提供依据。释道洪是慧远大师之弟慧持(337—412)的弟子,他在一篇论寒食散的文章里点名批评皇甫谧和曹翕缺乏理论性,而皇甫谧也明确承认了自己的这一缺陷。

于是学者们陷入了困境。的确有人(甚至包括他们自己)服用和传播寒食散,根本没有顾忌已知的副作用。这些副作用夺去了不少人的性命,这些死者和学者们一样出身于上层阶级。

学者们无法依赖传统理论来理解寒食散,也无法依赖传统理论来研制出能够治疗其副作用的药物,于是他们面临一种难以思考的体验,因为寒食散不仅不以传统理论为基础,而且无法用传统理论来合理地解释。由于对这个现象不熟悉,故而人们观察得越来越细致,并且因为问题太紧迫,所以人们有足够的动力去解决问题。

皇甫谧和曹翕都没有尝试去解释寒食散为何有效、如何发挥效用或者为何某些解药可以被推荐来治疗寒食散的特殊副作用。二人都诉诸在自己身上进行的实验。皇甫谧写道:

> 凡此诸救,皆吾所亲更也。已试之验,不借问于他人也。[①]

同样,曹翕也没有诉诸其医学理论能力,而是诉诸其二十年的服药经验。[②] 第三位写过寒食散副作用的作家是葛洪,众所周知,他也是通过服药来进行实验的。[③] 这种用自己做实验的方法当然不是为了科学而牺牲自我;皇甫谧(以及其他人)"亦豫焉"(享受寒食散)。

---

① 转引自巢元方《巢氏诸病源候总论》卷 6。丹波康赖(《医心方》卷 19,第 430a 页)写得更加清楚。
② 转引自丹波康赖《医心方》卷 19,第 428b 页。
③ 参见上文论述。

皇甫谧确定地指出，缺乏理论并非偶然，考虑到寒食散的特殊药性，也不可能有理论可以依据。为了治疗副作用，"要当逆常理，反正性"。[①] 以人的"正性"为基础的传统医学理论明显无法提供任何帮助；在药物的作用下，一切都颠倒了。皇甫谧列举了"六反"（即服药者异于常人的六种反应）：

> 重衣更寒，一反。（凡人寒，重衣即暖。服石人宜薄衣，若重衣更寒。）饥则生臭，二反。（平人饱则食不消化，生食气。服石人忍饥失食节，即有生臭气，与常人不同，故云二反。）极则自劳，三反。（服石人久坐卧疲极，唯须自劳，适散石气即得宣散，故云三反。）温则泄利，四反。（服石人温则泄利，冷则瘥，故云四反。）饮食欲寒，五反。（平人食温暖则五内调和。服石人饮食欲寒乃得安稳，故云五反。）痈疮水洗，六反。[②]

于是，皇甫谧、曹翕、葛洪和这个时代的其他学者们纷纷根据自己的亲身体验，列出寒食散的副作用，总结出一份详细的目录。这些对副作用的描述也没有以传统的疾病描述为基础，所以它列出的症状详细准确；另外一个原因有可能是这些描述面向的不是医学专家，而是普罗大众，这些人看不懂医学术语。

可是在几个重要方面，皇甫谧和曹翕的体验互相矛盾，并且在之后的时间里引发了激烈争论。皇甫谧辩称内热必须通过外冷来平衡。曹翕认为皇甫谧的服药规定和对抗副作用的方法都过于公式化，他尤其

---

① 转引自巢元方《巢氏诸病源候总论》卷6。
② 转引自丹波康赖《医心方》卷19，第430a页；孙思邈《千金翼方》卷22，第265a页。

反对皇甫谧提出的冷解法。[1] 一百多年后的秦丞祖认为应该"采撮二家之意",如果皇甫谧给出的办法不起作用,那就按照曹翕的规定去治疗。[2] 皇甫谧的服药规定和对副作用的治疗建议得以流传下来,被收录在 7 世纪的医学手册中。

除了详细描述副作用和采取实验方法之外,另外一个最为重要的科学进步出现在适应症理论领域。同一个人在不同的时机服用寒食散会出现不同的反应,不同的人对于寒食散也表现出不同的耐受性。皇甫谧表示适应症因人而异:

> 若老小不耐药者,可减二两,强者过二两。药虽良,令人气力兼倍,然甚难将息。[3]

曹翕在其文章里批评了皇甫谧的观点(虽然没有直接指名道姓),但他也赞同因人而异,并加以延展,认为行为规则和对抗副作用的方法也因人而异。他写道:

> 凡服寒食散发者,皆宜随所服之人以施方治。人体气之不同者,若土风之殊异也。虽言为当饮酒,人性本有能不;虽言为当将冷,人体本有耐寒与不耐寒;虽言为当多食饮,食饮本有多少;虽言为当劳役,人筋本有强弱,又肥充与消瘦,长老与少壮,体中挟他与不挟,耐药与不耐药,本体多热与多冷,凡此不可同法而疗也。[4]

---

[1] 转引自丹波康赖《医心方》卷 19,第 428a—428b 页。
[2] 同上书,第 425b 页。
[3] 转引自巢元方《巢氏诸病源候总论》卷 6。
[4] 转引自丹波康赖《医心方》卷 19,第 428a 页。

曹翕对适应症及其治疗都采取因人而异、分级而治的方法，从而在适应症理论方面又比皇甫谧前进了一步，因为皇甫谧只是想到要改变用量，却没有对副作用治疗方法的建议因人而异。

毫无疑问，对适应症理论做出最独特贡献的人是裴頠（267—300），其父亲就是死于寒食散。裴頠命令荀藩完成其父荀勖的遗愿，铸钟凿磬，荀勖是晋朝老臣，一直致力于通过调查以完备"郊庙朝享礼乐"。

> 頠通博多闻，兼明医术。荀勖之修律度也，检得古尺，短世所用四分有余。頠上言："宜改诸度量。若未能悉革，可先改太医权衡。此若差违，遂失神农、岐伯之正。药物轻重，分两乖互，所可伤夭，为害尤深。古寿考而今短折者，未必不由此也。"①

虽然裴頠并未明确谈论寒食散，但是联系到其出身和寒食散在当时（尤其是在他那一代人中）广泛流行的情况，还是可以推断出他主要是指寒食散。不过其计划并未成功施行。

对寒食散的科学研究工作在接下来的时代也没有松懈，不过关于寒食散的文章，只有标题被保留了下来，流传下来的原文非常少，所以无法找到这些活动的更多记载。7世纪的医学专家主要还是继续引用皇甫谧撰写的关于寒食散的药方、服药规定以及寒食散副作用的目录。只有巢元方将释道洪的理论保留了下来。释道洪的理论没有按照传统的分类方法，而是分析了寒食散配方成分的"对""动""治"。②不过因

---

① 《晋书》卷35《裴頠传》。该段也可以翻译为古代的尺寸要比裴頠时期的一般尺寸长40%，这段文字的意思不是特别清晰，似乎其他的尺寸也都大幅增加了，参见《晋书》卷47《傅玄传》。

② 转引自巢元方《巢氏诸病源候总论》卷6。

为这些文献的数量令人颇感兴趣,所以笔者将自己能查到的作者信息和引用信息列在下面。

(7)有关寒食散的文献

① 皇甫谧(215—282)撰写了两部关于寒食散的作品:

a.《解散说》;①

b.《将服消息节度》。

丹波康赖在引用第二部时采用了缩略标题《节度论》,②以及另一个标题《发动救解法》,③可能出自该作的某些章节。在另外一个地方,他还使用了缩略标题《救解法》。④这两部作品(或者说是两部作品的部分章节)仅有部分原文保留在巢元方、孙思邈和丹波康赖的引文中。

② 曹翕(也写作"曹歙")⑤,曹魏宗室,242年继承王位;在晋朝被封为"廪丘公"。其作品有:

a.《解寒食散方》;⑥

b.《救解法》。⑦两部作品或者其中的部分内容很有可能被巢元方提到过,⑧在《隋书·经籍志》里也曾被提及。⑨

c.《廪丘公论》,1卷。

皇甫谧和曹翕的作品被后人合在一起保留下来,标题是:

---

① [隋]巢元方:《巢氏诸病源候总论》卷6。
② [日]丹波康赖:《医心方》卷19,第429a页。
③ 同上。
④ 同上书,第436b页。
⑤ 同上书,第428a页;曹翕的传记见《三国志》卷20《魏书·武文世王公传》裴注。
⑥ 《三国志》卷20《魏书·武文世王公传》裴注。
⑦ [日]丹波康赖:《医心方》卷19,第436b页。
⑧ [隋]巢元方:《巢氏诸病源候总论》卷6;《隋书》卷34《经籍志》,《四部备要》本。
⑨ 《隋书》卷34《经籍志》。

d.《寒食散论》, 2 卷, 很可能分别为皇甫谧和曹翕撰写。[①] 秦丞祖和裴松之已经将二人著作合在一起了。[②]

③ 葛洪列举了寒食散的副作用及其治疗建议。丹波康赖在著作中引用了这部分内容, 但没有标明引文的具体出处。[③] 葛洪在《抱朴子》中提及寒食散。[④]

④ 孔恂, 孔子第 21 世孙, [⑤] 也写过关于寒食散的文章。《隋书 · 经籍志》没有提到其著作。孔恂在 276 年后不久和王济一道被提及, 王济[⑥] 是当时最富有的人之一。[⑦] 丹波康赖从陈延之的著作中摘引了一段出自孔恂某部作品的文字。[⑧]

⑤ 在陈延之和丹波康赖都曾经引用的这句话里, 孔恂提及"本方"一词。尚不清楚它指的是哪部作品; 有可能是最初写有这份药方的作品。丹波康赖的引文还提到了一部同名作品, 作者据说是黎阳切和曹范曲, 不过笔者无法确定。[⑨]

⑥ 丹波康赖也引用了陈延之对《夏侯氏论》这篇关于寒食散文章的评论。陈延之很可能生活在 5 世纪。这部作品被《隋书 · 经籍志》提及, 题为《解散经论并增损寒食节度》。[⑩] 夏侯玄被诛灭三族, 仅有少数

---

① 《隋书》卷 34《经籍志》。

② 《三国志》卷 20《魏书 · 武文世王公传》裴注;〔日〕丹波康赖:《医心方》卷 19, 第 425b 页。

③ 〔日〕丹波康赖:《医心方》卷 19, 第 436a 页。

④ 参见上文论述。

⑤ 参见[金]孔元措《孔氏祖庭广记》(1442)卷 6。

⑥ 参见 Yang Lien-sheng, "Notes on the Economic History of the Chin-dynasty," p. 161。

⑦ 《晋书》卷 42《王济传》;《三国志》卷 16《魏书 · 仓慈传》裴注。

⑧ 〔日〕丹波康赖:《医心方》卷 19, 第 427a 页。

⑨ 同上书, 第 438b 页。

⑩ 同上书, 第 427a、436b 页;《隋书》卷 34《经籍志》。夏侯玄所著的《药方》可见《隋书》卷 34《经籍志》。

夏侯家族的人幸存下来，所以可以猜测如果该作品的作者不是夏侯玄（笔者觉得不太可能是他写的，因为这场对寒食散的科学讨论是在3世纪70年代才开始的），那么作者很有可能是夏侯湛（243？—291？），他据说"著论三十余篇"。[1]

⑦ 丹波康赖还从陈延之那里转引了《庞氏论》的一些内容，笔者没有查到关于"庞氏"此人的其他信息。[2]

⑧ 秦丞祖（在《世说新语·言语》刘孝标注中被写作"秦丞相"）著有《寒食散论》，被刘孝标（462—521）注引。根据这一引用以及丹波康赖的引文[3]来看，秦丞祖讨论的对象不是佛教僧人，而是曹翕和皇甫谧。这表明秦丞祖生活的年代要比刘孝标早得多，应该是4世纪末。他著有《本草》6卷，著录在南梁《七录》中，还有《药方》40卷，著录在《隋书·经籍志》和《旧唐书·经籍志》中。[4]

⑨ 范汪（308—372？），曾任东阳太守，故被称为"范东阳"[5]，著有《范氏解散方》7卷，被南梁《七录》著录。笔者没有找到任何来自该作的引文。

⑩ 按照《晋书》中臧荣绪一篇文章的记载，靳邵"创置五石散矾石散方，晋朝士大夫无不服饵，获异效焉"，靳邵应该是生活在4世纪，也有可能是3世纪后期。据笔者所知，现有的各种记载中都没有他的文章，不过在7世纪末期，孙思邈还提到过他的药方。[6]

⑪ 丹波康赖在谈到寒食散时引用了黎阳切和曹范曲，在同一处引

---

[1] 参见《晋书》卷55《夏侯湛传》。
[2] 〔日〕丹波康赖：《医心方》卷19，第427a、435b、439b页。
[3] 同上书，第425b页。
[4] 《隋书》卷34《经籍志》。
[5] 丁国钧：《补晋书艺文志》卷3，《丛书集成》本。
[6] 参见上文论述。

文中还提到了"本方",也许和孔恂引用的是同一部著作。笔者完全不了解这两位作者。不过因为在各种典籍目录中没有出现他们的名字,所以可以推测,丹波康赖是从别处转引的,很可能也是来自陈延之。这两位作者应该是生活在晋朝或者其后的时代。①

⑫ 释道洪是慧远大师之弟慧持的弟子,慧持在临终前将"东间经籍"②给予道洪。巢元方详细引用了道洪的寒食散理论,题为《制解散对治方》。③巢元方从陈延之那里转引了这些内容,没有给出被《隋书·经籍志》著录为《寒食散对疗》的文本。"释道洪"的"洪"字有不同写法,《高僧传》写作"泓",巢元方写作"弘",《隋书》写作"洪"。

⑬ 释慧义也来自慧远大师那一派,④后来在刘宋的统治者中享有盛誉。其著有《寒食散杂论》,在南梁《七录》中还被著录,但《隋书》的作者们就已经找不到这本书了。⑤丹波康赖从陈延之那里转引过这部著作的内容。

⑭ 释智斌与前面两位作者一样也是一位僧人。他活跃于刘宋时期的451—465年。南梁《七录》著录了其著作《解散论》,该作在《隋书·经籍志》中被写作《解寒食散方》。

⑮ 丹波康赖从《耆婆方》中引用了一段关于服散者饮食规定的文字。⑥笔者猜测《耆婆方》是《隋书·经籍志》中的《耆婆所述仙人命论方》的缩略标题;该作被《隋书·经籍志》置于医方之列。

---

① 〔日〕丹波康赖:《医心方》卷19,第438b页。
② 《高僧传》卷6。
③ [隋]巢元方:《巢氏诸病源候总论》卷6。
④ 《高僧传》里有他的传记,参见《大正新修大藏经》第50册,第368c—369a页。
⑤ 《隋书》卷34《经籍志》;〔日〕丹波康赖:《医心方》卷19,第426b、437b页。
⑥ 〔日〕丹波康赖:《医心方》卷19,第439b页。

⑯ 笔者未能找到陈延之的任何生平信息。陈延之著有《小品方》，标题应被翻译为《八千颂般若方》，因为它指涉了鸠摩罗什于 408 年翻译的《小品经》。据《隋书·经籍志》记载，该书共 12 卷。[①] 该书详细引用了一些在别处无法找到的寒食散著述，因此也被丹波康赖引用。从该书的标题推测，陈延之很可能是佛教徒，他引用了大量佛教作家的话。从他引用的那些作家的生平信息来推测，他应该生活在 5 世纪后期。

⑰ 徐嗣伯于 479—501 年间活跃于南齐。他著有《解寒食散方》，共 6 卷，被《隋书·经籍志》著录。笔者尚未找到任何来自该书的引文。

⑱ 徐嗣伯还著有 8 卷本的《解散消息节度》。[②] 徐嗣伯将"解方"与对行为规则、副作用与治疗的列举区分开来，这是自皇甫谧之后比较通行的做法。《南史》中记载了徐嗣伯用寒食散给人治病的一个案例。[③]

⑲ 丹波康赖曾引用《服石论》中的一句话，据说这句话出自陶贞的一部作品，至今已不可考；而陶贞是道教炼丹术士陶弘景（452—536）[④]的父亲。《隋书·经籍志》没有著录陶贞的任何作品；很有可能是陶弘景传播了一句他父亲说过的话，然后被《服石论》引用。

⑳ 一位笔者找不到任何信息的作家宋尚写过一部《太一护命石寒食散》，后被《隋书·经籍志》著录。

㉑ 南梁《七录》著录了一部《寒食散汤方》，共 20 卷，作者不详。[⑤]

---

① 《隋书》卷 34《经籍志》；〔日〕丹波康赖：《医心方》卷 19，第 426b 页；巢元方：《巢氏诸病源候总论》卷 6。
② 《隋书》卷 34《经籍志》。
③ 《南史》卷 32《徐嗣伯传》，《四部备要》本；参见《南齐书》卷 23《徐嗣传》，《四部备要》本。
④ 〔日〕丹波康赖：《医心方》卷 19，第 425b 页。
⑤ 《隋书》卷 34《经籍志》。

㉒ 南梁《七录》著录了一部《寒食散方》,共 10 卷,作者不详。[1]

㉓ 南梁《七录》著录了一部《解散方》,共 13 卷,作者不详。[2]

㉔ 南梁《七录》著录了一部《解散论》,共 13 卷,作者不详。[3]

㉕《隋书·经籍志》著录了一部《序服石方》,估计其中也涉及了寒食散。

㉖《隋书·经籍志》著录了一部《散方》,共 2 卷。

㉗《隋书·经籍志》著录了两部《杂散方》,均为 8 卷本,估计是两部不同的作品。

㉘《隋书·经籍志》著录了一部《解寒食散论》,共 2 卷。

㉙《隋书·经籍志》著录了一部《服石论》,共 1 卷。丹波康赖在谈到用寒食散治病时引用过一部同名作品(见第 32 条文献)。

㉚ 巢元方在 610 年以太医令的身份发表了一部《巢氏诸病源候总论》,流传至今。其中的第 6 卷是关于寒食散的,特别是关于寒食散副作用的治疗。巢元方以释道洪的理论为基础,重建了皇甫谧列举的副作用清单。[4]

㉛ 孙思邈(581—682)在《千金要方》卷 24 中引用了唯一一份明确反对寒食散的材料《解五石毒》。不过他没有给出其作者的名字。[5]

㉜ 丹波康赖在多处引用了薛曜的话。新旧《唐书》记载了一个同名者的生平,[6] 此人生活在 7 世纪。丹波康赖称薛曜为"中书侍郎"[7],或

---

[1] 《隋书》卷 34《经籍志》。

[2] 同上。

[3] 同上。

[4] 笔者引用了 1967 年在台北出版的一个版本,可惜这一版本的标点有很多错谬。

[5] 转引自余嘉锡《寒食散考》,第 32 页。

[6] 《旧唐书》卷 73《薛收传》,《四部备要》本;《新唐书》卷 98《薛收传》。

[7] 〔日〕丹波康赖:《医心方》卷 19,第 425a、430b、437b、439b 页。

者简称为"侍郎"①，与新旧《唐书》上的信息吻合。可是在此人的生平信息中，丝毫没有提及他在医学方面的兴趣，《旧唐书·经籍志》只提及"《薛曜集》"。丹波康赖从《服石论》中引用了薛曜的话；《隋书·经籍志》已经著录了一部名为《服石论》的作品（参见第 29 条文献），它作于 6 世纪。丹波康赖从一部著作中引用了可以追溯到皇甫谧的副作用清单，该作名为《寒食药发动论证四十二变并消息救解法》作者是皇甫谧和薛曜。②该作事实上列举了 51 种副作用。③

丹波康赖在一处地方提及薛曜对皇甫谧治疗建议的补充，在另一处则引用了一段他声称来自释慧义和薛曜的文字。④薛曜似乎对皇甫谧列出的寒食散副作用清单进行了补充。他的官职是中书侍郎，这在文官中间并不少见，常常只是一个过渡性职位。考虑到《服石论》中被引用的段落来自薛曜的著作（假设丹波康赖引用的《服石论》和《隋书·经籍志》著录的《服石论》是同一部书），以及薛曜和很早之前的作家（如皇甫谧和释慧义）之间的联系，那么可以推测出丹波康赖提到的薛曜和生活在 7 世纪的那个薛曜并不是同一人，而应该是另外一个生活在 5 世纪或者 6 世纪的人。

㉝ 孙思邈在其《千金翼方》卷 22 记述了寒食散；他引用了皇甫谧列出的副作用和服石节度，以及各种不同版本的药方。他并未给出引文出处。

㉞ 丹波康赖引用了许孝崇对寒食散的一段评论，但没有给出这段引文的出处。《新唐书·艺文志》著录了许孝崇的"《箧中方》三卷"。

---

① 〔日〕丹波康赖：《医心方》卷 19，第 430b 页。
② 同上。
③ 同上书，第 431a 页，丹波康赖注。
④ 同上书，第 432a、437b 页。

丹波康赖的引文有可能出自该书。①

㉟ 丹波康赖引用了潘师房的《救解法》对寒食散的评论,但笔者没有查到潘师房的任何信息。②

㊱ 丹波康赖于982年在日本出版了《医心方》,在第19卷中详细论述了寒食散。其著作是重构关于寒食散讨论的最重要材料。

尽管宋代仍然有人服用寒食散,然而除了两篇关于钟乳石的文章外,没有任何专门讨论寒食散的著作。

从专论寒食散或者旁及寒食散的庞大著述数量来看,有关寒食散的讨论肯定非常激烈。需要指出的是,在《隋书·经籍志》所著录的医学书籍中,很可能还有其他一些书籍讨论了寒食散,只不过找不到具体例证,因为它们业已散佚。

到了唐代,寒食散的争论已经销声匿迹,但这并不代表就无人服用寒食散了。这个时期寒食散仍在广泛流行,一个确凿的证据就是巢元方和孙思邈仍在全面地研究寒食散。巢元方的著作在宋代还是医学考试的基础。唐初编纂的《晋书》引用了皇甫谧对自身因服药所引发的疾病的详细描述,这必须被视为《晋书》作者向同代人发出的警告,告诫他们不要再服用寒食散。

尽管不时也会有一些评论和暗示,不过彻底禁止寒食散的想法从未在较大的圈子里被认真讨论过;因此,唐代服用寒食散的人数不太可能大大减少,相反,这个时期服用寒食散很可能已经成了一种很大程度上无可置疑(并且不用刻意提及)的习惯。

---

① 〔日〕丹波康赖:《医心方》卷19,第426a页;《新唐书》卷59《艺文志》。
② 〔日〕丹波康赖:《医心方》卷19,第429a页。

四、寒食散的传播

1. 寒食散的社会性传播

从这些有史可稽的寒食散服用者的社会经济地位来看，他们毫无疑问都来自统治阶级（即上层封建贵族），当然从社会学的角度来看，"胡人"统治家族也应当被包括在内，曹翕、臧荣绪以及后来一些人关于服用寒食散群体的评论也已经证实了这些情况。

服药群体的阶级利益要求他们必须维护自身的社会地位以保证享有的特权；而个人的利益又要求他们与同阶级的人明争暗斗，确保自己得到最多的特权。因而他们所承受的"痛苦"是阶级内部的矛盾；药物在该阶级内部的流行以及该阶级对其普遍的接纳意味着该阶级有一种特有的体验，这种体验被阶级成员以同样的方式接受和补偿。"寒食散"不过是其中的一种补偿方式，并牢牢地根植于一种个人的补偿或药文化中，包含了文化、社会、哲学和思想等各方面的要素，故而寒食散是那个时代统治阶级文化的一个组成部分。

笔者尚未发现有文献可以证明寒食散也在下层阶级中流行。原因是显而易见的。在中古时代的中国，尚不存在致力于扩大产品市场的专业"贩毒"组织（譬如19世纪的东印度公司，如今的烟酒集团、制药企业和海洛因销售组织）。

在本文所语及的时代，中国大部分都是农业人口，他们生活在货币经济之外。货币经济只发生在奢侈品交易中，其中肯定也包括了寒食散。此外，统治阶级根本没有兴趣让下层阶级接触到寒食散，因为他们认为这些人应该为自己的主人劳作,以供养统治阶级的生活方式。没有组织的寒食散传播必然失败,因为根据皇甫谧的说法,服寒食散所用的酒应是"醇酒"而非"薄白酒"[①],价格高昂。

2. 寒食散的区域性传播

寒食散主要在北方流行;这种散剂初见于曹魏,后来广泛流行于东晋都城。当北方的领土被北方少数民族侵占后,南逃的北方上层阶级也将药文化带到了南方。寒食散的药材肯定在当时的中国随处可得。叶梦得(1077—1148)也服用寒食散,但他表示在他那个时代,"过江后复难得药材"。由此可见,寒食散在他生活的时代仍主要在北方流行。

寒食散也传到了日本。在正仓院找到了一份寒食散矿物成分的标本。[②] 丹波康赖对寒食散多有记述,由此可以推测,寒食散在其生活的时代也在日本广泛流行;笔者没有专门研究寒食散在日本的传播情况,不过能在日本皇家珍宝馆正仓院里发现这份标本,说明寒食散在日本的社会性传播与中国的情况相似。

3. 寒食散的历史性传播

寒食散从曹魏时期一直延续至宋代;大规模服用寒食散发生于3世纪后半期的晋朝。根据俞正燮的说法(见下一段),唐宋时期,寒食散

---

① 转引自巢元方《巢氏诸病源候总论》卷6。
② 益富寿之助『正倉院薬物を中心とする古代石薬の研究』,京都:日本砿物趣味の会,1958年,第79頁。

渐渐被一种含有朱砂的"丹"取代。拓跋珪已通过强迫犯人服用"丹"而进行了试验,犯人们在服用后的生还机会很小。唐代有几位皇帝也死于"丹"。① 这种"丹"在社会中的传播情况与寒食散相似,但是流行的范围可能要小些,因为几乎没有服食者能活下来。

五、寒食散及其成瘾

俞正燮将寒食散与他当时的鸦片做了直接的对比,并据此推测鸦片会让人成瘾。他写道:

> 士大夫不问疾否,服之为风流,则始于何晏,魏晋人服散,至死不悟……晋人之散,唐宋人之丹,其为鄙恶直近时鸦片烟之比。晋唐宋官不为禁,今鸦片有禁,此以知本朝规模独为闳整矣。②

俞正燮并未区分不同的成瘾类型:虽然鸦片也会导致生理性成瘾,但其流行仍是出于社会原因;一方面由于上层阶级的生活方式和经济地位,他们在鸦片泛滥之前就已经开始吸食,另一方面源于东印度公司目标明确的贩卖活动。张馨保(1922—1965)提到鸦片流行的社会背景及其与寒食散的关系,他写道:"整个 19 世纪直到 20 世纪,毒品(鸦片)使逃避现实的文人得到了很大解脱,让人联想起早期的道教享乐主义者服用的另一种毒品,并且成了普通人最喜欢的消遣以及社会地位的

---

① J. Needham and Ho Ping-Yü, "Elixir Poisoning in Mediaeval China," *Janus*, Vol. 48, 1959. 拓跋珪对寒食散的反应被记录了下来,他曾强迫犯人服用这种丹药,以便了解药效。
② [清]俞正燮:《癸巳存稿》卷 7 "寒食散"条。

象征。"①

在本文的引言中,笔者尝试区分两种不同类型的成瘾,即社会性成瘾与生理性成瘾。社会性成瘾(在分析中被含糊地称为"习惯")产生于长期压抑的社会经验,要减轻该状况对人的影响,无法依靠改变社会现实,而只能依靠化学上的或意识形态上的自我调节;这种自我调节和补偿取决于药物药效的持续时长。固定不变的社会经验会导致长期服药,某些特定的药物也会导致生理性成瘾,比如鸦片就是这种情况。两种成瘾类型的紧密联系在治疗过程(即"戒断"毒瘾的努力)中表现得最明显。一方面,如果吸食毒品的社会诱因不变,那么在一段时间的戒断之后吸毒者总会再次吸食。另一方面,如果没有医学上的辅助措施,毒瘾是无法戒除的,因为即使社会环境变了,生理成瘾仍然足以让人继续吸食。

问题是服用寒食散的人是否也已成瘾?如果是,那么属于哪一种成瘾类型?

皇甫谧说他"享受"寒食散;他在此使用了与成瘾毫无关系的"豫"字。而"解"字经常出现在有关寒食散的文章标题中,也许会让人以为文章说的是戒绝的方法,因为在19世纪时"解"被用于表示"戒断"或"远离"鸦片。但引自这些文章的段落无一例外地表明作者支持寒食散;因此"解"必须被译为"解释"。而且不要忘了,因为缺乏关于寒食散药效的理论解释,所以有理由对寒食散的配方"解"(解释)上一番。在笔者所知道的文献中,没有哪一份可以证明或推导出寒食散会导致生理性成瘾。不过可以证明寒食散是被定期服用的。曹翕就曾提到自

---

① Chang Hsin-pao, *Commissioner Lin and the Opium War*, Cambridge, Mass.: Harvard University Press, 1964, pp. 16-17.

己有二十年服用寒食散的经历，皇甫谧也谈到过他 7 年来因服用寒食散所受的痛苦。这些表述只能说明这些人当时定期服用寒食散。

关于服食的频率，也可以找到相关记述。皇甫谧提到自己一年中会有八到九次忍受副作用的痛苦，其恢复期可长达一个月。《晋书·皇甫谧传》毫无疑问对此有所夸张，说他"初服寒食散，而性与之忤，每委顿不伦"[1]。相反，如果他能够忍受每年八到九次的副作用发作，并且仍然"豫"寒食散，那么笔者倒认为寒食散对他肯定有"正常"（合节度）的作用。正常情况下寒食散的药效也会持续多日，因为皇甫谧和曹翕都给出了睡觉时的穿着规定。皇甫谧写道"寝处必寒"，曹翕提到另一些人的说法，说应该睡在户外；[2] 寒食散的发热效应采取冷解，甚至在夜间也是如此。假设正常服食五次，会有一次产生副作用，计算下来就可以确定，如果平均需要 10 天来治疗副作用（包括身体恢复），而寒食散药效的平均持续时间是 3 天，那么有 80—90 天的时间是用于治疗副作用的，120—135 天寒食散在发挥正常药效，也就是说，即使保守估计，服食者一年中的大部分时间也是处于正常药效作用之下的。有很多人都记述过自己"数月"处于醉酒的状态之中；其中一些人很可能服用了寒食散，比如王忱。

笔者认为这似乎证明了寒食散是被定期服用的，有理由认为它会让人成瘾；因为目前没有找到记录了生理性成瘾的文献资料，而考虑到诸多记述过寒食散的人颇具医学知识，所以就不能将其归咎于他们的表达能力有问题，于是服用寒食散就具备了社会性成瘾的全部特征。其基本条件就是统治阶级的内部矛盾持续存在且（理应）无法忍受；他

---

[1] 《晋书》卷 51《皇甫谧传》。
[2] 转引自丹波康赖《医心方》卷 19，第 428a 页；曹翕主张穿暖和的衣服。

们既不像普通的农村老百姓那样忍受着封建社会主要矛盾所带来的痛苦,也不对这种矛盾发表意见。

到了3世纪末,统治阶级内部普遍服用寒食散,由此,不仅很难对这种行为进行批判,而且那些不服用寒食散的人面临巨大的社会压力,被排斥在服用寒食散的社会文化生活之外。因此寒食散的普遍服食导致一些本来没有服食意愿或意愿不强的人也迫于社会风气的压力,开始服食。服食者的精英主义意识形态以及他们自视为"洛中名士"(归根到底是何晏)之后人的这一事实,使得寒食散的服用具有了知识地位和社会地位的象征意味,因为显然只有最聪明睿智的人才具备服用寒食散的资格。寒食散同时赋予服食者一种清谈的自由,使得他们可以没有风险地(亦即不用改变任何事)就能任意说出他们的"批评意见"。尽管如此,正如这种药文化的建制形式(比如佛教寺院)所显示的那样,服食的最初动机仍是最主要的原因,相较于它,其他都是相对来说次要的因素。白乐日(Étienne Balázs,1905—1963)对这样的时代有一句贴切的描写:

延年益寿之药只是对断头的补充。[①]

六、跋

很遗憾,笔者不具备医学和药理学方面的专业知识,无法就寒食散的药效做出合理的医学说明。笔者曾经尝试说服那些有专业知识的人

---

① Balázs, "Entre révolte nihiliste et évasion mystique," p. 34.

同笔者合作，可惜也不成功。尽管寒食散的每种成分的药效可以在药理学手册里查到，但是寒食散的整体药效并不是将每种药效叠加在一起就能识别的，比如说乌头这一味药，它的药效很大程度上取决于自身质量以及它和哪些药物配伍使用。因此笔者的研究工作仅限于描述寒食散在文化和社会方面产生的影响，笔者希望能够鼓励更多的人对寒食散进行医学和药理学方面的全面研究。同时笔者也期待自己收集整理的这些医学和政治方面的信息可以警示大家不要以身试药。

柏林自由大学

唐代国家垄断铸币之争*

〔英〕何汉心 著
陈龙 译

开元二十二年(734),宰相张九龄向唐玄宗建议应该允许私人铸钱。张九龄的提议直接挑战了唐代对钱币铸造的国家垄断,激起了其他一些主要大臣的激烈辩论,他们为国家垄断钱币铸造进行了辩护。关于中唐时期中国政治家们对货币、贸易以及其他经济问题的看法,开元二十二年的这场辩论提供了宝贵证据。① 它也使我们得以更全面地了

---

* 本文译自 Penelope A. Herbert, "A Debate in T'ang China on the State Monopoly on Casting Coin," *T'oung Pao*, Second Series, Vol. 62, Livr. 4/5, 1976, pp. 253-292。何汉心(Penelope A. Herbert, 1945—),剑桥大学博士,师从英国著名汉学家、唐史专家杜希德(Denis C. Twitchett, 1925—2006),曾在留学日本期间,师从日本著名汉学家藤枝晃(1911—1998)和西嶋定生(1919—1998),先后任教于澳大利亚国立大学、澳大利亚莫道克大学、台湾中兴大学、台湾淡江大学、日本大阪大学,代表作:*Under the Brilliant Emperor: Imperial Authority in T'ang China as Seen in the Writings of Chang Chiu-ling*(1978)、*Japanese Embassies and Students in T'ang China*(1979)、*Chinese Studies Research Methodology*(1982)、*Examine the Honest, Appraise the Able: Contemporary Assessments of Civil Service Selection in Early Tang China*(1988)。——译者

① 关于中国传统货币理论及其在唐代政府政策中的应用,可见郝若贝(Robert M. Hartwell, 1932—1996)对此的一般性讨论(R. M. Hartwell, "Classical Chinese Monetary Analysis and Economic Policy in T'ang and Northern Sung China," *Transactions of the International Congress of Orientalists in Japan*, Vol. 13, 1968, pp. 70-81)。郝若贝概述了这场争论,并在该文的第 74—75 页对其进行了详细考察。

解到其他唐代经济史文献所呈现的官钱不足、私钱补充的景象。本文首先考察构成辩论主题的问题，之后探析辩论双方提出的观点。笔者在附录中将完整给出现存与这场辩论有关的文本。

唐代自其伊始，政府的政策就要求国家垄断钱币铸造，这一政策得到了大多数官员的拥护。唐武德四年（621）（唐王朝此时已建立了三年），开元通宝发行，开元通宝重 0.1 两（约合 0.43 克），主要成分为铜，夹杂少量的铅和锡。除了一些较高面值的钱币*曾被发行和短暂流通过之外，开元通宝在整个唐代都是唯一的标准钱币。①

开元九年（721），唐代也建立了官方铸钱机构（"钱监"）。铸钱工场设立于东都洛阳、唐王朝龙兴之地并州（今山西太原）、幽州（今北京）和益州（今四川成都）。② 一年后，政府又在南方遥远的桂州增设了铸钱工场。③ 此外，特别各赐秦王、齐王三炉，赐右仆射裴寂一炉，共同为唐王朝铸钱。④ 这些国家控制的铸钱工场是唯一得到官方承认的

---

* 如乾封泉宝、乾元通宝等。——译者

① 关于"开元通宝"（或"开通元宝"）的具体描述，参见《唐会要》卷 89，台北：世界书局，1968 年，第 1623 页。（"泉货：武德四年七月十日，废五铢钱，行开元通宝钱。径八分，重二铢四累，十文重一两，一千文重六斤四两。以轻重大小，最为折衷，远近甚便之。其钱文，给事中欧阳询制词及书，时称其工。其字含八分及篆隶三体，其词先上后下，次左后右，读之自上及左，回环读之，其义亦通，流俗谓之开元通宝钱。郑虔《会粹》云：询初进蜡样，自文德皇后掐一甲迹，故钱上有掐文。"——译者）杨联陞（1914—1990）在其著作中给出了天宝十一年（752）发行的开元通宝的金属含量比例：83% 铜、15% 铅、2% 锡。他指出从宋代开始，钱币的含铜量逐渐减少，而其他金属的含量相应地增加。Yang Lien-sheng, *Money and Credit in China*, Cambridge, Mass.: Harvard University Press, 1952, p. 37.

② 《唐会要》卷 89，第 1623 页；《旧唐书》卷 48《食货志上》，百衲本，第 6b 页。铸钱工场分布图可见杜希德（Denis Twitchett, 1925—2006）的著作（D. C. Twitchett, *Financial Administration under the T'ang Dynasty*, Cambridge: Cambridge University Press, 1970, p. 67, Map 4）。

③ 《唐会要》卷 89，第 1623 页；《旧唐书》卷 48《食货志上》，第 7a 页。

④ 《唐会要》卷 89，第 1623 页；《旧唐书》卷 48《食货志上》，第 6b—7a 页；《新唐书》卷 54《食货志四》，第 5a 页。

钱币铸造方,直至调露元年(679),它们都受少府监掌控。钱币的实际铸造是在常规的州的架构下,由当地服徭役的劳力完成的,并且由当地的都督监督。① 开元二十五年(737),朝廷通过任命诸道铸钱使,重新建立了中央对铸钱工场的领导。② 到了公元8世纪中叶,铸钱工场的数量增至十一所,其中的两座工场是在开元二十二年(734)的辩论后设置的。③ 尽管如此,国家铸钱仍然无法满足日益增长的贸易需求。非法铸造("盗铸")会遭到严厉惩罚,然而盗铸依旧十分猖獗,在中国主要贸易中心流通的钱币中,有很大一部分不符合官方标准("天下恶钱多")。

唐代国家垄断铸钱的理论基础,可以向前追溯至周代的法家哲学家和政治家,并且尤其见诸《管子》。《管子》收录了关于政府事务的论说与建议,被归在公元前7世纪齐国宰相管仲的名下。这部著作很可能是在汉代由大量与管仲相关的著作汇编而成的。④

在管仲看来,国家控制钱币的铸造、供给和流通是统治者权威的基石,对于维护法治而言,至关重要。《管子》在讨论经济政策时⑤,描

---

① 关于钱币铸造工场的领导和劳力雇用的具体情况,参见本书第171页注释3和注释4。

② 《唐会要》卷59,第1022页。《通典》(艺文印书馆影印本[底本是嘉靖十七年(1538)的广东刊本]卷23,第9a页)将诸道铸钱使的设立日期定于开元三年(715)。笔者认为正确的日期是开元二十五年(737),并且诸道铸钱使的设立是政府加强控制各道的政策之一。这项政策首先在开元二十一年(733)将整个唐帝国重新划分为十五道(数个州的联合体),随之任命了十五位采访处置使。

③ 关于天宝年间(742—756)铸钱工场的数量,相关讨论参见杜希德的著作(D. C. Twitchett, *Financial Administration under the T'ang Dynasty*, pp. 68 and 291-292, note 15)。

④ 关于《管子》的构成与流传的详细情况,参见龙彼得(Piet van der Loon, 1920—2002)的论文(P. van der Loon, "On The transmission of the *Kuan-tzu*," *T'oung-pao*, Vol.41, No. 4-5, 1952, pp. 357-393)。

⑤ 关于《管子》对经济政策的讨论,部分英译可见 L. Maverick ed., *Economic Dialogues in Ancient China: Selections from the Kuan-tzu*, New Haven: Yale University Press, 1954。

述了"轻重"之术,统治者通过"轻重"之术,牢牢控制了国家经济。当粮食"轻"(亦即数量多且价格低廉)的时候,统治者买下粮食并储存起来。统治者通过限制粮食供给,可以提高粮食价值,用管仲的话来说,就是粮食变得"重"了。然后统治者释出粮食,卖给人民。因此,国家调节生活必需品的供给,储存丰年收成,以备凶年饥荒之需。

管子的"轻重"之术要求存在某些可以方便交换粮食的商品。钱币恰恰满足了这个要求。钱币的铸造与流通必须完全掌握在统治者手中,唯其如此,统治者才可能完全控制经济,有效运用轻重之术。倘若富人被允许打破国家对钱币铸造的垄断,那么他们将有足够的能力去扰乱政府控制的平衡,操纵经济,以便牟取一己私利。允许私人铸钱将给统治者带来危险,汉代的贾谊业已意识到这一点,抨击汉文帝的自由放任政策,而汉代的桑弘羊也认识到这一点,他在西汉始元六年(前81)举行的著名的盐铁论(关于国家垄断盐铁的辩论)中,扮演了重要角色,提出了相应看法。[1] 关于管仲、贾谊、桑弘羊以及唐代支持国家垄断铸钱的人士之间的相似观点,笔者将在下文进行考察。

管仲支持国家控制钱币的铸造和流通,以便控制粮食的价格和分配,他这种立场早已为人所知。在管仲看来,农产品(粮食和布帛)是经济支柱。钱币是次要的,没有内在价值,仅仅是一种控制农产品流通的手段。管仲强调以农为本,农业的地位至关重要,他的这种看法得到了汉唐时期所有政治家的赞同,下文将会提及这些政治家的观点。农业生产通常被认为是主要的("本"),以农为本,而手工业(譬如钱币铸造)和贸易被贬低为次要的("末")。在中国古代,金钱被认为是

---

[1] 关于汉文帝和贾谊,参见本书第182页注释1。盐铁论的部分英译可见 E. M. Gale, *Discourses on Salt and Iron: A Debate on State Control of Commerce and Industry in Ancient China*, Leyden: E. J. Brill, 1931。

次要的，黄汉在 1936 年出版的《管子经济思想》一书中，用现代语言解释了这种态度：

> 货币之为物，非供消费，而为他物交换之媒介。故货币使用价值（Value in use of money）即交换价值（Value in exchange），亦即货币购买力（Purchasing power of money）之谓。……此乃以谷为实币，而币则用作今日之纸币。谷不便携，乃代以币。①

自汉代以降，所有官员无论在意识形态上倾向于儒家学说还是法家学说，都投身劝课农桑，坚持那种农产品地位高于钱币地位的价值观。他们都主张，维持农业的首要地位（"本"）将必然要求政府严格控制手工业和贸易活动。然而，在控制农业、手工业和贸易的问题上，不同意识形态立场的倡导者采取了不同态度。在法家政策的倡导者看来，控制经济活动对于维护国家的权威和财富而言，至关重要。另一方面，儒家纯粹主义者（Confucian purists）希望通过鼓励农业发展造福人民。

尽管唐代国家垄断铸钱的做法可以最终追溯至《管子》中出现的法家理论，然而唐代并不是有意识地以这些法家理论为基础的。官方铸钱制度甚至在秦统一中国之前就已经存在了，而自汉代以降，国家垄断铸钱的做法已经成了政府常规。因此，我们需要怀疑的是：大多数支持国家垄断铸钱的唐代皇帝和政治家们，是否深切意识到他们自己其实受到了管仲及其他法家政治家与理论家的深刻影响？所以，如果将唐代倡导国家垄断铸钱的人称作"法家"，将他们的反对者称为"儒家"，

---

① 这段文字由温孔文（Adam K. W. Wen）英译，见 L. Maverick ed., *Economic Dialogues in Ancient China: Selections from the Kuan-tzu*, pp. 282–284.（中文原文参见黄汉《管子经济思想》，上海：商务印书馆，1936 年，第 49、56 页。——译者）

那么这种做法严格来说并不准确,因为在大多数情况下,辩论双方均未曾有意倡导一套专属于特定周代哲学学派的意识形态原则。辩论双方继承的其实都是从汉代传至唐代、混杂了不同学派思想的政治哲学遗产。所以,当"法家"和"儒家"两个术语被宽泛地应用在唐代政治家们及其所持政策的身上时,这两个术语实际上指代的是他们在面对那些来自古代法家与儒家的政治理论时所采取的不同侧重点。[①]

一些唐代学者代表了唐代政治光谱中的法家一端,确实非常深入地研究了《管子》,将其作为自身的经济理论的基础。杜佑便是《管子》的这样一位学生。在类书《通典·食货典》关于铸钱的导言中,杜佑广泛援引了《管子》。杜佑认为唐代只有刘秩这位官员真正理解了经济理论:

> 自昔言货币者,在于图史形模,皆不达其要,唯汉贾生、国朝刘录事秩,颇详其旨。[②]

刘秩在开元二十二年(734)辩论中的言论,受到了《管子》的深刻形塑,笔者将在下文予以详细考察。

汉唐时期参与经济与铸钱讨论的人一致推崇农业的首要地位,以

---

① 在此,可以比较一下蒲立本(Edwin G. Pulleyblank, 1922—2013)的做法。他将公元 8 世纪后期的知识分子刻画为"新儒家"(neo-Confucian)或者"新法家"(neo-Legalist)(Edwin G. Pulleyblank, "Neo-Confucianism and Neo-Legalism in T'ang Intellectual Life, 755–805," in *The Confucian Persuasion*, ed. A. F. Wright, Stanford: Stanford University Press, 1960, pp. 77–114)。

② 《通典》卷 8,第 2a 页,杜佑自己的注释。龙彼得注意到刘秩与杜佑在《管子》研究上的可能联系,参见 P. van der Loon, "On the Transmission of the *Kuan-tzu*," p. 374, note 1。(龙彼得的观点是杜佑《通典》中所出现的《管子》引文"有可能已经在刘秩作于开元二十九年[741]的《政典》[《通典》的原型]中被引用了"。——译者)

农为本，没有任何政治家（无论其采取了何种政治立场）会希望积极鼓励商业活动。所有人都认为商人是一种必要的恶（a necessary evil），对国家和社会构成了潜在的危险，商人的活动应当受到政府限制。正如上文所述，不同的政治家虽然一致支持农业的首要地位，但同时存在着不同的侧重点，同样，不同的政治家虽然一致强调限制贸易的次要地位，但同时也存在着不同的侧重点。"法家"尤其敌视商人，视之为国家内部的不安定因素，商人们的财富与活动如果完全不受限制，就可能挑战统治者操纵经济和施行法律的权力。相较而言，"儒家"对待商人更为宽容，只有在商人剥削平民的时候，他们才会攻击商人。[1]

唐代见证了中国国内贸易的迅猛发展，也见证了中外贸易的巨大成就。然而，直至中唐以后，随着中央政府力量衰弱，贸易才逃脱了政府束缚，实现了自身的全部潜能。[2]因为在中唐以前，政府成功地将都城和地方城市中心的大型商业活动限制在官市中，由官员监管。政府保留了通过政府施行的价格控制制度来操纵价格的权力，这种价格控制制度是建立在标准的钱币铸造基础上。[3]市令监管市场，要对每个市场中流通的钱币的质量负责。在理论上，所有在官市中使用的货币都应当符合官方的重量标准和金属含量标准。在实践中，国家铸钱未能满足贸易需求，官铸钱币被盗铸钱币补充。贸易者甚至使用了

---

[1] 蒲立本和杜希德在他们的论文中均指出了"儒家"官员对待商人相对而言比较宽容。参见 E. G. Pulleyblank, "Neo-Confucianism and Neo-Legalism in T'ang Intellectual Life, 755-805," 106 和 D. C. Twitchett, "Merchant, Trade and Government in Late T'ang," *Asia Major* 14, No. 1, 1968, p. 94。

[2] 参见杜希德的论文（D. C. Twitchett, "The T'ang Market System," *Asia Major*, Vol.12, No. 2, 1968, p. 9; "Merchant, Trade and Government in Late T'ang," pp. 63-95）。

[3] 参见池田温「中国古代物価の一考察」,『史学雜誌』1968年第77卷第1期，第1—45頁；第77卷第2期，第45—64頁；仁井田陞：『中国法制史研究：土地法，取引法』，東京：東京大學出版會，1960年，第63—93頁。

外国钱币,相反,中国的钱币由于非法出口而不断流失。[1]杨虚受在先天元年(712)年的奏疏中描述了劣质钱币("恶钱")在洛阳市场特别流行:

> 伏见市井用钱,不胜滥恶。有加铁锡,即非公铸。亏损正道,惑乱平民。[2]

官员们有时候会把他们在贸易方面的强势地位转化为他们自己的利益。这在开元十一年(723)颁布的诏令中得到了体现,这份诏令在结尾处严禁私人买卖铸钱原料(下文将对此予以考察):

> 所有采铜锡铅,官为市取,勿抑其价,务利于人。[3]

钱币并非在唐代唯一使用的交换媒介。标准长度的布帛被国家认可为一种货币形式。已经有学者指出,几乎没有现存材料可以展现钱

---

[1] 汪庆正(1931—2005)的论文(《十五年以来古代货币资料的发现和研究中的若干问题》,《文物》1965年第1期,第34—35页)介绍了在新疆、陕西、山西、河南的隋唐墓葬中发现了波斯银币,在西安(唐代的长安)发现了拜占庭钱币。关于相关话题(唐代外国商人和外国钱币的使用)的讨论,参见日野开三郎(1908—1989)的论文(「唐代の回紇錢」,『東方學』第30卷,1955年,第38—49页;「唐代の波斯錢について」,『石田博士頌壽記念東洋史論叢』,東京:石田博士古稀記念事業會,1965年,第367—381页)。日野开三郎的后一篇论文也讨论了外国商人所扮演的放债人角色。关于中国铜钱出口的详细情况,参见桑原騭藏「唐宋時代の銅錢」,『歷史と地理』第13卷第1期,1924年,第1—8页。

[2] 《全唐文》[故宫本,序言的日期为嘉庆十九年(1814)],卷279,第7a—7b页(杨虚受《请禁恶钱疏》——译者);《唐会要》卷89,第1623页;《册府元龟》卷501,第1a—1b页。引文提及三个市场("帝京三市"——译者)说明了杨虚受指的是洛阳。

[3] 关于完整的文献引用信息和对诏令日期的讨论,参见下文第177页注释6。"锡"仅仅出现在《册府元龟》中。

币和布帛在唐代交易中使用范围的对比情况。① 然而，在唐玄宗在位期间，政府反复尝试鼓励在大宗交易中使用布帛，这一事实暗示到了公元8世纪早期，钱币被普遍视作城市地区的主要交易手段。铜钱因其方便，故而被越来越多地使用。对于城市的手工业者和小商贩而言，钱币尤为便利。他们每日的收入与开销只能用小面额的交换媒介来计算。② 杜佑承认了钱币的优点：

> 其金银则滞于为器为饰，谷帛又苦于荷担断裂，唯钱但可贸易流注，不住如泉。若谷帛为市，非独提挈断裂之弊，且难乎铢两分寸之用。③

杜佑没有在上述这段文字中指出铜钱同样存在金银所具有的缺陷。在开元二十二（734）的辩论中，崔沔和刘秩强调了钱币供给问题的一个重要因素，那就是官方铸钱工场只能得到有限的铜料供给。由于铜料被大量用于与铸钱无关的活动（尤其是铸造佛像），故而铜料短缺的情况不断加剧。④

钱币的短缺情况只影响了唐代的大型贸易中心。农村地区很少使用钱币，仍然以物物交换的方式进行日常交易。长庆二年（822），韦处厚指出山南道的农民用地产余物来交易食盐。⑤ 安史之乱后，赋税改革

---

① 参见金井之忠「唐代の錢貨問題」，『文化』第 4 卷第 3 期，1937 年，第 290—292 页。
② 参见李埏《略论唐代的锦帛兼行》，《历史研究》1964 年第 1 期，第 169—190 页，尤其是第 175—178 页。
③ 《通典》卷 8，第 1b 页。
④ 参见陈观胜（Kenneth Kuan-Sheng Ch'en, 1907—1993）的论文（Kenneth Chen, "The Economic Background of the Hui-ch'ang Suppression of Buddhism," Harvard Journal of Asiatic Studies, Vol. 19, 1956, pp. 67-105），尤其是第 88—90 页。
⑤ 《唐会要》卷 59，第 1017 页。

的建议被提出,其中包括扩大以钱而非实物来缴税,这引发了一连串的反对,显示出普通农民的手上极少有铜钱。[①]

在商业发展的复杂程度较高的地区,如地区贸易中心和东西二京(长安、洛阳),盗铸的钱币填补了官钱供给的短缺。[②] 官方铸钱工场在铸钱时方法粗糙,雇用了当地劳力(有时候甚至是毫无铸钱技术的劳力),导致盗铸钱币的工作变得相对容易。[③] 开元二十二年的辩论聚焦维持国家垄断铸钱是否明智的问题,这场辩论发生在各地官方铸钱工场都不受中央监管的时期。[④] 这或许在某种程度上解释了当时钱币铸造的混乱状态。在那些铜料供给充足的地区,钱币由私人铸造。此外,盗铸钱币者为了获得原料,经常损坏标准钱币。于是铸造出的钱币往往不符合钱币重量和金属含量的官方标准[⑤],因为私人如果铸造与官方的

[①] 譬如参见白居易《赠友五首·其三》,《白氏长庆集》卷 2,北京:文学古籍刊行社,1955 年,第 1 册,第 24 页。该诗的部分英译可见 Arthur Waley, *The Life and Times of Po Chü-i*, London: George Allen & Unwin, 1949, p. 61。("私家无钱炉,平地无铜山。胡为秋夏税,岁岁输铜钱? 钱力日已重,农力日已殚。贱粜粟与麦,贱贸丝与绵。岁暮衣食尽,焉得无饥寒? 吾闻国之初,有制垂不刊。佣必算丁口,租必计桑田。不求土所无,不强人所难。量入以为出,上足下亦安。兵兴一变法,兵息遂不还。使我农桑人,憔悴畎亩间。谁能革此弊? 待君秉利权。复彼租佣法,令如贞观年。"——译者)

[②] 彭信威(1907—1967)在其《中国货币史》(上海:群联出版社,1954 年,第 192 页)中认为公元 8 世纪早期,在流通的钱币中,只有八分之一到七分之一是官钱(此处有误,彭信威的原文是"除官炉钱外,有几十种所谓偏炉钱,多是江淮一带的私铸,要七八文才抵得官炉钱一文"——译者)。

[③] 参见 D. C. Twitchett, *Financial Administration under the T'ang Dynasty*, pp. 68, 291, note 14。

[④] 《大唐六典》(台北:文海出版社,1962 年,卷 22,第 29a 页)提到少府监放弃了铸钱。《旧唐书·食货志上》(卷 48,第 7b 页)记载调露元年(679),"时米粟渐贵,议者以为铸钱渐多,所以钱贱而物贵,于是权停少府监铸钱"。《大唐六典》接着说随着少府监暂停铸钱,各地铸钱工场脱离了中央监管("及少府罢铸钱,诸州遂别"——译者)。据此推测,在开元二十五年(737)设立诸道铸钱使之前,各地铸钱工场都没有受到中央监管。

[⑤] 关于好钱和恶钱差异的图示,可参见金井之忠「唐代の錢貨問題」,第 44 页,图 1—3。

开元通宝相差无几的钱币，那么将无利可图，开元通宝的面值几乎等于它所耗费的金属价值。① 开元二十二年的辩论双方都承认盗铸钱币有利可图，然而不能说所有的盗铸者都是一心牟取暴利的无耻之徒，私人铸钱其实是对政府未能满足钱币需求的回应。公元9世纪早期，李听通过重建在公元8世纪中期遭废弃的官方钱炉，终止了蔚州（距离今天的北京约100里）的钱币盗铸活动。②

钱币盗铸并非唐朝政府在铸钱方面所面对的唯一问题。钱币[尤其是铸造精良的钱币（"好钱"）]被囤积起来，不再流通。杨虚受在先天元年（712）的奏疏中揭发了富豪之家囤积钱币，给穷人带来了诸多困难：

> 至于商贾积滞，富豪藏镪，兼并之人，岁增储蓄，贫素之士，日有空虚。③

囤积钱币有些时候是由于政府决策失当而导致的。人们用掉劣质的钱币（"恶钱"），保存铸造精良的钱币（"好钱"），以防政府突然禁止使用不合格的钱币。

唐朝政府主要关心的是供给足够的钱币，以满足都城需求，为此甚

---

① 《通典》卷9，第18a页；《册府元龟》卷501，第8a页。根据这些文献的记载，天宝年间，每铸造1000文铜钱，就要耗费价值750文的金属（"每贯钱用铜镴锡价约七百五十文"——译者）。

② 《新唐书》卷154《李听传》，第8a页（"(听)出为蔚州刺史。州有铜冶，自天宝后废不治，民盗铸不禁。听乃开五炉，官铸钱日五万，人无犯者。"——译者）。金井之忠指出了这一史实（金井之忠：「唐代の錢貨問題」，第44页）。关于"蔚州"，参见平冈武夫、市原亨吉『唐代の行政地理』，京都：京都大學人文科學研究所，1954年，编号0507。

③ 《全唐文》卷279，第7a—7b页；《唐会要》卷89，第1623页；《册府元龟》卷501，第1a—1b页。

至不惜牺牲地方利益。唐代铸钱工场遍布全国，但这绝对不等于说钱币在各个地区平均分配。它仅仅反映了在哪里可以获得钱币原料的情况。建中元年（780），韩洄上书要求关闭江淮地区（淮河流域和长江下游地区）产量甚高的铸钱工场，重新开启长安附近的某些铸钱工场，以便节省钱币输送都城的费用。[①] 上文曾提及一些较为落后的地区，其经济以农业为主，贸易仅限于少数必需品的交换，与之不同，江淮地区的钱币分配状况尤其失衡。在长江下游、淮河、汴河运河和黄河下游地区，交通发达，贸易繁荣，钱币使用的传统由来已久。[②] 由于政府将该地区官方铸造的钱币输送都城，故而盗铸钱币问题在江淮地区尤其严重，其来有自，不足为奇。江淮地区存在着数十个非官方的钱炉。[③] 钱币盗铸之所以猖獗，部分原因是铜料容易获得[④]，并且人们能够隐藏自己的盗铸活动而不被政府察觉，这种情况可以从唐高宗关于长江附近问题的讲话中看出：

> 如闻荆、潭、宣、衡，犯法尤甚。遂有将船筏宿于江中，所部官人不能觉察。[⑤]

---

① 《唐会要》卷89，第1627页；《册府元龟》卷501，第11b—12a页。
② 参见李埏《略论唐代的绢帛兼行》，《历史研究》1964年第1期，第173页。
③ 详见彭信威《中国货币史》，第192页（"除官炉钱外，有几十种所谓偏炉钱，多是江淮一带的私铸，要七八文才抵得官炉钱一文。"——译者）。另见《旧唐书》卷48《食货志上》，第7b页（"时江淮钱尤滥恶，有官炉、偏炉、棱钱、时钱等数色。"——译者）；《通典》卷9，第14b页（"江淮之南，盗铸尤甚，或就陂湖巨海深山之中鼓铸。"——译者）。
④ 我们需要注意的是唐代这个地区的官方铸钱工场不同时期的数量，参见 D. C. Twitchett, *Financial Administration under the T'ang Dynasty*, p. 67, Map 4 and pp. 180–181, Appendix IV。
⑤ 《旧唐书》卷48《食货志上》，第7b页。关于"荆州"，参见平冈武夫、市原亨吉『唐代の行政地理』，编号0741；"潭州"，同上书，编号1284；"宣州"，同上书，编号1204；"衡州"，同上书，编号1291。

唐朝政府迫切希望可以维持国家垄断铸钱，因此极为关注钱币盗铸活动。那些钱币盗铸者将遭到最严厉的惩罚。武德四年（621），唐代币制正式创立，发行开元通宝，那时盗铸钱币被认定为犯罪，盗铸者会被判处死刑，家产充公，全家人沦为官奴。[①]永淳元年（682）的敕令不仅重申了盗铸钱币者会被处以死刑，而且更进一步规定盗铸者的邻保、里正、坊正、村正等都将受到惩罚。[②]政府希望如果使邻居互相负责，那么钱币盗铸就将会由于社会压力和易遭侦察而被迫停止。然而，因为铸造精良的钱币（"好钱"）极为短缺，并且钱币盗铸的利润极其诱人，所以政府施行的上述严厉处罚未能终结钱币盗铸。政府尽管严禁私人铸造钱币，却没有真正追根溯源地去解决官铸钱币短缺的根本问题。政府顽固不化，压制商人利益，甚至不情愿让政府储备的好钱在市场上流通。如此这般，盗铸钱币必然出现。正如下文所述，一些官员坚信要想保护农业利益，最好的办法就是限制官钱的流通数量。

唐代早期，政府除了严厉处罚钱币盗铸以便维持国家垄断铸钱外，还不断尝试从流通的钱币中回收盗铸的恶钱（亦即在重量和金属含量方面低于官方标准的钱币）。唐代继承了隋代不稳定的货币和严重的钱币盗铸问题。[③]当开元通宝于武德四年（621）发行时，由于它对重量和金属含量的标准十分严格，故而公众对它很有信心。[④]公元7世纪30年代，米粟价贱。之后由于唐太宗晚年与唐高宗在朝鲜的军事行动，唐代

---

① 《唐会要》卷89，第1623页。（"敢有盗铸者，身死，家口籍没。"——译者）
② 《通典》卷9，第14a页。（"永淳元年五月敕：私铸钱造意人及句合头首者，并处绞，仍先决杖一百。……其铸钱处，邻保配徒一年；里正、坊正、村正各决六十。"——译者）
③ 全汉昇：《唐代物价的变动》，《国立中央研究院历史语言研究所集刊》第十一本，1947年，第102—103页。
④ 《通典》卷9，第13b页。（"大唐武德四年，废五铢钱，铸'开通元宝'钱。每十钱重一两，计一千重六斤四两，轻重大小，最为折衷，远近便之。"——译者）

经济陷入了一段动荡期。尽管在这一时期钱币的购买力仍然处于相对较高的水准,然而对军用物资的庞大需求引发粮食价格不断波动。[①]这使得人们对钱币的需求增加,导致了盗铸钱币的现象出现,并且流通中的恶钱数量不断增加。在整个公元7世纪下半叶和公元8世纪上半叶,恶钱一直都是政府最主要的货币问题。

显庆五年(660)九月,整个唐帝国的官员都被要求以"五文恶钱酬一好钱"的比率购买市场上的恶钱。然而,市场的回应寥寥无几,购买行动收效甚微,以至于一个月之后,政府不得不将购买比率改为"以好钱一文易恶钱二文"[②]。

乾封元年(666),唐朝发行新的钱币——"乾封泉宝",与开元通宝并行于世,一文乾封泉宝价值十文开元通宝。开元通宝之后不再被使用,毫无疑问是被那些不信任乾封泉宝的民众囤积起来了。贸易受到扰乱,物价上涨。因此,乾封泉宝遭到废弃,旧的开元通宝被恢复为唯一的官方钱币。[③]但由发行乾封泉宝而引发的通货膨胀趋势一直延续至唐玄宗统治时期[④],而钱币盗铸持续猖獗。

仪凤四年(679)四月,政府在洛阳出售往年贮存的米粟,一斗米粟定价恶钱一百文,借此回收流通中的恶钱。未达到官方标准的钱币将

---

① 全汉昇(1912—2001)在《唐代物价的变动》(第104—106页)中认为唐太宗与唐高宗统治时期是一段通货紧缩的时期。然而,彭信威指出在朝鲜的军事行动扰乱了经济(《中国货币史》,第190页)(此处页码有误,应是第191页,原文为"太宗晚年,对外渐多用兵,到高宗时更频繁了……至于攻打高丽,前后十几年,几乎没有断过。这种不停的征伐,使人民的负担加重,结果私铸盛行"。——译者)。

② 《通典》卷9,第13b页;《唐会要》卷89,第1623页;《旧唐书》卷48《食货志上》,第7a页;《新唐书》卷54《食货志四》,第5a页。

③ 《唐大诏令集》卷112,北京:商务印书馆,1959年,第582页;《唐会要》卷89,第1624页;《旧唐书》卷48《食货志上》,第7a—7b页;《新唐书》卷54《食货志四》,第5a页。

④ 全汉昇:《唐代物价的变动》,第106—109页。

会被熔化重铸。① 政府相信当时的高物价是源于有太多的钱币在流通。②公元 8 世纪初，武则天女皇试图强行实施区分好钱和恶钱的标准，然而她颁布的那些区分标准极为混乱，注定了她的尝试将以失败告终。该措施带来的唯一结果就是扰乱了贸易（"交易留滞"）。③ 因此，在接下来的数十年中，政治上的混乱状况反映在恶钱在都城的广泛使用上。④

  唐玄宗在位初期，政府不时地采取有力的措施来处理恶钱的问题。总体而言，在这段时期，中国各地粮食供给良好，粮价低廉。但长安中的宫廷、军队和政府需要得到充足的粮食供给，而在农作物歉收的凶年，这种需求对关中周边地区而言压力太过巨大。在这些时候，唐玄宗便效仿之前的唐代皇帝，迁往东都洛阳，因为从南方富庶地区向洛阳输送粮食要比向长安输送粮食更为容易。我们或许可以看到，打击恶钱的措施与皇帝迁往洛阳的行为有关。⑤ 据此推测，令皇帝必须迁往洛阳的

---

① 《通典》卷 9，第 14a 页；《唐会要》卷 89，第 1623 页（不过洛阳的名字在书中没有被明确指出）；《旧唐书》卷 48《食货志上》，第 7b 页；《新唐书》卷 54《食货志四》，第 5a 页。
② 《旧唐书》卷 48《食货志上》，第 7b 页。（"时米粟渐贵，议者以为铸钱渐多，所以钱贱而物贵"——译者）
③ 《通典》卷 9，第 14a—14b 页；《旧唐书》卷 48《食货志上》，第 7b 页。
④ 《通典》卷 9，第 14a 页；《旧唐书》卷 48《食货志上》，第 7b 页；《新唐书》卷 54《食货志四》，第 5a 页。
⑤ 《旧唐书》卷 48《食货志上》第 8a 页记载了宋璟开元五年（717）的奏疏（"开元五年，车驾在东都，宋璟知政事，奏请一切禁断恶钱。"——译者），此事特别说明了这种联系。全汉昇（《唐宋帝国与运河》，上海：商务印书馆，1946 年，第 25—28 页）给出了唐玄宗迁往洛阳的日期，还有政府推出旨在加强控制钱币的措施的日期，笔者通过查检这些日期，发现了两种日期之间的关联性：
  (a) 开元五年（717）—迁往洛阳—宋璟的奏疏和随后颁行的措施
  (b) 开元十年（722）—迁往洛阳—［开元十一年（723）—敕禁私卖铜料］?
  (c) 开元十二年（724）—迁往洛阳
  (d) 开元十九年（731）—迁往洛阳—开元二十年（732）—敕禁恶钱，命令采用混杂的交易媒介
  (e) 开元二十二年（734）—迁往洛阳—张九龄的建议和随后的辩论

这些因素或许刺激了朝廷对经济问题的讨论。

开元五年(717),宰相宋璟"奏请一切禁断恶钱"[1]。之后在开元五年(718)一月,唐玄宗下诏,"禁断天下恶钱,不堪行用者,并销破复铸"[2]。这份诏令引发的反应尤其明显地说明了好钱无法单独支撑贸易:

敕禁出之后,百姓喧然,物价摇动,商人不甘[3]交易。[4]

就像所有其他限定商人只能使用官铸钱币的尝试一样,宋璟的措施也注定失败。危急关头,宰相宋璟和苏颋奏请"出太府钱五万贯,分于南北两市,平价买百姓闲所卖之物,堪贮掌官须者,庶得好钱散行人间",拯救了危难状况。之后唐玄宗又敕令禁断恶钱。[5]

为了平衡经济,政府之后又推出新的手段。一份可能是开元十一年(723)[6]颁布的诏令要求增加官钱的产量,禁止私卖铜锡(铜锡是钱币的原材料)。政府垄断铸钱原材料的观念非常吻合管仲的理论,即国家通过货币来控制商品的分配和流通。诏令的措辞显露出其在某种程度

---

[1] 《通典》卷9,第14b页;《旧唐书》卷48《食货志上》,第8a页。
[2] 《通典》卷9,第14b—15a页;《唐会要》卷89,第1623页;《旧唐书》卷48《食货志上》,第8a页;《册府元龟》卷501,第2a—2b页。这里的时间根据《唐会要》的记载。
[3] "不甘",《册府元龟》作"不敢"。
[4] 《唐会要》卷89,第1623页;也可参见《册府元龟》卷501,第2a页。
[5] 《唐会要》卷89,第1623—1624页;《册府元龟》卷501,第2a—2b页。《唐会要》中的"南北两京"应该写作"南北两市",参见《册府元龟》。
[6] 《通典》卷9,第15a页;《新唐书》卷54《食货志四》,第5b页,简要提及了这份诏令,将其日期定为"开元十一年"(723)("十一年,诏所在加铸,禁卖铜锡及造铜器者。"——译者)。而《唐大诏令集》(卷112,第582页)和《册府元龟》(卷501,第3b页)将诏令的日期定为"开元十七年"(729)。郝若贝(Robert M. Hartwell,1932—1996)赞成将日期定为开元十一年(R. M. Hartwell,"Classical Chinese Monetary Analysis and Economic Policy in T'ang and Northern Sung China," p. 73)。笔者同意郝若贝对诏令日期的看法,参见第176页注释5。

上熟悉那些可追溯至周代法家的经济理论。此外，诏令还包含一段暗指《管子》的文字。诏令声称：

> 铜者馁不可食。

管仲在指涉钱币时表述了与之相似的内容。管仲的这段表述后来不仅被刘秩在公元734年的辩论中完整援引，而且被杜佑在《通典》中完整引用。[①] 开元十一年（723）的诏令中的表述有可能在当时就已经被普遍使用，只不过人们可能几乎已经忘记了其源自《管子》。

开元十一年（723）的诏令在开头处用唐代普遍接受的语言定义了钱币的功能，即钱币是一种平衡供给、稳定物价的手段：

> 古者作钱，以通有无之乡，以平小大之价。

诏令并未直接引用法家之术去强行让国家控制供给和物价。诏令强调钱币仅仅是次要的东西。正如下文所示，国家政策的基本目标是鼓励农业发展，这一点得到了所有官员的赞同。他们认为那时农产品价格低廉，铜钱价格高昂，导致了人们盗铸钱币以牟取暴利。

> 若本贱末贵，则人弃贱而务贵。故有盗铸者，冒严刑而不悔。……今天下泉货益少，币帛颇轻。

诏令力图通过禁止私卖铜锡和铸造铜器，从而解决钱币盗铸的问

[①] 参见第191页注释1。

题。在开元二十二年(734)关于国家垄断铸钱的辩论中，崔沔和刘秩也提出了相似方案，以便解决钱币盗铸和恶钱的问题。诏令也要求增加官钱铸造，以便促进贸易：

> 使其流布，宜令所在加①铸。

开元二十二年(734)，刘秩受到法家启发，强调政府应当控制国家的财政资源。开元二十二年的诏令则更接近儒家张九龄的论点，张九龄希望看到有充足的钱币供给来保证物品的流通，不管这些钱币究竟从何而来。因此，尽管这份敕令所基于的一般经济理论是源自周代的法家，但它并未完全遵循周代法家的意识形态，因而不能被称为一份法家文件。如果结合张九龄在开元二十二年(734)年三月起草的敕令(下文将对此进行考察)来看，那么我们会发现，那种平衡农产品与手工业产品之相对价值的理论被公元8世纪中期的学者普遍接受，并且被这些学者用于讨论经济问题。鲜少有官员仔细研究过《管子》并且有意地以法家理论为基础来讨论经济问题。

开元二十年(732)，政府进一步试图铲除恶钱。政府重申了唐代初期制定的钱币标准，禁止使用劣等钱币。②同年，政府为了进一步填补好钱的短缺，在鼓励农业生产的同时，更强制要求在交易时兼用钱币、布帛和其他货物，作为交换媒介。③

---

① 笔者接受《通典》和《唐大诏令集》的文本所给出的"加"字。
② 《新唐书》卷54《食货志四》，第5b页。("二十年，千钱以重六斤四两为率，每钱重二铢四参，禁缺顿、沙涩、荡染、白强、黑强之钱。首者，官为市之。铜一斤为钱八十。"——译者)
③ 《通典》卷9，第15a—15b页；《册府元龟》卷501，第4a页。

开元二十二年(734)发生了一场关于是否应当废除国家垄断铸钱的辩论,在转向这场辩论之前,笔者应该总结一下开元二十二年钱币铸造的状况。这场辩论发生在粮价普遍低廉的时期。但由于前一年(733)秋季关中地区农作物歉收以及随后唐玄宗迁往洛阳的行动(受到"霖雨害稼,京城谷贵"的影响),朝廷的注意力已经被迫转向了经济问题。① 在唐玄宗登基之前的那段政治混乱期,恶钱问题已经达至顶峰,而到了开元二十二年,恶钱问题依然严重。政府尝试回收流通中的盗铸的恶钱,并且禁止恶钱的生产和使用,但政府的所有这些措施均告失败。面对这一局面,政府立法强制在交易中兼用钱货。政府的这种反应其实反映了钱币在商业交易中的重要性日益增强。钱币的盗铸迎合了扩大贸易的需求,官方铸钱工场却无法满足这种需求。此外,官方铸钱工场制度运行不畅,成本高昂,效率低下,使得私铸钱币成了一件简单而又赚钱的事情。

开元二十二年三月,随着一项不禁私铸的建议的提出,辩论正式开始。这项不禁私铸的建议是由张九龄提出的。② 张九龄是进士出身。先天元年(712),他又参加了时为太子的唐玄宗所举办的特别考试。这位未来的皇帝认可了张九龄的文学技艺。此后,张九龄被任命为唐帝国的"郎"[秘书(secretary)]。由于深解经典和传统礼仪,他被任命为唐帝国的顾问(counsellor)*。在开元二十二年的辩论发生前不久,正居母

---

① 参见全汉昇《唐宋帝国与运河》,第27页。
② 关于张九龄生平的详细情况,参见笔者未刊博士论文(*The Life and Works of Chang Chiu-ling*),它已于1973年提交给剑桥大学。(作者的博士论文后来于1978年出版,即 *Under the Brilliant Emperor : Imperial Authority in T'ang China as Seen in the Writings of Chang Chiu-ling*, Canberra: Faculty of Asian Studies in association with Australian National University Press, 1978。——译者)
* "始说知集贤院,尝荐九龄可备顾问。"(《新唐书》卷126)——译者

丧的张九龄被召回朝廷,并被说服,接受了宰相的职位。张九龄采取了儒家纯粹主义(Confucian purist)的意识形态立场。令人遗憾的是,张九龄建议的原文并未保存在其文集中。他奉命起草一份敕令,要求朝廷讨论他的提议。这份现存的敕令包含了张九龄观点的撮要。[1]

张九龄在其提议中首先说明了钱币为何被发明,并且指出了钱币的便利性:

> 布帛不可以尺寸为交易。菽粟不可以秒忽贸有无。故古之为钱,以通货币。

杜佑在《通典》中的看法与之相同(见上文所引用的"其金银则滞於为器为饰,谷帛又苦於荷担断裂,唯钱但可贸易流注,不住如泉。若谷帛为市,非独提挈断裂之弊,且难乎铢两分寸之用"),并且本文在其他地方所引用的建议和诏令都暗含了相同的观点。显而易见,该观点在唐代被普遍接受,被用于解释钱币的发明和持续使用。张九龄接着表达了他对中国农民的关心,指出农业的地位至关重要,是生活所必不可少的,农民在一个粮价低廉的时代坚守本业,辛勤劳作:

> 顷者耕织为资,乃稍贱而伤本,磨铸之物,却以少而致贵。

张九龄接着指出官方铸钱成本高昂,效率低下,未能满足公共财政

---

[1] 关于文献的详细信息,参见本文附录的第 1 部分。《新唐书》卷 54《食货志四》,第 5b 页,明显以这份敕令为蓝本,给出了张九龄建议的撮要("古者以布帛菽粟不可尺寸抄勺而均,乃为钱以通贸易。官铸所入无几,而工费多,宜纵民铸。"——译者)。英译文参见 D. C. Twitchett, *Financial Administration under the T'ang Dynasty*, p. 289, note 4。

和私人贸易的需求：

> 顷虽官铸，所入无几，约工计本，劳费又多。公私之间，给用不赡。

张九龄在此指控了官铸制度的失败，而上文其实也已经揭示了这一失败的事实。为了解决官钱短缺的问题，张九龄建议将私人铸钱合法化。他援引了允许自由铸造钱币的一个古老先例：

> 往者汉文之时，已有放钱之令，虽见非于贾谊，亦无废于贤君。

汉代禁止私人铸钱，这条禁令直至汉文帝五年（前175）才被废除。汉文帝放弃国家垄断铸钱的做法受到了贾谊的强烈谴责。贾谊预言人们将忽视农业，转而在钱币铸造中寻求更大利润，不法行为将因之而起。贾谊的预言最终成真。[①] 在开元二十二年的辩论中，张九龄的某些反对者便对其援引汉文帝行为的做法紧咬不放，警告不要效仿一个灾难性的先例，这些反对者的主张令人回想起贾谊。

张九龄提议解除私铸禁令（他起草的敕令概括了其主要观点），强调通过钱币来实现商品流通。他意识到铸钱问题的关键在于官钱短缺。张九龄并未提及国家对经济的控制或者对财富的平等分配，而这些都是具有法家思维的政治家们极为关心的问题。张九龄也没有提到劣质的钱币。他的一些反对者抨击他的提议，因为该提议允许人民分享统

---

① 贾谊观点的全文参见《新书》卷3，《四部丛刊》本，第50b—52a页。另见《史记》卷30《平准书》，百衲本，第2a—2b页；《资治通鉴》卷14，北京：古籍出版社，1956年，第463—465页；《册府元龟》卷499，第4a—6b页。

治者的经济权力，从而对法律的执行构成了威胁。而在其他地方，张九龄反对与儒家道德相冲突的法律规定。[①] 然而，我们一定不能就此认为张九龄想尽办法企图破坏皇帝的权威。张九龄的儒家政治信念无疑使其坚信自己提出的措施将通过增加人民的福祉，从而强化国家高于人民的权威，并最终使人民更能够响应道德劝诫。

张九龄提出钱币铸造的自由放任政策（a *laissez-faire* policy with regard to minting），旨在提供充足的钱币，满足国家贸易和私人商业对钱币日益增加的需求。有学者暗示张九龄自己作为南方人，在提倡自由铸造钱币的政策时，代表了南方商人的利益。[②] 确实，江淮地区的商人受到私铸禁令的影响最为严重，并且很可能因为私铸禁令的废除而受益匪浅。然而，张九龄与江淮地区没有任何个人联系，因为其家乡在岭南，位于中国南端，那里当时很少使用钱币。[③] 细究出自张九龄之手的敕令，我们可以发现他并没有坚持地方性的商人利益。他显然希望通过提高农产品的价值来造福农民。张九龄接受了最初是由法家提出的理论，即钱币价值与农产品价值成反比。张九龄意识到通过降低钱币的相对价值，可以提高粮食价格。然而，有别于周代法家理论家以及他在开元二十二年辩论中的反对者，张九龄不相信国家必须维持对经济的严格控制。政府真正需要的是出台一项政策，通过增加流通中的钱币数量，从而调整钱币价值与农产品价值之间的失衡状态。在他看

---

① 譬如在开元二十三年（735），张九龄表示由于两个儿子杀人是为了给他们被杀害的父亲报仇，故而死刑是不适当的。参见《资治通鉴》卷 214，第 6811—6812 页；《旧唐书》卷 188《张琇传》，第 9b—10a 页。

② E. G. Pulleyblank, *The Background of the Rebellion of An Lu-shan*, London: Oxford University Press, 1955, p. 56.

③ 在岭南，直到公元 8 世纪后期，混杂的交易媒介仍然是那些珍贵的物品（"金、银、丹砂、象齿"）；参见杨于陵在长庆元年（821）的奏疏（《资治通鉴》卷 242，第 7799 页）。

来，由于官铸效率低下，故而私铸将会很好地实现上述目标。

  这份由张九龄起草的敕令在结尾处要求朝廷讨论张九龄的提议。张九龄不禁私铸的建议遭到了官员们的强烈抗议，这些反对意见或多或少是基于法家的理论。裴耀卿、李林甫和萧炅等人支持国家应当垄断铸钱。黄门侍郎裴耀卿①是张九龄担任宰相时期的同侪。他促成江淮富庶之地的粮食转运到西都长安，由此闻名于世，粮食转运西都一事在开元二十二年（即发生铸钱辩论的那一年）开始实施。②终其一生，裴耀卿念兹在兹的是经济政策的制定和执行。李林甫③当时与裴耀卿同为黄门侍郎，后来很快也与裴耀卿和张九龄一样，担任宰相。传统史家指控李林甫为了获得权力而不择手段，谴责他自开元二十四年（736）至天宝十一年（752）残酷独裁。虽然我在此无法详细考察儒家文人对贵族李林甫及其执政风格的偏见，但是仅提及一点便足以说明这个问题了：李林甫是皇帝的远亲，借助世袭特权而入仕，这与进士出身的张九龄形成了鲜明对比。李林甫倾心法家对法律、秩序和行政效率的理想，鄙夷文人的迂腐（literary pedantry）。开元二十二年（734）辩论爆发时，萧炅为河南少尹，同时作为转运副使，辅佐裴耀卿兼任的转运使工作，但是有关萧炅的信息极为稀少。④在唐代的正史中，没有萧炅的传记。其与裴耀卿、李林甫关系密切，由于他后来接替裴耀卿担任转运使，并被任

---

① 关于裴耀卿的生平信息，参见《旧唐书》卷98《裴耀卿传》，第11b—14a页；《新唐书》卷127《裴耀卿传》，第7a—9a页。

② 参见杜希德和蒲立本的研究（D. C. Twitchett, *Financial Administration under the T'ang Dynasty*, pp. 87-89; E. G. Pulleyblank, *The Background of the Rebellion of An Lu-shan*, pp. 34-35, 183-191, Appendix IV）。

③ 关于李林甫的生平信息，参见《旧唐书》卷106《李林甫传》，第1a—5a页；《新唐书》卷223《李林甫传》上，第5b—9b页。

④ 有关从各方文献收集而来的萧炅信息，参见 E. G. Pulleyblank, *The Background of the Rebellion of An Lu-shan*, p. 205。

命为户部侍郎[①]，故而据此推测，他应该熟悉经济事务。然而张九龄的圈子嘲笑萧炅缺乏学识修养"不学"。[②]

张九龄提议废除私铸的禁令，对此，裴耀卿、李林甫和萧炅简要地进行了答复。[③]他们的答复总结了法家对于国家垄断铸钱的态度（《管子》详细陈述了法家的相关态度）。对于国家的经济福祉和维持法律和秩序而言，控制钱币铸造至关重要：

> 钱者通货，有国之权。是以历代禁之，以绝奸滥。今若一启此门，但恐小人弃农逐利，而滥恶更甚。

像张九龄一样，裴耀卿、李林甫和萧炅都重视鼓励农业发展。然而，张九龄认为通过允许私铸来增加钱币，可以造福农民；可是裴耀卿、李林甫和萧炅坚信设若国家掌握使商品得以流通的手段，那么政府将会凭借更强势的地位，影响人民的经济活动。关于政府通过控制钱币来操纵经济，管仲已经谈论过了：

> 五谷食米，民之司命也；黄金刀币，民之通施也。故善者执其通施，以御其司命。故民力可得而尽也。[④]

[①] 参见严耕望《唐仆尚丞郎表》，台北："中研院"历史语言研究所，1956年，第121—122页。
[②] 参见《资治通鉴》卷214，第6824—6825页；《谐噱录》，第1a页（载《唐代丛书》，台北：新兴书局，1972年，第270页）。
[③] 相关文献的详细资料，参见本文的附录第5部分。
[④] 英译文可见 L. Maverick ed., *Economic Dialogues in Ancient China: Selections from the Kuan-tzu*, 115。中文原文，参见《管子》卷22《国蓄》，第4a—4b页。

裴耀卿、李林甫和萧炅希望阻止经济权力落入商人、工匠和富人之手，因为这些人可能会挑战皇帝及其官僚机构的权威。国家对财富分配的控制是一种控制社会的手段，这是法家理论家及其后世的同情者始终坚持的主张。下文在谈到刘秩在开元二十二年争论中的观点时，将会对此予以考察。

张九龄在开元二十二年（734）争论中的另一个对手是秘书监崔沔。① 在反对张九龄的"法家"阵营中发现崔沔，这似乎是一件奇怪的事情，因为崔沔是儒家礼学专家。他参加了开元二十四年（736）有关太庙礼器（笾豆）和丧礼的大辩论，赞成维持旧制。然而，需要注意的是，虽然在开元二十二年那场关于钱币铸造的辩论中，刘秩以管仲法家思想的倡导者形象出现，但刘秩也是一位礼学专家，并且在开元二十四年的礼制辩论中，采取了与崔沔相同的观点。② 崔沔仕宦初期，已经显示出对人民福祉的关心，譬如他在任虞部郎中期间，"请发太仓粟及减苑囿鸟兽所给以赈贫乏"。在《新唐书》的传记中，崔沔的性格被刻画为独立思考、敢于直言不讳地表达自己的观点。这种性格在开元二十二年的辩论中得到了证实。

崔沔赞同"法家"的观点，即如果废除国家对钱币铸造的垄断，那么这将会诱使人们离开土地去牟取暴利。

> 若许私铸，人必竞为，各徇所求。小如有利，渐忘本业，大计斯贫。③

---

① 关于崔沔的生平经历，参见《新唐书》卷129《崔沔传》，第2a—3b页。
② 参见《新唐书》卷129《崔沔传》，第2b—3b页；《资治通鉴》卷214，第6818—6821页。
③ 详细的文献信息，参见本文附录的第3部分。

崔沔的观点令人回想起汉代政治家桑弘羊的主张。在西汉始元六年(前81)发生的盐铁论中,桑弘羊利用了法家观点去支持国家垄断盐铁。桑弘羊说:

> 山泽无征,则君臣同利,刀币无禁,则奸贞并行。夫臣富则相侈,下专利则相倾也。①

崔沔支持国家严格控制经济,然而,与桑弘羊不同,崔沔虽然支持国家的至高权威,但是同样关心人民的福祉。因此,在开元二十二年的辩论中,崔沔的政治立场在某种程度上介于张九龄和刘秩之间,张九龄是为了人民的福祉而支持自由放任政策的儒家学者,刘秩则详细表述了法家对国家垄断和严格控制的主张。

崔沔之所以抨击张九龄的解除私铸禁令的提议,归根到底是认为张九龄忽视了恶钱的问题。正如上文所述,恶钱的问题与钱币盗铸的问题密切相关。张九龄援引了汉文帝废除禁止私铸钱币的先例。崔沔则指出尽管汉文帝允许私铸钱币,但是汉文帝仍然强制要求私钱必须达到特定标准:

> 谨按汉书,文帝虽除盗铸钱令,而不得杂以铅铁为他巧者,然则虽许私铸,不容奸钱。

崔沔指出在当时的环境中,私铸只有在生产恶钱的时候才会有利可图。

---

① E. M. Gale, *Discourses on Salt and Iron: A Debate on State Control of Commerce and Industry in Ancient China*, 27。中文原文参见《盐铁论》卷1,《四部备要》本,第10a页。

崔沔表示只有在严禁铸造恶钱的情况下，他才会同意废除私铸钱币的禁令。然而他担心禁止铸造恶钱的法令无法得到执行。

崔沔提出了另一项建议，那就是国家征收铜税，以便加强政府对铸钱原料的控制。这样的话，政府就能提高官方铸钱的效率，并使私铸钱币变得无利可图。

> 今若税铜折役，则官冶可成。计估度庸，则私钱无利。

在上文提到的开元十一年（723）禁止私人买卖铜料的诏令中，国家控制铜料的政策就已经被提出了。崔沔的提议说明了开元十一年诏令的这项政策并未被严格执行。该政策带有鲜明的法家色彩，不仅刘秩在开元二十二年的辩论中再次提倡了这项政策，而且另一位"法家"的倡导者杜佑也提出了这项政策，杜佑在《通典》中说：

> 奸数不胜而法禁数溃，铜使之然也。……故铜布于天下，其为祸博矣。今博祸可除，而七福可致也。[①]

张九龄及其法家对手刘秩均意识到，好钱的短缺导致相较于农产品，钱币的价值被人为推高。二者均同意通过增加流通中的钱币数量，钱币价值与农产品价值的失衡状态也许可以得到调整。他们的根本分歧是实现这种平衡状态的方法。另一方面，崔沔却忽视了农产品价值与钱币价值成反比。崔沔认为将太多的钱币投入流通流域是一件危险的事情。

[①]《通典》卷8，第5a页。杜佑不仅称赞贾谊对汉文帝废除私铸禁令的批评，而且赞赏贾谊对国家垄断铜料的建议。

且钱之为物，贵以通货。利不在多。

刘秩对张九龄关于不禁私铸的提议进行了最为猛烈、篇幅最长的抨击。[1] 刘秩是刘知幾之子，刘知幾因其不同于传统历史编纂学的进路而闻名于世。[2] 刘氏家族的不少成员都著述颇丰。刘秩自己对历代典章制度沿革和礼制问题颇感兴趣，并且编纂了一部关于历代典章制度沿革的类书《政典》（今佚）。上文已经提到了杜佑称赞刘秩对经济问题的理解。杜佑编撰的《通典》是另一部关于历代典章制度沿革的类书，其中透露出对法家的同情。刘秩的仕途并不特别显赫。或许刘秩像其父亲刘知几一样，过分热衷于表达不受欢迎、惊世骇俗的观点，以便在官场中赢取别人的赏识，这种行为是唐代早期官员们在朝廷得到擢升的必要条件。

上文已经研究了在开元二十二年辩论中张九龄的其他对手的观点。这些对手提出了某些宽泛地建基于周代法家理论的观点。事实上，张九龄本人也接受了那种主张钱币价值与农产品价值成反比的理论，而这种理论最终可以追溯至管仲。然而，刘秩对这场辩论所做出的贡献证明了他已经仔细研究过《管子》，并且完全接受了其中提出的经济思想。

刘秩在提出自己的观点时[3]，首先用管仲的"轻重"之术（即国家调节基本商品的供给与价格）来定义钱币的功能：

---

[1]　关于刘秩的生平经历，参见《旧唐书》卷102《刘秩传》，第 7b—8a 页；《新唐书》卷132《刘秩传》，第 3a 页。

[2]　关于刘知幾的生平经历和历史编纂学进路，参见 E. G. Pulleyblank, "Chinese Historical Criticism: Liu Chih-chi and Ssu-ma Kuang," in *Historians of China and Japan*, eds. W. G. Beasley and E. G. Pulleyblank, London: Oxford University Press, 1961, Ch. 9。

[3]　关于详细的文献信息，参见本文附录第 4 部分。

> 夫钱之兴,其来尚矣,将以平轻重而权本末。……考诸载籍,国之兴衰,实系于是。

刘秩强调钱币对维持国家权威而言具有重要作用。刘秩的这种看法来自《管子》,《管子》曰:

> 彼币重而万物轻,币轻而万物重。彼谷重而谷轻,人君操谷币金衡,而天下可定也。此守天下之数也。①

刘秩接着甚至直接引用了《管子》中的一段话,更为有力地阐述了这种观点:

> 古者以珠玉为上币,黄金为中币,刀布为下币。管仲曰:
> "夫三币,握之则非有补于暖也,舍之则非有损于饱也。先王以守财物,以御人事,而平天下也。是以命之曰'衡',衡者使物一高一下,不得有常。故与之在君,夺之在君,贫之在君,富之在君。是以人戴君如日月,亲君如父母。用此术也,是为人主之权。"

刘秩从《管子》中引用的这段文字没有完整地出现在《管子》传世文本中。引文的第一句话、第二句话和最后两句话都可以在《管子·国蓄》中找到。至于第三句话,我们可以在传世的《管子·轻重乙》中找到相似的话。不过,由于杜佑的《通典》也从《管子》中引用了一段话,并且引用的这段话与刘秩的《管子》引文几乎一模一样,故而刘秩的《管子》

---

① 英译文参见 L. Maverick ed., *Economic Dialogues in Ancient China: Selections from the Kuan-tzu*, p. 143。中文原文参见《管子》卷22《山至数》,第21b页。

引文似乎代表了中唐时期的学者所能看到的《管子》文本。[1]

---

[1] 以下是对刘秩的《管子》引文、杜佑《通典》的《管子》引文、《管子》传世文本的比较。
A.
a. 刘秩：
夫三，握之则非有补于暖也，舍之则非有损于饱也。先王以守财物，以御人事，而平天下也。
b. 杜佑(《通典》卷8，第1b页)：
三币，握之非有补于温饱也，舍之非有切于饥寒也。先王以守财物，以御人事，而平天下也。
c.《管子》(卷22《国蓄》，第8a—8b页)：
先王……以珠玉为上币，以黄金为中币，以刀布为下币，三币，握之则非有补于暖也，食之则非有补于饱也，先王以守财物，以御民事，而平天下也。
英译文见 L. Maverick ed., *Economic Dialogues in Ancient China: Selections from the Kuan-tzu*, pp. 121-122。
B.
a. 刘秩：
是以命之曰"衡"，衡者使物一高一下，不得有常。
b. 杜佑(《通典》卷8，第1b页)：
命之曰"衡"，衡者使物一高一下，不得有常。
c.《管子》(卷24《轻重乙》，第6b页)：
"衡"，无数也，衡者，使物一高一下，不得常固。
马弗里克(L. Maverick)没有英译这段话，笔者建议翻译为："衡没有固定的比率。它导致物品的价格时而上涨，时而下跌，使物品没有一个固定的价格。"
C.
a. 刘秩：
故与之在君，夺之在君，贫之在君，富之在君。是以人戴君如以日月，亲君如父母，用此术也。
b. 杜佑(《通典》卷8，第1b页)：
故与夺贫富，皆在君上。是以人戴君如以日月，亲君若父母，用此道也。
c.《管子》(卷22《国蓄》，第4b页)：
故予之在君，夺之在君，贫之在君，富之在君。故民之戴上如日月，亲君若父母。
英译文见 L. Maverick ed., *Economic Dialogues in Ancient China: Selections from the Kuan-tzu*, p. 116。
A.B.C. 的文字前后相继出现在杜佑和刘秩的言论中。

刘秩接着从五个方面抨击了允许私铸钱币的提议。首先，允许私铸将会导致政府丧失对人民的控制：

> 陛下若舍之任人自铸，则上无以御下，下无以事上。

《管子》也强调必须控制经济，以便使人们依赖统治者：

> 君有山海之金，而民不足于用，是皆以其事业交接于君上也。故人君挟其食，守其用，据有余而制不足，故民无不累于上也。①

刘秩详细描述了管仲的"轻重"之术，即在商品泛滥时，便设法从市场上回收商品，然后在商品稀缺时，向市场释出商品，从而操纵供给与价格。刘秩接着解释了他对张九龄政策的第二个反对意见：如果允许私铸钱币，那么皇帝将不能控制基本商品的供给和价格。《管子》同样警示严格的经济控制是健全管理的基础：

> 凡将为国，不通于轻重，不可为笼以守民；不能调通民利，不可以语制为大治。②

刘秩对张九龄政策的第三个反对意见主要与恶钱的问题有关，此前崔沔也已经提出了这个问题。刘秩同意崔沔的观点，认为盗铸者会铸造恶钱是因为铸造恶钱能比铸造好钱获得更多的利润。然而，与崔

---

① 英译文参见 L. Maverick ed., *Economic Dialogues in Ancient China: Selections from the Kuan-tzu*, p. 115. 中文原文参见《管子》卷 22《国蓄》73 节，第 4a 页。
② 英译文参见上书第 116 页。中文原文同上书，第 4b—5a 页。

沨不同，刘秩似乎认为如果要解除私铸钱币的禁令，那么私人铸钱工场就必须执行官方的标准。刘秩谴责这项允许私铸的提议通过先鼓励人民铸钱，再因为他们铸造利润丰厚的恶钱而惩罚他们，从而最终诱使甚至更多的人违法犯罪：

> 夫铸钱不杂以铅铁则无利，杂以铅铁则恶。恶不重禁之，不足以惩息。且方今塞其私铸之路，人犹冒死以犯之。况启其源而欲人之从令乎？

汉文帝在公元前175年解除了私铸钱币的禁令，并寻求在钱币铸造中维持官方标准，贾谊对汉文帝这种做法的批评正是建立在与刘秩相同的观点的基础上的：

> 铜布于下，则民铸钱者，大抵必杂石铅铁焉，黥罪日繁。①

刘秩对张九龄提议的第四个反对意见是废除私铸钱币的禁令将会令农民离开土地。这也是崔沨所关心的问题。刘秩说：

> 夫许人铸钱；无利则人不铸。有利则人去南亩者众。去南亩者众，则草不垦，草不垦，又邻于寒馁。

正如上文所示，在开元二十二年的辩论中，儒家与法家的参与者都同意以农为本，农业最为重要，地位高于手工业和贸易，不过对于如何保持

---

① 《新书》卷3，第50b—51a页。

农业的首要地位,双方有着不同的看法。刘秩的警告与贾谊对汉文帝政策的批评在措辞上十分相似:

> 铜布于下,采铜者弃其田畴,家铸者损其农事。谷不为则邻于饥。①

刘秩对张九龄提议的最后一个反对意见确认了刘秩在这场辩论中的法家立场。刘秩担心废除私铸钱币的禁令将会进一步拉大贫富差距,激化贫富矛盾。对法家而言,平均分配财富是维护法律和秩序的工具。如果人民被允许聚敛财富,那么他们将有能力挑战统治者的权威:

> 夫人富溢则不可以赏劝,贫馁则不可以威禁。故法令不行,人之不理,皆由贫富之不齐也。若许其铸钱,则贫者必不能为。臣恐贫者弥贫而服役于富室,富室乘之而益恣。

刘秩的第一部分发言几乎就是直接引用《管子·国蓄》:

> 夫民富则不可以禄使也,贫则不可以罚威也。法令之不行,万民之不治,贫富之不齐也。②

管仲的观点也曾被桑弘羊借用:

---

① 《新书》卷3,第51a页。
② 英译文参见 L. Maverick ed., *Economic Dialogues in Ancient China: Selections from the Kuan-tzu*, p. 115. 中文原文参见《管子》卷22《国蓄》73节,第5a页。

民大富，则不可以禄使也；大强，则不可以罚威也。①

刘秩对允许私铸钱币提出了警告，他回忆道，在汉代，汉文帝解除了私铸钱币的禁令，某些王公贵族变得非常富有和强大，以至于能够挑战皇帝。毫无疑问，刘秩害怕如果再次解除私铸钱币的禁令，那么他那个时代的豪门就会从农民和流民中招募劳力，这将重现桑弘羊在讨论盐铁问题时所描述的情形：

> 往者，豪强大家，得管山海之利，采铁石鼓铸，煮海为盐。一家聚众，或至千余人，大抵尽收放流人民也。远去乡里，弃坟墓，依倚大家，聚深山穷泽之中，成奸伪之业，遂朋党之权。②

刘秩在陈述了其反对张九龄废除私铸钱币禁令的这些理由之后，对政府所面临的钱币铸造问题，给出了自己的分析。和张九龄一样，刘秩也认为当时的钱币价值过高，伤害了农民，并且觉得官方钱币铸造工场效率低下。官钱之所以升值，是因为官方铸钱工场的产量没有满足日益增长的人口的更大需求。为了填补官钱的短缺，私人损坏好钱，借此获得铜料，进而铸造含铜量较低的恶钱：

> 夫钱重者，犹人日滋于前，而炉不加于旧。又公钱重，与铜之价颇等。故盗铸者破重钱以为轻钱。

---

① E. M. Gale, *Discourses on Salt and Iron: A Debate on State Control of Commerce and Industry in Ancient China*, p. 25. 中文原文参见《盐铁论》卷1，第9a—9b页。
② Ibid., p. 35. 中文原文参见上书卷1，第13a页。

和崔沔一样，刘秩也意识到官方铸钱工场由于缺乏足够的铜料，生产受阻。因此，刘秩呼吁国家垄断铜料，并且禁止将铜料用于铸钱以外的地方。如果实行国家对铜料的垄断，那么官方铸钱工场将能够增加官钱的产量。盗铸者由于缺乏铸钱原料，将会停止盗铸活动。这样的话，国家就可以重新完全控制钱币，并完全掌控钱币铸造的全部利润：

> 夫铜不布下，则盗铸者无因而铸，则公钱不破，人不犯死刑。钱又日增，末复利矣。

事实上，正如上文所述，国家对铜料的垄断从开元十一年（723）就已经开始了，但是显然已被证明无效。

在刘秩提出了上述反对意见之后，张九龄的允许私人自由铸钱的提议遭到了唐玄宗拒绝。对此，我们一点也不感到奇怪。唐玄宗不但否定了张九龄的提议，而且在开元二十二年（734）十月颁布了一道与两年前相似的敕令[①]，宣布在大宗交易中使用布帛作为交换媒介：

> 自今已后，所有庄宅，以马交易，并先用绢布绫罗丝绵等其余。市价至一千以上，亦令钱物兼用。

开元二十二年的辩论提出了种种政策，而唐玄宗的这道敕令实际上就是这些政策之间互相妥协的产物。它力图在不废除国家垄断钱币铸造的前提下，实现张九龄所提出的目标（即解决钱币与农产品之间的失衡状态）。这道敕令坚信如果恢复了布帛作为交换媒介的重要地位，那么

---

① 《唐会要》卷89，第1627页；《册府元龟》卷501，第7a页。

就能够实现张九龄所提出的目标。唐玄宗和参加这场辩论的官员一样，强调农业的重要性，对贸易领域的需求几乎不加理会。

在开元二十二年的辩论之后，唐玄宗下诏严禁恶钱，但是这项举措未能解决困扰唐代的钱币问题，因为它忽视了钱币在贸易中日益重要的作用。唐玄宗的堂弟信安郡王李祎进一步上奏，请求解除私铸禁令，然而遭到了拒绝。① 公元8年世纪40年代，虽然好钱短缺的现象有所缓解，但是流通中的恶钱比例逐渐上升，钱币盗铸死灰复燃，再次猖獗，尤以江淮地区为甚。② 政府采取了进一步的措施来规范钱币铸造，阻止钱币盗铸，然而终告失败。此后，唐朝政府一直饱受钱币问题困扰，因为造成这个问题的根本原因（官钱无法满足当时的需求）依旧存在。

附录

1. 张九龄起草的敕令，命令讨论张九龄的允许私铸的提议

笔者使用的文本是《曲江张先生文集》（《四部丛刊》本，卷7，第13a页）。这份敕令可见于《唐大诏令集》（北京：商务印书馆，1959年，卷112，第582页）、《册府元龟》（北京：中华书局，1960年，卷501，第4a—4b页）、《通典》（艺文印书馆影印本，卷9，第15b页）。也可

---

① 《新唐书》卷54《食货志四》，第6a页。（"信安郡王祎复言国用不足，请纵私铸，议者皆畏祎帝弟之贵，莫敢与抗，独仓部郎中韦伯阳以为不可，祎议亦格。"——译者）
② 《册府元龟》卷501，第7a—8a页；《通典》卷9，第17a页；《旧唐书》卷48《食货志上》，第9b页；《新唐书》卷54《食货志四》，第6a—6b页。

见《资治通鉴》(北京：古籍出版社，1956年，卷214，第6806页)、《唐会要》(台北：世界书局，1968年，卷89，第1625页)和《新唐书》(百衲本，卷54《食货志四》，第5b页)。

《资治通鉴》给出了这份敕令颁布的时间：开元二十二年三月庚辰(734年4月26日)。《唐会要》在记载不禁私铸的提议时，没有提及张九龄的名字，将这份敕令颁布的时间定为开元二十二年三月二十一日(734年4月28日)。

《唐大诏令集》的现代版本将这份敕令颁布的时间定为开元九年(721)，但是日本静嘉堂文库所藏的《唐大诏令集》抄本没有给出具体的时间。同样需要注意的是，如果我们接受了"开元九年"这个日期，那么这份敕令将不符合《唐大诏令集》中的时间顺序。

而在《曲江先生文集》和《唐大诏令集》中，这份以唐玄宗之名撰写的敕令被归在张九龄名下。除了《唐会要》以外，所有的其他文献都将张九龄与不禁私铸的提议联系在一起。

敕令内容如下：

> 布帛不可以尺寸为交易。菽粟不可以秒忽[1]贸有无。故古之为钱，以通货币。盖人所作，非天实生。顷者耕织为资，乃稍贱而伤本，磨铸之物，却以少而致贵。顷虽官铸，所入无几，约工计本，劳费又多。公私之间，给用不赡。永言其弊，岂无变通。往者汉文之时，已有放钱之令，虽见非于贾谊，亦无废于贤君[2]。况古往今来，

---

[1] 笔者遵循了《唐会要》给出的写法。
[2] 关于汉文帝和贾谊，参见上文。"于贤君"在《唐大诏令集》静嘉堂文库抄本中写作"于贡君"。《唐会要》将"废"写作"费"，因此"无废于贤君"(it was not abandoned by a worthy rule)被写作"无费于贤君"(it was considered to be not wasteful by a worthy ruler)。

时异事变①。反经之义，安有定耶。终然固拘②，必无足用。且欲不禁私铸。其理如何，公卿百寮，详议可否。朕将亲览，择善而从。

2. 裴耀卿、李林甫、萧炅的答复

笔者使用的文本是《旧唐书》(百衲本，卷48《食货志上》，第8a—8b页)。三人的答复也可见《册府元龟》(卷501，第6b—7a页)和《通典》(卷9，第15b页)。答复的部分内容也可见《资治通鉴》(卷214，第6806页)，被归在"裴耀卿等"名下。

《新唐书》(卷54《食货志四》，第5b页)引用一个被归在"宰相裴耀卿、黄门侍郎李林甫、河南少尹萧炅、秘书监崔沔"名下的观点。*《新唐书》这段文字所包含的观点在其他文献中被单独归在崔沔的名下(参见附录第三部分)，而这段文字结尾处引用的建议("若许私铸，则下皆弃农而竞利矣")在其他文献中被归在"裴耀卿等"名下。

答复的内容如下：

> 黄门侍郎裴耀卿、李林甫、河南少尹萧炅等皆曰：
> "钱者通货，有国之权。是以历代禁之，以绝奸滥。今若③一

---

① "时异事变"（the times differ and conditions change）在《唐会要》中写作"代革时移"（with the passing of ages, times change）。

② "固拘"［uphold (the present) restrictions］在《唐大诏令集》中写作"自拘"（place restrictions on ourselves）。

* "严断恶钱则人知禁，税铜折役则官冶可成，计估度庸则私钱以利薄而自息。若许私铸，则下皆弃农而竞利矣。"——译者

③ 《资治通鉴》的引文是从此处开始的。

启此门,但恐小人弃农逐利,而滥恶更甚。① 于事不便。"

3. 崔沔的答复

笔者使用的文本是《唐会要》(卷89,第1625—1626页)。这份答复也出现在《全唐文》[故宫本,序言的日期为嘉庆十九年(1814),卷273,第8a—9a页,与《唐会要》的文字一致]和《册府元龟》(卷501,第4a—4b页)中。《资治通鉴》(卷214,第6806页)部分引用了这份答复。《新唐书》(卷54《食货志四》,第5b页)给出了一个有问题的版本(参见附录第二部分的说明文字)。

> 秘书监崔沔议曰:
> 夫国之有钱,时所通用。若许私铸,人必竞为,各徇所求。小如有利,渐忘本业,大计斯贫。是以贾生之陈七福,规于更汉令。②太公之创九府,将以殷贫人。③ 况依法则不成,违法则有利。
> 谨按汉书,文帝虽除盗铸钱令,而不得杂以铅铁为他巧者,然则虽许私铸,不容奸钱。钱不容奸,则铸者无利。铸者无利,则私铸自息。斯则除令④之与不除,为法正等。能谨于法而节其用,则令行而诈不起,事变而奸不生。斯所以称贤君也。
> 今若听其私铸,严断恶钱⑤,官必得人。人皆知禁诫,则汉政可侔。犹恐未若皇唐之旧也。

---

① 《资治通鉴》的引文到此结束。
② 贾谊的观点可见《新书》卷3,第50b—52a页。
③ 太公是周文王的宰相,据说建立了九府,掌管经济政策和铜钱制度。
④ 根据《册府元龟》,在此补充了"令"一字。
⑤ 《资治通鉴》的引文在此突然中断。

今①若税铜折役,则官冶可成。计估度庸,则私钱无利。易而可久,简而难诬。谨守旧章,无越制度。②

且钱之为物,贵以通货。利不在多。何待私铸,然后足用也。

4. 刘秩的答复

笔者使用的文本是《旧唐书》(卷48《食货志上》,第8a—9b)。另可见《唐会要》(卷89,第1626—1627页)、《册府元龟》(卷501,第5a—6b页)、《文苑英华》(台北:华文书局,1967年,卷769,第1a—3a页)、《通典》(卷9,第15b—17a页)、《唐文粹》(《四库丛刊》本,卷40,第8b—9b页)、《新唐书》(卷54《食货志四》,第5b—6a页)和《资治通鉴》(卷214,第6806页)。

> 左监门录事参军③刘秩上议曰:
> 伏奉今月二十一日敕,欲不禁铸钱,令百僚详议可否者。
> 夫钱之兴,其来尚矣,将以平轻重而权本末。④齐桓⑤得其术而国以霸,周景失其道⑥而人用弊。考诸载籍,国之兴衰,实系于

---

① 《资治通鉴》的引文从此处重新开始。
② 《资治通鉴》遗漏了这句话(即"简而难诬。谨守旧章,无越制度。"——译者)。
③ 除了《资治通鉴》之外,所有记载刘秩观点的文献都将其官职确定为"左监门录事参军"。《资治通鉴》写成"右监门录事参军"。《新唐书》关于刘秩的传记(《新唐书》卷132《刘秩传》,第3a页)写作"左监门录事参军"。
④ "本"(primary products)是农业和蚕业的产品。"末"(secondary products)是人造用品。关于它们在中国传统经济思想中的重要性,参见上文论述。
⑤ "齐桓"即齐桓公,管仲的主公。"齐桓"在《文苑英华》中作"齐相"(即管仲)。
⑥ "周景"即周景王。其所铸钱币的金属含量要高过钱币的面值。(即"周景王铸大钱"一事。——译者)

是。陛下思变古以济今，欲反经以合道，而不即改作，询之刍尧，臣虽蠢愚，敢不荐其闻见。①

古者以珠玉为上币，黄金为中币，刀布②为下币③。管仲曰④："夫三币，握之则非有补于煖也，舍之则非有损于饱也。先王以守财物，以御人事，而平天下也。是以命之曰'衡'。衡者使物一高一下，不得有常⑤。故与之在君，夺之在君，贫之在君，富之在君⑥。是以人戴君如日月，亲君如父母。用此术也，是为⑦人主之权。"

今之钱，即古之下币也。陛下⑧若舍之任人自铸⑨，则上无以御下，下无以事上。其不可一也。

夫物贱⑩则伤农，钱轻则伤贾⑪。故善为国者，观物之贵贱，钱之轻重。⑫夫物重则钱轻。钱轻由乎物多，⑬多则作法收之使少。⑭少则重，⑮重则作法布之使轻。轻重之本，必由乎是。⑯奈何而假于

---

① 《新唐书》《册府元龟》和《通典》的引文从此处开始。
② 《唐文粹》缺漏了"布"字。
③ 《通典》的引文在此突然中断。
④ 《唐文粹》缺漏了"管仲曰"三字。
⑤ "常"在《文苑英华》中写作"尝"。可与第192页注释1进行比较。
⑥ 《文苑英华》颠倒了"贫之在君"和"富之在君"这两条短语的顺序。《唐会要》和《册府元龟》则缺漏了这两条短语。
⑦ "为"（constitutes），《文苑英华》《册府元龟》《唐文粹》作"谓"（is called）。
⑧ 《通典》缺漏了"陛下"二字。
⑨ 根据《通典》，在此补充了"自铸"二字。
⑩ "贱"在《新唐书》中作"重"（dear）。
⑪ 《新唐书》的引文在此突然中断。
⑫ 《新唐书》的引文从此处重新开始。
⑬ 刘秩在此有些离题。根据管仲的理论，这句话当作"物轻由乎物多"。
⑭ 《新唐书》的引文在此突然中断。
⑮ 《新唐书》的引文在此重新开始，出现的引文是"少则作法布之使轻"（而非《旧唐书》中的"少则重"），之后《新唐书》的引文再次中断。
⑯ 《新唐书》的引文在此又重新开始。

人？其不可二也。

夫铸钱不杂以铅铁则无利，杂以铅铁则恶。恶不重禁之，不足以惩息。且方今①塞其私铸之路，人犹冒死以犯之。况②启其源而欲人③之从令乎？是④设陷阱而诱之入，其不可三也。

夫许人铸钱；无利则人不铸。有利则人去南亩者众。⑤去南亩者众，则草不垦，草不垦，又邻于寒馁。其⑥不可四也。⑦

夫人富溢则不可以赏劝，贫馁则不可以威禁。⑧故⑨法令不行，人之不理，皆由贫富之不齐也。⑩若许其铸钱，⑪则贫者必不能为。臣恐⑫贫者弥贫而服役于富室，富室乘之而益恣。⑬昔汉文帝⑭之时，

---

① "今"在《新唐书》中被写作"令"，所以"方今塞其私铸之路"（now when the road to private minting is closed）被写作"方令塞其私铸之路"（when there is a statute to close the road to private min）。
② 《新唐书》的引文在此突然中断。
③ 《唐文粹》缺漏了"人"一字。
④ 《新唐书》的引文从此处又重新开始。
⑤ 《新唐书》的引文在此又突然中断。
⑥ 《新唐书》的引文从此处又重新开始。
⑦ 《资治通鉴》的引文从此处开始。
⑧ 《资治通鉴》的引文在此突然中断。
⑨ 根据《唐会要》《册府元龟》和《唐文粹》，补充了"故"字。"故法令不行，人之不理，皆由贫富之不齐也"（if the law is not enforced and the people are not well governed, it is all because of the uneven distribution of wealth）在《文苑英华》中被写作"故令法不可以行人之理乱，皆由贫富之不齐也"（the law is caused to be unable to control the people because of the uneven distribution of wealth）。
⑩ 《新唐书》的引文从此处又重新开始。
⑪ 《新唐书》的引文在此又突然中断。
⑫ 《新唐书》的引文从此处又重新开始，出现的引文是"贫者服役于富室"（而非《旧唐书》的"贫者弥贫而服役于富室"）。
⑬ "则益恣"（甚至变得更加跋扈 to become even more presumptuous）在《资治通鉴》中被写作"逞其欲"（实现自己的欲望 to exercise their desires），而《新唐书》的引文在此又突然中断。
⑭ 根据《文苑英华》，在此补充了"帝"一字。

吴王①濞,诸侯也,富埒天子,②邓通,大夫也,财侔王者。此皆③铸钱之所致也。④必欲许其私铸,是与人利权而舍其柄。⑤其不可五也。⑥

陛下⑦必以钱重而伤本,工费而利寡,则臣愿言其失,以效愚计。⑧夫钱重者,犹人日滋于前,⑨而炉不加于旧。又公钱重,与铜之价颇等。故盗铸者破重钱以为轻钱。⑩钱轻,禁宽则行。⑪钱重,⑫禁严则止。止则弃矣。此钱之所以少也。⑬夫铸钱用不赡者,在乎铜贵。铜贵,在采用者众。夫铜,以为兵则不如铁,⑭以为器则不如漆。⑮禁之⑯无害,陛下何不禁于人?禁于人⑰则铜无所用。⑱铜无

---

① 根据《资治通鉴》,在此补充了"王"一字。
② 《资治通鉴》的引文在此又突然中断。
③ 《资治通鉴》的引文从此处又重新开始。
④ 《资治通鉴》的引文到此结束。吴王刘濞拥有豫章的铜矿,雇佣流民铸造钱币,制造盐。邓通是汉文帝的嬖臣。汉文帝想让他致富,于是赐予他在四川的铜矿和铸钱权。
⑤ 《通典》缺漏了"而舍其柄"。《新唐书》的引文从此处又重新开始。
⑥ 《新唐书》的引文在此又突然中断。
⑦ "陛下"在《通典》中作"今"。
⑧ 《新唐书》的引文从此处又重新开始。
⑨ 《唐会要》《册府元龟》和《通典》在"人"后面添加了"铸",于是"犹人日滋于前"(人口仍然每日增长)(still the population daily increases)被写作"犹人铸日滋于前"(私人铸钱仍然每日增长)(still casting of coin by the people daily increases)。
⑩ 《册府元龟》缺漏了"钱"字。《新唐书》的引文在此又突然中断。
⑪ 《唐文粹》的文本缺漏了"行"字。
⑫ 根据《文苑英华》,在此补充了"钱重"二字。
⑬ 《新唐书》的引文从此处又重新开始。
⑭ 《新唐书》的引文将"铁"写作"钱",显然有误。
⑮ "漆"在《新会要》和《册府元龟》中作"锡"。
⑯ 《新唐书》的引文在此又突然中断。
⑰ 《新唐书》的引文从此处又重新开始。
⑱ 《新唐书》的引文在此又突然中断。

所用则^①铜益贱。铜贱则^②钱之用给矣。夫铜不布下,^③则盗铸者无因而铸^④,则公钱^⑤不破,人不犯死刑。钱又日增,^⑥末复利矣。^⑦是一举而四美兼也。^⑧惟陛下熟察之。

1974 年 9 月,剑桥

---

① 根据《唐会要》《册府元龟》《通典》和《文苑英华》,在此补充了"铜无所用则"。
② 根据《唐会要》《册府元龟》《通典》,在此补充了"铜贱则"。
③ 《新唐书》的引文从此处又重新开始。
④ "无因而铸"(将没有办法铸造钱币)(would have no way to cast [coin])在《新唐书》中被写作"少"(人数将变少)(would become fewer in number)。
⑤ "钱"在《文苑英华》中被写作"铸"。
⑥ 《新唐书》的引文在此又突然中断。
⑦ "末复利矣"(secondary production would again be profitable [to the state])在《唐会要》和《册府元龟》中被写作"不复利矣"(盗铸钱币)(there would be no more profit (in illicit coining),在《通典》中被写作"未复利矣"(there would not yet be profit)。笔者认为"未"是"末"的手民之误。《新唐书》的引文从此处又重新开始。
⑧ 《新唐书》的引文到此结束。

汉代长安的城墙 *

〔美〕斯蒂芬·詹姆斯·霍塔陵 著
陈龙 译

前言

两千年前,西汉(公元前 202—公元 9)都城长安是世界上规模最大的拥有城墙的城市。[①] 如今,倒塌的城墙和干涸的护城河是长安这一宏伟都市硕果仅存的遗迹。

根据文献资料和考古发现来重构长安是有可能实现的。此项重构努力的第一步就是要绘制一幅精确的地图,使我们能够借此最终探知长安城的其他特征。本文就代表了这样一种努力。

导论

本文旨在重建汉代长安城墙的尺寸(dimensions)。不过笔者最初

---

* 本文译自 Stephen James Hotaling, "The City Walls of Han Ch'ang-an," *T'oung Pao*, Second Series, Vol. 64, Livr. 1/3, 1978, pp. 1-46。——译者

① 用我们现在的话来说,汉代长安城墙内的面积相当于 10 个纽约中央公园的大小。

的打算要远远超过现在的研究工作,试图在这座曾经辉煌一时的西汉都城的城墙内,搜寻宫殿、皇家建筑和其他特征。然而,城墙自身就拥有独特的魅力。事实上,长安的城墙构成了一道巨大的谜题,而且与任何其他的谜题非常类似,我们得到的信息可以帮助我们解答谜题。尽管我们缺乏足够的数据来完全解答长安城墙之谜,然而,既有的证据足以使我们澄清在传统文献和现代文献中发现的诸多矛盾之处。具体而言,与城市的面积、城墙的周长、城墙的外形(configuration)和城墙的规模相关的数据被发现是自相矛盾的。

本文并不打算推测古代长安城市布局的所有可能备选方案;相反,本文试图对城墙的主要外形予以最符合逻辑的重构(the most logical reconstruction of the main configuration)。尽管笔者深知自己不可能回答所有问题,然而这项研究结果也许足以出人意料,从而证明本文言之成理。

笔者所采取的进路在本质上和在表述上都是技术性的,为此也付出了相应的代价,因为本文的各个部分都必须包含大量的数学内容。不过,笔者所采取的这条数学进路决非徒劳无功,而是成效颇彰。相信笔者可以证明自己的理论,同时对传统文献的某些信息予以证实和辨伪。

下面(表1)是汉代度量与现代度量的换算表。[1] 在接下来的讨论中,所有数据都将首先以汉代度量和公制度量表示,之后仅以公制度量表示。所有地图和示意图都将以公制为基础。

关于精确度(accuracy)的问题,在此有几点需要澄清。毫无疑问,

---

[1] Homer H. Dubs, trans., *History of the Former Han Dynasty,* Vol. 1, Baltimore: Waverly Press, 1938, p. 279.

表 1

汉代度量	英制度量	公制度量
长度		
1 寸	0.909 英寸	2.31 厘米
10 寸 =1 尺	9.094 英寸	23.10 厘米
6 尺 =1 步	4 英尺 6.564 英寸	21.386 米
10 尺 =1 丈	7 英尺 6.940 英寸	2.31 米
300 步 =1 里	1364 英尺	415.8 米
面积		
1 平方步	20.7 平方英尺	1.92 平方米
240 平方步 =1 亩	0.114 英亩	4.61 公亩
100 亩 =1 顷	11.4 英亩	4.61 公顷

注：公制度量的"平方千米"换算为汉代度量的"顷"的公式是：
1 平方千米 ÷0.0461=1 顷 *

笔者当然希望尽可能精确。笔者相信两千年前的汉朝勘测团队知道自己在做什么，而且他们的尺寸会精确到 1 米以内。而现代勘测团队，譬如王仲殊（1925—2015）的团队，遭遇了无数问题的阻碍，城墙的糟糕状况便是其中的一大问题。[①] 笔者认为他们的测量数据与真实的尺寸至少相差了 10 米。这种糟糕的精确度导致计算整个城市面积时误差变大。

我们还面临着一个问题，那就是我们无法确切知道王仲殊团队的测量数据是在哪里采集的。譬如他们说城墙东南角与城墙西南角相距

---

* 原文有误，应作"1 平方千米 ×0.0461=1 顷"。——校者
① 王仲殊：《汉长安城考古工作的初步收获续记》，《考古通讯》1958 年第 4 期，第 23—32 页。

6250 米。[1] 但是王仲殊团队是在城角上的什么地方进行测量的呢？是在城墙的内角还是在城墙的外角测量的？或者是否可能在城墙遗迹上面的某个地方测量的？或者考虑一下城门的问题。王仲殊团队列出了其中的一些城门到某个特定城角的具体距离。但是由于一扇城门的门道宽约 22 米，[2] 因此，这就引出了一个显而易见的问题：从城角到城门的距离是指城角到城门一侧的距离，还是城角到城门中央的距离？

虽然上述这些差异十分重要，但是其重要程度尚不足以严重破坏笔者的发现。笔者的目标是误差幅度不超过 0.0025%，也就是说，当我们处理 6000—7000 米的尺寸时，误差幅度不超过 15 米。因此，当古代勘测团队和现代勘测团队之间的测量误差小于 15 米时，我们并不需要过分担忧。

文献

本项研究使用的原始资料十分有限。这些原始资料主要可以分为两大类，即中国传统著作和现代研究。

传统著作

《三辅黄图》是最为重要的信息来源。[3]《三辅黄图》共有六卷，一般认为其作者不详，并且成书年代存疑。然而人们相信它成书于 3—6

---

[1] 王仲殊：《汉长安城考古工作的初步收获》，《考古通讯》1957 年第 5 期，第 103 页。
[2] 同上书，第 105 页。
[3] 《三辅黄图》，上海：商务印书馆，1936 年。(原文标为 1937 年，有误。——校者)

世纪[1],并且经常把它归在苗昌言名下[2]。就其本质而言,《三辅黄图》专门记录了汉代长安与畿辅地区情况,汇编了相关事实与数据。它广泛借鉴了其他著作,故而在此意义上可以被视为"剪刀加浆糊"(scissors and paste)的历史编纂学例证。《三辅黄图》不能被看作一种完整的叙述,或者就此而言,不能被视为一种精确的叙述。不过,此处并不适合讨论整部《三辅黄图》的相关优缺点,本文的目的也不是讨论《三辅黄图》的优缺点。就我们的研究旨意而言,《三辅黄图》是现存与汉代长安有关的最佳单部著作。

虽然《三辅黄图》为我们提供了关于汉代长安的最全面描述,但是其他作品提供了不同尺寸,也有助于我们对城墙的研究。

《三辅旧事》便是其中的一个代表。[3] 其成书时间较晚,编撰时间不晚于8世纪,作者不详。虽然该书的许多信息已经通过《三辅黄图》中的引文而为人所知,但是该书仍然给我们提供了具有重大价值的新尺寸。这些数据来自公元8世纪司马贞编撰的《史记索隐》。

最后一份能够帮助我们解决问题的传统文献是《汉旧仪》。《汉旧仪》的作者是卫宏(主要活动于1世纪)。[4] 与《三辅旧事》一样,《汉旧仪》为我们提供了两个关键尺寸(周长和经纬线)。

下面的一段引文来自《三辅黄图》,与我们的讨论最为相关。这段引文简要地概述了长安被确立为都城的过程,并且罗列了长安最重要

---

[1] Homer H. Dubs, trans., *History of the Former Han Dynasty,* Vol. 1, pp. 124-125, note. 1.

[2] Joseph Needham, *Science and Civilization in China,* Vol. III, Cambridge: Cambridge University Press, 1959, p. 712.

[3] 《三辅旧事》,上海:商务印书馆,1936年。(原文标为1937年,有误。——校者)

[4] [东汉]卫宏:《汉旧仪》,上海:商务印书馆,1940年。

的特征和关键尺寸：

汉长安故城[①]

汉之故都，高祖七年（前200）方修长安宫城，自栎阳徙居此城，本秦离宫也。初置长安城，本狭小[②]，至惠帝（公元前195—前188年在位）更筑之。按惠帝元年正月（公元前194年2月或3月），初城长安城。三年（前192）春，发长安六百里（约合250千米）内男女十四万六千人，三十日罢。城高三丈五尺（约合8.08米），下阔一丈五尺（约合3.5米），六月（公元前192年6月—7月）发徒隶二万人常役。至五年（公元前190年2月—3月），复发十四万五千人，三十日乃罢。九月（9月—10月）城成，高三丈五尺，下阔一丈五尺，上阔九尺（约合2米），雉高三坂[③]，周回六十五里（约合27027米）。城南为南斗[④]形，北为北斗[⑤]形，至今人呼汉京城为斗城是也。

《汉旧仪》曰："长安城中，经纬各长三十二里十八步[⑥]。地九百七十三顷，八街九陌，三宫[⑦]九府，三庙，十二门，九市，十六桥。地皆黑壤，今赤如火，坚如石。"

[①] 《三辅黄图》卷1，第6b—7页。
[②] Homer H. Dubs, *History of the Former Han Dynasty*, Vol. 1, note 3. 胡三省（1230—1287）说："汉都长安，萧何虽治宫室，未暇筑城，帝始筑之，至五年乃毕，故书以始事。杜佑曰：惠帝所筑长安城，在今大兴城西北苑中。"《资治通鉴》（1084）曰："故作长安城西北方。"（《资治通鉴》卷12胡三省注。——译者）
[③] 笔者相信"雉高三坂"指的是城墙的体积或城墙的坡度，或者二者兼有。
[④] "南斗"即人马座（Sagittarius）。
[⑤] "北斗"即大熊座（Ursa Major）。
[⑥] 笔者手中的《汉旧仪》版本将经纬的长度写作"十五里"。
[⑦] 三宫：长乐宫、未央宫、北宫。

父老传云,尽凿龙首山①土为城,水泉深二十余丈(约合46米)。树宜槐与榆,松柏茂盛焉。城下有池,周绕广三丈(约合6.93米),深二丈(约合4.62米),石桥各六丈(约合13.86米),与街相直。*

现代研究

迄今为止,笔者只发现了四项专门讨论了长安城墙问题的研究成果,其中两项出自日本学者之手,一项出自美国学者之手,另外一项出自中国学者之手(分成两部分发表)。这些研究的水平参差不齐。

1933年,足立喜六(1871—1949)撰写了一部关于汉唐时期长安的非常专业的研究著作。②他的研究主要集中在四个方面:汉代的度量、未央宫、长安城南墙、汉代帝陵。其中,他对汉代帝陵的研究最为全面。足立喜六测量的未央宫和南墙的尺寸都是非常宝贵的,我们可以将这些尺寸与其他的发现进行比较。足立喜六还列举了笔者在上文已经提及的那些中国传统文献,并且指出了它们的内在矛盾;然而,笔者发现他并没有试图调和他的发现与那些中国传统文献记载之间的矛盾。

美国学者毕安祺(Carl Whiting Bishop,1881—1942)在1938年发表了一篇论文,试图勾勒出长安城南墙的一些尺寸,并且希望像足立喜六一样,草拟出未央宫台基的尺寸。③然而这份研究的最大失败之处

---

① 龙首山位于长安北部。
* 括号内的文字均为作者按语。——译者
② 足立喜六『長安史蹟の研究』,東京:東洋文庫,1933年,第292頁。(中译本见〔日〕足立喜六《长安史迹研究》,王双怀、淡懿诚、贾云译,西安:三秦出版社,2003年。——译者)
③ Carl Whiting Bishop, "An Ancient Chinese Capital: Earthworks at Old Ch'ang-an," *Antiquity*, Vol. 12, 1938, pp. 67–78.

在于完成得过于仓促，以致于没有足够的时间去绕着整个城墙走一圈（绕一圈大约需要 5—6 小时）。[1]

中国人已经在长安进行了最新的田野调查。这一点丝毫不令人意外。王仲殊在《考古通讯》上发表了两篇论文，给出了一些对于我们了解汉代长安城墙而言非常重要的基本数据。[2] 这两篇论文分别发表于 1957 年和 1958 年，呈现了对城墙的考古调查发现。王仲殊聚焦城门的发掘而非系统地描述城墙的布局。与足立喜六的研究相比，王仲殊的两篇论文条理不清，较为混乱。并且王仲殊虽然提及中国传统文献，但是没有试图予以辨析。笔者还发现王仲殊的论文尽管提供了各种各样的城门照片，然而没有附上地图，这种缺陷是不可原谅的。

第四项研究是日本学者古贺登（1926—2014）发表于 1972 年的理论研究。[3] 根据古贺登的观点，汉代长安的建造是基于秦汉时期使用的网格系统（grid system）。但令人遗憾的是，不管古贺登的观点有多么大的价值，他忽视了王仲殊所提供的信息，最终削弱了自己论文的价值。古贺登未能将自己的理论与已知的事实融为一体，而是选择了一条削足适履的不幸道路，强迫现实与他的理论相一致。也正因此，他的地图是错误的。[4]

关于中国传统文献所提供的数据，相关的总结如下：

---

① Carl Whiting Bishop, "An Ancient Chinese Capital: Earthworks at Old Ch'ang-an," Antiquity, Vol. 12, 1938, p. 70.
② 王仲殊：《汉长安城考古工作的初步收获续记》，《考古通讯》1958 年第 4 期，第 23—32 页；王仲殊：《汉长安城考古工作的初步收获》，《考古通讯》1957 年第 5 期，第 102—110 页。
③ 古贺登「漢長安城の建設プラン」，『東洋史研究』第 31 卷第 2 期，1972 年。
④ 同上书，第 55 页。举例来说，长安城的纬线长度不是 16 里，经线长度也不是 16 里 200 步。古贺登在一些地方给出了城门在城墙中的正确位置，而在其他一些地方给出的城门位置完全错误。

表 2

	汉代度量	公制度量	英制度量	文献来源
城墙					
高度	3 丈 5 尺	8.085 米	26.5 英尺	《三辅黄图》[1]
宽度 顶部	9 尺	2.079 米	6.8 英尺	《三辅黄图》[2]
宽度 底部	1 丈 5 尺	3.465 米	11.36 英尺	《三辅黄图》[3]
周长	60 里	24948 米	15.50 英里	《汉旧仪》[4]
周长	63 里	26195 米	16.28 英里	《三辅旧事》[5]
周长	65 里	27027 米	16.79 英里	《三辅黄图》[6]
面积	973 顷	44.85 平方千米	17.33 平方英里	《三辅黄图》《三辅旧事》《汉旧仪》[7]
经纬各长	15 里	6237 米	3.875 英里	《汉旧仪》[8]
经纬各长	20 里	8316 米	5.16 英里	《三辅旧事》[9]
经纬各长	32 里 18 步	13330 米	8.28 英里	《三辅黄图》[10]
护城河					
宽度	3 丈	6.93 米	22.7 英尺	《三辅黄图》[11]
深度	2 丈	4.62 米	15.1 英尺	《三辅黄图》[12]

---

[1] 《三辅黄图》卷 1,第 6b 页。
[2] 同上。
[3] 同上。
[4] 《汉旧仪》卷 2,第 14 页。
[5] 《三辅旧事》,第 22 页。
[6] 《三辅黄图》卷 1,第 6b 页。
[7] 《三辅黄图》卷 1,第 7 页;《三辅旧事》,第 22 页;《汉旧仪》卷 2,第 14 页(972 顷被修正为 973 顷)。
[8] 《汉旧仪》卷 2,第 14 页。
[9] 《三辅旧事》,第 22 页。
[10] 《三辅黄图》卷 1,第 7 页。
[11] 同上。
[12] 同上。

可以将中国传统文献中的这些信息与现代调查的发现进行比较：

表 3

		汉代度量	公制度量	英制度量	文献来源
城墙					
高度		2—3 丈	4.6—6.9 米	15—23 英尺	足立喜六 ①
		3 丈	7.6 米	25 英尺	毕安祺 ②
宽度	顶部	3—4 丈	6.9—9.2 米	23—30 英尺	足立喜六 ③
		3.5 丈	12.8 米	42 英尺	毕安祺 ④
	底部	6.9 丈	16 米	52.5 英尺	王仲殊 ⑤
周长		60.36 里	25100 米	15.6 英里	王仲殊 ⑥
护城河					
宽度		26.4 丈	60.97 米	200 英尺	足立喜六 ⑦
		21.1 丈	48.8 米	160 英尺	毕安祺 ⑧

① 足立喜六『長安史蹟の研究』，第 76 页。（作者数据有误。因为足立喜六实测的数据是"二三丈"日本曲尺，1 汉尺 =7 寸 6 分日本曲尺，故而依据汉代度量，高度应该是 2.6—3.9 丈，而非 2—3 丈，这或许说明作者忽视了足立喜六使用的是日本度量。——译者）

② Carl Whiting Bishop, "An Ancient Chinese Capital: Earthworks at Old Ch'ang-an," p. 71.

③ 足立喜六『長安史蹟の研究』，第 76 页。（作者数据有误。因为足立喜六实测的数据是"三四丈"日本曲尺，故而依据汉代度量，高度应该是 3.9—5.3 丈，而非 3—4 丈。——译者）

④ Carl Whiting Bishop, "An Ancient Chinese Capital: Earthworks at Old Ch'ang-an," p. 72.

⑤ 王仲殊：《汉长安城考古工作的初步收获》，《考古通讯》1957 年第 5 期，第 104 页。

⑥ 同上书，第 103 页。

⑦ 足立喜六『長安史蹟の研究』，第 77 页。（足立喜六实测的数据是"二百余"日本曲尺。作者应是取"二百"日本曲尺作为测量数据，由此得出 26.4 汉丈。——译者）

⑧ Carl Whiting Bishop, "An Ancient Chinese Capital: Earthworks at Old Ch'ang-an," p. 70.

（续表）

深度	1丈	2.31米	7.5英尺	足立喜六[①]
	2丈	4.62米	15英尺	毕安祺[②]

注：所有的现代尺寸都只是近似值。

重构城墙

城墙的规模

这一部分旨在检视城墙的物理特性。由于现代研究已经非常关注这个主题了，故而笔者可以简要地予以讨论。

汉代长安的城墙是用夯土建造的。这种方法也被称为版筑，需要大量劳动力和泥土。它包括用泥土和碎石填充木制模板。在城墙被夯实之后，人们便向其中添加更多的材料，周而复始，重复这个过程。这种基本方法与现代全混凝土结构中使用的方法大致相同，二者只有一个主要区别。由于汉代工程师很少或者根本没有使用加固材料，故而城墙无法承重。当城墙的核心部分建造完成之后，外墙通常会用大块砖石砌成。这样做主要有两个目的。第一个目的是纯粹装饰，第二目

[①] 足立喜六『長安史蹟の研究』，第77頁。（作者数据有误。足立喜六实测的数据是"十数"日本曲尺。按照汉代度量计算，深度应该是1.3丈，而非1丈。作者似乎是以"十"汉尺作为护城河的深度，忽视了足立喜六使用的是日本度量。——译者）

[②] Carl Whiting Bishop, "An Ancient Chinese Capital: Earthworks at Old Ch'ang-an," p. 70.

的是保护夯土免遭恶劣天气侵蚀。[1]

上文已经给出了城墙的基本尺寸,而对这些尺寸予以检视,我们可以发现两个重要事实。首先,古代尺寸和现代尺寸指涉的是两座迥然不同的城墙;其次,我们拥有两条不同的护城河的相应尺寸。由于在这两组数据中,城墙和护城河是相辅相成的,故而很有可能有一部分城墙是用在挖掘护城河时挖出的泥土建造而成的。早期较小城墙的剖面(图1)显示出城墙顶部和底部的宽度是按照3∶5的比例建造的,也就是说,顶部宽度为3×3尺(9尺),底部宽度为5×3尺(15尺)。如果两种城墙的倾斜度相同,那么倾斜度大约是5度。这座城墙似乎是为了将来的扩展而建造的。它最初很可能仅仅是环绕长乐宫的城墙的延伸。

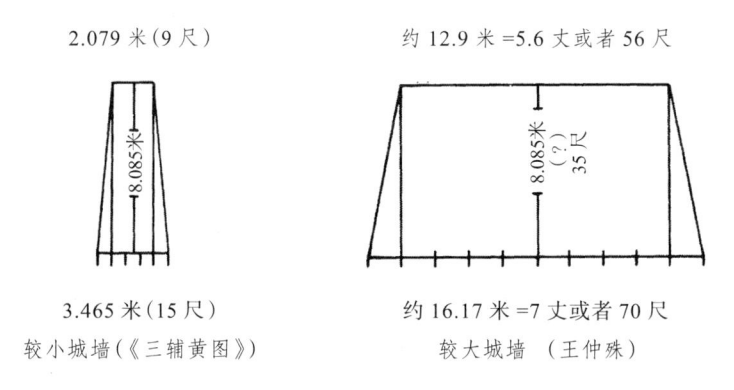

2.079米(9尺)	约12.9米=5.6丈或者56尺
8.085米	8.085米(?) 35尺
3.465米(15尺)	约16.17米=7丈或者70尺
较小城墙(《三辅黄图》)	较大城墙 (王仲殊)

较大城墙的顶部与底部宽度数值调高了一些(分别调高0.8米和0.17米),以便等于汉代度量("尺")的偶数倍。顶部宽度为8×7尺(56尺),底部宽度为10×7尺(70尺)。较大城墙的高度被假定与较小城墙的高度相同。

图1

---

[1] Joseph Needham, *Science and Civilization in China,* Vol. IV, Part 3, Cambridge: Cambridge University Press, 1962, pp. 38-45.

令人颇为费解的是，《三辅黄图》没有提及城墙或者护城河后来的扩建。其他的中国传统文献同样对此保持缄默。[1] 尽管中国传统文献完全缺乏相关的信息，然而我们现在拥有足够的数据，能够重构后来更大城墙的轮廓。

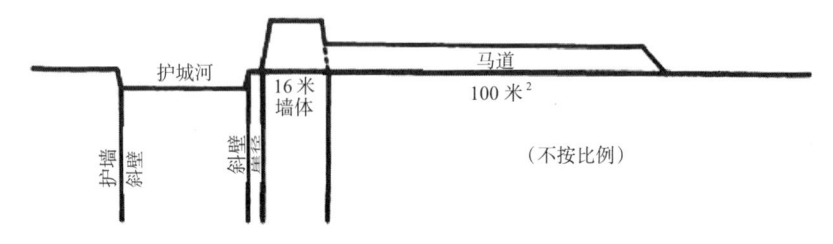

图 2　汉代长安城南墙的剖面

（Carl Whiting Bishop, "An Ancient Chinese Capital: Earthworks at Old Ch'ang-an," p. 72.）

图 2 显示了后来扩建的城墙。图 2 考虑到了王仲殊的两个最重要发现：一个发现是较大城墙的倾斜度为 11 度左右，[2] 城墙底部宽度为 16 米。[3] 如果我们用这些数据来建构一个模型，并且假定新城墙高度与之前较小城墙的高度保持一致，那么我们会得出城墙顶部宽度为 12.9 米。该数据十分接近毕安祺给出的尺寸（12.8 米）。尽管根据足立喜六的数据，我们对城墙顶部宽度的预估值会被下修，然而笔者倾向于相信较小城墙与较大城墙的高度确实大致相等。现在让我们比较一下汉代长安

---

[1]　足立喜六认为政府在扩建城墙或者护城河时，也在同时兴建一条从黄河的曲折处到长安的运河，用于运送粮食。这条运河兴建于公元前 129 年，自北向南延伸，与渭河平行。参见足立喜六『長安史蹟の研究』，第 78 頁。(其中译本第 84 页："这条濠池就是漕渠的遗迹。漕渠开凿于汉武帝元光六年[前 129]。因为当时渭水舟运甚感不便，故开此渠，一方面导入渭河之水，另一方面堰沣水注于昆明池，再与太液池及导入城内之水相合，回绕城郭至龙首原之北，直通灞水。百货恃此可以直接输入城内，故即名此渠为漕渠。"——译者）

[2]　王仲殊：《汉长安城考古工作的初步收获》，《考古通讯》1957 年第 5 期，第 104 页。

[3]　同上。

城墙与东汉都城洛阳城墙：[1]

表 4

	长安 （可能的古代尺寸）	洛阳 （现代遗址）
城墙高度	8.08 米（35 尺）	约 10 米（45 尺）
城墙顶部宽度	12.9 米（56 尺）	约 9 米（40 尺）
城墙底部宽度	16.17 米（70 尺）	约 20.5 米（90 尺）

尽管长安和洛阳的城墙顶部宽度尺寸不同，然而有一个特征是清晰明确的，那就是在长安城墙和洛阳城墙这两个例子中，在仅仅稍微允许风化的情况下，城墙的建造很有可能需要满足一个公式：城墙底部宽度应当是城墙高度的两倍。

除了较大城墙之外，还存在着一条向内延伸的相当宽阔的马道。毕安祺表示城墙马道大约距离地面 4—5 米，并向内延伸可达 110 米。[2]李约瑟（Joseph Needham，1900—1995）简要地论及了这个问题，他根据自己到长安的个人旅行经历，声称城墙马道仅仅向内延伸 60—75 米。[3]

中国传统文献暗示了这种特征。班固的《汉书》曾记载了一个事件：[4]

（三年）秋[5]，关内大水。七月，虒上小女陈持弓闻大水至，走

---

[1] 阎文儒：《洛阳汉魏隋唐城址勘查记》，《考古学报》1955 年第 1 期，第 117—126 页。（原文作"1954 年第 9 期"，有误。——译者）

[2] Carl Whiting Bishop, "An Ancient Chinese Capital: Earthworks at Old Ch'ang-an," p. 72.（原文的页码标为"172"，有误。——译者）

[3] Joseph Needham, *Science and Civilization in China*, Vol. IV, Part 3, p. 45.

[4] Homer H. Dubs, trans., *History of the Former Han Dynasty*, Vol. 2, p. 381.（中文原文出自《汉书》卷 10《成帝纪》。——译者）

[5] 公元前 30 年 8 月—9 月。

入横城门,阑入尚方掖门,至未央宫钩盾中。吏民惊上城。

虽然这段文字无法帮助我们确定较大城墙的确切建造日期(其建造时间一定早于公元前 30 年),但是在笔者看来,这段文字确实证实了城墙马道的存在。因为倘若没有城墙马道,那么大量人员要登上城墙将是极其困难的。

朝向一种基本的外形

这一部分旨在重构城墙的基本外形,并且推论出一些基本尺寸。为了达成这些目标,笔者限定自己仅仅使用中国传统文献和当代研究成果中的数据。笔者在此不会以任何方式去修正这些数据,只会在下一节中才尝试对它们予以一切必要的修正。

依据《三辅黄图》的记载,汉代长安城的北墙和南墙形似两个星座。① 东墙与西墙是用来联结这两个星座的。然而西墙中间有曲折,分为两段。与之不同,东墙的走向沿着一条真正的南北轴线,没有曲折。因此,就其基本格局而言,"长安城,面三门,四面十二门"②。我们的第一个任务就是要确定城墙四角彼此之间的位置关系。王仲殊测量了城墙四角之间的距离,不过他没有考虑城墙的实际走向,只是通过视线(line of sight)来进行测量。王仲殊的发现如下:③

---

① 《三辅黄图》卷 1,第 6b—7 页。("城南为南斗形,北为北斗形。"——译者)
② 同上书,第 10 页。
③ 王仲殊:《汉长安城考古工作的初步收获》,《考古通讯》1957 年第 5 期,第 103 页。(王仲殊测量城角之间距离的方法是"以二个城角之间的经距或纬距计算",不考虑城墙的实际"曲折"。——译者)

表5

城角 A	城角 B	相互距离
东北角	东南角	5940 米
东南角	西南角	6250 米
西南角	西北角	4550 米
西北角	东北角	5950 米
		总长 22690 米

由此得出的长度(22690米)要比四面城墙的实际周长(25100米,即沿着城墙实际走向进行测量所得到的数据)要短2410米。[①] 如果用直线将四角连接起来,那么我们就会得到一个不规则的四边形。然而除非我们能够得到城墙的真实外形必须符合的一系列常量,否则这些数据毫无用处。

以下是一些已知的常量:

(C-1)只有东墙是一条连续的直线,没有曲折和中断。它构成了一条南北中轴线。东墙的长度是5940米。[②]

(C-2)霸城门是东墙最南侧的城门。它距离城墙东南角1410米。它正对直门(西墙的中门)。[③]

(C-3)从视线上看,直城门距离城墙西南角2145米。[④]

(C-4)西墙被分为两部分。墙的南段相较墙的北段偏西。直城门相较西墙的南段偏北。[⑤]

[①] 王仲殊:《汉长安城考古工作的初步收获》,《考古通讯》1957年第5期,第103页。(王仲殊称这种测量方法是"将四墙全线拉直"。——译者)

[②] 同上。

[③] 同上书,第105页。

[④] 同上书,第104页。

[⑤] 同上书,第103页。

（C-5）宣平门是东墙最北侧的城门。它距离城墙东北角 1150 米。①

（C-6）章城门正对城墙东南角。它是西墙最南侧的城门。②

（C-7）西安门距离城墙西南角 1475 米。③

（C-8）南墙被分为三段。南墙的西段相较南墙的东端偏南。南墙的东段与西段被向外突出的中断所分割，安门位于南墙中段上。④

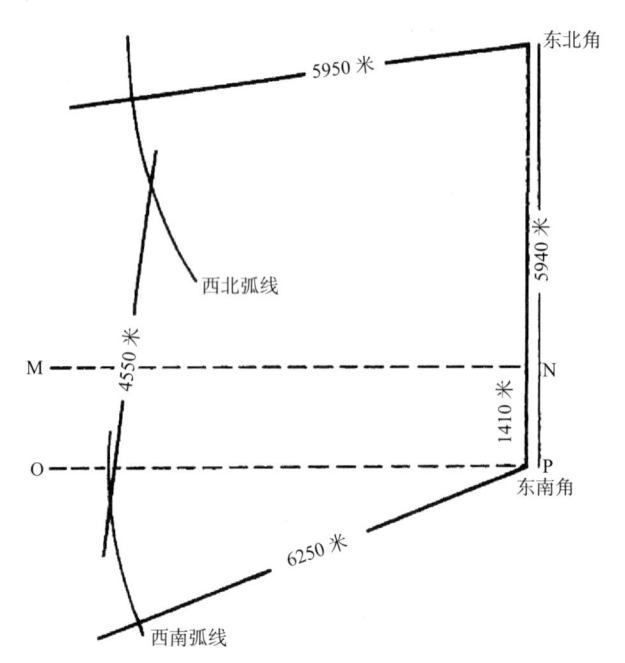

图 3　确定城墙的东北角、东南角、西南角和西北角的位置

---

① 王仲殊：《汉长安城考古工作的初步收获续记》，《考古通讯》1958 年第 4 期，第 23 页。
② 王仲殊：《汉长安城考古工作的初步收获》，《考古通讯》1957 年第 3 期，第 104 页。
③ 同上。
④ 同上书，第 103 页。

上述的常量列表看上去令人相当敬畏，然而正如下文所示，它还不足以绘制出一幅完整的城墙地图。

由于东墙是一条没有曲折的直线，故而我们可以立刻确定城墙东北角和东南角的位置。我们现在的任务就是要确定城墙西北角和西南角相对于东墙的位置。（图3）

我们首先勾画出一条以东南角为圆心、半径为6250米的圆弧线，并且重复这一步骤，勾画出一条以东北角为圆心、半径为6250米的圆弧线。由此我们得到了两条弧线，即西北弧线和西南弧线。西南角与西北角必须分别位于西北弧线和西南弧线上，并且西南角与西北角之间的直线距离恰好是4550米。如果我们用一条4550米长的直线来连接西北弧线和西南弧线，那么我们在理论上可以在一个相对固定的范围（即便这是一个较大的范围）内上下移动这条直线（图3）。然而，这对我们的讨论毫无用处，因为范围终究还是太大了。我们需要的是西南角和（或）西北角所符合的第二套标准。由于我们对西北角的坐标几乎一无所知，故而我们必须聚焦西南角的相关信息。

根据王仲殊的论文，直城门与城墙的西南角相距2145米。直城门的位置就在西墙南段的东面，并且这条信息的隐含意思就是直城门位于西北角的西面。最为重要的是，直城门处于同一条直线上，并且正对东墙的霸城门。

图4旨在确定直城门在直线MN上的位置，确定城墙西南角在西南弧线上的位置，并且确定城墙西北角在西北弧线上的位置。根据我们目前掌握的信息，我们可以首先确定F点在西南弧线上的位置、F′点在西北弧线上的位置。F点代表了西北角在西北弧线上所能达到的最高位置。这个原因很简单，那就是如果西北角在任何比F点更高一些的位置上，那么它就会导致西南角的位置比东南角的位置更高（见上文

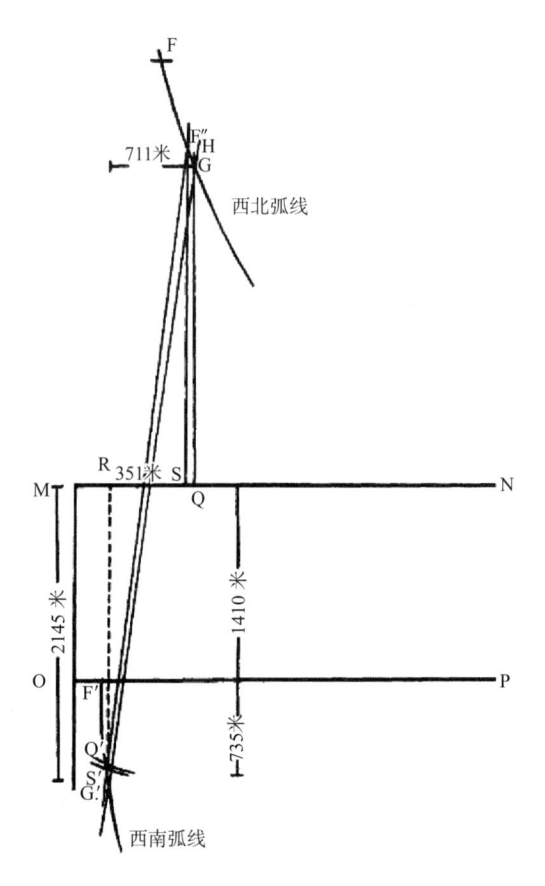

图 4　确定直城门、西南角和西北角的位置

的条目"C-6")。

与之相似，G 点和 G′ 点分别代表了两个相反的极点。如果直城门在 G′ 点的位置上，那么直城门就会与西墙南段在同一条直线上(直线 RG)。直城门不能位于城墙西北角的东面。因此，倘若我们用一条长 4550 米的直线连接 G′ 点和西北弧线上的 G 点，那么这条直线就应该可以勾画出直城门有可能达到的最东端位置。如果 Q 点是直城门有

可能达到的最东端位置，那么 Q′点就是与西南角相距 2145 米的位置。我们现在得到了 Q′点和 G′点，这两个点代表了西南角可能达到的两个极限位置。我们若是重复上述步骤，将西北弧线上的 G′点、G 点与 Q′点、F″点连接起来，那么就可以知晓西北角有可能达到的最北端位置。

因此，我们可以说：(1) 西北角必须位于西北弧线上的 F″点和 G 点之间；(2) 直城门必须位于直线 MN 上的 R 点和 Q 点之间；(3) 西南角必须位于西南弧线上的 Q′点和 G′点之间。

如果要更进一步改进这种方法，那么我们可以用一条直线将 F″点与直线 MN 上的 S 点连接起来。S 点与西南弧线上的 S′点相距 2145 米。因此，西南角必须位于西南弧线上的 S′点和 G′点之间，（西北角必须）位于西北弧线上的 H 点和 G 点之间。

由于我们知道了西南角和西北角的大概位置，故而我们必须推导出其他一些有用的尺寸。

因为我们知道从 R 点到 G′点的距离是 2145 米，同时，我们知道直线 MN 与直线 OP 平行，二者之间的距离是 1410 米，所以直线 RG′在直线 OP 下方的长度是 735 米。*如果我们用一把手尺（hand ruler）来进行测量，那么 Q′点和 G′点的距离大约是 100 米。因此，西南角在西南弧线上，与直线 OP 的距离范围是 635—735 米。S′点将这一距离范围更缩减至大约 660—735 米。

令人遗憾的是，像我们这样用手尺进行缩小比例的测量，充其量也是不稳定的。我们可以通过使用简单的几何公式和三角公式来克服这种缺陷，并且同时将我们的工作向前推进一大步。

我们记住西南弧线与西南角相距 6250 米。我们绘制一个三角形

---

* 作者的意思是说 G′点与直线 OP 相距 735 米。——译者

(图 5，右上角的插入图），用一条 6250 米长的虚线（CF）作为直接三角形的斜边，用一条长度在 660—735 米之间的直线（DC）作为它的对边，用一条长度在 X 到 X′ 之家的直线（DF）作为它的邻边（即图 4 中的直线 OP，或者长安城的纬线）。在勾股定理公式 $A^2=B^2+C^2$（A 是一个直角三角形的斜边）中，B 和 C 的可能范围显示了：当三角形对边（DC）的长度范围在 660—735 米之间时，三角形邻边（DF，长安城的纬线）的长度范围将变得狭窄，在 6207—6217 米之间（图 5）。笔者暂且根据这些长度范围的平均值，将对边的长度确定为 706 米、邻边的长度确定为 6210 米。换言之，章城门与西南角相距大约 706 米；长安城的纬线长度为 6210 米，接近《汉旧仪》所记载的 15 里（合 6237 米）。

从这些数据中，我们可以推导出额外的信息，它们将有助于我们完成对西墙的计算工作。

直城门在直线 MN 上，位于西墙南段以东 351 米处。我们是再一

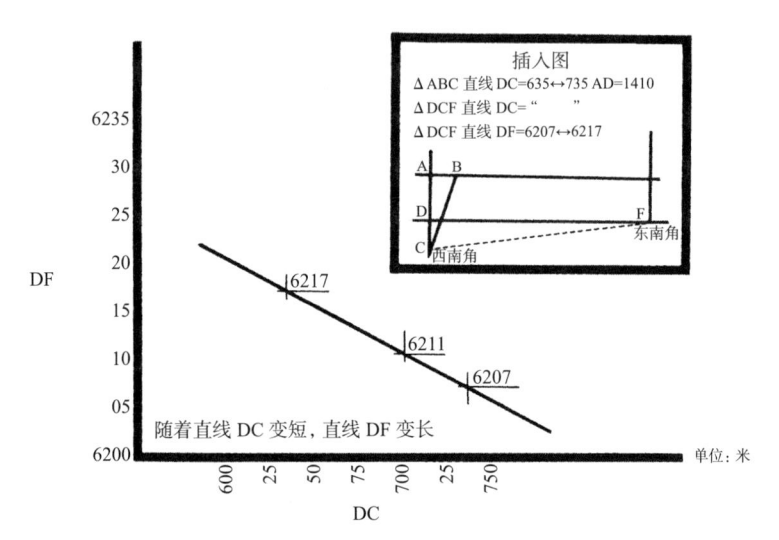

图 5　东南角与西南角的距离关系、它们与章城门的距离关系

次通过勾股定理公式 $A^2=B^2+C^2$ 来计算出这个数值的。其中，A 是直角三角的斜边。在这个例子中，斜边长 2145 米，邻边 B 的长度是 2116 米（1410+706=2116）。

如果从西南角向正北方向画一条直线，那么西北角就位于这条直线的东面 712 米处，我们是通过直角三角形 GZG′（角 G 的角度为 9 度）而计算出这个数值的。因此，我们可以说：

$$\text{Sin } \Theta = 对边 \div 斜边 \quad（注：\Theta 为角度）$$
$$\text{Sin } 9° = 0.1564$$
$$0.1564 \times 4550 \text{ 米} = 对边 = 711.6 \text{ 米}$$

不过这仅仅是一个非常粗略的估算。由于 712 米的距离是在 G 点测量到的，G 点是西北角所能达到的最低位置（我们不能用这个位置来

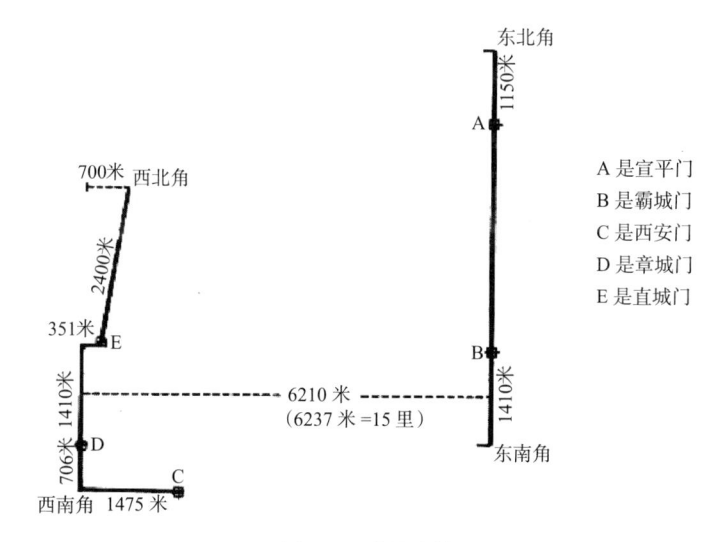

A 是宣平门
B 是霸城门
C 是西安门
D 是章城门
E 是直城门

图 6 尺寸的总结

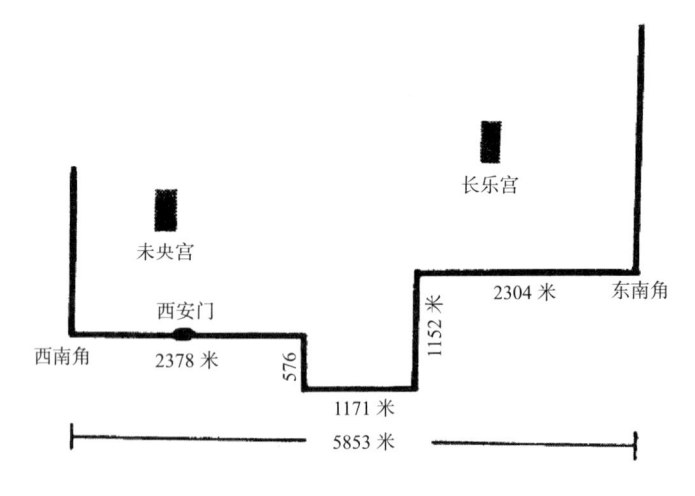

图 7　足立喜六的南墙

进一步推算东南角的位置），故而笔者将该数值从 712 米减小至 700 米。这将令西北角位于 G 点的上方，就像上文将（章城门与西南角的）距离定为 706 米，从而使得西南角位于 G′ 点的上方一样。

图 6 总结了迄今为止所建立的尺寸。我们对东墙和西墙的情况都有较好的了解，然而对北墙的认识就没有那么幸运了。除了王仲殊所说的"城墙曲折的情形：北墙最甚，达六处之多"之外，我们对北墙的情况几乎一无所知。① 笔者在下文将回到这个问题，而现在笔者必须先聚焦南墙。

足立喜六的研究已经提供了南墙的一些尺寸，但是没有给出南墙的全部尺寸（图 7）。② 如果我们接受足立喜六的观点，那么南墙的西段、

---

① 王仲殊：《汉长安城考古工作的初步收获》，《考古通讯》1957 年第 5 期，第 103 页。
② 足立喜六『長安史蹟の研究』，第 74—77 页。（中译本第 83 页："这是长安故城南墙的一部分。由未央宫遗址望去，自西南四十三度亘及东南五十五度，全长七千八百尺……安门以东，南墙的遗迹均已崩溃，不易辨识。但因其长度断亘及三里，可大体辨别出它的形

中段和东段构成了一条水平线（因此也就是长安城的纬线），这三段的长度加起来是 5833 米（2378+1171+2304=5833）。足立喜六给出的数据（5833 米）要比王仲殊推算出的数据（6210 米）少了 357 米，也比《汉旧仪》记载的数值（15 里，约合 6237 米）少了 384 米。足立喜六的尺寸肯定有误。

笔者相信足立喜六的最大错误在于他对南墙西段的测量非常不准确。我们可以从以下事实看出这一错误：王仲殊估计西安门距离城墙西南角 1475 米；足立喜六自己在南墙上选取了三个与未央宫台基有关的点位来进行测量，给出了相应的测量角度。这三点分别是西南角、西安门、南墙西段最东端。① 依据笔者个人的测算（图 8），南墙西段的长度应该是 2900—2950 米。因此，西安门乃是位于南墙西段的中间。

足立喜六给出的最有趣的数值之一是关于安门向外突出部分的东侧城墙（直线 AB，图 7）长度。足立喜六声称 AB 两点之间的距离为 2 里（约合 1152 米）。② 这个数值帮助我们理解了两千年前汉代勘测团队所给出的经纬线尺寸。如果汉代勘测团队在测量经线长度时沿着东墙，自北向南，超过实际上的东南角，然后到达与安门向外突出部分处于同一水平的位置，那么经线长度将是 7092 米（5940+1152=7092）。如果汉代勘测团队在测量纬线长度时，从刚才与安门向外突出部分处于同一水平的位置出发，沿着安门向外突出部分的方向一直向西，直到与西南角向南延长线相交的位置，那么纬线长度将是 6237 米。如

（接上页）迹，此外，又有覆盎门遗址，由此向东一里处的堤塘，直角北折，或隐或显，断断续续，不知所穷。这正是故城的东墙。……南墙壁的长度为一万九千二百尺。"需要注意的是，足立喜六在此使用的日本曲尺度量。本文作者通过"七千八百尺""一万九千二百尺""一里""三里"等数据，呈现了足立喜六给出的南墙尺寸。——译者）

① 同上书，第 77 页。
② 同上。（中译本第 79 页插图九，AB 两点的距离为两个方格，即 2 里。——译者）

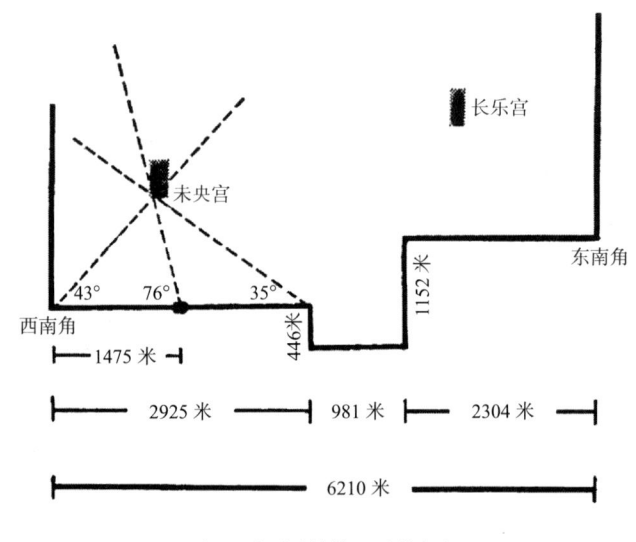

图 8 南墙（数值经过校订）

果将经线长度与纬线长度加在一起，那么得到的长度就是 13329 米（7092+6237=13329），只比《三辅黄图》所记载的数据（32 里 18 步，约合 13330 米）少 1 米。然而，这个数值引发了一个无法被忽视的文本问题。在中国文献中，对于经纬线长度的标准表述方式是"经纬各长"（the warp and woof, in each case is...[long]）。然而，由于 13330 米是经线长度和纬线长度这两个不同尺寸的总和，故而《三辅黄图》明显错误地在"长"之前插入了"各"这个前缀词。① 而另一方面，《汉旧仪》在谈论长安城的经线长度和纬线长度时，正确地使用了"各"一词，因为它说经线长度与纬线长度均是 15 里（约合 6237 米）。② 正如我们上文所述，纬线的准确长度是 6237 米。那么经线的准确长度是多少呢？

---

① 《三辅黄图》卷 1，第 7 页。（"经纬各长三十二里十八步。"——译者）
② 《汉旧仪》卷 2，第 14 页。（"经纬各十五里。"——译者）

我们在哪里才能测量出长度为 15 里的经线呢？我们将在下文讨论这个问题。

朝向一个最终的外形

在本文的研究中，笔者首先重构了除北墙以外的汉代长安城基本外形，拒绝纯粹从理论层面来重构汉代长安城。现在笔者想将这些初步的发现发展为一种更加全面的图景，旨在更为自由地利用我们的数据。在此意义上，接下来我们将微调我们迄今为止所获得的知识，并且在此过程中，我们必须修正之前的一些数据。

不管是今天还是过去，当人们建造大型建筑时，如果可以尽可能地让事情变得简单，那么这将会大有裨益。以长安为例，人们通常认为如果是在一个开阔宽敞、没有任何地形限制（geological restrictions）的平原上进行建造，那么尺寸应当尽量简单。古代工程师更倾向于使用四舍五入的整数（譬如 1000 步、10 里），不愿意使用奇数和（譬如 3887 步）。尽管并不一定所有情况都是如此，然而笔者认为这是一个合理的可行性假设（working hypothesis）。

在这一点上，一个明显的例证是东墙长度被定为 5940 米。在汉代，测量距离时最常用的三种度量单位是"里""步""丈"，而"5940 米"这个数值不是其中任何一个度量单位的整数倍。

5940 米 = 14.28 汉里
5940 米 = 4285 步
5940 米 = 2571 丈

因此，我们必须提出一个问题：古代长安城墙是否真的在某个时候延伸至 15 里（合 6237 米）？相关证据表明事实确实如此。

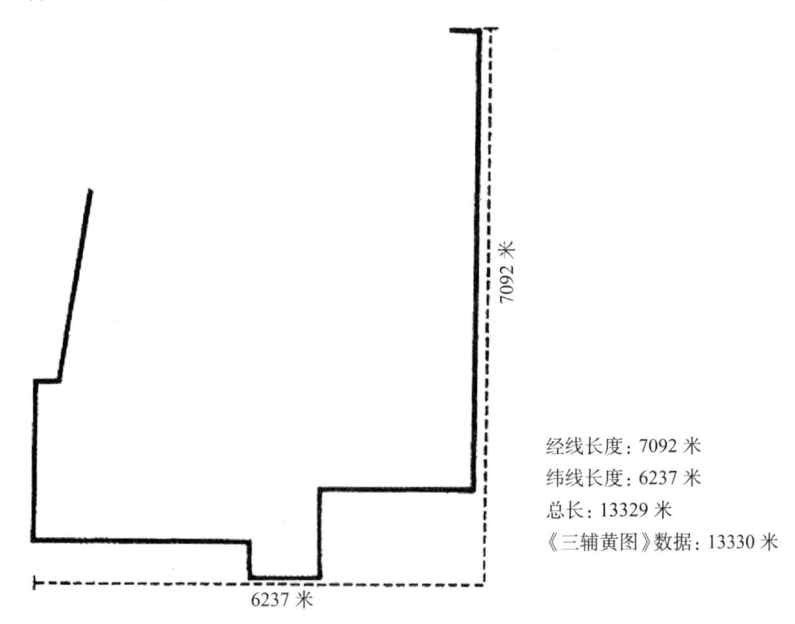

经线长度：7092 米
纬线长度：6237 米
总长：13329 米
《三辅黄图》数据：13330 米

图 9　汉代测量经线长度与纬线长度的可能方法

回顾前述内容，中国传统文献《三辅黄图》和《汉旧仪》记载的长安城纬线长度为 15 里（约合 6237 米），这一数据已经得到了证实。此外，《三辅黄图》记载的长安城经线长度也被证明为真。剩下的任务就是证明《汉旧仪》记载的经线长度（15 里）正确无误。

为了完成这一任务，我们必须从一个新的视角去看待这个问题。我们必须牢记当汉朝宣告建立的时候，长乐宫就已经存在了。这座离宫始建于秦代，在那时被称为"兴乐宫"。[①]《三辅黄图》告诉我们，汉

[①]《三辅黄图》卷 2，第 2 页。（"兴乐宫，秦始皇造，汉修饰之。"——译者）

代仅仅修复了环绕它的垣墙,并且重新命名了它。垣墙的长度是多少? 笔者相信当长乐宫独自矗立的时候,其垣墙周长尺寸是 15 里 × 5 里(即 6237 米 × 2079 米)。有三个因素促使我提出了这个假设。

第一,这是基于长安城南墙的不对称性质。回想一下,南墙西段长度大约是 7 里,即 2910.6 米(图 8)。尽管足立喜六声称南墙东段长度是 2304 米,仅仅比 1000 丈(即 2310 米)短 6 米,然而笔者相信南墙东段的准确长度是 2079 米(即 5 里)。于是南墙中段(也就是安门所在位置)的长度将是 3 里(合 1247 米)。因此,纬线长度等于南墙西段、中段和东段的长度(初步测量的结果分别是 7 里、3 里、5 里)的总和。

第二,我们发现根据《三辅黄图》的记载,长乐宫的周长是 20 里[①],并且长乐宫有"四面"[②]。尽管尚不确定"四面"意指的是长乐宫实际台基的四面,还是长乐宫庭院的四面,然而,很有可能宫殿庭院的垣墙尺寸是 5 里 × 5 里。这将使得它的面积是 93.91 顷(约合 4.32 平方千米)。(见附录五)

第三(也是最令人信服的一点),根据《三辅旧事》的记载,经线和纬线的尺寸是 20 里。这个数值似乎指代的是整个汉代长安城的经线和纬线长度。但是由于这个数据不可能适用于整个城墙,故而我们必须从其他地方另寻解释。根据《三辅黄图》的记载,汉代长安的经线和纬线长度是 32 里 18 步(约合 13330 米),以此类推,倘若汉代长乐宫的东墙经线长度是 15 里,那么其纬线长度必须是 5 里,总和是 20 里。因此,20 里的经线和纬线长度将再一次地是两条不等边的总和,这使得总面积为 281 顷(约合 12.96 平方千米)。这一尺寸指的是独自矗立的

[①] 《三辅黄图》卷 2,第 2 页。关于长乐宫的周长,《三辅黄图》的一些版本记作"二十里",一些版本记作"二十余里"。

[②] 同上书,第 7 页。("汉未央、长乐、甘泉宫,四面皆有公车。"——译者)

长乐宫的大小，而不是汉代长安城的大小。汉代长安城包括了未央宫建筑群。这表明汉代长安城和长乐宫在很早的时候是同义的。（参见上文中的引文："初置长安城，本狭小。"）根据《三辅黄图》的记载，长乐宫区域是面积更大的、带有垣墙的长乐宫的一部分，并且宫殿庭院恰好是这个更大区域的三分之一大小。此外，《汉旧仪》记载长安城经线长度是 15 里，这一数值明显指的是汉代长安城最古老的东墙。

对于我们重构汉代长安城墙的努力而言，这个 3∶1 的比率具有深远的影响，因此我们必须遵循这一思路。这一比率并不仅限于长乐宫面积。我们要真正理解其普遍有效性，就必须向前更进一步，构建一个反映长乐宫的道路网格系统（a grid system of roadways）。我们之所以能够这么做，是因为从数学上来讲，长乐宫的基本网格系统很可能是由单位长度为 500 步 /300 丈（约合 693 米）的网格（blocks）构成。无论 500 步 /300 丈的度量单位是否与垣墙的经线或者纬线有关，它也都反映了 3∶1 的比率。

长乐宫的经线长度 ÷ 网格的长度 =6237 米 ÷ 693 米 =9∶3
长乐宫的纬线长度 ÷ 网格的长度 =2019 米 ÷ 693 米 =3∶1

如果存在这样的一种道路网格系统（图 10），那么我们就应该能够在道路与城墙的相交之处确定城门的位置。根据《三辅黄图》的记载，这一区域存在着五座城门，其中三座在东墙上，一座是在南墙上，另一座在北墙上。[①]《三辅黄图》还告诉我们，南墙的覆盎门与北墙的洛城

[①] 《三辅黄图》卷 1，第 7b—8b 页。这些城门分别是：a. 东墙（自北向南）：宣平门、清明门、霸城门；b. 南墙：覆盎门；c. 北墙：洛城门。

汉代长安的城墙　　235

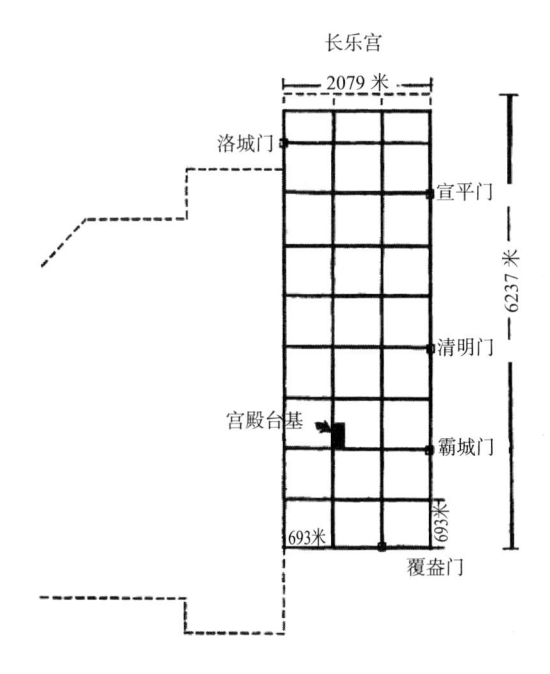

图 10　500 步 /300 丈（约合 693 米）的网格系统

门相距 13 里 210 步（约合 5797 米）。[①] 这就表明洛城门（北墙最东侧的城门）不可能位于北墙的北面（图 11）。为了准确地确定洛城门的位置，我们必须首先确定覆盎门的位置。根据毕安祺的说法，覆盎门在东南角以西 400 多码处[②]，而足立喜六估计覆盎门与东南角相距 576 米。[③] 我们的网格系统则要求覆盎门的位置与东南角相距 693 米。对此的证

---

①　《三辅黄图》卷 1，第 8b 页。"洛门"显然是"洛城门"的缩写。
②　Carl Whiting Bishop, "An Ancient Chinese Capital: Earthworks at Old Ch'ang-an," p. 73.
③　足立喜六『長安史蹟の研究』，第 77 页。（中译本第 83 页："又有覆盎门遗址，由此向东一里处的堤塘，直角北折，或隐或显，断断续续，不知所穷。这正是故城的东墙。"——译者）

明既十分简单，又富有启发性。

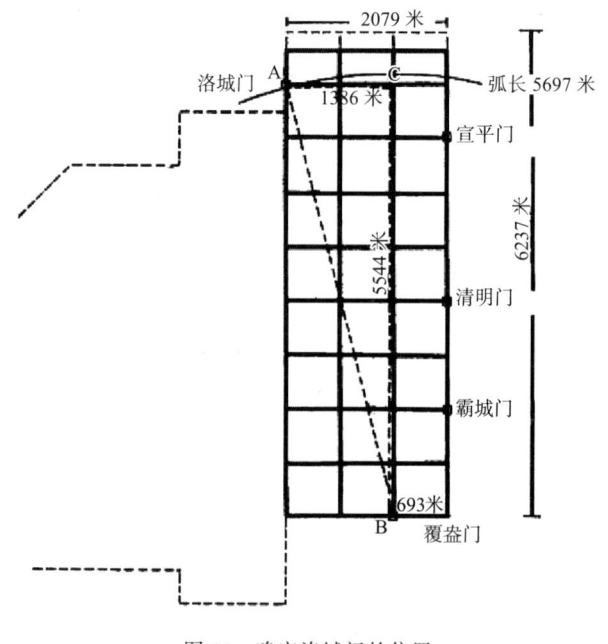

图 11 确定洛城门的位置

如果我们以覆盎门为圆心、5697米为半径画一条圆弧，那么圆弧与长乐宫西墙在一条网格线上相交。这个相交点就是洛城门所在之处。进一步的数学证明如下：如果洛城门（A）距离覆盎门（B）5697米，那么二者的连接线就充当了三角形ABC的斜边AB。对边AC和邻边BC在我们的网格系统中应该是道路。根据这个每条网格长度为693米的网格系统，邻边BC应该是5544米（693×8=5544），即覆盎门正北5544米。对边AC也是一条道路，长度为1386米（2079-693=1386）。如果根据勾股定理公式$AB^2=AC^2+BC^2$（$AB^2=5544^2+1386^2$），那么斜边AB的长度就是5715米。由于5715米与5679米只相差18米，故而我有把握说洛城门实际上与覆盎门相距 5697 米。其间的差异可以归因于我们不知道测量这两座城门距离时的精确测量点。[①]

这一发现的一个必然推论是长安城北墙和长乐宫南墙的长度都是 2079 米。

有更多的证据能够证明单位长度为 693 米的网格系统。王仲殊表示霸城门位于长安城东南角以北 1410 米处。1410 米与 1386 米相差无几(693×2)。这会将霸城门置于南墙以北的第二条大道上。这两个数据只相差 24 米(1410 米减去 1386 米等于 24 米)。由于城门的宽度大约是 24 米,故而笔者认为二者的差别只在于测量过程的参照点(reference points)不同。

如果我们要进一步证明网格系统,那么我们可以在东墙的北段四等分处找到相关证据。虽然在这个区域中,相关证据并不像刚才那样清晰可见,但是它确实有助于我们理解王仲殊所给出的东墙尺寸(5940 米)。笔者已经画出了面向西侧的东墙(图 8-12)。关于东墙,一种说法是长 5940 米,另一种说法是长 6327 米。如果按照王仲殊的说法,东墙长 5940 米,宣平门距离东北角 1150 米(1155 米 =500 丈),那么当 1396(693×2)米与 1150 米的差距(即 236 米)(231 米 =100 丈)加到 5940 米上面的时候,东墙的长度将会是 6237 米。因此,城门将与单位

---

① 倘若我们假设从覆盎门的中央到西墙角的距离是整整 1386 米,那么从靠近西墙角的城门一侧到西墙角的距离将减少 11—12 米,变为大约 1374 米。5544 米减去 12 米,等于 5532 米。如果我们应用勾股定理公式,那么我们会得到:

$$AB^2 = 1374^2 + 5532^2$$
$$AB = 5700 \text{ 米}$$

《三辅黄图》的数据 =5697 米

5700 米只比《三辅黄图》记载的数据多 3 米。因此,我们能够有效地论证:当我们从靠近西墙的城门一侧进行测量时,距离是 1374 米;当我们从靠近南墙的城门一侧进行测量时,距离是 5532 米。

长度为 693 米的网格完美重合。

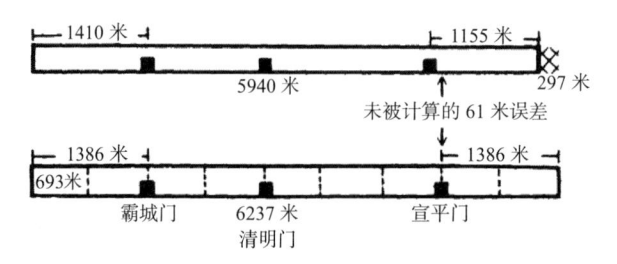

```
┌─ 1410 米 ─┐           ┌─ 1155 米 ─┐
├──────────────────────────────────┤     东墙（依据王仲殊
        5940 米              ↑  297 米    的说法）
                     未被计算的 61 米误差
                                         东墙（依据单位长
┌─ 1386 米 ─┐           ┌─ 1386 米 ─┐    度 为 693 米 的 网
├──────────────────────────────────┤    格系统）
├693米┤
    霸城门      6237 米      宣平门
              清明门
```

图 8-12　面向西侧的东墙

然而，如果我们接受东墙长度是 5940 米，那么，5940 米与 6237 米相差 297 米。大约有 61 米仍然未被计算在内。这使得笔者相信网格系统对宣平门位置的解释更令人满意。

最后，如果单位长度为 693 米的网格被细分为四等分（quarters），那么它们每一等分的尺寸都将是 346.5 米（合 250 步）×346.5 米。《三辅黄图》表示长安城的九个市场的尺寸都是 266 步，[①] 这有助于我们建立这样的较小网格。尽管这一尺寸比笔者所得到的数值要长大约 22 米，[*] 然而这种不一致性是可以被消解的。让我们回想一下，城门宽 22 米，于是道路宽度也是 22 米。因此，《三辅黄图》的尺寸很可能包括了较小网格（单位长度是 250 步）所有四边的整条道路（图 13）。

由此，笔者得出的结论是：单位长度为 500 步/300 丈的网格系统是存在的，相关证据确凿无疑。此外，其他的地图绘制者在将洛城门置于这段城墙的北面时，忽视了一个问题，而笔者所提供的洛城门位置的证据调和了这个问题。有一个问题依旧没有得到回答：为什么东墙，或

[①] 《三辅黄图》卷 2，第 1 页。（"长安市有九，各方二百六十六步。"——译者）

[*] 即 266 步 - 250 步 =16 步（约合 22 米）。——译者

汉代长安的城墙　239

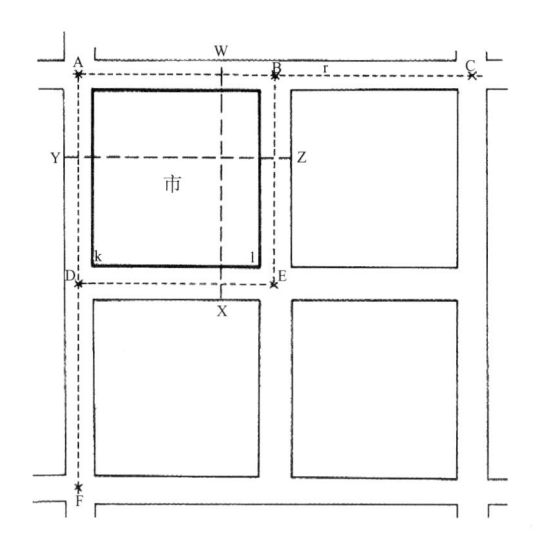

图 13　AC、AF 的距离是 500 步（约合 693 米）；AD、DE 的距离是 250 步（约合 346.5 米）；WX、YZ 的距离是 266 步（约合 368.6 米）；IJ、JK 的距离是 234 步（约合 324.5 米）
注：所有道路的宽度都是 22 米（不按比例）

者更确切地说，长乐宫的北"盖"（cap）*在某段时期内减少了约 100 丈，从 6237 米减少到 6006 米？笔者无法解释该问题（更进一步的信息，参见下文）。

到目前为止，我们仍然局限于长乐宫的问题。现在我们必须采用和 2000 多年前汉代工程师一样的方式，将未央宫建筑群的区域移接（graft）到长乐宫的区域。然而，当我们构造一幅地图以便收摄添加其上之物的时候，新的问题就会暴露出来（图 14）。最严重的问题似乎是南墙西段的长度问题和南墙中段的长度问题。倘若城墙可以与网格系统重合，那么西安门就不能位于西南角以东 1475 米处。西安门与西

---

*　由地图可见，北墙东段向外突起处形似盖子。——译者

240 原始察终:《通报》史学文萃

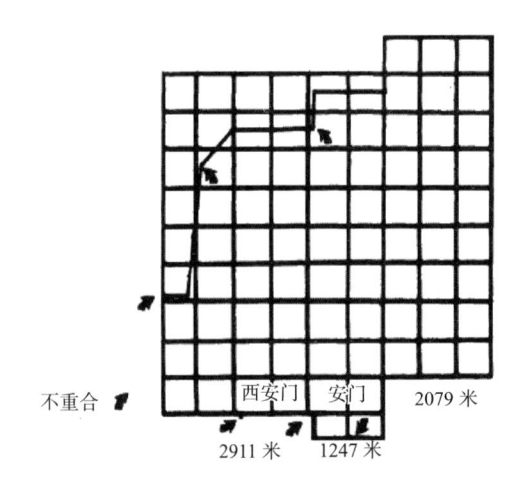

图 14 目前重构的长安城格局与网格系统的不合之处

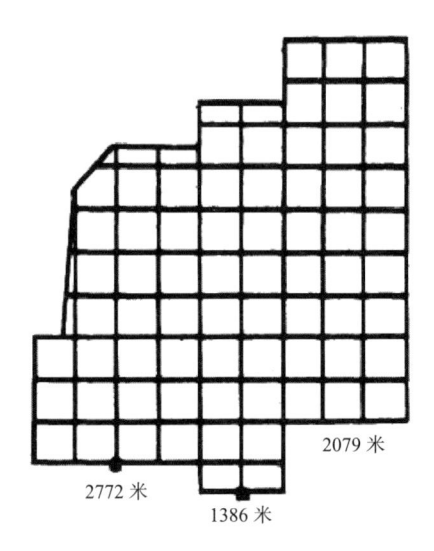

图 15 修正后的长安城格局(与网格系统重合)

南角的距离只能是 1386 米，这反过来意味着南墙西段的总长度必须是 2772 米（200 步 /1200 丈）（图 15）。[①] 由此，安门所在的南墙中段必须向西延伸 138 米，从而南墙中段的长度应是 1386 米。现在城墙与网格完美重合，在我们面前，只剩下了重构北墙西北角的问题（图 15）。

　　汉代长安城北墙的形状十分独特，它使得汉代长安城有别于中国其他拥有城墙的城市。所有的传统文献都一致认为北墙形似北斗（大熊座），南墙形似南斗（人马座）。这两个星座在许多方面是相辅相成的。就其天体位置（celestial positions）而言，北斗高悬于北天，南斗低垂于南天。它们均呈"勺"状，或者更准确地说，均呈"斗"（度量器具）状。有至少一个民间神话声称北斗代表了长寿与财富的星神（"天玑宫禄存星君"——译者）。[②] 令人遗憾的是，这些信息都无法解释北墙的确切形状（参见附录二）。现代地图同样令人困惑（参见附录三）。笔者所作的修正（图 15）主要是基于网格系统。笔者特别注意到南墙的对称性特征，借此在图中勾画出北墙自西向东的阶梯式上升。倘若我们接受这种方法，那么北墙中与安门向外凸起部分互补的区域就代表了另一节台阶。此后我们仅仅需要从这节长 1386 米的台阶基底向西画一条直线。在此，一条 45 度的直线（从西南角到东北角）将会连接之前确定了

---

　　① 这表明我们最初的假设（南墙西段的长度为 7 里）是错误的。这也意味着我们之前的另一个假设（南墙中段的长度为 3 里）是错误的。主要的度量单位不是"里"，而是"丈"或者"步"。

　　　　　　　　2079 米 =5.0 里 = 900 丈 =1500 步
　　　　　　　　1386 米 =3.3 里 = 600 丈 =1000 步
　　　　　　　　2722 米 =6.6 里 =1200 丈 =2000 步

　　② Edward T. C. Werner, *A Dictionary of Chinese Mythology*, New York: The Julian Press, 1961, p. 369. 另参见 J. J. M. de Groot, *The Religious System of China*, Vol. 1, Leiden: E. J. Brill, 1892, p. 317。

的西北角。[1]

绘制完我们的地图之后,我们现在有机会来回顾一下之前第一部分所进行的一些基础计算。

我们应该记得我们的第一个任务是确定西南角的位置。我们确定了西南角与章城门相距706米。根据我们的网格系统,准确距离是693米,706米与之相差无几。

与之相同,从西南角向正北方向画一条直线,西北角就位于这条直线以东693米处。之前估算的距离是711.6米,后来减少到700米。

直城门也给我们带来了一个问题。最初我们计算直城门位于西墙南段以东351米处。根据我们的新数据,这一距离必须被修改为527米。[2]

在接着讨论周长与面积之前,我们还需要完成一项任务。倘若网格系统是有效的,那么我们能够确定王仲殊的测量尺寸是否正确吗?通过一系列的三角形(图16),利用勾股定理公式 $A^2=B^2+C^2$ 去求得直角三角形的斜边长度(亦即王仲殊所谓的一个城角到另一个城角的距离),我们能够将我们自己的结果与王仲殊的测量数据进行对比。倘若古代中国人测量距离的精确度在1米之内,那么表6中第2列就反映了两个城角之间经过校正的距离。

---

[1] 王仲殊:《汉长安城考古工作的初步收获》,《考古通讯》1957年第5期,第103页。
[2] 王仲殊认为从直城门到西南角的距离是2145米,如果我们接受王仲殊的数据是绝对正确的,那么我们就会得到这个数据。笔者倾向于认为它是错误的。527米接近519.25米(520米),相当于边长为693米的网格的75%,由于这是一个相当特别的布局,故而笔者认为有可能不存在一条斜线,并且朝正南方向下落的直线有可能是从西北角画出的,朝向直城门所在的直线。这将使我们摆脱与网格系统冲突的三角形区域。于是,经过修正,如果带有北盖,那么北墙的周长将是26911米(约合64.72里);如果不包括北盖,那么北墙的周长将是26389米(约合63.471里)。经过修正,如果包括北盖,那么面积是732.25顷(约合33.84平方千米);如果不包括北盖,那么面积是721.83顷(约合33.17平方千米)。527米这个数据是基于这样一个事实:我们接受王仲殊的2145米(直城门)。

汉代长安的城墙　　243

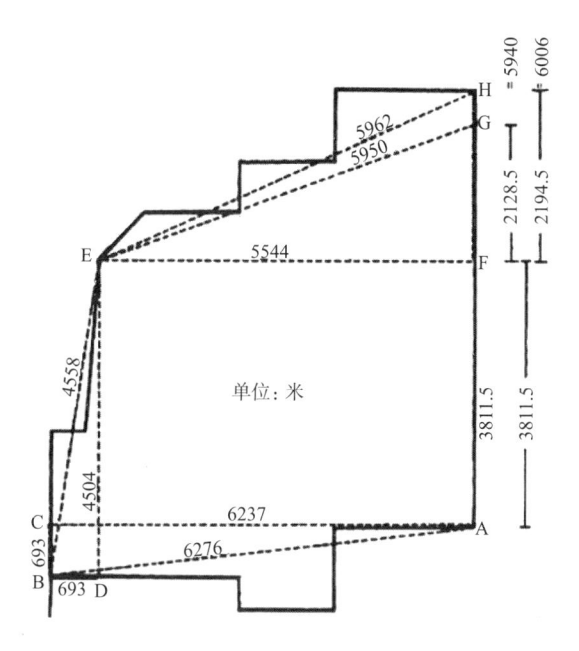

图 16　对王仲殊尺寸的修正

注：G 点到 H 点的距离未按比例画出。不要与"北盖"相混淆。

表 6

一个城角 到 另一个城角	第 1 列 王仲殊	第 2 列 单位长度为 693 米的网格	第 3 列 第 1 列与第 2 列 的百分比	相差	图 16
东南角 西南角	6250 米	6276 米	99.58%	26 米	三角形 ABC
西南角 西北角	4550 米	4558 米	99.82%	8 米	三角形 EBD
西北角 东北角	5950 米	5962 米	99.79%	12 米	三角形 EFH

东墙（从东北角到东南角）向我们呈现了一个特别的问题：东墙不可能是直接三角形的斜边。东墙最多只能作为直角三角形的对边，这对我们的目的而言毫无用处。对图16的考察揭示出了个中原因。事实上，我们已经知道了东墙长度：

根据王仲殊的说法：3811.5米+2128.5米=5940米

根据网格系统：　　3811.5米+2194.5米=6006米

值得注意的是，王仲殊的测量尺寸（5940米）与笔者根据网格系统而得出的数据（6006米）相差了66米。5940米与6006米的百分比是98.90%。66米这个相当大的误差与其余的测量尺寸（形成了紧密的一组，参见表6，第3列）不一致。因此，笔者相信汉代长安城东墙长6006米，而不是王仲殊所说的5940米。这意味着由于一些至今仍然未能解释的原因，长乐宫的北"盖"被恰好缩减了100丈（约合231米）。换言之，这一区域（三个网格）顶部的三分之一遭到了移除（图17）。[①]

所有15条边的总长度：包括"北盖"，26750米=64.33里

不包括"北盖"，26228米=63.08里

倘若我们接受东墙长度是6006米，那么我们就必须更改另一个尺寸。经线和纬线的长度不再是32里18步（约合13330米），而是32里

[①] 参照图17，我们可以看到东北角与宣平门的距离是1155米（合500丈）。这也恰好是安门向外突出部每条边的长度。在此笔者非常谨慎地提出一个看法：似乎有人试图平衡北斗（北墙）与南斗（南墙）的某些尺寸。此外，超出洛城门的距离与安门西侧城墙的长度相同，都是462米。

汉代长安的城墙　245

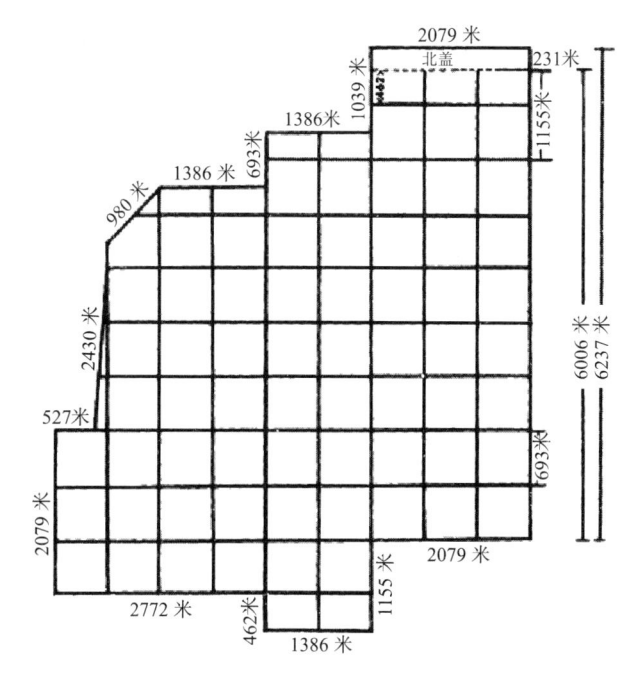

图 17　长安城的周长

66 步（约合 13398 米）。[①]

周长

在此阶段，人们也许会假定长安城的周长问题应该或多或少地自行解决了。然而这个问题并没有得到解决。周长是最为复杂的尺寸，

[①]　笔者认为这只是一个单纯的抄录讹误，所有其他的著作都重复了这一讹误。数字"六"的底部构件是数字"八"，而数字"六"的顶部构件很容易与数字"十"相互混淆，当我们考虑到这种情况时，抄录讹误的可能性就大大增加了。

因为我们面临的任务是调和三份不同的传统数据和一份现代数据。

这些数据是：

传统数据：60 里 =24948 米（《汉旧仪》）
　　　　　63 里 =26195 米（《三辅旧事》《史记索隐》）
　　　　　65 里 =27027 米（《三辅黄图》）

此外，王仲殊估算了周长：

现代数据：60.36 里 =25100 米

根据笔者的判断，周长有两种可能的情况，它们取决于测量时是否包括笔者所谓的"北盖"。倘若测量周长时没有"北盖"，那么东墙的长度是 15 里（约合 6237 米）。倘若在测量周长前就移除了"北盖"，那么东墙的长度会缩减 100 丈（约合 231 米），变成 6006 米（王仲殊给出的城墙长度是 5940 米）。然而笔者必须再次强调，笔者在此只是初步尝试呈现长安城东北部区域的外形。两种可能的周长是（图 17）：

如果东墙的长度是 6237 米，那么周长是 26750 米（约合 64.33 里，即传统数据的 65 里）

如果东墙的长度是 6006 米，那么周长是 26228 米（约合 63.07 里，即传统数据的 63 里）

那么，《汉旧仪》和王仲殊所给出的数据（60 里）究竟从何而来？就《汉旧仪》而言，也许是因为经线与纬线的长度分别为 15 里，它们被简单地转换为周长：15 里 ×4=60 里；或者是源于安门向外突出的部分遭到了忽视（于是测量的结果是周长为 25243 米，约合 60.70 里）。至于王仲殊是如何估算出城墙周长为 60 里的，笔者就不妄加猜测了。

面积

所有的传统文献都将汉代长安城的面积列为 973 顷。然而这个数据遭到了误解。笔者相信这个数据代表的是长安城所在的矩形台地的面积（图 18）。这块台地的尺寸大致相当于经纬线的数据，即 6237 米 ×7161 米 =968.83 顷。虽然该数据（968.83 顷）非常接近 973 顷，但是仍然有 4 顷多的面积没有被计算在内。要调和这两个不一致的数据，一种办法是假设经纬线的尺寸（因此也就是台地的尺寸）是在崖径（斜壁起始处）边缘测量的。[1] 如果我们将护城河的最初宽度（3 丈 =6.93 米）添加到经线与纬线尺寸（即 13.86 米）的两端，那么我们将得到一块面积更大的台地（尺寸是 6251 米 ×7175 米）。台地的面积将扩大至 44.849 平方千米 =972.86 顷；若四舍五入，则台地的面积变为 973 顷。因此，汉代勘测团队对长安城面积的测量，很可能是建立在经纬线（包括了护城河）尺寸的基础上；而在另一个方面，《三辅黄图》等文献记载

---

[1] 毕安祺表示："城墙外表虽然经历了 2000 年的洗礼，但是仍然相当陡峭（这要归功于夯土的耐久性），我们在墙根下发现了一条狭窄崖径的痕迹，不过现今几乎已被磨灭。它最初可能宽 15 英尺，但也可能更窄，不过无论如何，它看起来能勉强承受来自上方和背后的巨量夯土推力。"崖径（berm, berme）指的是城墙底部与护城河之间的狭窄台地。参见 Carl Whiting Bishop, "An Ancient Chinese Capital: Earthworks at Old Ch'ang-an," *Antiquity*, Vol.12, 1938, p. 71。

的经纬线尺寸较小,没有包括护城河,因此相关数据很可能是在城墙底部或者斜壁处测量的。①

图 18 台地

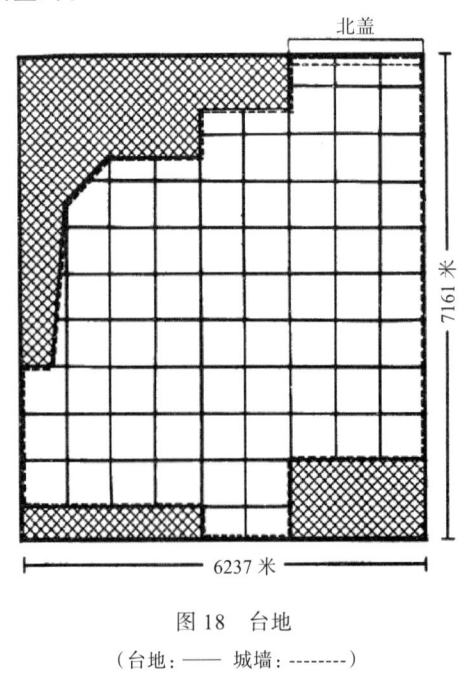

(台地：—— 城墙：--------)

笔者对长安城真实面积的计算是建立在长度被缩短为 6006 米的东墙的基础上,并且考虑到了西北角可能呈现的各种形状。笔者的结论是长安城的真实面积在 700 顷至 750 顷之间。笔者估算的最佳尺寸是 726 顷(合 33.48 平方千米)(图 19)。

---

① 值得注意的是,如果在测量台地的面积时包括了"北盖",亦即经线的长度增加 231 米,那么面积将是 7392 米 ×6237 米 =46.10 平方千米(约合 1000 顷)！虽然这一数据有助于确证笔者的可行性假设,但是迄今为止所开掘的证据似乎表明:任何试图在一个可能的"宏大构架"(grand scheme)中利用这一数据的计划都未能完全实现。相反,笔者主张这仅仅构成了一个可行的网格系统,汉代工程师借此设计了城墙的独特外形。

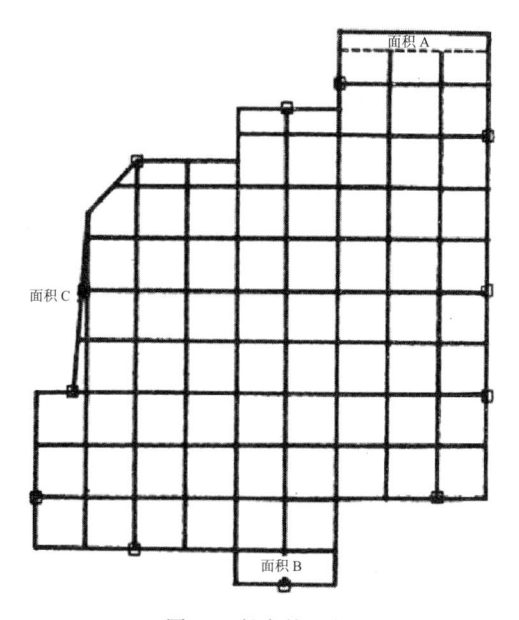

图 19 长安的面积

计算面积:

69 块网格 ×10.42 顷 = 718.98 顷

面积 A － 10.42 顷

面积 B ＋ 13.89 顷

面积 C ＋ 4.37 顷

726.2 顷（33.48 平方千米）

经线与纬线

经线和纬线的尺寸与面积尺寸、周长尺寸是密切相关的。由于我们已经充分关注了这些尺寸，故而笔者在此仅仅回顾一下相关内容。关于经线和纬线，我们面临着在探究周长时所面临的同样问题，即必须调和三种传统尺寸：

15 里 =6237 米（《汉旧仪》）
20 里 =8316 米（《三辅旧事》）
32 里 18 步 =13330 米（《三辅黄图》）

如果我们在测量东墙与长安城宽度时，选取最宽处为测量点，那么《汉旧仪》所给出的尺寸（15 里）将是正确的。然而，这一尺寸存在一个问题，因为它忽视了安门向外突出的部分。这一明显的疏忽在 32 里 18 步（调整为 32 里 66 步）的尺寸中得到了补偿，这一尺寸反映了东墙长度被缩短了 100 丈（约合 231 米）。

经线与纬线各长 20 里，很可能指的是长乐宫区域的尺寸。该尺寸是 15 里 +5 里 =20 里。因此这一尺寸就像 32 里 18 步一样，可以被解释为两条不等边的总和。

对于上述尺寸的日期，笔者的看法如下：《三辅旧事》的数据必然是年代最久远的。《汉旧仪》数据的年代紧随其后。《三辅黄图》数据的年代距今最近，因为不同于其他两份文本，《三辅黄图》的数据反映的是长度已被缩短的东墙尺寸。

图 20 总结了这些尺寸。

《汉旧仪》的数据：15 里　　　　6237 米 ×6237 米　—————
《三辅黄图》的数据：32 里 66 步　6237 米 ×7161 米　----------
《三辅旧事》的数据：20 里　　　　6237 米 ×2079 米　—·—·—·—

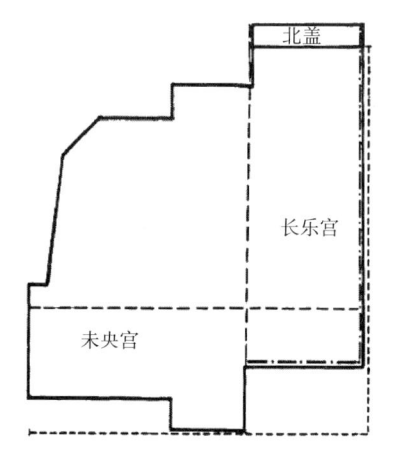

图20　测量长安城的经线与纬线

结论

本文旨在重构汉代长安城墙的尺寸和外形。为此，笔者利用了中国传统文献和现代考古研究。调查的结果表明：

1. 汉代长安城墙规模实质上要比传统文献记载更大，但我们不知道城墙是何时被加固的。

2. 在汉代长安城的基本网格系统中，每一格的长度是500步/300丈（合693米）。这个系统在经过很小的调整后，被充分应用于我们的模型中。

3. 汉代长安城的面积约726顷（约合33.5平方千米）。根据传统文献的记载，长安城所在的矩形台地面积是973顷。这块台地的尺寸大致相当于长安城的经线与纬线尺寸。

4. 在文献中被记录下来的长安城墙周长尺寸仍然是最难以捉摸的。这些尺寸取决于周长是在长乐宫东墙被缩短之前还是之后测量的。由于墙的长度被缩短,故而周长从 65 里减少至 63 里。60 里的周长数据有误。

附录一

汉代长安的位置

汉代长安坐落于历史上被称为"关中"的地区。长安城位于渭河的南岸,在黄河曲折处以西约 140 千米。渭河向东流淌,从南北两岸的山脉中穿行而过,形成了一条相对狭窄的河道。渭河平原在长安处的宽

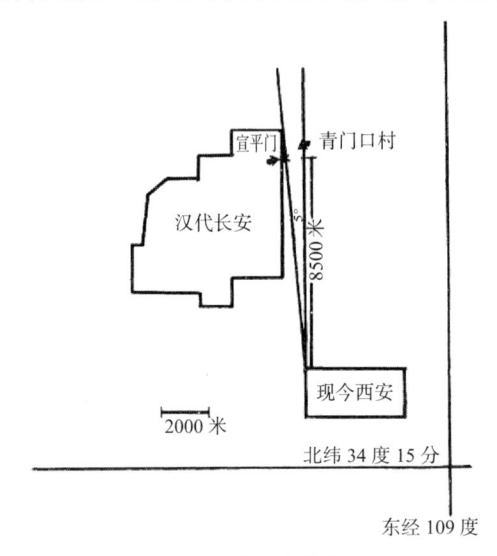

图 21 汉代长安的位置

度不超过 70 千米，平均海拔的升高速度缓慢，仅仅从 350 米（河流）升高至 500 米（山脚）。在这里，秦岭山脉自北向南，在几千米的范围内，从平原升至高达两三千米的山峰。

汉代长安城坐落于唐代都城长安和现今西安的西北面（图 8-21）。在渭河边，其平均海拔约为 350 米，之后在现今西安的地方（渭河以南 12 千米左右的地方），平均海拔不知不觉地上升至 416 米。因此，汉代长安是建造在一个平缓的斜坡上，允许自然排水。

我们可以通过现代地图和王仲殊提供的一则关键信息，确定汉代长安的绝对坐标（absolute coordinates）。王仲殊表示宣平门位于青门口村（今西安以北的小村庄）以西，紧挨着青门口村。一张现代美国军队地图标明了该村庄的位置。[①] 因此，汉代长安的绝对坐标是：

北纬　34°20′ — 34°25′
东经　108°52′ — 108°55′

附录二

长安城的南墙与北墙是依据北斗和南斗的形状来建造的。

《三辅黄图》声称"城南为南斗形，北为北斗形"（南斗 = 人马座，北斗 = 大熊座）。

[①] Army Map Service: Series: L500, (1-250,000) NI-49-5, 1958 ed.

图 22

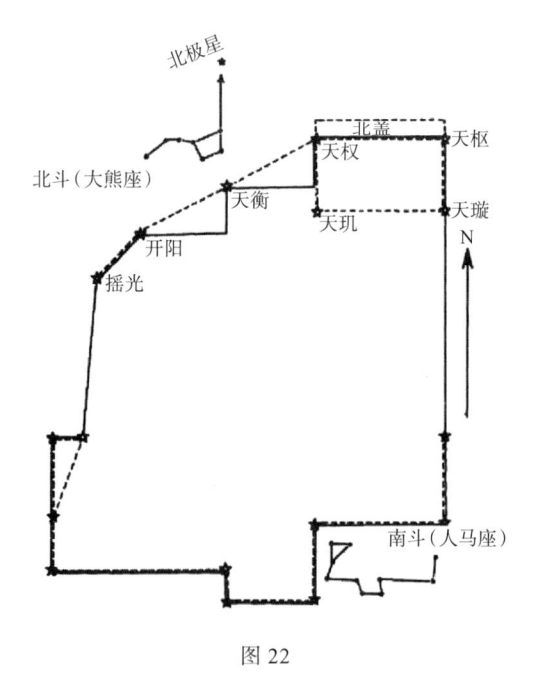

北斗：大熊座的七颗星构成了北斗。这个星座高悬北天。天枢和天璇总是指向北极星。
南斗：人马座位于南天，接近地平线。

正如图 22 所示，这些星座实际上与城墙的外形相仿，从而从另一个方面证明了笔者的重构工作是正确的。

附录三

之前的汉代长安地图

已经有了一些汉代长安的地图。在所有的这些地图中，流行着某些共同的主题，它们代表了对已知常数（constants）的各种解释。笔者在附录中列出了这些地图，以便展示之前对汉代长安城的各种各样的重构。

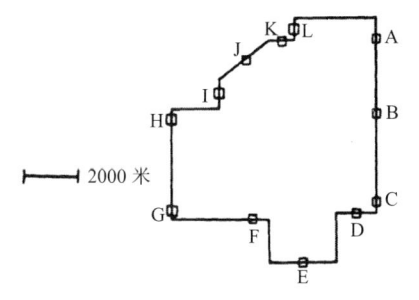

图 23　Albert Herrmann, *Historical and Commercial Atlas of China*, p. 13.

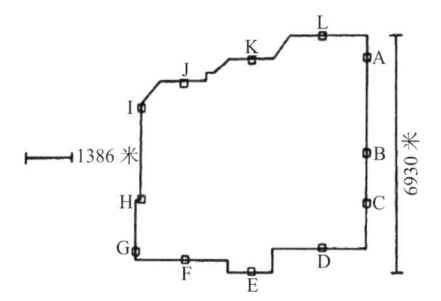

图 24　古贺登「漢長安城の建設プラン」,『東洋史研究』第 31 卷第 2 期, 1972 年, 第 55 頁。

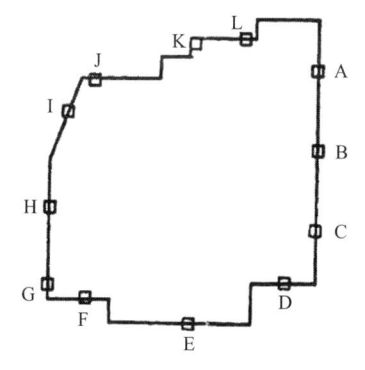

图 25　《长安志》卷 1, 第 4b 页。

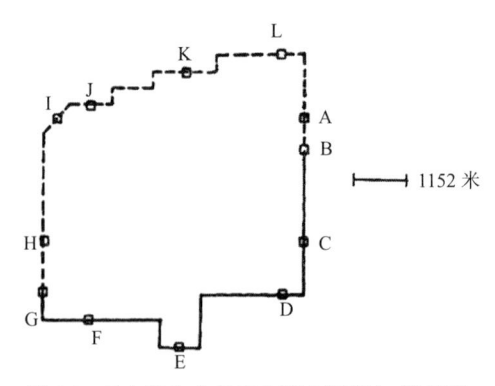

图 26　足立喜六『長安史蹟の研究』，第 7 页。

图例：城门
　　A. 宣平门　B. 清明门　C. 霸城门　D. 覆盎门　E. 安门　F. 西安门　G. 章城门　H. 直城门　I. 雍门　J. 广门　K. 厨城门　L. 洛城门

附录四

城门：本名和别名

本名	别名					《三辅黄图》
					王莽	
东墙						
	1	2	3		更名	《三辅黄图》
A 宣平门	东都门				春王门	卷1，第8页
B 清明门	籍田门	凯门			宣德门	卷1，第8页
C 霸城门	青门	青绮门			仁寿门	卷1，第7b页
南墙						
D 覆盎门	杜门	下杜门	端门		永青门	卷1，第8b页

E 安门	鼎路门			光礼门	卷1，第 8b 页
F 西安门	便门	平门		信平门	卷1，第 9 页
西墙					
G 章城门	光华门	便门		万秋门	卷1，第 9 页
H 直城门	龙楼门	函里门	突门	直道门	卷1，第 9 页
I 雍门	西门			章义门	卷1，第 9b 页
北墙					
J 广门				进和门	卷1，第 10 页
K 厨城门	朝门	高门	广门	建子门	卷1，第 9b 页
L 洛城门	杜门			朔都门	卷1，第 9b 页

附录五

汉代长安的 160 闾里

图 27 旨在提供一份初步的简略图，以便说明汉代长安城墙以内的空间可能是如何被划分的。城内空间基本被分为皇家区域和非皇家区域（non-imperial zones）。前者包括了四大宫殿群：长乐宫、未央宫、北宫和桂宫（紧挨着北宫）。非皇家区域就是长安城中除了皇家区域以外的其他区域，由 160 闾里构成。根据《三辅黄图》（卷 2，第 1b—2 页）的记载，160 闾里像梳齿一样紧密地排列在一起，它们的大门和巷陌排成直线（"室居栉比，门巷修直"）。这种布局更进一步地确证了网格系统。

之前的汉代长安地图已经确定了宫殿台基的一般位置。这些台基

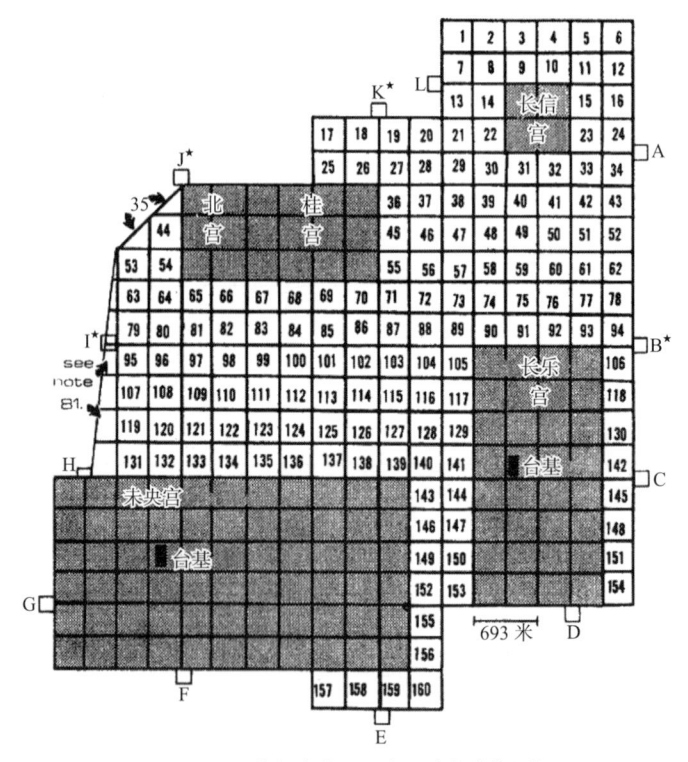

图 27 汉代长安的 160 闾里（大致位置）

是相对较小的土丘：未央宫台基尺寸大约是 400 米 ×135 米，[①] 长乐宫台基面积仅仅略小一些（《三辅黄图》卷 2，第 2 页）。在另一方面，宫殿庭院占地面积相当大。根据《三辅黄图》的说法，宫殿周长如下：

未央宫 28 里（《三辅黄图》卷 2，第 3 页）
长乐宫 20 里（《三辅黄图》卷 2，第 2 页）
北　 宫 10 里（《三辅黄图》卷 2，第 5b 页）

---

① Carl Whiting Bishop, "An Ancient Chinese Capital: Earthworks at Old Ch'ang-an," p. 76.

桂　　宫　10里（《三辅黄图》卷2，第5页）

此外，在笔者写完这篇论文时，笔者注意到宋代程大昌（1123—1195）的方志《雍录》提供了解决这一问题的新洞见。程大昌在《雍录》单独聚焦对关中地区历史的探究。程大昌广泛借鉴了前人著作，尤其是《三辅黄图》。尽管《雍录》没有额外提供有关城墙的惊人信息，并且它所提供的一些信息颇为可疑，然而它确认了笔者之前在数学计算基础上提出的假设，即3∶1的比率确实存在。新的数据来自于一个今天已经佚失的《三辅黄图》版本。

在《雍录》中题为"未央长乐位置"一节，程大昌给出了一些关于未央宫和长乐宫的位置信息，这些信息看似矛盾，其中，关于未央宫的位置信息尤为矛盾。程大昌引用了《水经》和《三辅黄图》，根据《水经》的记载，未央宫位于南墙安门的北面，而根据《三辅黄图》的记载，未央宫位于南墙西安门的北面。* 笔者相信程大昌没有意识到这两种记载都是正确的，因为一个指的是未央宫的实际台基（西安门的北面），一个指的是未央宫的庭院（安门的北面）。

更重要的是，程大昌引用了《三辅黄图》的一段话："未央周回二十八里，围三径一，则每当九里而赢也。① 长乐周回二十里，用三一法度之，则每面亦当七里而近也。②"（《雍录》卷2，第6b页）

程大昌还表示未央宫与长乐宫彼此相邻，相距1里（《雍录》卷2，第6页）。** 尽管我们无法确定程大昌所说的"里"是采用了汉代度量制

---

*　"《水经》谓'未央对第二门'，而《黄图》《吕图》云'对第三门'。"——译者

① 指 9+9+5+5=28。——作者文中括注

② 指 7+7+3+3=20。——作者文中括注

**　《雍录》原文为"两宫相距，中间正隔一里"，页码应为第6a页。——译者

还是汉代之后的度量制,然而其尺寸显然十分接近真实情况(图27)。

在图27中,根据笔者之前重构市场的方法,网格系统中每个较大的网格(边长693米)都被四等分。于是,宫殿庭院的周长被修正,以便最为符合网格系统(表8)。

表 8

宫殿	周长	根据网格系统所做的修正	尺寸	面积（单位：顷）
未央宫	28 里	28.33 里	3911.5 米 × 2079 米	171.90
长乐宫	20 里	20.00 里	2772 米 × 1386 米	83.36
北宫	10 里	10.00 里	1039 米 × 1039 米	23.45
桂宫	10 里	10.00 里	1039 米 × 1039 米	23.45
			总和 302.16 顷（726 顷的 41%）	

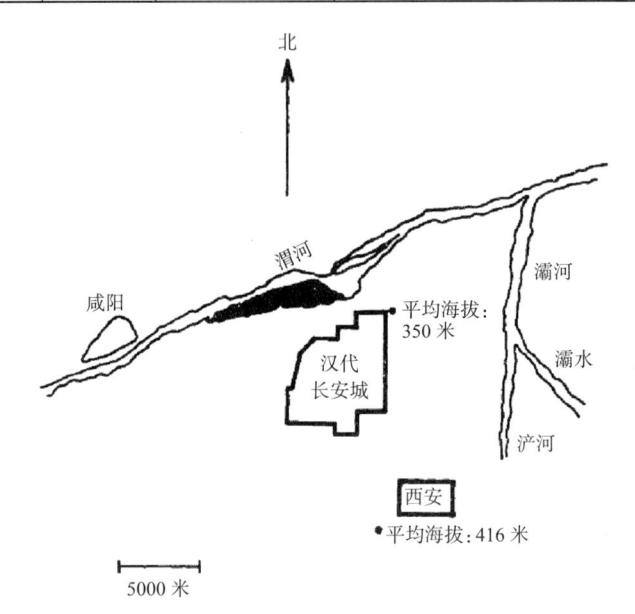

我们如果把皇家区域遮住，那么就会发现剩下的四等分网格的数量是160闾里，这与《三辅黄图》所给出的数据相同。安门向外突出的最南端区域是孤立的，因为根据足立喜六的看法，护城河从最南端城墙的北面穿流而过。故而城墙向外突出部分可能是一块特殊区域。笔者倾向支持另一种解释，将长信宫纳入讨论之中。长信宫位于长乐宫以北，在长安城东北角（也许就是笔者在图27中所确定的长信宫的位置），长信宫的面积不大，我们对其所知甚少，无从得知其周长的尺寸。然而由于长信宫非常重要，被列在《长安志》的长安地图中，故而笔者认为长信宫的面积与四块小网格的大小相等（693米×693米），这能使我们将安门向外突出部分的四块网格包含在160闾里中。

1975年湖北发现的秦代文献 *①

〔荷〕何四维 著

陈 龙 译

    1975年,工人们在汉口以北50多英里处的云梦县孝感地区睡虎地修建排水渠时,发现了一座古墓,随后在湖北省博物馆的帮助下,于1975年12月18日至29日对其进行了考古发掘。该墓为竖穴土坑墓,墓口距墓底的深度超过5米,方位285度(即正西偏北),墓底有椁室,由重木建造而成。水已渗入椁室,积水已达78厘米高,木棺亦有积水,棺内发现了男性骨骸,年龄为40岁出头。椁室与墓坑东部壁龛出现了稀松平常的随葬器物,但是考古人员在木棺内发现了名副其实的珍宝。

---

  * 本文译自 A. F. P. Hulsewé, "The Ch'in Documents Discovered in Hupei in 1975," *T'oung Pao*, Second Series, Vol. 64, Livr. 4/5 (1978): 175—217+338; "Erratum: *The Ch'in Documents Discovered in Hupei in 1975*," *T'oung Pao*, Second Series, Vol. 65, Livr. 1/3, 1979, p. 80。何四维(1910—1993),荷兰著名汉学家、莱顿大学教授,主要研究领域为中国古代法律史,代表作: *Remnants of Han Law*, Leiden: E. J. Brill, 1955、*Remnants of Ch'in Law*, Leiden: E. J. Brill, 1985。——译者

  ① 这些被发现的秦代文献最先在《文物》杂志上发表(云梦秦墓竹简整理小组:《云梦秦简释文(一)》《文物》1976年第6期,第11—14页;《云梦秦简释文(二)》,《文物》1976年第7期,第1—10页;《云梦秦简释文(三)》,《文物》1976年第8期,第27—37页。——译者),一年多以后,它们被整理成书出版(《睡虎地秦墓竹简》整理小组:《睡虎地秦墓竹简》,北京:文物出版社,1977年——译者)。本文也会引用《文物》杂志上发表的释文,因为书籍显然不会流通得像杂志那么广。

考古人员发现了大量竹简,保存良好,数量超过了1000枚甚至1100枚,竹简上书文字,据此很快就证明了该墓及墓中无价珍宝的年代为秦代。竹简被分别放置于男性骨骸的头部周围、身体右侧以及腹部、足部等处。竹简共有三种长度,分别为23.1厘米、25.5厘米和27.8厘米(以秦汉的度量来计算,亦即1尺、1尺1寸、1尺2寸),宽为0.5—0.8厘米。简文为墨书秦隶,字迹大部分清晰可辨,有的竹简两面均有墨书文字。根据竹简上残存的一些绳痕判断,当时以细绳分上、中、下三道将竹简有序编组成册。清理时编缀的绳线已朽,顺序多已散乱。

最早介绍这批竹简内容的简报发表于1976年5月[1];一个月之后,考古发掘简报公开发表,内含对这批竹简的评述。[2] 为了避免挂一漏万,笔者还应提及《人民画报》登载了一些清晰图片,并配有简要文字[3],此外,围绕这次重大考古发现,召开了两次座谈会,相关报道却无助于读者更好地理解简文,因为其更关注的是同时代的政治议题。[4]

出土文献明确显示出此为秦墓。一方面,在南郡守腾寄给其下属

---

[1] 季勋:《云梦睡虎地秦简概述》,《文物》1976年第5期,第1—6页。

[2] 孝感地区第二期亦工亦农文物考古训练班:《云梦睡虎地十一号秦墓发掘简报》,《文物》1976年6月,第1—10页。关于随后在相邻地方发现的其他墓,其考古发掘简报发表于《文物》1976年第9期第51—61页(湖北孝感地区第二期亦工亦农文物考古训练班:《湖北云梦睡虎地十一座秦墓发掘简报》——译者)。这份简报包含了在四号墓中发现的两封私人信件的释文(见该文的第53页和第61页)。两封信都写在木牍上,其中,一件木牍(编号M4:11)长23.1厘米,宽3.4厘米,厚0.3厘米;另一件木牍(编号M4:6)是残片,长17.3厘米,宽2.6厘米,厚0.3厘米。

[3] 《人民画报》1976年第7期,第40—43页。

[4] 北京新华印刷厂活版车间工人理论组、中国科学院历史研究所《中国史稿》编写组:《云梦秦简——秦始皇巩固新兴地主阶级专政的重要历史见证》,《文物》1976年第8期,第38—44页;孝感地区亦工亦农文物考古训练班:《古为今用,深入批邓——孝感地区工农兵读部分秦简笔谈》,《文物》1976年第9期,第63—65页。

的文书上,时间写着"二十年",即秦王二十年,公元前227年(亦可见下文所述)。另一方面,《编年记》所涉年代,上迄秦昭王元年(前306),下至秦始皇三十年(前217)。另有证据可支持这批竹简出自秦代而非汉代,这便是考古发掘报告的作者们发现在简文中,"端"出现在原本通常应该是"正"出现的位置上,旨在避讳秦始皇的名"政",而"邦"(汉高祖的名)在简文中频繁出现。① 此外,秦都"咸阳"多次在简文中出现。但据《汉书》记载,"咸阳"在汉高祖元年(前206②)被更名为"新城",这座古老的秦都被项羽摧毁,③ 到了汉代业已微不足道。

这批秦简的年代下限是《编年记》的最后一年,即公元前217年。因为在《编年记》中插入了一个叫"喜"的男人的出生与宦历日期,他在公元前217年已经46岁了,而根据医学专家的结论,墓主下葬时的年龄为40多岁,考古发掘报告的作者们似乎相信墓主就是喜,所以秦简的年代下限可以确定为公元前217年(或者也许稍晚一些)。

详细的日期(即不仅是详细的年份,而且是详细的月份、日子)不但出现在《编年记》中,还出现在《南郡守滕文书》以及《为吏之道》附

---

① 当然,笔者很清楚汉高祖的名实际上是"季"。
② 《汉书》卷28《地理志上》(笔者引用的是由台北艺文书局影印的王先谦《汉书补注》1900年第一版)。该书也记载了咸阳最终在汉武帝元鼎三年(前114)被命名为"渭城"。依曹参传所述,咸阳在被攻陷后更名为"新城"。参见《汉书》卷28《地理志上》和《史记》卷54《曹相国世家》(笔者使用的《史记》版本是泷川龟太郎的《史记会注考证》)。咸阳于公元前206年六七月间被刘邦攻陷,那时刘邦突破了他的汉国范围,重新占据雍地(参见《汉书》卷1《高帝纪上》;H. H. Dubs, trans., *The History of the Former Han Dynasty*, vol. 1, Baltimore: Waverly Press, 1938, p. 70)。还需要注意的是,在公元前205年,咸阳的贵族被称为"新城人"(men of Hsin-ch'eng)(《汉书》卷1《高帝纪上》;H. H. Dubs, trans., *The History of the Former Han Dynasty*, Vol. 1, p. 75)(查考《汉书补注》,原文为"新城三老",而据王先谦之见,此处的"新城"指的不是过去的咸阳,而是河南的一个县。——译者)。
③ 《汉书》卷1《高帝纪上》("羽引兵西屠咸阳,杀秦降王子婴,烧秦宫室,所过残灭。"——译者);H. H. Dubs, trans., *The History of the Former Han Dynasty*, Vol. 1, p. 64。

录的两条魏律中。这些详细日期与常见历史年表提供的日期有所出入，但依据黄盛璋（1924— ）之见，其与秦代所用的颛顼历一致，或者若就竹简中的那两条魏律而言，则其与魏国所用的夏历吻合。①

关于新发现的秦简，目前已经发表了两份释文，均出自"云梦秦墓竹简整理小组"之手。

第一份释文以《云梦秦简释文》为名，分为三期连载于《文物》杂志，其中包含了一些几乎无法辨识的照片。②第二份释文为《睡虎地秦墓竹简》，出版于1977年9月。③《睡虎地秦墓竹简》一函七册（或七本），长40.5厘米，宽26厘米，传统线装，蓝色绸面，置于深蓝色大号函套中；该书之所以尺寸巨大，有其必然原因：竹简本身较长，书中图版乃是依竹简的原尺寸影印。该书的前两册收录了727枚竹简的照片，后五册包含了简文的现代简体字释文，同时有一些注释，数量适当。非常关键的是，《云梦秦简释文》和《睡虎地秦墓竹简》的释文只存在些许差异。相较于《云梦秦简释文》，在《睡虎地秦墓竹简》中，一些小类和一个段落被置于不同的位置，一系列难以辨识或者残缺的文字则以空白方框（□）而非一串圆点（…）来标明。在有些地方，《睡虎地秦墓竹简》给出了初步读解，《云梦秦简释文》则未解读简文。在《睡虎地秦墓竹简》中，主要大类的顺序一般与《云梦秦简释文》相同，唯有《为吏之道》被

---

① 黄盛璋提到历法问题专家严敦杰（1917—1988）将会另外发表一篇有关该问题的论文（原文："严氏所推列算式，将另文发表"——译者），但是笔者目前尚未看到严敦杰的这篇文章。参见黄盛璋《云梦秦简〈编年记〉初步研究》，《考古学报》1977年第1期，第6、14页。（严敦杰：《云梦秦简魏律中有关夏历问题》《云梦秦简律中夏历问题申论》，黄盛璋编：《亚洲文明（第二集）》，合肥：安徽教育出版社，1992年。——译者）

② 云梦秦墓竹简整理小组：《云梦秦简释文（一）》《文物》1976年第6期，第11—14页；《云梦秦简释文（二）》，《文物》1976年第7期，第1—10页；《云梦秦简释文（三）》，《文物》1976年第8期，第27—37页。

③ 《睡虎地秦墓竹简》整理小组：《睡虎地秦墓竹简》，北京：文物出版社，1977年。

从第三篇移至末篇。《睡虎地秦墓竹简》未说明何以如此编排,事实上,《睡虎地秦墓竹简》未曾引用《云梦秦简释文》。两个版本均采用现代标点符号,虽未使用传统句读符号"∠"(钩识),但保留了简文原有的粗黑点、黑框或者横杠,并将其转化为黑色的句号和横线。*

《云梦秦简释文》和《睡虎地秦墓竹简》的简文编排相同:只要当一些竹简能够衔接成一个连贯文本时,该文本就会被印为一个连续段落;《睡虎地秦墓竹简》的唯一创新在于每张照片的编号被嵌入简文末尾,而《云梦秦简释文》根本没有对竹简的划分进行标记。

因此,《睡虎地秦墓竹简》尽管外表华丽(即使不说诱人),却引起了诸多批评。不过为了厘清事实真相,笔者将首先考察文本编排。

表1 湖北发现的秦代文献

整理小组拟定的标题和笔者拟定的英译标题	顺序	《睡虎地秦墓竹简》					《云梦秦简释文》	
		竹简数量	竹简长度(单位:厘米)	照片(卷次,页码)	释文(卷次,页码)	出处(期号,页码)	类别(卷次/篇目)
编年记 Chronicle	1	53	23	1,1—6	3,314	6,12—13	1/2
南郡守腾文书 Governor T'eng Letter	2	14	27.5	1,8	3,16—18	6,11	1/1
秦律十八种 18 kings of Ch'in laws	3	202	27—27.5	1,10—21	3,22—35	7,1—8	2/1

* 《睡虎地秦墓竹简·凡例》对此有具体说明:"简文原有表示重文或合文的=号,释文不用重文合文符号,写出文字。原有表示句读的钩号,释文省去。原有表示分条分段的圆点和横线,在释文中保留。全文另加标点符号。"——译者

(续表)

效律 Checks and Controls	4	60	27	1, 23—26	4, 36—72 5, 75—83	7, 8—9	2/2
秦律杂抄 Extracts of Ch'in laws	5	42	27—27.5	2, 28—30	5, 85—96	7, 9—10	2/3
秦律答问 Questions and answers	6	207	25.3	2, 32—43	5, 98—114 6, 115—142	8, 27—34	3/4
治狱程式* Models for Trials**	7	98	25—25.3	2, 45—50	7, 144—164	8, 34—37	3/5
为吏之道 How to be a good official	8	51	27.5	2, 52—54	7, 166—179	6, 13—14	1/3

1. 尽管《睡虎地秦墓竹简》整理者声称"在整理过程中, 尽可能将已折断的简缀合复原, 并根据文句衔接情况和出土位置编排"(《凡例》第3条, 第4a页), 然而他们在这么做时从未进行说明, 也未引用考古发掘报告。因此, 有关靠近墓主骨骸不同部分的不同竹简组别, 《睡虎地秦墓竹简》一书完全没有提供位置信息, 而季勋的《云梦睡虎地秦简概述》一文仔细记录了这些信息。① 季勋指出《南郡守腾文书》在墓主右手下面发现, 《编年记》在靠近墓主头部处发现, 《为吏之道》在墓主

---

* 在《睡虎地秦墓竹简》后来的诸多版本(1978年、1981年、1990年)中, 《治狱程式》被改称为《封诊式》。——译者

** 作者在下文中给出的另一个英译名是 "Models for trying cases"。——译者

① 季勋:《云梦睡虎地秦简概述》, 《文物》1976年第5期, 第1—6页。

腹部旁边发现,《治狱程式》以及一部分卜筮文本（见下文）在墓主头骨右侧发现,另一部分卜筮文本在墓主足骨下发现,在墓主的颈部右侧、身体右侧与腹下部,分别发现了约 200 枚、210 枚、100 枚写有秦律的竹简。《人民画报》的图片（1976 年第 7 期,第 44 页）呈现了木棺及其内部状况。

2.《睡虎地秦墓竹简》的整理者在整理时拥有巨大空间,令人惊讶也非常遗憾的是,尽管《凡例》第 5 条给出了一些说明*,但释文未遵循《居延汉简甲编》** 和《武威汉简》*** 等过往范例,将每枚竹简单独一列排布,并在图版上方列出编号。《睡虎地秦墓竹简》的印刷形式（竖列排布）不是：

编号 a+ 释文 A
编号 b+ 释文 B

而是：

释文 A+ 编号 a+ 释文 B+ 编号 b

这种程式导致任何重新编排简文次序的尝试纵使并非完全不可能,也是困难重重。

---

* 《凡例》第 5 条原文是："释文一般按原简分条分段,只对《秦律杂抄》作了一定调整,以清眉目。《编年记》原简分上下两栏,《为吏之道》分五栏,释文都不分栏。"——译者

** 作者指的应是中国科学院考古研究所编辑《居延汉简甲编》,北京：科学出版社,1959 年。——译者

*** 作者指的应是甘肃省博物馆、中国科学院考古研究所编著《武威汉简》,北京：文物出版社,1964 年。——译者

3. 注释相当匮乏，远不充分。整理者在整理时拥有巨大空间，其实很容易就能提供一份更为详细的注释，并以小于正文的字体印刷，而不是如现在这般与正文一样大小（字体高 10—11 毫米，过宽，以至于长 30 厘米的每一列只能排 19 个字）。关于注释匮乏的问题，我们可以随手举出一些例子，譬如整理者一贯将简文中的某个字（笔者难以辨识）解读为"法"的复杂前身（它也被收录于高本汉（Bernhard Karlgren，1889—1978）的《汉文典》[*Grammata Serica Recensa*]的第 642 号中*），并将它当成"廢"的外来词。"法"和"廢"的读音不同，但在具体语境中，"法"的确是"廢"的假借字，不过整理者未解释此种假借关系的原因，而古代经典的注释家早在数百年前就指出了这种假借。①

4. 另一个例子是注释不充分的问题，可以在《治狱程式》（图片见《睡虎地秦墓竹简》第 2 册，第 45a 页，竹简编号 8—12；释文见《睡虎地秦墓竹简》第 7 册，第 146a—146b 页；《云梦秦简释文（三）》，第 34 页，左侧）中找到，题为《封守》。"封守"一词含义不明，前一则条文的注释 4 给出了简略解释——"查封坚守"（"查封犯人的产业"并"看守犯人的家属"），这对理解这一条文而言是远远不够的。

5. 释文隶定采用现代简体字，造成语言学研究变得非常困难，因为这将导致语言学研究必须一直参照竹简图片，譬如"於"在隶定时全部被"于"替代了！

6. 竹简图片相当清晰，但解读这些图片绝非易事。整理者未能像

---

* 中译本可参见高本汉《汉文典（修订本）》，潘悟云、杨剑桥、陈重业、张红明编译，上海：上海辞书出版社，1997 年，第 279 页。——译者

① 参见 Bernhard Karlgren, "Loan Characters in Pre-Han Texts," *BMFEA*, Vol. 35, 1963, p. 72。高本汉本人拒绝这种假借字替换，但这种假借字替换的正确性已经被秦代文本证明。

此前的《武威汉简》一书那样[①]，在书中插入竹简摹本，解读工作因此延缓。在秦代文献中，目前只能看到《南郡守腾文书》的摹本。[②]

7.《睡虎地秦墓竹简》与此前《文物》杂志连载的《云梦秦简释文》一样，忽视了卜筮文本(《日书》的标题被提及)。所有考古发掘报告以及《睡虎地秦墓竹简》的序言(第1a页,《出版说明》)都表示发现了超过1000枚甚至1100枚竹简。目前总共只有727枚竹简被公诸于世，还有300枚或400枚竹简仍然等待刊布。但愿卜筮文本的奇异性质不会阻止它们重见天日。也因为卜筮文本可能包含图像[③]，所以倘若它们无法出版，将令人极为遗憾。

尽管《睡虎地秦墓竹简》拥有令人惊叹的外表，但是鉴于上述问题，该书并不令人惊叹。这部书忽视了竹简整理工作的基本要求，缺乏《武威汉简》所具备的那种非常出色的整理能力和学术规范。《睡虎地秦墓竹简》没有能够详尽使用中国学术的浩瀚资源，这也许是其最令人失望之处。笔者这么说好像在吹毛求疵，但原本确实期待的是一个更好的东西。

---

① 笔者未能得到银雀山竹简(譬如《孙子兵法》《孙膑兵法》)的大尺寸版本，故而无法知道其中是否包括了竹简摹本；常见的小尺寸版本确实收录了几十枚竹简的照片和摹本。(作者指的大尺寸版本可能是《银雀山汉墓竹简》整理小组:《银雀山汉墓竹简［壹］》，北京：文物出版社，1975年。该书与《睡虎地秦墓竹简》相似，一函十册，尺寸较大，线装绸面，但其中特别收录了竹简摹本。而小尺寸版本是《银雀山汉墓竹简》整理小组:《孙膑兵法》，北京：文物出版社，1975年。——译者)

② 吉林大学考古专业纪南城开门办学分队:《〈南郡守腾文书〉和秦的反复辟斗争》，《考古》1976年第5期，第306—312页。这篇文章的作者们认为《南郡守腾文书》竹简的字体"明显地区别于与其放置一起的另外六简"(即附录短文《课吏》)。笔者没有资格去评判这种看法是否正确，但同意其中的一个论断，即钩识符号(∠)频繁出现在《南郡守腾文书》简中(根据笔者统计，共出现27次)，却几乎没有出现在附录短文《课吏》简中(仅仅出现了一次)。《睡虎地秦墓竹简》的整理者在上述两点问题上都沉默不语。

③ 季勋:《云梦睡虎地秦简概述》，第6页。(季勋的原文："卜筮一类的书籍……竹简两面都有文字，还有一些画图。"——译者)

在介绍完云梦睡虎地秦简及其整理工作的基本情况后,我们现在转向简文本身。简文主要包含了两大类:一类是行政和法律的规定,另一类是非韵文。笔者希望对后者的讨论可以简短些,故而将首先讨论它们。

在这一类中,共有三份独立文本,即《编年记》、《南郡守腾文书》(包括了附录短文)*和篇幅较长的《为吏之道》。"为吏之道"这个标题由整理者根据简文开头词语拟定,不过笔者采用一个最近的说法,把这份文本称作"如何当个好官"(How to be a good official)。

《编年记》列出了公元前306—217年(从秦昭王元年到始皇三十年统一中国)的年代表,内容极为简括,只有在涉及军事活动时,才会有少量注释,而在涉及到一些人物的生平经历时,也有一些说明,其中,对于上文提及的那位叫"喜"的人,相关记录更加详细。黄盛璋已经通过比较《编年记》与《史记》对同一历史事件的记载,仔细研究了《编年记》的有关史实[①],而笔者并不精通战国史,故而恳请读者去阅读黄盛璋的这篇精彩论文。

《南郡守腾文书》、附录短文(《课吏》)和《为吏之道》大体上都与同一主题有关,即改善行政人员的能力和行为;《南郡守腾文书》及其附录短文以三言两语陈述的内容在《为吏之道》中得到了详尽阐述。

正如下所示,《南郡守腾文书》的内容十分简略;笔者既看不出它"反映了复辟主义者与反复辟主义者的激烈斗争",也看不出它旨在"镇

---

* 文书出土时共十四枚简,前八枚简(即《南郡守腾文书》)与后六枚简(附录短文)在形式上存在一定差别,但在内容上又有一定联系。作者是在这个意思上谈论这十四枚秦简的内容。——译者

① 黄盛璋:《云梦秦简〈编年记〉初步研究》,《考古学报》1977年第1期,第1—22页、第165—168页。

压奴隶主复辟势力"。①

> 圣王作为法度,以矫端民心,去其邪避(=僻),除其恶俗。法律未足,民多诈巧,故后有间令下者……以教道(=导)民……使之于为善殹(=也)。今法律令已具矣,而吏民莫用,乡俗、淫失(=泆)之民不止,是即法(废)主之明法殹(=也)……甚害于邦,不便于民。故腾为是而修法律令……令吏明布,令吏民皆明智(知)之,毋巨(=歫)于罪。今法令已布,闻吏民犯法……自从令、丞以下智(=知)而弗举论,是即明避主之明法殹(=也),而养匿邪避(=僻)之民。如此,则为人臣亦不忠矣。若弗智(=知),是即不胜任,不智殹(=也),智(=知)而弗敢论,是即不廉殹(=也)。此皆大罪殹(=也)……今且令人案行之,举劾不从令者,致以律。

《南郡守腾文书》后面的短文或可被视为《南郡守腾文书》的附录,它简要描述了官吏应当具备的素质和能力。

> 凡良吏明法律令,事无不能殹(=也);有(=又)廉絜(=洁)敦愨而好佐上……有公心;有(=又)能自端殹(=也),而恶与人辨治,是以不争书。恶吏不明法律令,不智(=知)事,不廉絜(=洁),毋以佐上,渝(=偷)隨(=惰)疾事,易口舌,不羞辱,轻恶言而易病人,毋(=无)公端之心,而有冒抵(=抵)之治,是以善斥(=诉)事,喜争书。争书,因兼(=佯)瞋目扼搢(=腕)以视(=示)力……

---

① 《人民画报》1976 年第 7 期,第 42 页;季勋:《云梦睡虎地秦简概述》,第 1 页;孝感地区第二期亦工亦农文物考古训练班:《云梦睡虎地十一号秦墓发掘简报》,第 3 页。

故如此者不可不为罚。

《为吏之道》则由51枚竹简组成,每一枚都分上下五栏。《为吏之道》的独特之处在于它实则残缺不全,无法被连贯读出,只能根据标题来读:首先是所有竹简的第一栏,之后是所有竹简的第二栏,以此类推;因此,具体的读法是:第1枚简第1栏、第2枚简第1栏、第3枚简第1栏……以此类推;之后是第1枚简第2栏、第2枚简第2栏、第3枚简第2栏……第1枚简第3栏、第2枚简第3栏、第3枚简第3栏……以此类推。

若进一步细察《为吏之道》,我们便会发现它并非独立成文,而是拼接而成,包含了一些核心段落,其中,第一个段落解释了良吏和恶吏的特点,其他段落则是篇幅简短的道德说教片段。其中的文字常常令人费解,下述概括未必完全公允。应由一位战国研究专家来分析这些残片,方能更好地处理这些相当古朴的政治哲学产物;一般而言,它们恐怕远非此前考古发掘报告所说的"法律"文本。

《为吏之道》的第一段长句在开头便列举了良吏的素质:良吏"必精絜(=洁),慎谨坚固……安静毋苛,审当赏罚,严刚毋暴……毋以忿怒夬(=决)……悔过勿重……善度民力……反赦其身,止欲去颠(=愿)"。这段文字以一句俗语收尾:"中不方,名不章,外不员(=圆)(,祸之门)。"恰如《睡虎地秦墓竹简》整理者所述[1],这句俗语可见《说苑·说丛》,简文原脱一句(即引文括号中的"祸之门")。

接下去的是一系列众所周知的谚语,《睡虎地秦墓竹简》的整理者业已指出[2],其中的一句出现在《老子》第七十一章,《老子》原文是

---

[1] 《睡虎地秦墓竹简》第7册,第167b页,注释12。
[2] 同上书,第168a页,注释15、16。

"圣人不病,以其病病",而简文作"君子不病殹(=也),以其病病殹(=也)";另一句("临材[财]见利,不取句[=苟]富,临难见死,不取句[=苟]免")则近似《礼记·曲礼上》的"临财毋苟得,临难毋苟免"。①

第二段文字则列举了官吏应具备的"五善":"一曰中(=忠)信敬上,二曰精(=清)廉毋谤,三曰举事审当,四曰喜为善行,五曰龚(=恭)多让。"第二段还列举了有关"吏有五失"(如"夸以迣"[boastfulness]、"贵以大[=泰]"[pomposity]、"擅裚割"[arbitrariness]等)的不同说法以及"五失"的可怕后果。*

第三段文字由诸多训诫**组成;若遵从这些训诫,则"为人君则鬼(读为怀),为人臣则忠,为人父则兹(=慈),为人子则孝",最终"无官不治,无志不彻"。

《睡虎地秦墓竹简》一书的整理者②认为第四段收录了彼此词义不相关的四字词组,最有可能出自官方文书;对笔者个人而言,其中的一些内容("城郭官府,门户关龠[=钥],犀角象牙……千[=阡]佰[=陌]津桥,困屋蘠[墙]垣,沟渠水道,犀角象齿")令人想起了字书《急就篇》中的某些例子。*

第五段到第七段文字都是对正确行为的一般性规定,文字往往押

---

① 参见理雅各(James Legge, 1815—1897)对《礼记》的翻译。James Legge, *Sacred Books of the East*, Vol. XXVII, p. 62, 3.4.

* 简文作:"一曰夸以迣,二曰贵以大(=泰),三曰擅绔割,四曰犯上弗智(=知)害,五曰贱士而贵货贝。一曰见民倨(=倨)敖(=傲),二曰不安其鼌(朝),三曰居官善取,四曰受令不偻,五曰安家室忘官府。一曰不察所亲,不察所亲则怨数至;二曰不智(=知)所使,不智(=知)所使则以权衡求利;三曰兴事不当,兴事不当则民伤指;四曰善宫隋(=惰)行,则士毋所比,五曰非上,身及于死。"——译者

** 简文作:"戒之戒之,材(=财)不可归,谨之谨之,谋不可遗,慎之慎之,言不可追;篆之荼[之],食不可赏(=偿),术(=怵)愁(=惕)之心,不可[不]长。"——译者

② 《睡虎地秦墓竹简》第7册,第171b页。

韵:"处如资(斋)①,言如盟,出则敬,毋施当,昭如有光。"

关于最后几段,季勋②(而非《睡虎地秦墓竹简》的整理者)指出了其与《荀子·成相篇》③至少在结构上相似。其中也包含了对当权者的道德训诫,譬如"将发令,索其政,毋发可异史(=使)烦请。令数久环,百姓摇(=摇)貮乃难请"。

这些道德俗语的末尾还附有两份文本,一份是两条由魏王颁布的魏国法律,另一份包括了一些箴言。

魏律在简文中所标注的时间是"廿五年",《睡虎地秦墓竹简》的整理者将其确定为魏安釐王二十五年(公元前252年)④。两份文件都是命令,一份要求"相邦"(相国),一份要求"将军"(们?),都是关于如何对待"弃邑居野"之人。"相邦"被指示"叚(=假)门逆呂(=旅)⑤,赘婿⑥后父⑦,勿令为户,勿鼠(=予)田宇",三世之后才允许入仕。这条规定被包括在《户律》中。

将军则被指示当"叚(=假)门逆呂(=旅),赘婿后父"被"遣从军"时,不允许"恤视"他们,并且"享(=烹)牛食士,赐之参饭而勿鼠(=

---

* 作者所指的《急就篇》例子有可能是"室宅庐舍楼殿堂""门户井灶庑囷京""泥涂垩墍壁垣墙""顷町界亩畦埒封,畺畔畷伯耒犁锄""豹狐距虚豺犀兕"等。——译者

① "资"(资)被《睡虎地秦墓竹简》一书当成是"斋"(斋)的假借字。高本汉的文章没有包含这种假借关系,仅仅把它当作"济"的一种有疑问的假借字,意指"停止"(参见 Bernhard Karlgren, "Loan characters in Pre-Han texts, IV," *BMFEA*, Vol. 38, 1966, p. 47, note 2860)。然而,诸桥辙次(1883—1987)认为在一些其他的例子中,"斋"(斋)写作"资"(资),音如"齊"(齐),而不是读作"zhai"(参见诸桥辙编『大漢和辞典』第10卷,東京:大脩館書店,1960年,第750頁,編号36750)。

② 季勋:《云梦睡虎地秦简概述》,第5页。

③ [清]王先谦:《荀子集解》,载《诸子集成》第2卷,第304—313页。

④ 简文中纪年与历史年表中年代不吻合的情况在此得到了体现(参见上文所述)。

⑤ 参见 J. J. L. Duyvendak, *The Book of Lord Shang*, London: Probsthain, 1928, p. 178。

⑥ 转引自 A. F. P. Hulsewé, *Remnants of Han Law*, Leiden: Brill, 1955, p. 152, note 163。

⑦ "后父"的意思是"foster-fathers"(养父)吗?——作者注

予)殻。攻城用其不足,将军以堙豪(=壕)"。这条规定被包括在《奔命律》中。①

《为吏之道》这部内容混杂的文本以一些箴言作为结尾:"口,关也②;舌,几(=机)也。一堵(=曙)失言,四马弗能追如。口者,关;舌者,符玺也。玺而不发,身亦毋薛(=辥)。人各食其所耆(=嗜),不践以贫(=分)人;各乐其所乐,而践以贫(=分)人。"

行政规定和法律规定构成了云梦睡虎地秦简的最主要部分,毫无疑问也是秦简的最重要部分。根据内容的差异,这些规定可以自然而然地分成 5 类。

《睡虎地秦墓竹简》类别 3 和类别 4(《云梦秦简释文》将它们归为类别 1 和类别 2;也可见上文的图表)的性质相同,其所引用的法律仍保留了律名:类别 3(1)提及 18 种不同的法律,而类别 4(2)由单一法律的条文③构成,部分重复了类别 3 的第 13 小类的内容。与之形成鲜明对照的是,类别 5(3)由 26 则内容不同的条文混杂而成,其中的律名只是偶尔被提及。

---

① 在解释"奔命"时,《睡虎地秦墓竹简》整理者(《睡虎地秦墓竹简》,第 178b 页,注释 13)引用了《汉书·昭帝纪》注(英文可见 H. H. Dubs, trans., *The History of the Former Han Dynasty*, Vol. 2, p. 154, note 2.4)。(《汉书·昭帝纪》李贤注:"旧时郡国皆有材官骑士,以赴急难,……闻名奔走,故谓之奔命。"据此,《睡虎地秦墓竹简》整理者指出"奔命"乃"一种军队的名称"。——译者)

② 此处包含了一个关于"关"(關)的文字游戏,"关"(關)的一个意思是扳机(trigger mechanism),另一个意思是常用义"关卡、控制边界的处所"(pass, frontier control post)。《睡虎地秦墓竹简》整理者希望"关"的意思是"盒子"(casing, box),但笔者已经揭示了"关"的意思是"弩的扳机护环"(trigger guard)(A. F. P. Hulsewé, "Again the Crossbow Trigger Mechanism," *T'oung Pao*, Vol. 64, Livr. 4/5, 1978, p. 253);明显,从这句箴言来看,"关"的正确意思是"弩的扳机护环"。

③ 所谓的"条文"指代那些在整理的刊本中构成一个段落的文字,不管它们是否在同一枚竹简上。

④ 对"内史"的相关说明,可见下文。

表2

		名称	条文数量	《睡虎地秦墓竹简》释文（卷次，页码）	《云梦秦简释文》（期号，页码）
类别3（1）	1	田律	6	3，22a—25a	7，1
	2	厩苑	3	3，25b—27b	7，1—2
	3	仓	26	3，29a—4，41a	7，2—3
	4	金布	15	4，43a—49a	7，3—4
	5	关市	1	4，49a	7，4
	6	工	6	4，49b—51b	7，4
	7	工人程	3	4，52a—52b	7，5
	8	均工	2	4，52b—53a	7，5
	9	徭	1	4，54a—55a	7，5
	10	司空	14	4，56a—63a	7，5—6
	11	军爵	2	4，63a—64a	7，7
	12	置吏	3	4，64a—65a	7，6
	13	效	8	4，65b—68a	7，6—7
	14	传食	3	4，68a—69a	7，7
	15	行书	2	4，69b—70a	7，7
	16	内史杂[①]	11	4，70a—73a	7，7—8
	17	尉杂	2	4，73a—73b	7，8
	18	属邦	1	4，73b	7，8
类别4（2）		效	29	5，74a—84b	7，8—9
类别5（3）		秦律杂钞	26	5，85a—96b	7，9—10

1.《田律》亦即关于农业的法律，它对季节性降雨和自然灾害（譬如风暴、洪水或虫灾）做出了重要规定，要求必须向中央机构详细上报实情。它也规定了麦秸干草（"刍稾"）的税赋，还包括一条怪异的法规*，旨在禁止住在田间的庶民买酒。

---

* "百姓居田舍毋敢酤（＝酤）酉（＝酒）。"——译者

2.《厩苑律》主要关于监察牛的健康状态;其中,第三则条文篇幅较长,坚持要求详细上报官有马匹的死亡情况以及对其尸骸的处理情况,这与《南郡守腾文书》的内容相似。①

3.《仓律》对下述情形进行了详细规定:储藏粮食、掌管粮食库存、分发不同数量的口粮、每亩播种的种子数量、通过反复加工不同类型粗粮而获得的不同数量精米。②

4.《金布律》对不同主题给出了诸多规定,涉及不同官吏有权拥有的仆人类型,官府器物("公器")的检查、修缮和处置,"有责(=债)于公及赀赎"的问题,作为货币单位的布的价格,③官方分发的衣服及其质量与价值。

5.《关市》的"关市"(Passes and Markets)几乎不会是"边关的市场"(markets at the passes),它仅仅包括了一则条文:"为作务及官府市,受钱必辄入其钱缿中,令市者见其入,不从令者赀一甲。"*

―――――――――――――――

① See Henri Maspero, *Les documents chinois de la troisième expédition de Sir Aurel Stein en Asie Centrale*, London: British Museum, 1953, pp. 129-147.

② 笔者在献给卡尔·宾格尔(Karl Ferdinand Bünger, 1903—1997)教授的纪念文集中(即将出版),翻译了最后这条规定。(这条规定的原文是"粟一石六斗大半斗,舂之为糲[=粝]米一石;粝米一石为鑿[=糳]米九斗;九斗为毁[=毇]米八斗。……为粟廿斗,舂为米十斗;十斗粲,毁[=毇]米六斗大半斗。麦十斗,为麺三斗",而作者提到的自己即将出版的文章是 A. F. P. Hulsewé, "Weights and Measures in Ch'in Law," in *State and Law in East Asia: Festschrift Karl Bünger*, eds. Dieter Eikemeier and Herbert Franke, Wiesbaden: Otto Harrassowitz, 1981, pp. 25-39。——译者)

③ 笔者在献给卡尔·宾格尔教授的纪念文集中也讨论了这个问题。(关于作为货币的布的价格,秦简作"钱十一当一布"。——译者)

* 作者对这则条文的英译是 "For workshops (?) and for markets held by (?) government offices, money received should be immediately put into the money-jar; non-compliance with the order is fined by one suit of armour"("对于工坊和官府所掌握的市场而言,其收到的钱应当立刻放到钱罐中;不遵守规定者将会被罚一件铠甲"),其中,"作务"可否译为 "workshops"(工坊),"官府市"可否译为 "markets held by government offices"(官府所掌握的市场),作者存疑。——译者

6.《工律》命令工匠制造容器时必须遵循标准的模型,同时规定了官吏在将官府的器物("公器")和兵器("公甲兵")借给庶民时所要担负的责任。

7.《工人程》规定了夏天差役与冬天差役的等值换算公式,也规定了刑徒劳役与工匠劳役的等值换算公式。[①]

8.《均工》规定了学徒("新工")与训练有素的工人("工师")的工作等值换算公式,人们原本期待在《工人程》中找到二者间的等值换算公式。

9.《徭律》只有一则条文,但是篇幅长达10枚简,主要涉及土墙建造出现问题时的责任。《徭律》包括了一条有趣的规定:"其近田恐兽及马牛出食稼者,县啬夫材兴有田其旁者,无贵贱,以田少多出入,以垣缮之,不得为繇(=徭)。"这令人联想起19世纪荷兰有关紧急维修堤坝的规定。

10.《司空》包括了许多有关刑徒的规定,这些刑徒似乎构成了司空的主要劳动力;他们被给予特定口粮和衣服,会因为损坏器物而遭受笞刑。其中还特别规定了人们可以通过苦役,偿还亏欠官府的债务、罚金和赎刑费用(包括了赎死刑!)("有罪以赀赎及有责[=债]于公""居赀赎责[=债]"),苦役每日价值八钱。

11.《军爵律》规定了个体被赐予的爵位可转移给继承人,还规定了个体可通过退还被赐予的爵位,解放自己亲属的奴仆地位("隶臣妾")。

12.《置吏律》规定了任免官吏的日期,还规定了哪些人不能被

---

① 《九章算术》(作于公元前1世纪)(《丛书集成》本,第67—69页)指出挖掘工作的标准是"冬程人功(原文作'攻',有误——译者)四百四十四尺""春程人功七百六十六尺""夏程人功八百七十一尺""秋程人功三百尺"。译文可见 Kurt Vogel, *Neun Bücher arithmetischer Technik*, Braunschweig: F. Vieweg & Sohn, 1968, pp. 45-46.

任命。

13.《效》主要包括了在人事变动时检查粮仓状况的相关规定。

14.《传食律》就"传食"的相关事项,做出了一些规定。①

15.《行书》规定了文书传送的速度,并且要求清楚记录文书到达的时间。

16.《内史杂》实乃各种法规的杂集,但其与内史的关系不明;这些规定涉及官吏任命、所有请示必须采用书面形式("有事请殹[也],必以书,毋口请")、防火规定等。

17.《尉杂》仅仅包含了两条残缺不全的规定。

18.《属邦》仅仅包含了一条规定,要求倘若边境官府("道官")输送奴仆("隶臣妾"),那么必须详实记录相关信息。

类别4是《效律》,收录了29则法律条文,其中有8则条文与上文提及的类别3第13小类的《效》重复。《效律》中的许多条文确定了当官吏所掌管的仓库(尤其受粮仓)出现缺漏时,这些不同官吏应当付出的罚金或者赔偿。其中有一条关于度量衡的规定,②这使得秦始皇及其统一度量衡的政策备受称赞,但是这条规定有可能更加古老;它详细说明了对越轨行为的容忍度,以及超过这种容忍度而会遭受的惩罚。《效律》中的其他条文规定要仔细记录官府器物("公器")等,并且规定统计登记有误将会受到惩罚。

类别5被《睡虎地秦墓竹简》整理者正确地称作《秦律杂抄》,因

---

① 转引自笔者曾讨论过的法规(A. F. P. Hulsewé, "Han-Time Documents," *T'oung Pao*, Vol. 45, 1957, p. 26)。

② 笔者在献给卡尔·宾格尔教授的纪念文集中(即将出版)讨论了这个问题。

为它的 26 段文字处理了众多不同的主题。一些段落用其中出现的律名来标注。譬如第一段文字恰好包含了 5 条不同的法规。这些条文对官吏任命、马匹监管、违法发放给养、管控器物制造、猎虎等事项进行了规定。

两条重要规定值得分述。首先是"寇降以为隶臣",它可能一直延续至汉代。① 其次是"同居勿并行"*,违反这条规定将会遭到县令及其下属的重罚。②

除了上述来自《戍律》的条文外,还可在另外九条"杂抄"中发现其法律出处与律名,具体如下:

由《除吏律》可知"任法(=废)官者为吏,赀二甲。……除士吏③、发弩啬夫不如律,及发弩射不中,尉赀二甲。……驾驺除四岁,不能驾御,赀教者一盾;免,赏(=偿)四岁繇(=徭)戍"。

下一条法令来自《游士律》,该律名令人费解。这些"游士"是"游荡的绅士"(wandering gentlemen)还是来自其他国家的士兵? 正因此,"游士在亡符居县赀一甲卒岁责之"一句含义难解,是指"倘若一名游荡的绅士在缺乏通关过所的情形下居留某处,那么他所居留的县会被

---

① 韦慕庭(Martin C. Wilbur, 1908—1997)在其著作中推断投降的敌人没有沦为奴隶。(Martin C. Wilbur, *Slavery in China under the Han Dynasty*, Chicago: Field Museum, 1943, pp. 98–117.)

* 《睡虎地秦墓竹简》一书作"同居毋并行"。——译者
② 《睡虎地秦墓竹简》第 5 册,第 95b 页;《云梦秦简释文(二)》,第 10 页。
③ 笔者假设"士吏"是"a non-commissioned officer"(士官)(字面义是"没有委任状的军官"——译者),但是该术语不适合中国的语境;由于汉语中缺乏对应更合适的"次级军官"(德语的"Unteroffizier"或者法语的"sous-officer")的词语,故而笔者以"sergeant"(军士)翻译"士吏"。笔者对其他律名的翻译也只是姑且为之。有关射击精准度的汉代文献,可见 Michael Loewe, *Records of Han Administration*, Cambridge: Cambridge University Press, 1967, Vol. 2, p. 46 ff.。

处罚一件铠甲,在年末上缴"吗?笔者不会尝试翻译《游士律》的其他条文。

《秦律杂抄》只有一则法条引自《除弟子律》①,该法条前半部分的含义不明,后半部分似指"如果雇用某人的家臣(retainers)超过了法律(设定的限度)或者殴打这些家臣,那么会被罚一件铠甲;如果使这些家臣的皮肤受伤,那么(会被罚)两件铠甲"*。

《中劳律》规定了"敢深益其劳岁数者,赀一甲,弃劳"。

《臧(=藏)律》包含了一则《效律》中的规定②,命令若储存的皮革被虫蛀坏了,则负责此事的官吏将被罚金。**

《公车司马猎律》规定若战车或者战车配备的步兵在狩猎时让老虎或者豹逃跑了,则战车配备的全体人员都会被判罚金。***

《傅律》规定了在登记徭役时如有不法行为,则会被判处罚金和苦役。****

《敦(=屯)表律》同样规定了在履行军事义务时如有不法行为,则会被判处罚金("赀")和苦役("耐")。*****《秦律杂抄》中有两条规定

---

① 《睡虎地秦墓竹简》的整理者将"弟子"解释为"庶子",关于"庶子",可参见 J. J. L. Duyvendak, *The Book of Lord Shang*, p. 295。

* "使其弟子赢律,及治(笞)之,赀一甲;决革,二甲。"——译者

② 《睡虎地秦墓竹简》第5册,第80b页;《云梦秦简释文(二)》,第9页。

** 简文作:"臧(藏)皮革橐(蠹)突,赀啬夫一甲,令、丞一盾。"——译者

*** 简文作:"射虎车二乘为曹。虎未越泛藓,从之,虎环(=还),赀一甲。虎失(=佚),不得,车赀一甲。虎欲犯,徒出射之,弗得,赀一甲。豹旞(=遂),不得,赀一盾。"——译者

**** 简文作:"匿敖童,及占癃(=癃)不审,典、老赎耐。百姓不当老,至老时不用请,敢为酢(诈)伪者,赀二甲;典、老弗告,赀各一甲;伍人,户一盾,皆罨(=迁)之。"——译者

***** 简文作:"冗募归,辞日日已备,致未来,不如辞,赀日四月居边。军新论攻城,城陷,尚有栖未到战所,告曰战围以折亡,叚(=假)者,耐;敦(=屯)长、什伍智(=知)弗告,赀一甲;伍二甲。"——译者

引自《捕盗律》:"捕人相移以受爵者,耐。求盗勿令送逆为它,令送逆为它事者,赀二甲。"

类别6被《睡虎地秦墓竹简》的整理者称作《秦律答问》,共有190段文字,主题的种类更为繁多。这些段落在形式上可被划分为两类。第一类是先引用一部法律(但未提及律名)或一个孤立短语术语,后接"可(=何)……"("……是什么意思?")句式的问题,最后以对此的回答收尾。第二类是先陈述一个犯罪案例的基本情况,再询问"论可(=何)"("这应该如何判决?")或"问X可(=何)论"("[我]问:X应该被如何判决?"),最后再次给出对该问题的回答,有时候则举出另一种意见("或曰:……")。值得注意的是,其中用"甲""乙""丙"等称谓案件当事人;在《秦律答问》和《治狱程式》中,唯有地名才会难得地以真名示人。我们从中无法判断为了指导具体实践,这些案例究竟是理论建构的产物,还是不掺杂个人情感的真实案例。

《睡虎地秦墓竹简》的整理者将《秦律答问》的段落粗略地进行了分类。第一类条文处理盗窃的罪行,争论的焦点常是赃物["臧(=赃)"]① 的价值;赃物的价值越高,刑罚就越重。另一个争论的焦点是藏匿赃物("寄""匿")或者一起分赃["分臧(=赃)"]的其他案件当事人的罪行;这里主要争论的是这些案件当事人是否知道["智(=知)""觉"]这些财物是盗窃而来的。

第二类条文由诬告案构成,包括了那些本身被拘留并受到审判的人所提出的控告。*

---

① 转引自 A. F. P. Hulsewé, *Remnants of Han Law*, p. 178。
* "上造甲盗一羊,狱未断,诬人曰盗一猪。"——译者

第三类条文处理杀人罪行,包含大量有趣案例,可选一例为证:

"擅杀子,黥为城旦舂①。其子新生而有怪物其身及不全而杀之,勿罪。"今生子,子身全殹(=也),毋(无)怪物,直以多子故,不欲其生,即弗举②而杀之,可(=何)论? 为杀子。③

为窥一斑而知全豹,在此翻译一则一般性规定:

"违反法令"("犯令")和"撤销法令"("废令")是什么意思? 这条法律的意思是:法令说了"不要做(这件事)",但还去做,这就叫做"犯令";当法令说了"做(这件事)",但不去做,这就叫做"废令"。根据判例,这两种行为都以"犯令"论处。④

类别 7 的简文由案件审判和爰书程式的规定构成;《睡虎地秦墓竹简》的整理者将其称作《治狱程式》,有理有据。其包含 24 段文字,有长有短,有详有略。前两则条文颇具指导意义,令人联想起大约两个世

---

① 关于此种 4 年或 5 年刑期的苦役刑罚(刑罚对象是男性,称"城旦";刑罚对象是女性,称"舂"),参见 A. F. P. Hulsewé, *Remnants of Han Law*, pp. 128 ff。这类刑罚在秦代的具体刑期不明。

② 关于"举",参见 Henri Maspero, *La Chine Antique*, Paris: Imprimerie Nationale, 1955, p. 107, note 3。马伯乐(Henri Maspero, 1883—1945)正确援引了《汉书·外戚传下》的"出生时,父母不举"。另外根据《史记·日者列传》的"产子必先占吉凶,后乃有之",父母在决定是否抚养孩子前,会先占卜吉凶。鲁惟一博士(Michael Loewe, 1922—)提醒笔者注意这则记载,在此谨致谢忱。

③ 《睡虎地秦墓竹简》第 5 册,第 112b 页;《云梦秦简释文(三)》,第 29 页。

④ 《睡虎地秦墓竹简》第 6 册,第 128a 页;《云梦秦简释文(三)》,第 32 页。(简文作:"可[=何]如为'犯令''法[=废]令'? 律所谓者,令曰勿为,而为之,是谓'犯令';令曰为之,弗为,是谓'法[=废]令'殹[=也]。廷行事皆以'犯令'论。"——译者)

纪后路温舒的相似陈述。① 第一则条文作：

> 治狱，能以忆从迹其言，毋治（＝笞）谅（＝掠）而得人请（＝情）为上；治（＝笞）谅（＝掠）为下；有恐为败。②

在第二则条文中，案件的审讯者被告诫要保持耐心并且继续诘问，即便他们知道嫌疑人在撒谎；只有当嫌疑人继续撒谎并且改变自己的供词（"数訑，更言"）时，才能予以拷打［"治（＝笞）谅（＝掠）"］，并且必须将此清楚地写在爰书中。③

其他一些爰书程式与盗窃案和抢劫案有关，还有一些涉及要求官府惩罚不孝之子或者忤逆的奴隶，刑罚包括了死刑、黥刑或者终身流放。医学爰书非常有趣：麻风病的诊断、关于不明男子尸体的法医爰书、关于发现可能自缢的男子的尸体的爰书、有关盗窃案的警方爰书（在该案中，盗窃犯在土墙上挖了一个洞）、有关因斗殴而导致流产的爰书。这些爰书生动形象，栩栩如生，第一份考古发掘报告的作者相当准确地将其与13世纪的法医手册《洗冤录》进行了比较。④

云梦睡虎地秦简内容丰富，种类繁多，这份简要考察难以面面俱到；

---

① 参见 A. F. P. Hulsewé, *Remnants of Han Law*, p. 425。路温舒的陈述见元平元年（前74）的上书中。(《汉书·路温舒传》曰："故治狱之吏皆欲人死，非憎人也，自安之道在人之死。是以死人之血流离于市，被刑之徒比肩而立，大辟之计岁以万数，此仁圣之所以伤也。太平之未洽，凡以此也。夫人情安则乐生，痛则思死。棰楚之下，何求而不得？故囚人不胜痛，则饰辞以视之；吏治者利其然，则指道以明之；上奏畏却，则锻练而周内之。盖奏当之成，虽咎繇听之，犹以为死有余辜。何则？成练者众，文致之罪明也。"——译者)

② 对"有恐为败"的初译是"when there is fear, everything is spoilt"。

③ 《睡虎地秦墓竹简》，第 6 册，第 144a—144b 页；《云梦秦简释文（三）》，第 34 页。

④ 《洗冤录》的作者是宋慈，荷兰语译本可见 C. F. M. de Grijs, *Geregtelijke geneeskunde*, 1863，英译本可见 Herbert Giles, "Instructions to coroners," *China Review*, Vol. 3, 1874。

唯有借助包含注释的译本，方能将其正确地介绍给学术界。鉴于一些鲜为人知的术语常常出现在云梦睡虎地秦简中，故而笔者采取注释形式来呈现一些初步研究成果，但愿对这一中国研究新领域的同行有所助益。

内史

在秦代法规中，"内史"被反复提及。云梦睡虎地秦简首先收录了11则条文，所有条文都被标记了"内史杂"①，其中包括一些类似命令的一般性规定，譬如官吏必须抄写官府所遵用的法律（"写其官之用律"），所有请示应采用书面形式（"有事请殹［也］，必以书，毋口请"），还有一些更加具体的规定，譬如任命下属官员或者防范火灾。

此外，其他条文规定在售卖易损之物时必须将情况报告内史（"以书谒情状内史"）；② 在有关地方情况的年度报告要呈送中央政府时，③ 仓库簿籍必须上报内史（"至计而上廥籍内史"）；都官要向内史上报要求补充的器物（"都官岁上出器求补者数，上会九月内史"）；④ 当收缴到被偷运出国境的珠玉时，要将其上交内史［"盗出朱（＝珠）玉邦关及买（＝

---

① 《睡虎地秦墓竹简》第4册，第70b—73b页；《云梦秦简释文（二）》，第7—8页。
② 《睡虎地秦墓竹简》第4册，第46b页；《云梦秦简释文（二）》，第4页。
③ 《睡虎地秦墓竹简》第4册，第67b页；《云梦秦简释文（二）》，第7页。关于"上计"制度，可见鎌田重雄的精彩论文（鎌田重雄「郡國の上計」，『秦漢政治制度の研究』，東京：日本学术振興会，1962年，第369—412頁），也可参见严耕望《秦汉地方行政制度》第2卷，台北："中研院"历史语言研究所，1961年，第257—268页。
④ 《睡虎地秦墓竹简》第4册，第73a页；《云梦秦简释文（二）》，第7页；这项规定构成了《内史杂》的一部分。

卖)于客者,上朱(=珠)玉内史"]。①

有两个原因使笔者相信内史并非《汉书》所谓的"掌治京师"②,而是另一个包含"内史"一词的官职,即"治粟内史",它是"大司农"(即农业大臣,同时掌管国家财政)的前身。③

第一个原因是从反面推证的:倘若法律法规要在整个帝国范围内得到有效施行,那么一个远离都城的地方官府就不应该必须向另一个地方官府报告经济事务,因为这将不合逻辑。就此而言,不可忽视这些文献出土于湖北云梦县,在汉口西北大约80公里处,距离都城数百英里。④

第二个原因是由正面推证的。《汉书》指出除了都内的"太仓、均输、平准、都内、籍田五令丞,斡官、铁市两长丞","郡国诸仓农监、都水六十五官长丞"也同样隶属治粟内史。⑤《后汉书》提供的信息⑥甚至更加重要,因为其指出大司农(此前称作"治粟内史")"掌诸钱谷金帛诸货币","郡国四时上月旦见钱谷簿,其逋未毕,各具别之。边郡诸官请调度⑦者,

---

① 《睡虎地秦墓竹简》第6册,第127b页;《云梦秦简释文(三)》,第31页。
② 《汉书》卷19《百官公卿表上》;转引自 Édouard Chavannes, trans., *Les Mémoires Historiques de Se-ma-Ts'ien,* Paris: Librairie d'Amérique et d'Orient, 1969, Vol. 2, p. 524, note xxiv。
③ 《汉书》卷19《百官公卿表上》;转引自 Édouard Chavannes, trans., *Les Mémoires Historiques de Se-ma-Ts'ien,* Vol. 2, p. 519, note xvi。
④ 今天的云梦位于汉代的江夏郡安陆县,参见《汉书》卷28《地理志上》。
⑤ 《汉书》卷19《百官公卿表上》。
⑥ 《后汉书》志26《百官志三》。
⑦ "调度"的东西最主要的是粮食,这一点可以从许多例子中明显地发现,如《后汉书》卷5《孝安帝纪》("调扬州五郡租米,赡给东郡、济阴、陈留、梁国、下邳、山阳。""调零陵、桂阳、丹阳、豫章、会稽租米,赈给南阳、广陵、下邳、彭城、山阳、庐江、九江饥民;又调滨水县谷输敖仓。"——译者);另可见下一条注释的最后一句话("郡国所积聚金帛货贿,随时输送大司农,曰:'委输以供国用'"——译者)。

皆为报给，损多益寡，取相给足"。①

因此，显而易见，云梦睡虎地秦简所提及的"内史"乃是"治粟内史"，而非"掌治京师"。

大内和少内

云梦睡虎地秦简反复提及两个彼此相关、均负责政府钱财的官方机构，即"大内"和"少内"。② 无法修缮的器物（"公器不可缮者"）在去除了器物上的标签（"有久识者靡蛊之"）之后，要运送给大内（"输大内"）进行融化（"其金及铁器入以为铜"）。③ 与之相似，"已稟衣，有余褐十以上，输大内"。④ "少内"被提及了两次，其中，较为重要的规定是县少内处理政府钱财（"公钱"）。⑤ 另一则规定是少内负责检查账目（checking accounts）。⑥

---

① 引文最后一句话的翻译综合了来自《后汉书》、王隆《汉官篇》（今佚）和胡广（91—172）《汉官解诂》（今佚）（为《后汉书》刘昭注所引用）的信息。《后汉书》曰："边郡诸官请调度（不见于胡广《汉官解诂》——作者注）者，皆为（《汉官解诂》增'调均'二字——作者注）报给（《汉官解诂》增添了'之也'二字——作者注），损多益寡，取相给足（只见于《后汉书》——作者注）。"《汉官解诂》补充道："郡国所积聚金帛货赇，随时输送大司农，曰：'委输以供国用'。"

② 《睡虎地秦墓竹简》第4册，第46b页，注释3，整理者认为"少内"是"朝廷管理钱财的机构"。

③ 《睡虎地秦墓竹简》第4册，第46b页；《云梦秦简释文（二）》，第4页。

④ 《睡虎地秦墓竹简》第4册，第48a页；《云梦秦简释文（二）》，第4页。

⑤ 《睡虎地秦墓竹简》第5册，第105a页；《云梦秦简释文（三）》，第28页。（简文作："'府中公金钱私贷用之，与盗同法。'可［＝何］谓'府中'？唯县少内为'府中'，其它不为。"——译者）

⑥ 《睡虎地秦墓竹简》第4册，第45b页；《云梦秦简释文（二）》，第3页。（简文作："县、都官坐效、计以负赏［偿］者，已论，啬夫即以其直［值］钱分负其官长及冗吏，而人与参辨券，以效少内，少内以收责之。"——译者）

就历史文献而言,"大内"在《史记》和《汉书》中都被提及了。①《史记·孝景本纪》记载在景帝中六年四月至七月(公元前 144 年初夏),许多主要官职的名称被重新命名("更命"),其中,"治粟内史"被改称为"大农"("治粟内史为大农")。《史记》接下去继续说道:"以大内为二千石,置左右内官,属大内。"

这一详细信息未在《汉书》中被再次提及,无论是《汉书·景帝纪》还是《汉书·百官公卿表》,都未提及这一具体信息。《汉书·景帝纪》仅仅说这些官职名称被更换了,未曾说明具体情况。②此外,《汉书》将该件事的发生时间定为景帝中六年十二月,比《史记》记载的时间要早四个月。《汉书·百官公卿表》未提及"大内",并且较诸《史记》,其所记载的官名改称时间晚了整整一年,即景帝后元年(前 143)。③

公元 5 世纪的裴骃《史记集解》在解释《史记》中有关"大内"的上述文字时,引用了韦昭(240—273)的《汉书》(!)注:"大内,京师府藏。"正如下文所述,韦昭之言接近真实情况。但公元 8 世纪的《史记索隐》认为"主天子之私财物曰小内,小内属大内也"。《史记索隐》的这种看法似乎纯属无稽之谈,因为"主天子之私财物"的乃是"少府"。

《史记》专家梁玉绳(1745—1819)④抱怨在《史记》的上述文字中,

---

① 《史记》卷 12《孝景本纪》,转引自 Édouard Chavannes, trans., *Les Mémoires Historiques de Se-ma-Ts'ien*, Vol. 2, p. 506;《汉书》卷 64《严助传》(不见于《史记》)("越人名为藩臣,贡酎之奉,不输大内,一卒之用不给上事"——译者)。

② 《汉书》卷 5《景帝纪》("改诸官名"——译者);H. H. Dubs, trans., *The History of the Former Han Dynasty*, Vol. 1, p. 323。

③ 《汉书》卷 19《百官公卿表上》("治粟内史,秦官,掌谷货,有两丞。景帝后元年更名大农令"——译者)。

④ 转引自泷川龟太郎的《史记会注考证》。(《史记会注考证》的引文是:"百官表无考""汉纪,改诸官名在中六年十二月,此书于四月以后,而所改官名又不尽载,何欤?且所载多讹。"——译者)

记载的时间各异，官名改称情况（多亏了《汉书·百官公卿表》，此事才为人所知）远未得到详尽记录，整段文字存在讹误。梁玉绳的抱怨并非毫无道理。其中的一个讹误无疑与"内官"有关。据《汉书》记载，① 内官掌管"度"（不管"度"究竟何意）；《汉书·百官公卿表》记载："初，内官属少府，中属主爵②，后属宗正。"不过笔者不会更进一步探究"内官"这一主题，因为其与本文主旨无关。

"大内"③第二次被提及是在公元前133年淮南王刘安上书汉武帝的谏言中。刘安强烈反对发兵至中国东南部的东瓯。④刘安的理由之一是"越人名为藩臣，贡酎之奉，不输大内"。应劭（公元2世纪晚期）指出此处的"大内"等同于"都内"。⑤

"都内"在《汉书》中出现了十余次。《汉书·百官公卿表》⑥记述"都内"隶属于"治粟内史"（景帝中六年[前144]更名为"大农令"，太初元年[前104]更名为"大司农"）。其他的句子清楚显示了"都内"具有中央国库（central treasury）的功能。《汉书》有两卷⑦提及都内藏钱甚众（《汉书·王嘉传》指出都内钱达四十亿["四十万万"]！），

---

① 《汉书》卷21《律历志上》（原文是："夫度者，别于分，忖于寸，蠢于尺，张于丈，信于引。引者，信天下也。职在内官，廷尉掌之。"——译者）。
② 根据《汉书·百官公卿表上》，"主爵"这一官职设立于太初元年（前104），其职责（"掌列侯"）后被大鸿胪（朝廷礼仪大臣）代替。
③ 《汉书》卷64《严助传》。
④ 《汉书》卷6《武帝纪》。H. H. Dubs, trans., *The History of the Former Han Dynasty*, Vol. 2, p. 34.
⑤ 王先谦在此引用了姚鼐旁征博引的讨论，但笔者以为多此一举。
⑥ 《汉书》卷19《百官公卿表上》。
⑦ 《汉书》卷86《王嘉传》；《汉书》卷99《王莽传下》（"长乐御府、中御府及都内、平准帑藏钱、帛、珠玉财物甚众。"——译者）；亦可见 H. H. Dubs, trans., *The History of the Former Han Dynasty*, Vol. 3, p. 459. 王先谦在《汉书补注·百官公卿表第七上》中明确警告勿将"都内"的"都"理解为"都城"，因为"都"意指"总"，即"聚集，控制；普遍"，然而德效骞（H. H. Dubs, 1892—1969）仍将"都内"误译为"在都城内"（in the capital）。

并且桓谭《新论》声称都内(公元前1世纪早期)每年藏入二十亿("二十万万")钱。[1]《史记·平准书》和《汉书·食货志》提及私人从都内那里收到钱[2],另外两卷[3] 提及大司农田延年"盗"(亦即诈骗)都内三千万钱。[4]

如前所述,《史记·孝景本纪》除了"大内"外,还提及了令人费解的"内官",而《史记索隐》提及了"小内"。笔者以为"内官"和"小内"明显是"少内"的异体字。"少内"在《汉书》中的不少地方出现了。首先出现在《汉书·丙吉传》中,丙吉同情汉武帝戾太子的无辜孙子(即

---

[1] 严可均:《全后汉文》卷14("余二十万万藏于都内为禁钱。"——译者);T. Pokora, trans., *Hsin-lun (New Txeatise) and Other Writings by Huan T'an*, Ann Arbor: Center for Chinese Studies, University of Michigan, 1975, p. 49, fragment 55.

[2] 《汉书》卷24《食货志下》;参见 N. L. Swann, *Food and Money in Ancient China*, Princeton: Princeton University Press, 1950, p. 248;《史记》卷30《平准书》;Édouard Chavannes, *Les Mémoires Historiques de Se-ma-Ts'ien*, Vol. 3, p. 551. 尽管与"都内"的讨论无关,但笔者还是想关注《史记·平准书》和《汉书·食货志》在这一点上的异体字情况。两份文献均写作"迺(《史记》作"乃")募豪民田南夷,入粟县官,而内受钱于都内"。笔者认为由于受到前述汉武帝发兵诛中国东南部的越人的影响,其中的两个残字被误读了,即"出"被误读为"田","畝"被误读为"夷";关于汉隶中这两字的怪异字形,可见娄机(1133—1211)的《汉隶字源》,在该书的卷五"去声"和卷三"下平声"中可分别查到"出"和"田",在卷四"上声"和卷二"上平声"中可分别查到"畝"和"夷"。值得注意的是,"出南畝"后来在《史记》和《汉书》中偶尔出现(《史记·平准书》作"出于南畝";《汉书》卷24《食货志下》)。笔者也怀疑"而内"是否正确。其可能误读了被拉长的单字"赏";关于"而"在汉隶中被拉长的字形,可见娄机《汉隶字源》的卷二"上平声"。笔者的最后一个想法:"豪民"或是"農民"的异体字,在娄机《汉隶字源》(卷二"上平声")中可看到"農"的不少被幻想出来的字形。

[3] 《汉书》卷18《外戚恩泽侯表》("二年,坐为大司农盗都内钱三千万,自杀。"——译者);《汉书》卷90《酷吏传》("初,大司农取民牛车三万两为僦,载沙便桥下,送致方上,车直千钱,延年上簿诈增僦直车二千,凡六千万,盗取其半。"——译者)。

[4] 参见 A. F. P. Hulsewé, *Remnants of Han Law*, p. 178, note 1。"都内"还在两个地方出现了,不过没有对这个主题提供更多的帮助:《汉书·尹翁归传》提及"公廉"的尹翁归担任都内令("公廉不受馈……迁补都内令"——译者);《后汉书·窦武传》记载了都内拥有一所监狱("自黄门北寺、若卢、都内诸狱,系囚罪轻者皆出之。"——译者)。

后来的汉宣帝)。根据《汉书》记载,"皇曾孙在郡邸狱",丙吉"选择复作胡组养视皇孙",并"以私钱顾组",因为少内啬夫[1]抱怨丙吉"食皇孙亡诏令"。[2]颜师古(581—645)《汉书》注指出此处的"少内"乃"掖庭主府臧之官",虽然完全不清楚颜师古从何处获得此信息,但其看法肯定是正确的。"少内"第二次出现在《周礼》郑玄注中。杨树达(1885—1956)在《汉书窥管》[3]中引用了《周礼》[4]卷1中有关"职内"的条文,郑玄表示"职内注入也,若今之泉所入,谓之少内"。"少内"第三次出现在唐代贾公彦对《周礼》郑玄注的疏中,贾公彦引用了王隆《汉官篇》(今佚)。这则孤立残片[5]提及"仓库少内啬夫"。

这些片段信息[6]再加上《周礼》对"职内"的描述[7]令笔者得出了以下结论:少内是国库,即接收和支付钱财的官方机构,在所有层级的机构(无论是都城还是地方)中都有设置,其职责包括了财政事务。就此而言,本节开头征引的《史记》"治粟内史为大农,以大内为二千石,置左右内官,属大内"的意思是:"在农业大臣(治粟内史,后被称作'大农')之下,财政部主管(大内)的职位被提升到二千石俸禄的职位;所有次级的(地方的)财政机构(少内)隶属大内。"

---

[1] 关于"啬夫",详见下文论述。

[2] 参见 H. H. Dubs, trans., *The History of the Former Han Dynasty*, Vol. 2, pp. 200-201。另见 A. Jongchell, *Huo Kuang och hans tid*, Gotaborg: Elander, 1930, pp. 130, 187。

[3] 杨树达:《汉书窥管》,北京:科学出版社,1955年,第457页。

[4] 《周礼注疏》卷1,中华书局本,第37页。

[5] 辑于孙星衍《汉官七种》(参见陈祚龙《汉官七种通检》, Chen Tsu-lung, *Index du Han-kouan ts'i-tchong*, Paris: L'Institut des hautes études chinoise, 1962, plate LVI, 9b)。

[6] 笔者发现现代学者只提到过一次"少内",出现在陈直的《汉书新证》(天津:天津人民出版社,1959年,第90页)中。陈直认为汉代的少内之印可能为令丞所使用,但未详加说明。

[7] 参见 E. Biot, *Le Tcheou li Ou Rites Des Tcheou*, Vol. 1, p. 134。

此处仍有一个问题悬而未决：少内与地方的少府（在郡县中均有设置）关系如何？严耕望对此曾有讨论；① 少内与少府并非同一官职的先后名称，否则公元 2 世纪的郑玄就不会提及"少内"是当时的机构。人们或许会想象汉武帝在太初元年（前 104）将"大农"更名为"大司农"时，用"都内"替代了"大内"，用"少府"替代了"少内"；尽管"大农"可能替代了"大司农"[上文提到，淮南王刘安在元光二年（前 133）上书汉武帝时，提及"大内"一词，其时远远早于太初元年（前 104 年）]，但"少府"明显不可能替代了"少内"。

都官

"都官"一词反复出现在云梦睡虎地秦简中，有时候前面加上了"县"，但其真正职责无法根据上下文推导。不过，曾有一次在回答一个问题时，简文给出了"都官"的定义：②

> "辞者辞廷。"今郡守为廷不为为殹（＝也）。"辞者不先辞官长、啬夫。"可（＝何）谓"官长"？可（＝何）"啬夫"？命③ 都官曰"长"，县曰"啬夫"。

---

① 严耕望：《秦汉地方行政制度》第 1 卷，第 126—127 页和第 226—227 页。（严耕望的基本观点是"少府财物似本供太守私家用度，如中央少府之于皇帝者。……郡国少府盖守相之内府，总典守相私家生活之一切事宜，而以财政为主，且与外曹筹用。此亦古代长官家政与公务不分之必然情势也"。——译者）

② 《睡虎地秦墓竹简》第 6 册，第 118a—118b 页；《云梦秦简释文（三）》，第 30 页。

③ 笔者认为"命"即"名"，因此，"命 A 曰 B"即"A 被称作 B"。

目前对汉代文献中"都官"的解释是"设在京师的官署",譬如颜师古将《汉书·宣帝纪》中的"都官"解释为"凡京师诸官府"①。但王先谦将"都官"解释为"百官",赋予其更广阔的含义。②

从一些篇章中可以明显看到都官的地位得到提升。在元朔六年(前123)的一份文件中,都官位列公卿和太守之间。③自公元前1世纪起,都官从事是司隶校尉的属官之一,"主察举百官犯法者"④;这段文字不曾给出具体结论。《汉书》在描述景帝中五年(前145)前(因为在景帝中五年,相关制度出现了剧变*)诸侯国行政机构时,提及"都官",置于公卿大夫之后。⑤

基于上述讨论,可以得出初步结论:都官并非肩负有限义务的特殊官府或者官吏,都官属于一种非常一般的群体或者阶级。

在此,笔者相信秦律中的"长"提供了一条线索,令人联想起汉代的"长吏"。"长吏"意指皇帝任命的官吏:令、丞和尉,与由本地县令任命的次级官吏(在汉代被称为"少吏")形成对比;秦律显然用"啬夫"指代"少吏","少吏"毫无疑问是在一般意义上使用的;正如下文所示,"啬夫"承担更多的特殊职责。

---

① 《汉书补注·宣帝纪第八》;H. H. Dubs, trans., *The History of the Former Han Dynasty*, Vol. 2, p. 213. 此种解释也被《睡虎地秦墓竹简》的整理者明确采用(《睡虎地秦墓竹简》第3册,第29a页,注释15),并被《云梦秦简释文(三)》(第47页)含蓄地采纳。

② 《汉书补注》卷19《百官公卿表第七上》,第26b页。

③ 《汉书》卷44《淮南王传》;《史记》卷118《淮南王传》。

④ 《后汉书》志27《百官志四》。惠栋认为"百官"应该读作"百姓",但《后汉书集解》在该卷附录的校补中否定了这种看法,笔者认为这种做法正确无误。

* 作者指的应是"景帝中五年令诸侯王不得复治国,天子为置吏,改丞相曰相,省御史大夫、廷尉、少府、宗正、博士官,大夫、谒者、郎诸官长丞皆损其员"(《汉书》卷19《百官公卿表上》)。——译者

⑤ 《汉书》卷19《百官公卿表上》("群卿大夫都官如汉朝"——译者)。

鉴于上述情况，似乎不可能得出一个对秦汉两代的"都官"均有效的定义。笔者相信"都官"指代所有由皇帝（或中央政府）任命的官吏，"都官"与次级官吏群体形成鲜明对比，这些次级官吏由都城的政府机构长官和地方长官（即郡守和县令）提名。于是秦代法规的主旨似乎就是"辞"（即由法律诉讼辩护人给出的辩护词[1]）应当在郡守在场时做出，而非在郡守出现之前向其他朝廷任命的官员（"都官"）（更不用提"啬夫"了）做出。

啬夫

"啬夫"一词多次在云梦睡虎地秦简中出现。幸运的是，大庭脩（1927—2002）20多年前在一篇精彩论文中，已经分析了在历史文献中找到的"啬夫"。[2] 大庭脩揭示了"啬夫"一词指代两种不同的低阶官吏，一种是乡一级行政机构中的啬夫，另一种是大量官署中的啬夫。

在规模较大（人口超过五千户）的乡中，郡守任命"有秩啬夫"，而在规模较小的乡中，县令提名"斗食啬夫"；"有秩啬夫"每年俸禄为一百石，"斗食啬夫"则按月给养。二者都被当作"少吏"，肩负各类职责：收赋税［他们会得到"佐"（乡佐）的帮助］、征徭役、治安（真正的治安工作是由"游徼"承担）、狱讼；因为狱讼，他们建有监狱。[3]

---

[1] A. F. P. Hulsewé, *Remnants of Han Law*, pp. 49—51.
[2] 大庭脩「漢代の嗇夫」,『東洋史研究』1955年第14期，第61—80页；该文的摘要可见 A. F. P. Hulsewé, "Review," *Revue Bibliographique de Sinologie*, Vol. 1, 1955, p. 48, note 83. 最近的一篇论文（郑实：《啬夫考——读云梦秦简札记》,《文物》1978年第2期，第55—57页）忽视了大庭脩的重要研究，未能帮助我们更好地理解"啬夫"。
[3] 对此的简要讨论，可参见鎌田重雄『秦漢政治制度の研究』第418页及以下内容。

各类中央和地方官方机构中的啬夫需要与那些本地官吏[德效骞称为"执行吏"（bailiffs）]区分开来，

县设置了至少三个组织来负责照顾官方使客、高级官吏和拥有官方过所之人，因为他们都有资格寄宿、用膳和使用官方交通工具。使客的住宿（"传舍"）由传舍啬夫掌管，饮食由厨啬夫供应，交通工具由厩啬夫保障。与之相似，关啬夫负责往来使客。① 不同类型的仓库分别设置了啬夫：军械库中设置库啬夫、粮仓中设置仓啬夫。在县中，也设置了市啬夫，向贸易者课税。

啬夫也被设置于三工官（即供工、考工和寺工）中，得到了青铜器与漆器铭文的证实。宗教机构（如太常机构、祠庙、帝陵以及一些皇室园陵）也设置了啬夫。最后，我们还听闻上林苑的虎圈（"虎圈啬夫"）、掖庭的府臧（"少内啬夫"）和掖庭的"暴室"（即病房）（"暴室啬夫"）也设置了啬夫。

在所有这些事例中，啬夫代表了官僚等级制中的低阶官职；首先是"令"，紧随其后的是令的佐官"丞"，更低一点的是"掾"，之后才是"啬夫"（有时候"令史"会排在"啬夫"前面），"佐"总是敬陪末座。啬夫或可被称作"监管者"（Overseers）。

大庭脩教授的发现得到了云梦睡虎地秦简的证实，但在这些秦简中，出现了更多类型的啬夫。

秦简提及"（其）官啬夫"，一般指"与官署有关的啬夫"（se-fu of the office concerned）；他们被赋予了各种各样的职责，从中可见对其词义的上述解释正确无误。《仓律》要求啬夫若将公器钱财借给死去或

---

① 森鹿三『東洋學研究：居延漢簡篇』，東京：同朋社，1975年，第186頁及以下内容；大庭脩「漢代の關所とパスポート」，『關西大學東西學術研究所論叢』第16卷，1954年。

者逃匿的庶民,就必须对此负责,①还要为其他的损失负责,或者为皮革因未被晾晒而腐烂负责②,或者为"仓扁(=漏)芴(=朽)禾粟"负责。③啬夫必须在夜间检查其官署,避免失火("夜更行官,毋火")。④啬夫还负责登记器物、马牛,当统计数据不一致时,他们会被免职。⑤鉴于"啬夫"的类型如此之多,我们只能合理地假设,正如大庭脩教授所述与下文所示,"啬夫"群体包括了有确定官名和职责的啬夫。与之相似,"啬夫离官"尽管明显掌管主要政府机构之外或者位于其他地方的机构,但确切含义尚不得而知;我们只能了解到他们有资格拥有一个厨师("养")。⑥

县啬夫的地位难以被界定;《睡虎地秦墓竹简》一书的整理者认为从上下文看,县啬夫和大啬夫应是县令。⑦当征发徭役违背了"一户不可有多人同时服役"的规定时,县令将会被免职("同居毋并行,县啬夫、尉及士吏行戍不以律,赀二甲"),⑧这一点容易理解,但为何万一县工的工作遭到斥责,应该是县令被重罚,⑨或者为何县令必须封印于存入

---

① 《睡虎地秦墓竹简》第4册,第45a、67a、79b页;《云梦秦简释文(二)》,第3、7、9页。
② 《睡虎地秦墓竹简》第5册,第80a、90a页;《云梦秦简释文(二)》,第9、10页。("官府臧[=藏]皮革,数[=炀]风之。有蠹突者,赀官啬夫一甲。"——译者)
③ 《睡虎地秦墓竹简》第4册,第66a页;第5册,第78a页;《云梦秦简释文(二)》,第6、8页。
④ 《睡虎地秦墓竹简》第4册,第72b页;《云梦秦简释文(二)》,第7页。
⑤ 《睡虎地秦墓竹简》第5册,第80a页;《云梦秦简释文(二)》,第9页。("器职[=识]耳不当籍者,大者赀官啬夫一盾,小者除。马牛误职[=识]耳,及物之不能相易者,赀官啬夫一盾。"——译者)
⑥ 《睡虎地秦墓竹简》第4册,第43a页;《云梦秦简释文(二)》,第3页。
⑦ 《睡虎地秦墓竹简》第4册,第61a页,注释9;第66b页;《云梦秦简释文(二)》,第5、7页。
⑧ 《睡虎地秦墓竹简》第5册,第95b页;《云梦秦简释文(二)》,第10页。
⑨ 《睡虎地秦墓竹简》第5册,第90b页;《云梦秦简释文(二)》,第10页。("县工新献,殿,赀啬夫一甲,县啬夫、丞、吏、曹长各一盾。"——译者)

仓库的禾粟上？① 这一点颇为费解。至于征发徭役，正如上文所述，是乡啬夫负责此事；为了避免挂一漏万，笔者必须要说乡啬夫也见于其他的考古材料（居延汉简）。② 乡啬夫一职的真正性质仍然模糊不清；很难用一个集体名词来命名所有类型的啬夫（不管是在县中设置的啬夫还是在乡中设置的啬夫）。

还存在着其他一些职责显而易见的啬夫，由其官职名称和实际规定即可得知；他们经常被包含在上文提及的"啬夫离官"中。

田啬夫掌管农田耕种者并照管田牛。③ 仓啬夫负责禾粟在仓库中的储藏，照管禾粟分配。④ 库啬夫照管发放给卒的兵器。⑤ 厩啬夫和皂啬夫照管牛羊。⑥ 司空啬夫掌管马车和漆器的制造，或许还掌管铁器制造。⑦

告归

在云梦睡虎地秦简的《仓律》中，出现了一条旨在阻止重复给养的规定，内含"告归"一词。法令内容如下：

> 月食者已致稟而公使有传食，⑧ 及告归尽月不来者，止其后朔

---

① 《睡虎地秦墓竹简》第4册，第29a页；《云梦秦简释文（二）》，第2页。（"入禾仓，万石一积而比黎之为户。县啬夫若丞及仓、乡相杂以印之。"——译者）
② 藤枝晃「漢簡職官表」，『東方學報』第25卷，1954年，第656頁。
③ 《睡虎地秦墓竹简》第3册，第25b页；《云梦秦简释文（二）》，第1页。
④ 《睡虎地秦墓竹简》第3册，第29a、66b、67a页；《云梦秦简释文（二）》，第2、6、7页。
⑤ 《睡虎地秦墓竹简》第5册，第89b页；《云梦秦简释文（二）》，第10页。
⑥ 《睡虎地秦墓竹简》第5册，第93b页；《云梦秦简释文（二）》，第10页。
⑦ 《睡虎地秦墓竹简》第5册，第90b—91a页；《云梦秦简释文（二）》，第10页。
⑧ 汉律禁止未经许可传食，笔者曾撰文讨论过。(A. F. P. Hulsewé, "Han-time Documents," *T'oung Pao*, Second Series, Vol. 45, 1957, p. 26.)

食，而以其来日致其食，有秩吏不止。①

"告归"是一个行政术语，意为"休假回乡"（to go on leave to one's place of origin），在史书中反复出现。所有权威学者都同意"告"应读作"hao"*而非"gao"，意思是"休假"（leave of absence）。

据笔者所知，"告归"一词最早见于《战国策·秦策一》，即"商鞅告归"②；根据记载，李斯之子李由也曾告归。③按照时间的先后顺序，汉高祖刘邦在担任亭长时"尝告归之田"④；汉高祖七年（约前200），雇佣军统领陈豨［汉高祖六年（前201）冬被任命为代相］曾经"告归过

---

① 《睡虎地秦墓竹简》第4册，第36b页；《云梦秦简释文（二）》，第3页。

* 作者指的是服虔的《汉书》注"告音如暤，呼之暤"。——译者

② 参见 J. J. L. Duyvenaak, trans., *The Book of Lord Shang*, London: Probsthain, 1928, p. 32。"商鞅告归"一语不见《史记·商君列传》。

③ 《史记》卷87《李斯列传》（"三川守李由告归咸阳"——译者）；卜德（Derk Bodde, 1909—2003）将李由"告归"误译为李由"宣告返归"（announced his return）（Derk Bodde, *China's First Unifier*, Leiden: Brill, 1938, p. 24）。

④ 《汉书》卷1《高帝纪上》；德效骞部分误解了这句话，译成了"（汉高祖）请假回家"（asked for leave to go home）（H. H. Dubs, *The History of the Former Han Dynasty*, Vol. 1, p. 34）。由于《史记·高祖本纪》将"尝"写成了"常"（"常告归之田"——译者），故而沙畹（Édouard Chavannes, 1865—1918）的《史记》译本将其译为"demandait sans cesse des conges"（请了无尽时长的假）（Édouard Chavannes, trans., *Les Mémoires Historiques de Se-ma-Ts'ien*, Vol. 2, p. 329）。依笔者之见，较诸《汉书》，《史记》的这种变化以及不必要的增补（《汉书》："高祖尝告归之田"；《史记》："高祖为亭长时，常告归之田"——译者）昭示了目前所见的《史记·高祖本纪》是后人对《汉书·高帝纪》的重新加工；转引自 A. F. P. Hulsewé, "The Problem of the Authenticity of 'Shih-chi' Ch. 123, the Memoir on Ta Yüan," *T'oung Pao*, Vol. 61, 1975, pp. 83-147。华兹生（Burton Watson, 1925—2017）遵循了德效骞的译法（Burton Watson, trans., *Records of the Grand Historian of China*, New York: University of Columbia Press, 1961, Vol. 1, p. 79），这也许是因为华兹生受到泷川龟太郎的诱导，泷川龟太郎（1865—1946）声称在一个古老抄本中发现了"常"写作"尝"。（泷川龟太郎《史记会注考证》曰："古抄本常作'尝'，与《汉书》合。"——译者）

赵"①；汉文帝在位期间（前179—前157），曾有一位告归的朝臣误将同舍者的财物拿走，后来返回时原数归还。②

官吏告归需要遵守法规。孟康（主要活动于180—260年）《汉书·高帝纪》注援引了汉律的一则条文，规定：

> 吏二千石有予告、有赐告。③

有关"赐告"之例，一则是卫绾在景帝前七年（前150）被赐告归（"赐绾告归"），另一则是汲黯在元朔元年（前128）被赐告归，还有一则是石庆在元封四年（前107）被赐告归。④公元前9年或公元前8年，曾有一则"故事"（先例[Precedent]）被提及，这则"故事"发生在更早的时候，规定"公卿病，辄赐告"⑤；赐告发生在公卿持续生病满三个月时（"病满三月赐告"）⑥。通常来讲，公卿在病满三个月时应当会被免职，谷永即为例证（两次"病满三月赐告"，一次是在阳朔三年[前22]，另一次是元延四年[前9]或元延五年[前8]⑦）。另一则"故事"将获得

---

① 《汉书》卷34《陈豨传》；《史记》卷93《陈豨传》。平心而论，我们应该注意到《汉书》对此的记载（"常告过赵"——译者）存在缺陷，不仅像《史记》一样将"尝"写成"常"，而且甚至缺漏了"归"字，但古今注释家们都未注意到这一缺漏。
② 《汉书》卷46《直不疑传》（"其同舍有告归，误持其同舍郎金去。……后告归者至而归金"——译者），《史记》卷103《直不疑传》（"其同舍有告归，误持同舍郎金去，……而告归者来而归金"——译者）。
③ "吏二千石"一般是指国相和太守。
④ 关于卫绾，参见《汉书》卷46《卫绾传》和《史记》卷103《卫绾传》；关于汲黯，参见《汉书》卷50《汲黯传》和《史记》卷120《汲黯传》（"上常赐告者数"——译者）；关于石庆，可见《汉书》卷46《石庆传》和《史记》卷103《石庆传》（"乃赐丞相告归"——译者）。
⑤ 《汉书》卷85《谷永传》。
⑥ 《汉书》卷71《隽疏传》；此事发生于西汉元康三年（前63）。
⑦ 《汉书》卷85《谷永传》。

"赐告"的特权从公卿扩及任何秩二千石的官吏,"二千石病,赐告得归"①。这类"赐告"的一个特别之处在于"赐告者……天子优赐其告,使得带绶印、将官属,归家治病"②,但自阳朔二年(前23)起,"郡国二千石病,赐告不得归家"③。有一条法令规定"吏二千石告,过长安,谒"④。在另一个方面,有一条法令规定"吏二千石以上告(归)归宁,(道)不过行在所者,便道之官无辞(问)"⑤。考虑到这些故事,"免罢守令,自非诏征,不得妄到京师"这条"汉法"⑥也不会令人震惊了。

"赐告"是皇帝的个人行为,有"赐告"自然也就有"予告"(或"与告")。一条法令规定"三最予告"[官吏考课三次被评为"最"(最优等),方得予告]⑦。但也有特例,譬如永光五年(前39)秋,"颖川水出,流杀人民。吏、从官县被害者与告"⑧。

皇帝定期予告所有官吏,以便使之能够送葬父母。公元1世纪后期的法学家陈忠指出,萧何在秦律的基础上创制了第一部汉律⑨,其中

---

① 《汉书》卷79《冯奉世传》。
② 《汉书》卷1《高帝纪上》,也可参见孟康在引用了汉律("吏二千石有予告、有赐告")之后所补充的解释。
③ 《汉书》卷79《冯奉世传》;也可参见孟康对《汉书·高帝纪》的注解。
④ 同上。
⑤ 同上。李善在其对《文选》卷37的陆机(261—303)上表的注中,引用了这条法令,但是增加了括号中的"归"和"道",并且用最后一个括号中的"问"替代了"辞"。赞克(Erwin von Zach, 1872—1942)将其译为"In Übereinstimmung mit den bestehenden Verordnungen musz ich mich von hier aus direkt (ohne Umweg) auf meinen Posten begeben"(E. von Zach, trans., *Die chinesische Anthologie: Übersetzungen aus dem Wen hsüan*, Cambridge, Mass.: Harvard University Press, Vol. 2, p. 683)。但不管是哪个版本,笔者恐怕自己都不能理解这条法令最后两个字的特定含义。
⑥ 《后汉书》卷31《苏不韦传》。
⑦ 《汉书》卷79《冯奉世传》。
⑧ 颖川郡在今天的河南省;参见《汉书·元帝纪》和 H. H. Dubs, trans., *The History of the Former Han Dynasty*, Vol. 2, p. 329。
⑨ 参见 A. F. P. Hulsewé, *Remnants of Han Law*, pp. 26 ff。

包含了"大臣有宁告之科①"。② 陈忠补充指出这条法令之前已被汉光武帝（公元 25—56 年在位）废除。③ 孟康《汉书》注指出予告与赐告的制度在汉和帝时期（公元 88—105 年在位）都被废除了④，但《后汉书》至少记载了一则发生在很久以后（即公元 121 年）的赐告之事⑤。

居延汉简涵盖公元前 100 年至公元 1 世纪末，显示出低阶官吏也被予告送葬父母；专业术语是"予某人宁"。当时用了许多不同的称谓来指称对这类告归的申请，譬如"取宁""取急""取丧"或者直接是"宁"；他们能够这么做是基于法令（"以令"）。⑥

可以想见，汉代的基本规定能够追溯至秦代，在秦律中找到具有相似要旨的原型。

赀

在秦律中，有许多官吏因过失而被罚"一甲"或"二甲"、"一盾"

---

① 关于"科"，可参见 A. F. P. Hulsewé, *Remnants of Han Law*, pp. 49-51。
② 《后汉书》卷 46《陈忠传》。
③ 《后汉书》卷 46《陈忠传》（"建武之初，新承大乱，凡诸国政，多趣简易，大臣既不得告宁，而群司营禄念私，鲜循三年之丧，以报顾复之恩者"——译者）。
④ 《汉书·高帝纪上》孟康注的末句（"至和帝时，予赐皆绝"——译者）。
⑤ 《后汉书》卷 39《刘平传序》（"安帝时……建光中……有诏赐告归，加礼如毛义。"——译者）。
⑥ 关于这些木简，参见森鹿三:『居延出土の一册书について』,『東洋學研究: 居延漢簡篇』(東洋史研究叢刊二十三之二) 東京:同朋社，1975 年，第 66—81 页，尤其是第 71—75 页；森鹿三的这篇文章最初发表于《石濱先生古稀記念東洋學論叢》，京都:石濱先生古稀記念会，1958 年，第 551—567 页，参见 A. F. P. Hulsewé, "Review," *Revue Bibliographique de Sinologie*, Vol. 4, 1958, p. 67, note 114。亦可参见 Michael Loewe, *Records of Han Administration*, Vol.1, Cambridge: Cambridge University Press, 1967, Vol. 2, p. 113。

或"二盾"的案例，甚至还有"徒"被罚二十套或五十套"络组"，用来将甲片串联在一起。① "赀"是专门用来指代这类"罚金"的术语。

然而，在汉代四百年历史中，"赀"一词总是一成不变地指代"财产"②；换而言之，"赀"被用来指称同音字"资"③，作于天汉元年（100）的《说文解字》简单地将"资"定义为"货"④。据笔者所知，在史书中，"赀"从来没有在"罚金"的意义上被使用过，通常来说，罚金是用"罚"来指称，"罚"是一个表示"刑罚"或者"严惩"的古老术语。

出乎意料的是，东汉中期的许慎在《说文解字》中，重新回返秦代对"赀"的用法。⑤ 许慎将"赀"解释为"小罚以财自赎也"。值得注意的是，许慎提供的释例来自法律领域："汉律：'民不繇，赀钱二十二。'"当我们注意到在汉代文本中，意指"救赎、拯救（某人）"的术语通常是"赎"⑥（许慎在解释"赀"时用了"赎"）时，许慎关于"赀"

---

① 《睡虎地秦墓竹简》第 5 册，第 90b—91a 页；《云梦秦简释文（二）》，第 10 页。关于汉代铠甲的研究，可见杨泓的出色论文（杨泓：《中国古代的甲胄（上）》，《考古学报》1976年第 1 期，第 19—46 页；该文共分为 6 节，包含 18 张文本图解）。

② 关于《汉书》对"赀"的记载，可参见《汉书》卷 5《景帝纪》（"今訾算十以上乃得官，廉士算不必众。有市籍不得官，无訾又不得官，朕甚愍之。訾算四得官，亡令廉士久失职，贪夫长利。"——译者）、《汉书》卷 9《元帝纪》（"訾不满千钱者，赋贷种、食"——译者）、《汉书》卷 10《成帝纪》（"徙郡国豪杰赀五百万以上五千户于昌陵""民赀不满三万"——译者）、《汉书》卷 12《平帝纪》（"天下民赀不满二万"——译者）；H. H. Dubs, trans., *The History of the Former Han Dynasty*, Vol. 1, p. 329（该书的注释 9.9 很重要）；Vol. 2, p. 303, p. 397; Vol. 3, p. 73；还可见《汉书》卷 50《张释之传》（"以赀为骑郎"——译者）、《汉书》卷 56《董仲舒传》（"又以富訾，未必贤也"——译者）、《汉书》卷 57《司马相如传》（"以訾为郎"——译者）。正如历代注释家所示，"訾"在一些例子中被用来指代"赀"。关于《后汉书》中的"赀"，可参见藤田至善编『後漢書語彙集成』，京都：京都大学人文科学研究所，1962 年，第 2413 页。

③ B. Karlgren, *Grammata Serica Recensa*, 103, 358m: 赀；148, 555h: 资．

④ 转引自诸橋轍次『大漢和辞典』第 10 卷，第 750 頁，编号 36750。

⑤ 转引自诸橋轍次『大漢和辞典』第 10 卷，第 725 頁，编号 36702。

⑥ A. F. P. Hulsewé, *Remnants of Han Law*, pp. 205–214.

的释例将会令人更加震惊。

在此应补充一点：就"钱二十二"一词而言，《说文解字》的文本毫无疑问在版本流传中出现了讹变，因为如淳在《汉书·昭帝纪》注中列举了更高的数目：在当时，某人若不服徭役，可出钱二千，代替卒更一月；可出钱三百，代替戍边三日。① 因此，笔者认为"二十二"实为"二千"的抄录错误。②

我们发现在秦律的一些内容中，"赀"没有在"罚金"的意义上被使用，而是意指"刑罚"，譬如"赀戍一岁"（或"赀戍二岁"）、"赀繇(＝徭)三旬"、"赀……四月居边"。③

---

① 《汉书补注》卷7《昭帝纪》；H. H. Dubs, trans., *The History of the Former Han Dynasty*, Vol.2, pp. 205—214。

② 已有两份研究讨论了《说文解字》的"汉律：'民不繇，赀钱二十二'"这段文字，一份是王仁俊(1866—1913)的《说文解字引汉律考》（在王仁俊去世后，该文发表于上海大同书局出版的《国学》1926年第1期；后于1970年由进学书局在台北重新影印出版，参见该书第4—5页），有关王仁俊的这份研究，也可参见 *Studia Serica Bernhard Karlgren Dedicata*, Copenhagen: Munksgaard, 1959, p. 140, note 3。另一份是马宗霍(1897—1976)的《说文解字引群书考》（北京：科学出版社，1959年，第25b—26a页）。王仁俊与马宗霍一方面讨论了"繇"的不同寻常的字形，另一方面接受了段玉裁(1735—1815)在其名著《说文解字注》中的看法，即"二十三"被误作"二十二"。段玉裁的理由是二十三钱恰好是"口钱"（儿童的赋税）的数目（参见 H. H. Dubs, trans., *The History of the Former Han Dynasty*, Vol.2, p. 170, note 8. 7）（《说文解字注》："二十三，各本作'二十二'，今正。《汉仪注》曰：'人年十五至五十六，出赋钱人百二十为一算。'又'七岁至十四，出口钱人二十。以供天子。至武帝时又口加三钱，以补车骑马'。见《昭帝纪》《光武纪》二注及今《四库全书》内《汉旧仪》。按《论衡·谢短篇》曰：'七岁头钱二十三。'亦谓此也。然则民不徭者，谓七岁至十四岁。赀钱二十三者，口钱二十并武帝所加三钱也。"——译者)；另见日本学者平中苓次(1907—1973)的「漢代の馬口錢と口錢に就いて」(该文的摘要参见 M. Loewe, "Review," *Revue Bibliographique de Sinologie*, Vol. 3, 1957, p. 74, note 148)。笔者不认为段玉裁的解释正确，因为儿童没有服徭役的义务。笔者很高兴地发现沈家本也相信段玉裁的解释有误，参见沈家本《汉律摭遗》卷14。(沈家本对口赋的看法是汉代"口赋自七岁至十四岁"。——译者)

③ 《睡虎地秦墓竹简》第5册，第89a、100a、94b页；《云梦秦简释文(二)》，第9页；《云梦秦简释文(三)》，第27页；《云梦秦简释文(二)》，第9页。

尽管云梦睡虎地秦简清楚地说明了这些罚金是一件或两件的"甲"或"盾",但笔者对这两个关键词("甲""盾")有些困惑不安,因为这种罚金的价值似乎与那些被罚者的偿还能力不成正比。他们难以自己制造出这些复杂物件,必须购买,或者更有可能的情况是他们必须向政府偿付与这些物件等值的一大笔钱。一件铠甲的价值肯定很高,[①]即便不是值几千钱,也肯定值几百钱,而盾的价值也不会很低。可是那些被要求缴纳罚金的人通常收入很少;最高官阶的啬夫每年俸禄是一百石,而较低等级啬夫的收入以斗来计算。如果宇津宫清吉(1905—1998)教授的计算正确无误的话,[②]那么在东汉时期,最高官阶的啬夫每月俸禄是48斛(约值350钱)外加800钱,低阶啬夫的每月俸禄是33斛(约值250钱)外加550钱。而在三个世纪前的秦代,啬夫的收入很可能更少。

有一枚睡虎地秦简[③]或许会有助于解答这个问题,但令人遗憾的是,其含义难解。简文作"当赀盾没钱五千而失之可(=何)当论谇",可初译为:"(他)应当被处以'一件盾牌'的罚金;他收到(takes in)[④]了五千钱,却把钱弄丢了;应如何处置他? 应予以训斥。"*秦简中那些遭到训斥的人无一例外都是官吏而非庶民;所以这个把钱弄丢的主体必须是官吏。但就本文主旨而言,其是否也是"没(?)钱"的人以及

---

① 杨泓的《中国古代的甲胄(上)》未曾讨论铠甲成本的问题。
② 宇津宫清吉『漢代社会経済史研究』,東京:弘文堂,1957年,第213頁。
③ 《睡虎地秦墓竹简》第5册,第107b页,竹简编号48;《云梦秦简释文(三)》,第30页。
④ 或者应译为"缴纳"(pays in)? 该字的字迹在竹简上模糊不清,《睡虎地秦墓竹简》的整理者释读作"没",意思为"入",参见《睡虎地秦墓竹简》第5册,第108b页,注释1。
* 据此,简文的句读为"当赀盾,没钱五千而失之,可(=何)当? 论谇。"——译者

必须缴纳"一盾"①罚金的人,实则无关紧要,因为似乎可以肯定的是"盾"和"五千"相关。②我们是否因此能够假设罚一盾实为罚金至少五千钱?

实际上,睡虎地秦简中有一种情况可以使我们想到那时存在着巨额罚金,可见于一些关于如何对待"居赀赎责(=债)"之人的规定中。"居赀赎责(=债)"即"在强制居住中偿还(in forced residence work off)③罚金、赎刑费用(redemption fees)④或者债务⑤",他们"日居八钱;公食者,日居六钱"。⑥据此,五千钱的总额代表了625天(或者833天)的劳役。相较于那些真正的刑徒,这些"居赀赎责(=债)"之人拥有一些优势:他们每年两次被允许在自己的田里劳作二十天;*在某些情形下,能够让人代替他们"居赀赎责(=债)";**被允许用钱来偿还一部分义务("其日未备而被入钱者,许之")。⑦

---

① 需要注意的是,在这枚竹简中缺少了"一"这个数字,而在编号47的竹简上,也少了"一"。("赀一盾"变成了"赀盾"。——译者)
② 竹简上这个字的字迹很清晰,是"千"而非"十"。
③ "在强制居住中偿还"显然就是"居"的意思,《睡虎地秦墓竹简》的整理者同样如此认为,表示"居"就是"居作,以劳役抵偿"。参见《睡虎地秦墓竹简》第4册,第45a页,注释4。
④ 赎刑的对象包括了劳役刑、肉刑甚或死刑。
⑤ 这种"债"是欠官府的债。("有责[=债]于公"——译者)
⑥ 《睡虎地秦墓竹简》第4册,第59a—60b页;《云梦秦简释文(二)》,第5页;编号138的竹简提到了价格。这些规定是《司空律》的一部分。
* "居赀赎责(=债)者归田农,种时、治苗时各二旬。"——译者
** "居赀赎责(=债)欲代者,耆弱相当,许之。作务及贾而负责(=债)者,不得代。"——译者
⑦ 《睡虎地秦墓竹简》的整理者将"被"(《睡虎地秦墓竹简》第1册,第17b页,字迹相当清晰)解释为"部分"。这种字义解释大概来自《说文解字》,《说文解字》指出"被……一曰析",即"离析"(参见诸桥辙次编『大漢和辞典』第6卷,第256页,编号14598)。

隶臣和徒

"城旦""隶臣"和其他一些类似的术语频繁出现在云梦睡虎地秦简中。从上下文来看,显而易见,所有这些术语都意指刑罚。然而,这些刑罚不能被简单地等同于自汉代以来人们所熟知的刑罚。"城旦"(刑罚的对象若是女性,则称为"舂")意味着4—5年的劳役;"鬼薪"(刑罚的对象若是女性,则称为"白粲")意味着3年的劳役,也被称作"隶臣妾";两年劳役被称作"司寇";1年劳役被称作"(戍)罚作"。[1] 高恒(1930—2019)警告我们不能将秦制与汉制等同。[2] 他提出了一个相当极端的设想,即所有秦代的劳役刑罚都是终身的,[3] 理由是一方面,秦律仅仅提及了一次刑期期限,[4] 另一方面,汉文帝前十三年(167)下诏"及令罪人各以轻重,不亡逃,有年而免"。[5] 高恒坚信汉文帝在此引入了规定服刑期限的创举。笔者以为该观点推之过甚,因为这会令人难以理解秦代为何要有种类如此繁多的劳役刑罚,并且除了上文所枚举的那些劳役刑罚外,我们也找到了一种迄今尚不为人所知的刑罚,即"候"。[6] 笔者相信秦代的劳役刑罚同样有固定刑期,尽管其刑期长度可能与后世的情况有所不同。城旦的刑期通常情况下或许是6年("城旦六岁")。

---

[1] A. F. P. Hulsewé, *Remnants of Han Law*, pp. 129-130.
[2] 高恒:《秦律中"隶臣妾"问题的探讨》,《文物》1977年第7期,第43—50页。
[3] 同上书,第43页。
[4] 《睡虎地秦墓竹简》第5册,第123b页,竹简编号118;《云梦秦简释文(三)》,第31页,"有(=又)毄(=系)城旦六岁"。
[5] A. F. P. Hulsewé, *Remnants of Han Law*, pp. 335 ff.
[6] 《睡虎地秦墓竹简》第4册,第71b页,竹简编号193;第5册,第86a—86b页,竹简编号4;《云梦秦简释文(二)》,第7、9页。

高恒正确地区分了两种类型的"隶臣妾"。一种类型的"隶臣妾"肯定是一种永久的世袭地位;另一种类型的"隶臣妾"则是一种刑罚,可由诬告"当刑为隶臣"[①]和"当完为隶臣"[②]的事例证明。

关于作为世袭地位的"隶臣妾",据云梦睡虎地秦简记载,当一名隶臣死去后,其妻子没有透露其孩子的父亲是一名隶臣,[③]该事例清楚说明了"隶臣妾"的世袭身份。这亦可由另一件事例证实:这些隶臣可以获得自由,但不是通过支付某个数额的金钱,而是找到两位强壮的("粼"[④])男子愿意代替自己成为隶臣,而年少的隶臣与隶妾可以用一名男子代替。女裁缝不得赎。[⑤]倘若隶臣或者他们的儿子退还他们因作战勇猛而获得的爵位,那么隶臣也能获得自由。[⑥]如果一个人的母亲和姐妹是"非适(=谪)罪"的隶妾,那么他可以通过"毋赏(=偿)兴日"的戍边五年,从而赎回她们。[⑦]

---

① 《睡虎地秦墓竹简》第6册,第120b、121b页,竹简编号108和109;《云梦秦简释文(三)》,第33页。

② 《睡虎地秦墓竹简》第6册,第123b页,竹简编号118,第103b页,竹简编号25;《云梦秦简释文(三)》,第31、28页。

③ 《睡虎地秦墓竹简》第6册,第134a-134b页,竹简编号174;《云梦秦简释文(三)》,第33页。("女子为隶臣妻,有子焉,今隶臣死,女子北其子,以为非隶臣子殴[=也]。"——译者)

④ 在此语境中,"粼"的意思不明,但《睡虎地秦墓竹简》的整理者暗示它应指"强壮"(able-bodied);关于"粼"的其他意思,参见诸桥辙次编『大漢和辞典』第8卷,第906页,编号26991。

⑤ 《睡虎地秦墓竹简》第4册,第40b页,竹简编号61,以及第41a页的注释;《云梦秦简释文(二)》,第3页。("隶臣欲以人丁粼者二人赎,许之。其老当免老、小高五尺以下隶妾欲以丁粼者一人赎,许之。赎者皆以男子,以其赎为隶臣。女子操敃红及服者,不得赎。"——译者)

⑥ 《睡虎地秦墓竹简》第4册,第63b-64a页,竹简编号156;《云梦秦简释文(二)》,第7页。("欲归爵二级以免亲父母为隶臣妾者一人,及隶臣斩首为公士,谒归公士而免故妻隶妾一人者,许之,免以为庶人。"——译者)

⑦ 《睡虎地秦墓竹简》第4册,第65a页,竹简编号162;《云梦秦简释文(二)》,第6页。

令人震惊的是，这些隶臣和隶妾只有在劳动时，才被发放给养；在没有为官府做事时，给养就会被停发。① 同样，更隶妾在因紧急差役而被召集起来时，才会被按法律规定发放给养。② "更"的意思是"轮流值班"，法律声明更隶妾是被"召集"起来的，所以这似乎暗指这种类型的隶臣妾在其余时间内是自由的，或者相对而言是自由的。高恒的结论似乎正确，即他们在经济上独立。③

然而，这些世袭隶臣妾是服务谁的呢？《汉书》或许提供了一条线索。《汉书》记载，根据商鞅的制度，凡斩首五名身着铠甲者，会被赐予五户作为奴仆（"隶五家"）。④ 无论如何，云梦睡虎地秦简清楚显示了隶臣妾必须从事官府差役，⑤ 但秦简未明确说明他们在其余时间内是否相对自由。

关于隶臣妾必须从事的官府差役，我们知道一些隶臣妾在田间劳动，为此可获得额外给养；⑥ 在修建城垣或者从事同等繁重的劳动时，同样可获得额外给养。⑦ 他们和司寇共同从事的一项官府差役是看守城旦

---

① 《睡虎地秦墓竹简》第 4 册，第 37a 页，竹简编号 49，"不从事勿禀"；《云梦秦简释文（二）》，第 2 页。
② "更隶妾节（＝即）有急事，总冗，以律禀食；不急勿总。"
③ 高恒：《秦律中"隶臣妾"问题的探讨》，第 48 页（"秦律还规定一部分隶臣、妾允许有自己的家室和独立的经济。"——译者）。
④ 《汉书》卷 23《刑法志》（"五甲首而隶五家" ——译者）；A. F. P. Hulsewé, *Remnants of Han Law*, p. 327。这段文字（"五甲首而隶五家"——译者）没有在《商君书》中找到，但是可参见戴闻达的译本（J. J. L. Duyvendak, 1889—1954）（J. J. L. Duyvendak, trans., *The Book of Lord Shang*, pp. 298—300）。
⑤ 在这一点上，我们需要注意《睡虎地秦墓竹简》第 4 册，第 48b 页，竹简编号 94；《云梦秦简释文（二）》，第 4 页，它们同时提到了"隶臣"和"府隶"。
⑥ 《睡虎地秦墓竹简》第 4 册，第 37b 页，竹简编号 49；《云梦秦简释文（二）》，第 2 页。（"隶臣田者，以二月月禀二石半石，到九月尽而止其半石。春，月一石半石。"——译者）
⑦ 《睡虎地秦墓竹简》第 4 册，第 40a 页，竹简编号 59；《云梦秦简释文（二）》，第 2 页。（"垣及它事而劳与垣等者。"——译者）

（苦刑犯），如果城旦逃亡，他们自己就会变成城旦。① 他们即便足够聪慧并且能够成为工匠，也不会被雇佣为仆人或厨师。② 最后他们的女儿会被"借"（"假"）给庶民，这些庶民之后必须为其提供衣食。③

不过，这些都仅仅是只言片语，无法由此建构整幅图景。

在此还有一类人的身份尚不清楚，那便是"徒"。在汉代，苦刑犯一般被称作"徒"④，但在秦简中，他们似乎不是刑囚，而是自由民（freemen）。这一点可以从这样一个事实推论出来，即他们被召集或者动员去建造城垣，之后城垣坍塌，他们不得不重新修建城垣，而这种重修工作不会被算作徭役。⑤ 此时，徭役被施加于所有人而不只针对刑囚。亦存在没有在岗执勤的"徒卒"⑥，《睡虎地秦墓竹简》的整理者仅仅将"徒卒"解释为步兵⑦；值得注意的是，在汉代，"卒"特别指代那些完成自己徭役的被征发者，这似乎再次指向了自由民。"徒"亦可见于官府工坊，在那里，他们的工作若被评判为劣等，就会遭到罚金或者笞打⑧；在

---

① 《睡虎地秦墓竹简》第 6 册，第 123a 页，竹简编号 116；《云梦秦简释文（三）》，第 31 页。（"隶臣将城旦，亡之，完不城旦。"——译者）

② 《睡虎地秦墓竹简》第 4 册，第 53a 页，竹简编号 113；《云梦秦简释文（二）》，第 5 页。（"隶臣有巧可以为工者，勿以为人仆、养。"——译者）

③ 《睡虎地秦墓竹简》第 4 册，第 37a-37b 页，竹简编号 48；《云梦秦简释文（二）》，第 2 页。（"妾未使而衣食公，百姓有欲叚［=假］者，叚［=假］之，令就衣食焉。"——译者）

④ A. F. P. Hulsewé, *Remnants of Han Law*, pp. 130 ff.

⑤ 《睡虎地秦墓竹简》第 6 册，第 54a 页，竹简编号 11；《云梦秦简释文（二）》，第 2 页。（"兴徒以为邑中之红［=功］者，令結［=嬶］堵卒岁。未卒堵坏，司空将红［=功］及君子主堵者有罪，令其徒复垣之，勿计为繇［=徭］。"——译者）

⑥ 《睡虎地秦墓竹简》第 5 册，第 94b 页，竹简编号 34；《云梦秦简释文（二）》，第 10 页。（"徒卒不上宿。"——译者）

⑦ 《睡虎地秦墓竹简》第 5 册，第 94b 页，注释 1。

⑧ 《睡虎地秦墓竹简》，第 5 册，第 89b 页和第 91a 页，竹简编号 17 和编号 18；《云梦秦简释文（二）》，第 10 页。（"省殿，赀……徒络组廿给。省三岁比殿，赀……徒络组五十给徒。……大车殿……徒治［=笞］五十。"——译者）

此,我们无法确定他们的身份地位。

王国维曾经绝望地谈到《尚书》,自称"于《书》所不能解者殆十之五";如作适当修改,就秦简而言,这句格言恐怕尤其适用于笔者。虽然有时或可解开秦简的一些谜团,但是秦简中仍存在相当多的问题和模糊之处。本文试图解答一些谜题,但还有更多的谜题有待解答。这要部分归咎于材料的性质;出土文献远非一部可以提供定义(譬如关于刑罚的定义)的完整法典。它们仅仅包含了当时施行法规的一小部分内容。《秦律答问》的解释并无太大帮助,因为其中的大部分内容是关于如何在具体案件中正确施用刑法;从司法的角度来看,它们很有价值,但是无助于更好地理解文献,而文献学的理解是所有更进一步研究的先决条件。

因此,由上述的考察和说明而得出的结论只能是暂时的和初步的。有一件事清楚无误:国家曾经是(或者至少试图成为)无所不在、无所不能的。云梦睡虎地秦简显示了政府试图掌控一切:从农作物的状态到为车轴涂油所需的油量。当我们考虑到目前所收集到的秦律只是整个法规的一小部分(一名地方小吏在实际生活中所需要的部分)时,我们就可以理解后世的抱怨:

> 文书盈于几阁,典者不能遍睹,是以郡国承用者。[1]

差不多是50年前(20世纪20年代),笔者还在读书,戴闻达(J. J. L. Duyvendak, 1889—1954)教授经常提醒我们,中国人非常着迷于制定章程,涵盖所有可能的情况,我们应当注意不要只从表面价值去审视这

---

[1] 《汉书》卷23《刑法志》;A. F. P. Hulsewé, *Remnants of Han Law*, p. 338 and note 199。

些章程,不要以为这些纸上的指示总能在实践中得到应用。我们是否有理由将20世纪20年代的情况(那时,受到西方案例的启发,各种规定被编纂出来,但从未被应用过[劳动立法便是一个突出案例])投射到遥远的过去,并且假设其中的很多规定(譬如规定那些被分发的衣服的确切质量)①几乎是一纸空文? 如此做出论断或许非常轻率,因为在这个早期阶段,可以预料的是,人们设计规定是为了让人去遵守,理论和实践仍然保持一致,这不同于后世的情况,在后来的时代中,法典被虔诚地维持着,但已沦为过时的纪念碑,在很大程度上被后来的法规修改。此外,秦代法规属于一种功能性的建制(a functioning establishment),并非某种理论性的理想型结构(a theoretical, ideal construction)(譬如《周礼》)的一部分。

我们在云梦睡虎地秦简中碰到的是一个完善的制度,如《治狱程式》和《秦律答问》所示,其程序形式尤其令人震惊。在纯粹的刑法方面,我们所知甚少;我们知道的大多是各种各样的刑罚,其中主要是劳役。这种情况很可能是因为下级地方官吏无权宣判死刑,似乎县令和郡守才拥有这样的权力。②虽然秦简提到了死刑,但是我们从中找不到《汉书》提到的"酷"秦的"凿颠"或"抽胁"之刑③,也找不到"镬亨"之刑的痕迹(尽管我们发现它在汉代初期仍然是一种刑罚)。④

---

① 《睡虎地秦墓竹简》第4册,第48b页,竹简编号90—93;《云梦秦简释文(二)》,第4页。("因有寒者为褐衣。为帴布一,用枲三斤。为褐以禀衣;大褐一,用枲十八斤,直[值]放十钱;中褐一,用枲十四斤,直[值]四十六钱;小褐一,用枲十一斤,直[=值]三十六钱。已禀衣,有余褐十以上,输大内,与计偕。都官有用□□□□其官,隶臣妾、春城旦毋用,在咸阳者致其衣大内,在它县者致衣从事之县。县、大内皆听其官致,以律禀衣。"——译者)

② 转引自 A. F. P. Hulsewé, *Remnants of Han Law*, pp. 81 ff.

③ 《汉书》卷23《刑法志》("秦用商鞅,连相坐之法,造参夷之诛;增加肉刑、大辟,有凿颠、抽胁、镬亨之刑。"——译者); A. F. P. Hulsewé, *Remnants of Han Law*, p. 332。

④ A. F. P. Hulsewé, *Remnants of Han Law*, pp. 122-123.

目前可能仍有一个问题悬而未决(但谁知道未来的发现将会揭示出什么?):中国法律究竟花了多久的时间,发展至目前所见的秦律?罗马不是一天建成的,罗马法也不是自然而然形成的;中国法律亦然。但又能溯及何时?将秦律与商鞅分开的那个世纪是否便足以令这些法律法规涌现出来?或者我们是否要假设这是一个更为漫长的发展历程?我们无法从目前掌握的材料中知晓相关情况。班固搜集了公元前7—前6世纪法律汇编的相关文献,我们是否要相信从中寻获的只言片语?① 这将意味着固定的书面规定与群雄争霸时代的"现代"国家似乎是自然而然同时产生的,因为它伴随着官僚制的逐步发展,而官僚制的逐步发展使得习俗在很多方面必须给法律让路。不过,这些都只是猜测,我们只能希望有朝一日更进一步的发现可以证明这些猜测究竟是真的还是假的。

后记*

正文在数月前就已经寄给了《通报》。笔者在 1979 年 3 月初收到了《考古学报》1979 年第 1 期,其中在第 1—24 页(英文摘要见第 25—26 页)登载了一篇关于秦简的有趣论文《云梦秦简辨正》,作者是黄盛璋(笔者在正文注释中已提及他此前发表的一篇论文)。该文虽然主要

---

① A. F. P. Hulsewé, *Remnants of Han Law*, pp. 324, 331 and note 41, 123. 齐思和(1907—1980)在其关于商鞅变法的论文(《商鞅变法考》,《燕京学报》第 33 期,1947 年,第 163—195 页)中,揭示了在商鞅变法前,法典编纂的过程就已经在战国时代取得了相当多的进展。

* 《通报》将正文印刷出来以后,又收到了作者何四维的这篇后记。作者根据一些新的材料,对正文做了一些补充说明。——译者

针对之前受到"四人帮"影响的秦简研究者,反驳他们的错误观点,但包含了许多有价值的论述。

《云梦秦简辨正》的第一部分聚焦秦律,作者指出其中许多法规的年代可以确定为秦昭王在位时期(前306—前251),一些法规的年代可以确定为秦始皇(前246—前210年在位)统一六国之前。在《治狱程式》中,有一篇爰书的年代可以确定为秦王政四年(前243),另一篇爰书的年代可以确定为秦昭襄王四十一年(前266)后不久。作者还讨论了这些秦律的性质,揭示其阶级属性,将其划分为三类:奴隶和刑徒、庶民、有爵位者。这样的结论既不会使任何研究传统中国法律的学生吃惊,也不会令《汉律遗文》(Remnants of Han Law)中"特殊群体"(Special Groups)一章的读者感到惊诧。黄盛璋也试图发现秦律的起源,他相信秦律是集战国诸雄法典的大成。

论文第二部分的主要论点是《为吏之道》的基调为儒家思想,但此前受"四人帮"影响的研究者假装它的基调是法家思想。论文的第三部分也主要反对将南郡守腾错误地视为与"复辟奴隶主"斗争的法家。论文的第四部分揭示了《编年记》的一些特殊节点,因此部分构成了黄盛璋之前研究(《云梦秦简〈编年记〉初步研究》)的续作。

此外,有三份研究值得注意。《早期中国》(Early China)杂志(1977年第3期,第100—104页,笔者在1978年夏天收到)登载了关于云梦睡虎地秦简的首批考古发掘报告的摘要和一份非常简要的文本研究,其中包括了加州大学夏德安(Donald J. Harper)先生的一些初步翻译。① 另外,在该期杂志的第124页上,登载了英国利兹大学的詹纳

---

① Donald J. Harper, "The Twelve Qin Tombs at Shuihudi, Hubei: New Texts and Archaeological Data," *Early China*, Vol. 3, 1977, pp. 100-104.

尔(W. J. F. Jenner,1940—)博士对新出土文献的简要报告。[①] 在《考古》杂志(1978年第3期,第200—206页)上,詹越的《斥"四人帮"在秦代史上的反动谬论》攻击了那些受"四人帮"影响的学者,批评他们误用了秦律和历史文献,硬将它们拖入到"与奴隶主复辟势力斗争"。

1979年6月,笔者通过剑桥大学鲁惟一(Michael Loewe,1922—)博士的热心帮助,收到了《睡虎地秦墓竹简》(北京:文物出版社,1978年)。这本书为8英寸大小,共有321页。它尺寸不大,但相较于正文讨论的1977年版尺寸巨大的《睡虎地秦墓竹简》,已改进了很多。虽然其中只有两幅照片,但是注释更加丰富,并且每一则条文都附有现代汉语译文。此外,它涵括了考古发掘报告提供的相关内容。该书还在结尾附上21页的索引,这在中国学术出版物中实属罕见。笔者希望今后可以讨论这部重要的著作。

---

① W. J. F. Jenner, "The Ch'in Legal Texts from Yumeng: A First Reading," *Early China*, Vol. 3, 1977, p. 124.

论汉初风与方向的命名*

〔美〕马绛 著

孙思贤 译 / 陈龙 校

    《淮南子》是一部兼容并蓄的道家著作，于建元二年（前139）左右进呈汉武帝。在展现战国秦汉之际人们对宇宙尺度、形状、运行模式的看法方面，《淮南子》至关重要。《淮南子》所包含的学说代表了中国宇宙论在董仲舒之前的最后发展阶段之一。在《淮南子》之后，董仲舒综摄自然哲学、社会哲学、政治理论与公共政策，建立了儒家政府的统治意识形态，形塑了汉武帝之后的汉代其余时间以及后世历代王朝。在《淮南子》中，自然哲学可以被呈现为一系列很大程度上独立于政治理论和公共政策的议题，而在《淮南子》之后，此种独立性不复存在。从《淮南子》及其相关文本的某些例证中，人们可以发现已经有了融合自然哲学与政治理论、公共政策的苗头。譬如我们可以从八风八方的名称、它们的象征意涵、它们与季节的关联以及与之相应的社会政治活动的定义中发现这一迹象。本文将以《淮南子》为中心，并参酌其他相关文献，讨论其中"风"和"方"的命名问题。

---

* 本文译自 John S. Major, "Notes on the Nomenclature of Winds and Directions in the Early Han," *T'oung Pao*, Second Series, Vol. 65, Livr. 1/3, 1979, pp. 66-80. 马绛（1942— ），美国汉学家，《淮南子》的英译者之一，主要研究领域为中国早期思想史，代表作：*The Silk Route: 7,000 Miles of History*。——译者

"八风"的名称在《淮南子》写作之时似乎尚未完全标准化。《淮南子·地形训》第2a页的"八风"名称不仅与《淮南子·天文训》及《淮南子·地形训》第16a页的"八风"名称不同,而且与《吕氏春秋·有始览》(《淮南子·地形训》的开头几乎照抄了这一文本)的"八风"名称不一致。[①] 这些名称在那时正逐渐趋向一个统一标准,而《淮南子》的《天文训》和《地形训》第16a页中的风名与《史记·律书》以及《白虎通·八风》[②] 的风名吻合,恰可证明此过程。这些风名在汉代之后拥有了一个统一标准。这些文本中的名称差异如下表所示:

表1　八风之名

方向	卦[a]	"标准的"风名[b]	《淮南子·地形训》第2a页中的风名	《淮南子·地形训》第2a页中风名的另外名称	《吕氏春秋·有始览》的风名	对应的乐器[c]
东北	☶艮	条	炎	融[d]	炎	笙
东	☳震	明庶	条	明庶	滔	管
东南	☴巽	清明	景	清明	熏	柷
南	☲离	景	巨	恺/岂	巨	弦
西南	☷坤	凉	凉	—	妻*	埙
西	☱兑	阊阖	飂	阊阖[e]	飂	钟
西北	☰乾	不周	丽	阊阖/不周[f]	厉	磬
北	☵坎	广莫	寒	广莫	寒	鼓

---

　　① 本文所引《淮南子》是刘文典《淮南鸿烈集解》本,上海:商务印书馆,1926年;再版于台北,1969年。本文所引《吕氏春秋》是《四部备要》本。
　　② 参见 Tjan Tjoe Som, trans., *Po Hu T'ung*, Vol. II, Leiden: E. J. Brill, 1952, pp. 534-536。《白虎通·八风》就八风的命名给出了令人信服的解释。

a　八卦与方向的关联性是被标准化的,《天文训》和《地形训》第 2a 页的高诱注给出了这种关联性。
　　b　对风的标准化命名尤其可见于《淮南子》的《天文训》及《地形训》第 16a 页、《史记·律书》以及《白虎通·八风》。
　　c　八种乐器与"八风"的联系可参见《天文训》的高诱注。
　　d　"融风"在《淮南子·天文训》中亦可作为西北风的代称。
　　e　在刘文典的注释中,西风又名"阊阖风"。
　　f　在《地形训》第 2a 页的注中,高诱认为西北风又名"阊阖风",而刘文典将此更正为"不周风"。
　　*　诸通行本皆作"凄",疑原作误。——译者

　　之所以在此列出《吕氏春秋·有始览》中的风名,是出于文本对照的考虑,由于《地形训》第 2a 页与《有始览》中某些部分高度重合,故而人们可能会期待这些文本中的风名应当一致,然而实际上,尽管它们存在相似之处,对风的命名却并不统一:只有四个风名是一致的,第五种风(西北风)的名称虽然发音相同(都读作"li"),但是写法有别。于是我们应当注意到这些风名虽然很可能源自一个共同传统,但并不完全一致(这或许至少部分是由抄写错讹造成的)。《有始览》的风名并不比《地形训》第 2a 页的风名更接近后来的标准风名。

　　比较《地形训》第 2a 页的风名与《天文训》、《地形训》第 16a 页等处的标准风名,人们会注意到只有一个方向的风在这两种风名表中有相同的名称,那就是西南风"凉风"。另外有两个风名相同,但是指代不同的风向。"条风"在标准风名表中指代东北风,但在《地形训》第 2a 页中指代东风。类似地,"景风"在标准风名表中指代南风,但是在《地形训》第 2a 页中指代东南风。

　　高诱在《地形训》第 2a 页的注中为这些风又提供了不同的名称,计有三处和标准风名是一致的:东风"明庶风"、东南风"清明风",以及北风"广莫风"。高诱在《天文训》与《地形训》第 2a 页的注中,针

对原文中的东北风"条风"和"炎风",同时列出了另外的相同名称"融风"。对于《地形训》第 2a 页中的西北风"丽风",高诱给出了另外的名称"阊阖风",而阊阖风正是标准风名表中的西风。我们将在下文讨论这个复杂问题。

《地形训》第 2a 页中的南风"巨风",高诱一说为"恺风",俞樾注云:"'巨'乃'恺'之坏字,岂读为恺。高注云'一曰恺风',恺正字,岂借字,巨误字耳。说详《吕氏春秋》①。"而"岂"又可写作"凯",这种"凯"从古代即已经用作南风的标准风名,譬如《诗经·邶风·凯风》的"凯风自南"。"恺"在高诱注中一定是被理解为"凯"②的异文。然而我们需要注意,在表 1 显示的汉代"标准"风名中,已经完全没有"凯风"的踪影,南风被命名为"景风"。

前文已述,高诱在《地形训》第 2a 页的注中认为"阊阖风"是西北风的另外名称。所有其他的证据则表明"阊阖风"应当是西风之名,并且西北风之名(或另外的名称)应当是"不周风"。因此高诱的注在此肯定有误,或者在文本流传过程中排置错误(misarranged)。③虽然我们

---

① 《吕氏春秋》采用的是"巨",而注释认为另作"凯"。

② 更多的证据:"凯风"在《楚辞·远游》中也是南风之名(David Hawkes, trans., *Ch'u Tz'u*, Cambridge: Cambridge University Press, 1959, p. 83);同样,孔广陶在《北堂书钞·天部三·风篇》(卷 151)的注中引用了高诱对《淮南子·地形训》第 2a 页的注,将"凯风"而非"恺风"作为南风的另外名称。

③ 刘文典引用了《北堂书钞》(的孔广陶注),指出西风的名称是"飙风"而非"飂风"("《北堂书钞》一百五十引'飂'作'飙'"),并且转引了其中的高诱注,指出西风又名"阊阖风"("又有注云'一曰阊阖风'"),西北风又名"不周风"("《书抄》引注'阊阖风'作'不周'")。这就让高诱注符合"八风"更加标准的命名,同时也许表明了高诱注在文本流传过程中出现错讹,而这种错讹出现在绝大多数版本的《淮南子》中。"飙风"(旋风)竟然成了西风的名称,这一点非常有趣,因为在各种版本的宏大起源神话中,"飙"含有与世界之山相关的漩涡之意。但是在此我们不能引申太多;另外,"飂风"(高处之风[the wind of lofty place])也是一个很适合西风的名称。

可以相当容易地得出上述结论,但无论是从风和方向而言,还是从整体的宇宙观而言,"阊阖风"与"不周风"的命名问题都十分有趣,值得我们在此进一步探讨。

很多早期宇宙论著作常常提及阊阖是"天门",《淮南子》亦然。①《淮南子·原道训》:"排阊阖,沦天门。"高诱注:"阊阖始,升天之门也。天门,上帝所居紫微宫门也。"②《山海经·海内西经》叙述了昆仑山上有九扇"开明之门"("面有九门,门有开明兽守之");《山海经》的注释反过来参考了《淮南子·原道训》的上述文字。《淮南子·地形训》第6a页描述"西方之极":"西方曰西极之山,曰阊阖之门。"《地形训》第3a页更进一步指出:"县圃、凉风、樊桐在昆仑阊阖之中。"这些大山变成了一种联结天地的阶梯,穿越这些大山,人们便可登上太帝所居永恒不朽之界,因此这与《原道训》对阊阖门的描述完全吻合。作为外证,"阊阖"在《楚辞·离骚》以及《楚辞·远游》中也被视为"天门"。③

另一处对阊阖门的引用可见于著名的《楚辞·天问》。《天问》很可能是《楚辞》中最古老的部分;其形式似乎透露出一种口头流传的传统,这种传统远早于形成于战国末期的写本形态。它是一部关于神秘主义传统的教理问答,该神秘主义传统是长江流域楚文化的核心内容,是另一个泛欧亚版本的宏大起源神话。换言之,对《天问》中问题的回答将参考一套神话体系,这套体系具象化了一个拥有极轴/赤道平面的

---

① 这一段中的一些信息来自何可思(Eduard Erkes, 1891—1958)论文的一条长注,这条长注内容丰富,但也令人有些困惑,并且存在几处错谬。参见 Eduard Erkes, "Das Weltbild des Huai-nan-tze," *Orientalische Zeitschrift*, Vol. 5, 1916-1917, pp. 38-39, note 51。

② 阊阖门因此从字义上可理解为通向天界的大门,因为"紫微宫"就是天界五大宫殿之一的"紫宫",事实上紫微宫就是北极附近的星宿。(参见《淮南子·天文训》卷3,第2b页;Herbert Chatley,未刊译稿;"星宫"参见以下图一。)

③ David Hawkes, trans., *Ch'u Tz'u*, pp. 29, 84. 两处文字近乎一致。

宇宙论。在此被援引的《天问》诗句是我们理解"阊阖"意义的关键，但也包含着众多理解上的困难。具体内容如下［即《天问》的第 21—22 行，在此我们根据了霍克思(David Hawkes,1923—2009)译本的行数］："何阖而晦，何开而明？角宿未旦，曜灵安藏？"① 第一行似乎没有提出什么问题，答案很清楚："天门。"太阳通过天门，东升西落。第一句中表示"关闭"的"阖"可以用来指涉西方的"阊阖门"。如此显而易见的联系却在第 22 行消失了。霍克思对第 22 行的注释是："〔'角宿'是〕一个星座，也是天门，通过此门，太阳东升西落。第二个问题其实包含了第一个问题的答案。"② 那么"阊阖门"就是"角宿"吗？诗中似乎表达了这个意思，但是如果确为此义，那么又会产生许多问题。第 22 行的"旦"似乎指代角宿的"偕日升"(heliacal rising)现象。③ 于是有人也许会认为这指代的是春秋二分点时的偕日升；然而问题是根据任何可信的资料，这种说法不可能为真。在公元前 13 世纪中叶的春分时，日出会经过角宿的两颗星(室女座 α 星、牧夫座 α 星)，这种现象出现得过早，以致于对中国古代天文学的发展没有产生影响；直至公元 6—7 世纪，太阳才在秋分时经过角宿的那两颗星而东升，这相对于《天问》来说又显得太晚，没有对它产生影响。因此，虽然《天问》第 22 行似乎指涉角宿的偕日升(以及偕日落)，和我们的预期相矛盾(因为依据泛欧亚的宏大起源神话宇宙论，偕日升至为重要，但是在中国的语境中，一年通常始于冬至，偕日升并不是特别重要)，但是《天问》的历法体系无法与那种以春分作为四季之始的历法体系对应。那么为什么人们会重

---

① David Hawkes, trans., *Ch'u Tz'u*, p. 48.
② Ibid.
③ Joseph Needham, *Science and Civilisation in China*, Vol. III, Cambridge: Cambridge University Press, 1959, p. 230.

视特定星宿的偕日升,即便它不是在春秋二分时呢?

角宿是二十八宿中的第一个星宿,这种二十八宿的排序在汉代已经有统一标准;它也是构成东方苍龙七宿中第一个也是最北的星宿(参见图1)。那么它是如何获得这个首要位置的呢?

李约瑟(Joseph Needham,1900—1995)紧随利奥波德·索绪尔(Léopold De Saussure,1866—1925)*,认为"古希腊天文学是采用黄道坐标系、倾斜角的、真实的、以年为单位。而中国的天文学是采用赤道坐标系、占卜性的、平均划分的、以日为单位"①。在中国的恒星-太阳天文学中,太阳在群星中的位置是从对满月之于星宿的相对位置的观测中推导出来的,因为在满月时,太阳总是正对月亮。因此当满月被观测到时,太阳理所当然地处于地平线下一个星宿的位置,但是我们可以通过观测子午线天极附近的一个或更多的星星,计算出那个星宿的位置。② 因此,通过观测角宿中的满月,人们得以反推计算出太阳此时应当进入了阴阳合历的首个半月周期(一年共有 24 个半月周期),宣告了新年的开始。利奥波德·索绪尔很清楚地解释了此原理:"很明显角宿最初的情况与立春时的恒星-太阳位置完全相反:当满月出现在角宿右边的时候就是年末,而当满月出现在角宿左边的时候就是新年正月。"因此角宿才是天门,才是二十八星宿中的第一个星宿,不是因为古希腊黄道意义上的偕日升现象,而是因为通过它,人们可以反推出阴阳合历中新年开始时太阳的位置。

---

* 利奥波德·索绪尔(Léopold De Saussure,1866—1925),瑞士裔法国汉学家,瑞士语言学家、结构主义之父索绪尔(Ferdinand de Saussure,1857—1913)的弟弟。——译者

① Joseph Needham, *Science and Civilisation in China*, Vol. III, p. 229.

② Ibid., pp. 229–232.

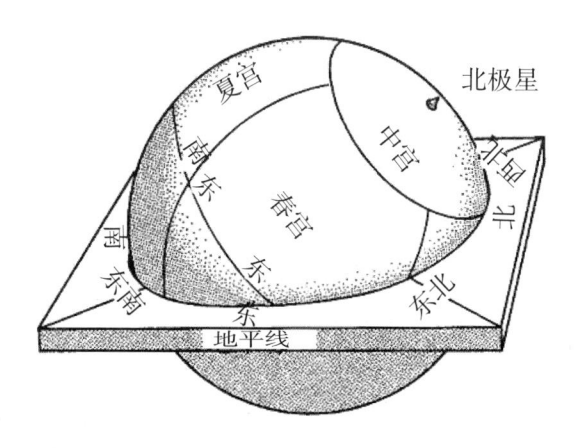

图 1：中国的天球。从这个角度，角宿是在东方地平线之下的，而壁宿几乎正对角宿，超过了夏宫。(Léopold De Saussure, *Les Origines de l'Astronomic Chinoise*, p. 523)

于是《天问》第 22 行很明显描述的是同一个现象，但是如果我们要准确理解的话，就必须对关键词"旦"予以特殊解读："旦"表示的不是角宿偕日升，而是角宿日暮升[*]。当太阳在西方下落时，角宿在东方与新年第一轮满月一同升起。因此我们不能从看似明显的角宿偕日升现象来进行推测，将第 22 行翻译为"当角宿还没有[在黎明]升起时，光明之神[太阳]（依旧）藏在哪里？"正确的翻译应当是"当角宿还没有在黄昏升起时，太阳**去哪里**（going into）躲藏？"

这将我们带回前文提出的问题：角宿与阊阖门究竟是不是同一回事？显而易见，它们不可能是同一回事。任何对《天问》第 21 行令人信服的解读都需要把天门的"开"解释为天门的偕日升，把天门的"阖"解释为天门的偕日落。那么这就必须有两扇天门——角宿以及与它呈

---

[*] 原文作 "achronic rising"，似有误，当为 "acronical rising"。——译者

180度对称的星宿，因为当角宿于日暮升起时，太阳必定在其对面。换而言之，阊阖门一定是在赤道上与角宿对称的星宿。在商代（尽管由于岁差效应，此种现象已不复存在），正对着角宿的星宿是壁宿，它的名字佐证了以下的猜想：它就是阊阖门（见图2）。如前所述，阊阖门不仅是天门，也是世界之轴昆仑山的大门，在《淮南子·地形训》中被描述为九重之墙（"增城九重"）! 通过阊阖门进入昆仑山，人们就能登上太帝所居之处北极星。"壁"还有另一名称为"东壁"，尽管在商代它可能是西宫白虎七宿中的一个星宿。[①] 当然，人们无法知道此种对星宫的命名是否早在商代就已经存在，但最重要的是东壁在那时应当是一个正对着角宿的"西方"星宿。人们一定记得星宫（包括星宿）的位置是通过参考满月的位置而确定的；满月的时候太阳正对着月亮。[②] 因此，西方的壁宿就是东壁，因为当满月在角宿预示着新年到来之时，壁宿就在东方偕升；阊阖门在另一年伊始的开阖将带来光明和黑暗。因此在某种程度上，霍克思的"（《天问》第21—22行）第二个问题其实包含了第一个问题的答案"这一说法是是正确的；第二个问题确实包含了第一个问题的答案，但只是间接地包含，并且只有当人们知道通过正对太阳的满月位置而计算出太阳的位置时，第二个问题才会包含第一个问题的答案。因此，《天问》第21行问题的答案不是霍克思所推测的"角宿"，第21—22行问题的答案**都**是"阊阖"。

另一种对阊阖的解释见于《史记·律书》对"八风"标准名称的讨论："阊阖风居西方。阊者，倡也。阖者，藏也。言阳气道万物，阖黄泉也。"该段的大意就是当一年由盛转衰之时，阳气和万物随之进入一

[①] Léopold De Saussure, *Les Origines de l'Astronomic Chinoise*, Paris: Maisonneuve frères, 1930, p. 134.

[②] De Saussure, *Les Origines de l'Astronomic Chinoise*, 155; Needham, *Science and Civilisation in China*, Vol. III, p. 240.

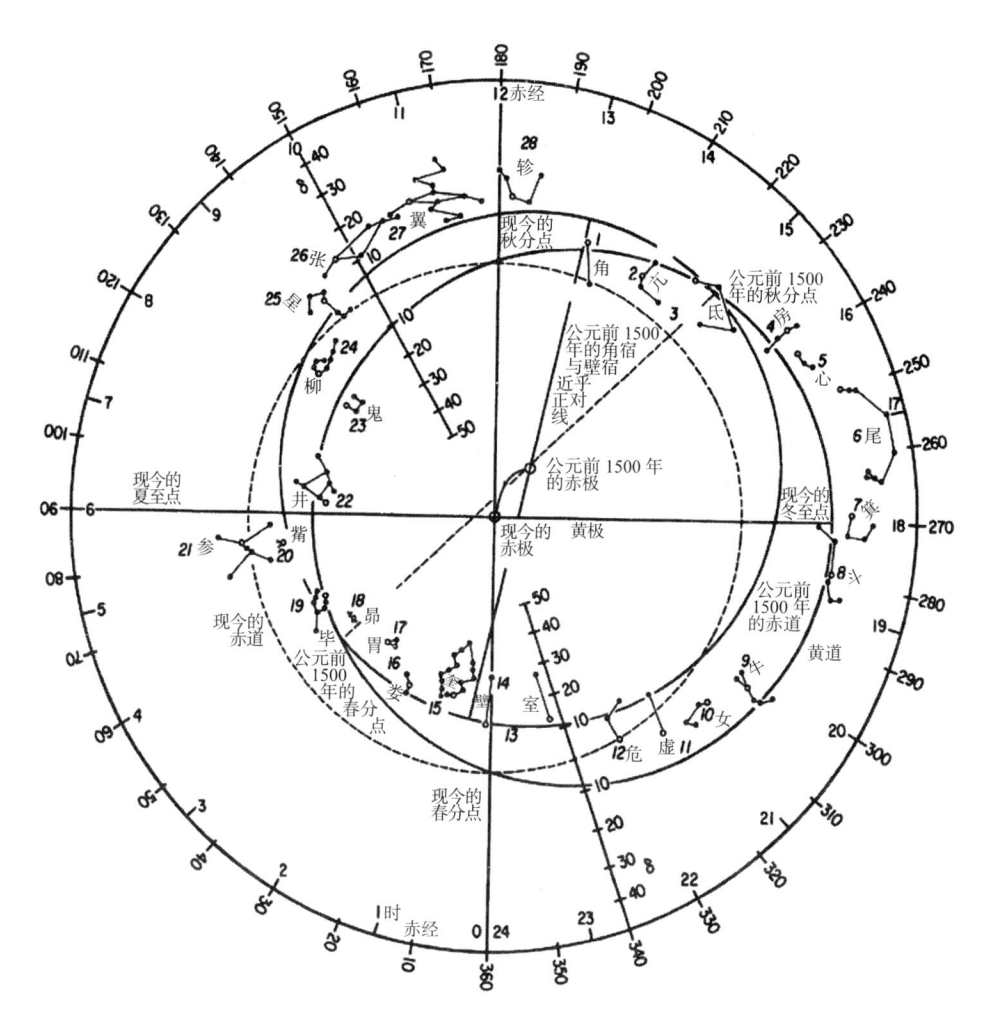

图2：二十八宿星图。该图展示了约公元前1500年前的赤道，并显示了当时角宿与壁宿近乎正对。根据比当时更早几百年的资料，赤极会比现在的更往右偏一些，这使得角宿与壁宿完全正对。（Joseph Needham, *Science and Civilisation in China*, Vol. III, Fig. 94）

个阴阳五行周期顺序中的静止状态。它不是神秘天书,而是专业术语,指代一种描述恒星-太阳系统的传统方法,此方法通过计算满月在星宿中的位置反推太阳的位置。当满月位于角宿(亦即东宫第一星宿"处于"东北方)的时候,新年就开始了。而在商代,当满月位于閰阖(=壁宿)(亦即西宫第一星宿"位于"西南方)时,阳气由盛转衰。图3既显示了当阳气开始上升时,一年如何从东北方开始,也展现了当季节性/方向性的关联转向西南时,阳气如何开始衰落。因此,《史记》对閰阖的解释加强了对角宿及其对称星宿(壁宿、閰阖门)的重要性的理解,而这种理解是出自我们对《天问》第21—22行的分析。

前文已经谈到"閰阖"一词关联于世界之山昆仑山及其极轴/赤道平面宇宙论意涵。"不周"(西北风的标准名)同样如此。不周山是位于西北方的宇宙之山,在一场宇宙大灾难中,共工撞击不周山,从而导致了地球平面倾斜。① 在《淮南子·地形训》第 6a 页中,不周山被作为地球的西北之极;十分清楚,这根"天柱"处于地球平面的尽头。"不周山"在《楚辞·离骚》第 179 行中被提及,霍克思在其注释中描述了昆仑神话并补充道:"它也是阴间的大门。"② 这种关于西北方的典型叙述

---

① 该故事在《淮南子·天文训》中被完整记录下来;"昔者共工与颛顼争为帝,怒而触不周之山。天柱折,地维绝。天倾西北,故日月星辰移焉;地不满东南,故水潦尘埃归焉。"(英译文参见查特利[Herbert Chatley,1885—1955]的未刊译稿。笔者将在自己的著作(*Heaven and Earth in Early Han Thought*, 正在准备中)中对查特利《淮南子·天文训》英译文进行修订和注释。)就像不同版本的宏大起源神话中的所有这类插曲一样,《天文训》对世界之轴倾斜的描述乃是对黄赤交角的一种解释。

② David Hawkes, trans., *Ch'u Tz'u*, p. 34. 在泛欧亚的世界之山神话中,天柱总是下接深渊,上联天界。于是在大多数的神话版本中,天柱的断裂也总是洪水泛滥的原因;在中国,大洪水是大禹神话的核心,但是在大多数流传下来的神话版本中,大禹神话与天柱的断裂并无明显的关系。不过有一个版本涉及了这种联系,参见 D. Bodde, "Myths of Ancient China," in *Mythologies of the Ancient World*, ed. S. N. Kramer, New York: Doubleday & Company, 1961, p. 398。

常常与西北风联系在一起;"不周风"属于西北风的"标准"名称。《天问》第 41 行问道:"西北辟启,何气通焉?"《淮南子·地形训》第 3a 页回应道:"[西]北门开以内不周之风,倾宫、旋室。"① 此处后一句牵涉到的地方或事物极有可能是星星或者星座②,所以我们再一次发现了方向、风、宇宙之山以及天界"景观"的联系,它将天地联结在一起。

在对《淮南子·天文训》第 4a 页与《淮南子·地形训》第 2a 页中的"八风"进行注释时,高诱将《易经》中的八卦与八方相关联。八方与八卦的标准化联系形成于汉代,并且成为发展中的天人感应宇宙论的一个重要元素;③ 它将《易经》中的八卦(之后变为六十四卦)与阴阳五行宇宙观联结在一起,这种阴阳五行宇宙观早在《管子》中即与方向有关。④

不仅如此,在《天文训》第 4a 页中,八风被描述为调节八个节气(每个节气时长 45 天)。随着八风成为八方的模型、而八方与阴阳五行理论以及八卦产生标准化联系,每一个气节都规定了某种以阴阳-五行-《易经》之关联性为依据的行为方式,事实上《淮南子·天文训》第 4b

---

① David Hawkes, trans., *Ch'u Tz'u*, p. 49. 不过霍克思的英译文中包含了一个十分明显的印刷错讹:"东北"取代了《天问》第 41 行中的"西北"。至于《淮南子·地形训》的引文,刘文典的《淮南鸿烈集解》写作"北门";然而很明显从上下文中可见刘文典的版本存在错讹,"北门"应当改为"西北门"。

② 笔者虽然不能确定"倾宫""旋室"是星名,但也无法找到其他令人满意的解释。何可思曾尝试确定这些术语的意思,参见 Eduard Erkes, "Das Weltbild des Huai-nan-tze," p. 45。《书经·禹贡》曾两次提到昆仑中的"倾山"(1 倾 =100 亩)。

③ 参见《易纬乾凿度》中的图示,《易纬乾凿度》是一部汉代伪造的著作,由郑玄(127—200)注; Fung Yu-lan, *Histoy of Chinese Philosophy*, Vol. 2, trans. Derk Bodde, Princeton: Princeton University Press, 1953, pp. 97–103, esp. 103。

④ 关于《管子》中五行与方向的联系及其与《吕氏春秋》相关内容的比较,参见青木正児「支那の自然觀」,『東洋思潮』第 8 卷第 6 期,1935 年,第 8—20 页,尤其是第 15 页的表格。

页便是这么做的。① 一年在八个节气之中的冬至宣告结束；新年的第一个45天由满月在角宿之时开始，并且被条风（东北风）主导。接下来的每个阶段（时长45天）由顺时针运动的风／方向控制。根据这种资料，我们可以制作一份涵盖时间、空间、宇宙组织原则并由此调节人类行为的图表。

八风八节所规定的人类活动如下所示（《淮南子》卷3《天文训》，第4b页）：

> 条风至，则出轻系，去稽留。
> 明庶风至，则正封疆，修田畴。
> 清明风至，则出币帛，使诸侯。
> 景风至，则爵有位，赏有功。
> 凉风至，则报地德，祀四郊。
> 阊阖风至，则收县垂，琴瑟不张。
> 不周风至，则修宫室，缮边城。
> 广莫风至，则闭关梁，决刑罚。

任何熟悉八风八节标准关联性的人都清楚这些行为中的阴阳五行意涵。有两个例子能够说明问题：在南风景风的季节，相关联的是火壮阳盛，亦即建功立业与活动的季节，因此它就是爵有位、赏有功的最佳时期。相反，当北方的广莫风盛行起来的时候，相关联的是水壮阴盛，亦即功绩缺乏、讲求宁静以及反社会行为；此时最适宜减少活动以及执行刑罚。

---

① 类似的规定详见《管子·幼官》《吕氏春秋·月令》《礼记·月令》《淮南子·时则训》等。

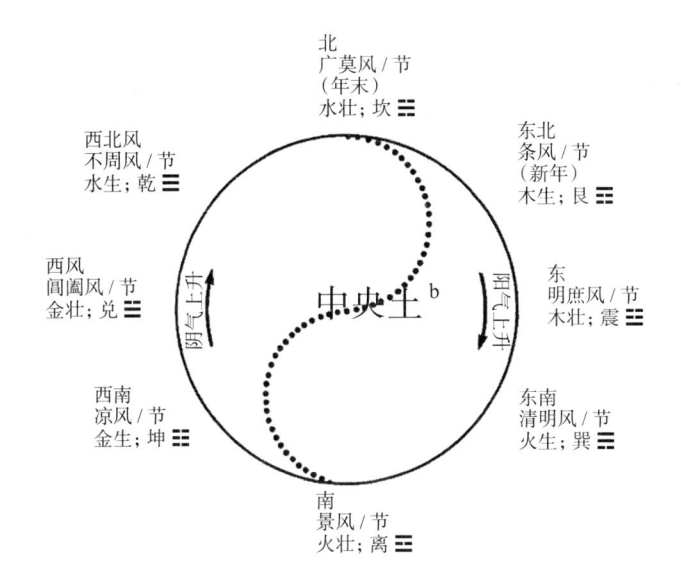

图3：风、方向、阴阳五行与八卦的关联图，调节每个季节的相应行为。[a]

[a] 此图依据《淮南子·天文训》，标准的阴阳五行关联性则采自《淮南子·地形训》。
[b] 土占据了中央，阴阳在此和谐统一。它在八卦中无所为，不与任何季节相关联。（在其他的语境中，它偶尔与一个人为划分出来的第五季［季夏］相关联——参见《淮南子·地形训》《吕氏春秋·月令》和《礼记·月令》等。）

最后，人们可能注意到在《淮南子·天文训》第3a页的注中，高诱不仅将八风关联于八卦，而且将八风关联于八种乐器。这种关联性可能看似琐碎且无关紧要，然而如果人们记得古代中国是多么严肃地对待音乐的象征意义和数术功能的话，那么就不会这样认为了。因此该文本介绍乐器的内容，为我们打开了一扇了解更多宇宙感应的大门。所以这个系统包括的不仅仅是时空、阴阳、五行、八卦，还有纳音法（五音十二律）。因此这个体系近乎一个无所不包的、融合的、有机的宇宙论，并对人类的行为予以了相当详细的规定，这套规定在《淮南子》之后的董仲舒的著作中得到了淋漓尽致的体现。

回到本文开篇时我们提到的问题。我们目前仍然无法回答两个关于《淮南子·地形训》第 2a 页中不同风名的问题。它们是:(1)"标准"风名在何时被人们普遍接受?(2)如果在《淮南子·地形训》写作的时候人们就已经普遍接受了"标准"风名(这种情况看起来很有可能),那么为什么当时还使用着不同的风名?第一个问题最有可能的答案:在《史记》成书的时候,常用的风名变成了标准风名,从而为随后中国大多数的著作确立了范式。当然,司马迁在写作的时候肯定利用了一个在他那个时代十分流行的风名体系。那么为什么在《淮南子·地形训》第 2a 页中又出现不同的风名?它们是否体现出了地区差异?这或许可以解释在两个风体系中条风与景风所居的方向不同。但是《淮南子·地形训》的作者自己又在接下来的文字中使用了标准风名。这并不代表对《吕氏春秋·有始览》的盲目抄袭,因为两个文本中的风名也有差异。也许我们的作者对一些标准风名的意义并不满意,希望使用含义更为丰富的名称。对于西风"飂风"[①]、北风"寒风"而言,这种解释或许比较可信。但是西北风"丽风"呢?难道意思是来自东北的"优雅"或"美丽"之风?(《吕氏春秋》将西北风称为"厉风","厉"的意思是"激烈的、猛烈的",该名称很适合来自戈壁的西北风!)

凡此种种,足以表明虽然汉初对风的命名在某种程度上仍然有些混乱,但是当汉代宇宙论的多重关联性走向统一之后,这种混乱状况迅速消失。

---

① 参见第 319 页注释 3。

共工与洪水

——《尧典》中颠倒的神话史实说*

〔美〕鲍则岳 著

陈龙 译

古代中国文明与地中海文明、美索不达米亚文明存在着极其鲜明的区别,那就是中国缺乏高度发达的神话体系。然而,在现存的汉代之前以及汉代早期的文献中,神话人物与神话事件被大量征引,我们从中得以知晓中国古代最初并非全然缺乏发达的神话体系。早期中国文明和古代近东文明、西方古典文明一样,显然拥有一个相当重要的神话传统,但与古代近东文明、西方古典文明不同的是,中国神话大多未能被完整地保存下来。我们目前所知的只不过是随意散落出来的原始神话碎片。这些早期神话遗失的过程通常被称作"神话史实化"

---

* 本文译自 William G. Boltz, "Kung Kung and the Flood: Reverse Euhemerism in the 'Yao tien'," *T'oung Pao*, Second Series, Vol. 67, Livr. 3/5, 1981, pp. 141–153。鲍则岳,美国著名汉学家、华盛顿大学教授,代表作为 *The Origin and Early Development of the Chinese Writing System*, New Haven: American Oriental Society, 1994。

"Euhemerism" 起源于古希腊,意指那种相信神话仅仅是被遗忘的历史的信念,或被译为"欧赫墨罗斯学说""神话即历史论""英雄成神论",本文统一译为"神话史实说"。"颠倒的神话史实说"(Reverse Euhemerism)是指正统的历史叙事遮蔽了神话,这是中国与西方的不同之处。作者借此指出,中国的神话史实说最重要、最独特之处在于神话与历史的界限消失、神与人的区隔消弭。"颠倒的神话史实说"已成为鲍则岳与海外中国神话研究的标识性概念。——译者

(euhemerization)或"神话史实说"(euhemerism);不过,正如下文所示,严格而言,此处的中国式"神话史实说"与古希腊人对"神话史实说"的用法截然相反。倘若我们要从残缺不全的文本中复原遗失了的中国神话,那么这在某种意义上有赖于颠倒神话史实化的过程。事实上,神话并非真的遗失了,而是被正统儒家的"神话史实化"阐释遮蔽。因此,这项复原神话的工作在很大程度上是一种文本分析,旨在解除儒家的遮蔽,从而揭櫫原始的神话。

在开始我们的讨论之前,我们首先必须界定我们所说的"神话"是什么意思,以便剔除大量的传说、民间传说和通俗小说,它们经常被随意归类为"神话"。笔者将依循加斯特(T. H. Gaster,1906—1992)的古代近东研究与查尔德斯(B. S. Childs,1923—2007)的《旧约》研究对神话的相关定义*,在相当狭义的层面上使用"神话"这一术语。就此而言,神话必须是将一种抽象的、持续的、不可理解的现象,还原为一种具体的、精确的、可感的事件,能够用人类的语言加以理解和解释。一个特定的社会认识到下述两个层面之间的根本区别:(1)直接的人类层面(immediate human level),我们可以称之为日常经验层面(level of ordinary experience);(2)神秘的层面,这是一种无形的不可理解的现象层面,由那些公认的或未被公认的神灵,或者那些超越日常经验和控制的超自然力量所主宰。于是,社会将神秘层面上模糊不清的现象转变为人类层面上具体可解的经验,神话便是这一转变过程的最终产物。换而言之,神话提供了一种理解和处理与人类实存相关的焦虑的方式,人们感受到这些焦虑,但是无法表达或者理解它们,因此若是没有神话,

---

* Theodor H. Gaster, *Thespis: Ritual Myth and Drama in the Ancient Near East*, New York: Harper Torchbooks, 1966, pp. 23-25; Brevard S. Childs, *Myth and Reality in the Old Testament*, London: SCM Press, 1962, pp. 13-21.——译者

那么这些焦虑将无法被界说,也无法被处理。

在古希腊,准确而言,"Euhemerism"(神话史实说/欧赫墨罗斯主义)相信神话仅仅是被遗忘的历史。依据公元前4世纪西西里哲学家欧赫墨罗斯(Euhemeros)的学说,古希腊人所津津乐道的神话遗产不过是幽远的古希腊历史,而且这段历史在流传的过程中未被世人完整记住。乍看上去,中国的情况似乎恰恰与之截然相反。倘若说古希腊人是将他们的历史予以神话化了,那么中国人就是把他们的神话予以历史化了。通过详细分析汉代之前的文本,我们可以尝试逆转这一过程,并揭示出那种遭到遮蔽的神话传统中的相当一部分内容,数世纪以来,儒家正统学说占据主导地位,基于儒家正统学说的种种阐释与再阐释尘封了那种神话传统。而当我们剔除了这些迂腐的阐释封层时,许多文本都显露出无可否认的神话内容。

众所周知的洪水事件便是一个绝佳的例证。关于洪水之事,最早出现在《尧典》(《尚书》首篇)中。据《尚书·尧典》记载,尧作为皇帝("帝尧"),命令其谋臣举荐人才,处理国事。一位叫驩兜的人推荐共工成为有力的候选人,但是遭到了帝尧拒绝,帝尧批评共工能言善道("静言庸违"),貌似恭敬("象恭"),实则乖张,会"滔天"*。"滔天"这一特殊短语通常被认为指代共工的傲慢。① 《尧典》在这段话后面紧接了一段对洪水的描述,言辞虽简,却极为特殊:

咨,四岳,汤汤洪水方割,荡荡怀山襄陵,浩浩滔天。**

---

* 作者将"滔天"英译为"(he) swells up to heaven"。——译者

① 譬如可见孔颖达(574—648)《尚书注疏》的相关疏解。(孔颖达疏:"静,谋。滔,漫也。言共工自为谋言,起用行事而违背之,貌象恭敬而心傲很,若漫天。言不可用。"——译者)

** 此处"滔天"被英译为"swell up to heaven"。——译者

奇怪的是，这段描写洪水的文字以"滔天"一词结尾，而在前面数行中，"滔天"恰恰被用来刻画共工的特征。我们应当注意这一点，下文也将重新对此进行讨论。

《尧典》简要描述了共工的生涯，而当被尧选为继位者的舜将共工流放至一处名为幽州（"阴森幽暗之地"[Land of Stygian Gloom]）的边缘之地（"流共工于幽州"）时，共工的生涯也宣告终结。同时，驩兜（共工的倒霉拥护者）和鲧（被尧指派治理洪水，但九年后以失败告终）也均遭受惩罚（"放驩兜于崇山，……殛鲧于羽山"）。我们显然很可能会假设驩兜之所以被流放，是因为他提拔了声名扫地的共工，而鲧之所以被处死，是因为他治水失败。然而，我们根本不清楚为何共工自己被迫遭受如此耻辱的结局。

《孟子·滕文公》最为详尽地记述了洪水的情况及其给整个帝国造成的混乱状况（一处在《孟子·滕文公上》，一处在《孟子·滕文公下》）。根据描述，这片土地动荡不安，洪水横流，溢出河道，淹没天下。草木茂盛，禽兽繁衍，这一切都不利于人类生存，人类无法构筑稳固的住所，也不能耕种田地。此时，正是禹将水疏导引入大海，并且令这片土地摆脱泛滥成灾的野禽走兽，从而使之适合人类居住。这些描述文字根本没有提及共工。① 相较于《孟子·滕文公上》，《孟子·滕文公下》对洪水的描述虽然十分相似，但是其中出现了一处奇怪的修正：没有使用《孟子·滕文公上》中的"禽兽"这一总称，而是使用了"蛇龙居之"。与《孟子·滕文公上》的情况相同，在《孟子·滕文公下》中，禹疏导洪

---

① 《孟子·滕文公上》："当尧之时，天下犹未平，洪水横流，泛滥于天下。草木畅茂，禽兽繁殖，五谷不登，禽兽逼人。兽蹄鸟迹之道，交于中国。尧独忧之，举舜而敷治焉。舜使益掌火，益烈山泽而焚之，禽兽逃匿。禹疏九河，瀹济漯而注诸海；决汝汉，排淮泗而注之江。然后中国可得而食也。"

水,驱除蛇龙,令土地适合人类居住。[①]

在上述两段文字中,孟子的描述都与《尚书·皋陶谟》的记述完全一致,《尚书·皋陶谟》是最早指出禹将帝国从洪水泛滥中拯救出来的文本,记述了禹的治水功绩。紧随其后的是《尚书·禹贡》。《尚书·禹贡》的全篇文字巨细靡遗地描述了禹如何划分九州,并安排划定帝国方方面面的地理状况与地形特征。虽然《尚书》的篇章顺序可能只是后世任意编辑的结果,但是在另一方面,此种编排顺序可能反映了人们觉得在从洪水中拯救帝国与划定帝国的地理形态之间存在着一定关系,不管是从洪水中拯救帝国,还是划定帝国的地理形态,都是那种在人类层面上建立社会秩序的整体努力的组成部分。

这些描述的基本意义清晰无误:禹成功治理了洪水,驱除了蛇龙,令这片土地适合人类居住,凭借这些功绩,建立了宇宙形态秩序(topocosmic order)。他征服洪水,战胜随之而来的巨蛇,堪称宇宙胜利神话(cosmic victory myth)的典型例证。禹通过这些胜利,成为宇宙胜利者和秩序捍卫者。

"驯水"是一个典型主题,分布广泛,描述了宇宙秩序的建立,海因里希·齐默(Heinrich Zimmer,1890—1943)、米尔恰·伊利亚德(Mircea Eliade,1907—1986)以及其他学者都已经以各种各样的方式对此进行了评论。[*]这类驯水神话的例证可以很容易地在古代近东和印

---

① 《孟子·滕文公下》:"当尧之时,水逆行泛滥于中国。蛇龙居之,民无所定。下者为巢,上者为营窟。《书》曰:'洚水警余。'洚水者,洪水也。使禹治之,禹掘地而注之海,驱蛇龙而放之菹。水由地中行,江、淮、河、汉是也。险阻既远,鸟兽之害人者消。然后人得平土而居之。"

* Heinrich Zimmer, *Myths and Symbols in Indian Art and Civilization*, ed. Joseph Campbell, New York: Harper Torchbooks, 1962, pp. 83-90; Mircea Eliade, *The Myth of the Eternal Return, (or Cosmos and History)*, trans. W. R. Trask, Princeton: Princeton

度文明中找到。约翰·斯特拉顿·霍利（John Stratton Hawley）已经在最近的一篇文章中，分析了这种宇宙胜利在印度神话中最为清楚明确的一个例证。* 在黑天（Krishna，又译"克里希纳"）不可胜数的胜利中，最受人瞩目和惊叹的是他在亚穆纳河（River Jumna）战胜了水蛇之王卡利亚（Kāliya）和在牛增山（Mount Govardhana）战胜了主宰天界之水（雨水）的因陀罗（Indra），霍利揭示了黑天如何获得了这两次胜利。黑天没有杀死巨蛇卡利亚，而是将其放逐到宇宙的边缘地带，从而令中心变得井然有序。禹恰恰采取了与黑天完全相同的方式，没有杀死据称是洪水肆虐时特有的蛇龙（蛇龙与黑天-卡利亚神话的相似之处虽然怪异，但是或许并非无足轻重），而是将其驱逐至边缘地带，令中央国家变得稳定安全，适合文明开化之人定居。

在此，我们必然会产生这样的疑问：如果说禹战胜洪水、驱除蛇龙，表现了一种宇宙胜利神话，那么共工在何处可以被纳入此种宇宙胜利神话之中呢？葛兰言（Marcel Granet，1884—1940）已经论及这一问题，采取的方法是长篇大论地分析共工遭到放逐的意涵。** 他并没有将共工从其他同样被放逐的"大臣"和"恶棍"中单独挑出来。事实上，葛兰言试图表明，根据不同的文本传统，遭放逐者是以三人一组或者四人一组的方式被系统划分的。当以四人一组进行划分时，被放逐者往往对应了罗盘的基本方向，而这些反过来在一些文本中被等同于八风，共工

（接上页）University Press,1971, pp. 59–60, 82; Mircea Eliade, *Patterns in Comparative Religion*, trans. R. Sheed, New York: New American Library, 1974, pp. 210–212.——译者

* John Stratton Hawley, "Krishna's Cosmic Victories," *Journal of the American Academy of Religion*, Vol. 47, No. 2, 1979, pp. 201–221.——译者

** Marcel Granet, *Danses et legendes de la Chine ancienne*, Paris: Presses Universitaires de France, 1926; new edition, 1959, pp. 236–273 *et passim*.——译者

有时候被认作八风之一。* 葛兰言提出了一个正确无误的重要观点,即这些放逐举措(尤其就其与罗盘方向一致而言)在建立一种时空秩序(即一种支配德行["德"]的方式)。这便是我们在此所描述的"秩序"战胜"混乱"。在此问题上,与葛兰言的进路有些不同的是,我们将会把共工这一人物与其他被放逐者进行区分,因为在以真正的神话方式表现"混乱"方面,共工比其他被放逐者更具代表性。葛兰言将共工与其他众多被放逐者置于同一语境中,其中的一些人仅仅在汉代或者汉代以后的文献中才得到了确证。譬如他提到共工与穷奇(据说是一种长有翅膀的虎怪,并且是冬季庆典的主要舞者之一)在名义上是相同的。** 虽然这些汉代以及后来的传统肯定很可能拥有某些汉代之前的出处,但是我们很难在文本上予以确认,或者确定具体的细节。也正因此,我们更愿意主要依赖汉代之前的文本,当依循我们下文的建议来阅读这些文本时,我们会发现共工实际上只是"混乱"的一种显现,"混乱"在一个基本的创世神话中屈服于"秩序",这种创世神话已经以各种各样的方式被详细重释和重构。

第二种进路以艾伯华(Wolfram Eberhard, 1909—1989)为代表。*** 这种进路和葛兰言一样,仅仅将共工当作早期传统中众多相似人物中的一员而已。艾伯华将传统中国社会视为一种多样的复杂分层结构,它在很大程度上是通过逐渐广泛融合与同化众多地理分殊、原初独立的地方文化,经过了许多世纪,最终才演化而来的。艾伯华基于这样的框架,将共工置于文化的谱系(或者艾伯华所谓的"链条"[chain])中,认为共工代表了昆仑山地区。艾伯华还追溯了共工传说的藏族起源,

---

* Marcel Granet, *Danses et legendes de la Chine ancienne*, p. 436.——译者

** Ibid., pp. 318–319.——译者

*** Wolfram Eberhard, *Lokalkulturen im Alten China*, Leiden: E. J. Brill, 1942.——译者

亦即共工传说源于遥远的西北地区的一种早期地方文化。艾伯华表示共工是一位洪水英雄，归属于西北的"洪水神话"范畴。由于共工拥有红发、蛇身、人手、人足等特征，并且在一处地方被记载是双头的，故而艾伯华更进一步地将共工与西北联系在一起。*这些有关共工外形的细节出自如《山海经》《神异经》《归藏》等成书相对较晚的文本，因此，这些细节究竟在多大程度上反映了早期（亦即汉代以前）的传统，尚未有定论。

就共工与西北的关系而言，最为显著的地理联系是共工与不周山的联系。共工在与颛顼争斗时，"怒而触不周之山，折天柱，绝地维，故天倾西北，日月星辰就焉"。当然，不周山在传统上坐落于遥远的西北，有时候也被称作幽州的大门，而幽州即上文所说的舜流放共工的地方。

艾伯华的资料十分丰富，但这些资料无法真正对共工神话做出一种全面融贯、内在统一的阐释，原因如下。第一，这些资料被置于文本框架之外，因而无法从结构上予以分析。第二，这些资料来自各种文本，在时间上有早有晚，并且没有依据任何一种历时性顺序来分开保存。张光直（1931—2001）已经强调过对于那些只能在汉代（或者汉代之后）的文献中被证实的神话，我们不能将其归为周代神话，这一点至关重要。**当然，那些我们仅从汉代或汉代之后的文献中知晓的神话可能延续了周代神话，不过在能够用同时代证据来予以证明之前，我们无法做出这样的论断。在笔者看来，虽然艾伯华的研究似乎非常令人信服地揭橥了周代晚期和汉代早期的中国社会的极端多样性，并且展现了众多独

---

* Wolfram Eberhard, *Lokalkulturen in Alten China*, p. 258.——译者

** K. C. Chang, "A Classification of Shang and Chou Myths," in *Early Chinese Civilization*, Cambridge, Mass.: Harvard University Press, 1976, pp. 149–173.——译者

立的地方文化促成了中国社会的最终形成，但是除了某些特征与某些地域存在着显而易见的地理联系之外，在许多情况下，艾伯华的研究未能指出哪些特征来自哪些地方。

高本汉（Bernhard Karlgre，1889—1978）基于文本中心的立场，采取了最为保守的进路。*众所周知，他区分了所谓的"自由"（free）文本与"系统化"（systematizing）文本。"自由"文本是顺道提供信息和资料的。就从各种资料中建构出一个"系统性整体"而言，"自由"文本完全独立于其他的文本记载。顾名思义，"系统化"文本就是如同《史记》一般，旨在基于更早期的文献资料，建立一种融贯、系统的综述。这些资料常常相互抵牾，甚至在处理相同的事件时亦是如此，根本无法与被刻意解释为融贯一致的整体相协调。高本汉仔细区分了自由文本的证据与系统化文本的证据，借此避免用来自系统化文本的错误观点，去玷污自由文本所提供的图景。

围绕着共工，产生了各种各样的神话，高本汉搜集了与此有关的文献资料，区分了在他看来属于不同传统的内容，并且揭示了一个传说如何可能在一个日后毫不相关的语境中被征引，成为另一个传说的一部分。譬如在最早的设定中，共工是洪水神话的主角，依据时间的先后顺序，出现在炎帝和黄帝的传说时代之前。然而，共工也出现在《尧典》中，首先是功臣，后来沦为恶棍。根据传统年表，尧时代的这位共工要比黄帝之前的那位共工晚得多，一些注疏家声称二者是不同的人物。另外一些注疏家则认为"共工"一词不是人名，而是官职头衔，借此澄清上述矛盾。高本汉指出中国学者和注疏家的这些努力是为了调和各种不同的早期文本传统。高本汉著作的最大优点在于其揭示出为了达

---

* Bernhard Karlgren, "Legends and Cults in Ancient China," *The Bulletin of the Museum of Far Eastern Antiquities*, Vol. 18, 1946, pp. 199-365.——译者

成上述这一目的,神话史实说作为一种策略而广泛存在着。高本汉的分类与分析暗示出一条进路,笔者下面将给出自己的猜想,它在很大程度上是对高本汉这条进路的延展。

笔者认为共工仅仅是洪水的化身(personification)。笔者的这一观点既有结构上的证据,也有词汇上的论据。结构上的证据是文本描述本身。共工扮演了一个与尧相对立的角色,洪水的角色与禹相对立,共工与洪水的角色如出一辙。禹与洪水搏斗,并制服了洪水,驱除了伴随洪水而来的巨蛇。恰好与之相似,尧拒绝任命共工为官,称其"滔天",并最终通过舜,将共工流放至所谓的阴森幽暗之地("幽州")。在这两个神话的背后,我们都发现了一个秩序战胜混乱的例证。

在《尚书·尧典》中,我们从未被告知尧与共工之争的本质究竟为何,也不知道共工为何遭到流放。后世文本增添了大量细节来提示我们。譬如《国语·周语下》声称共工试图筑坝拦截与阻塞河川,使之无法沿着自然的河道流淌,因而给帝国带来了混乱与灾祸。① 我们很容易便会发现,筑坝拦截与阻塞河川更多的是导致洪水泛滥的原因,而非努力控制洪水的行为。这恰恰解释了共工之所以遭到流放,不是因为他**未能**控制洪水,而是因为他**引发**了洪水,换言之,共工是洪水的始作俑者。倘若我们将共工与洪水本身等同起来,那么也不为过。《尚书·尧典》其实已经对此有所暗示。回想一下"滔天"一词,它在数行文字的方寸之间,被用来描述共工和洪水。"滔天"的第三次出现是在《尚书·皋陶谟》中,以几乎相同的文字描述了洪水:"洪水滔天,浩浩怀山襄陵。"我们还要注意的是,当共工遭到放逐时,《尚书·尧典》和《孟子·滕文公》使用的动词都是"流"(to flow)。毫无疑问,它在此用作

---

① "昔共工……欲壅防百川,堕高堙庳,以害天下。皇天弗福,庶民弗助,祸乱并兴,共工用灭。"

使役动词:"(舜)使共工流(flow off)到阴森幽暗之地。"*("[舜]流共工于幽州。")我们可以由此推断,无论共工拥有怎样的本性或者性格,这种本性或者性格都契合"流动"(flowing)或者被"流放"(drained away)。

汉代的《淮南子》和《列子》均记载了共工与颛顼争夺帝位,颛顼是上古时代另一位传说中的皇帝,根据系统化文本中的人造年表,其出现的时间甚至比尧还要早:

(a)《淮南子·兵略训》:"颛顼尝与共工争矣……共工为水害,故颛顼诛之。"
(b)《列子·汤问》:"共工氏与颛顼争为帝。"

这最接近原始文本,直接说明了共工是"帝"(无论是颛顼还是尧)的竞争对手。尽管上述文本的成书时间相当晚,但它们确实表明在中国神话记忆的深处,尘封着一个特殊的共工形象,他在一场建立宇宙秩序的斗争中扮演了配角。

宇宙秩序神话不仅驱除混乱(混乱表现为洪水或相应的水生怪物),而且经常涉及固定"世界之轴"(axis mundi),将其作为秩序已然得到确立和保证的更深层标志。伊利亚德称之为"中心的威望"(prestige of the center)。**世界之轴常常以圣山的形式出现,被视作天地交汇之处。

---

* 原文为"(Shun) caused Kung kung to flow off (so to sepak) to the Land of Stygian Gloom"。——译者

** Mircea Eliade, *The Myth of the Eternal Return, (or Cosmos and History)*, trans. W. R. Trask, Princeton: Princeton University Press, 1971, pp. 12-17; Mircea Eliade, *Patterns in Comparative Religion*, trans. R. Sheed, New York: New American Library, 1974, pp. 374-379.——译者

譬如这便是巴比伦式金字塔的宗教意涵，这种金字塔实为神庙，被建造来代表圣山，象征中心的固定秩序。在古代中国，没有任何明显的迹象表明真正的山或者人造的神庙是以上述这种方式运作的。然而在尧与共工的故事背后，存在着一种创世神话，明显包含了这种观念。尧自己便是圣山。他通过战胜共工，建立了世界之轴。"尧"的意思正是"高山之巅"（high mountain peak）、"巍峨之山"（exalted mountain），泛指"崇高、辉煌、灿烂"。"尧"属于一个容易辨认的字族，其基本意思是"√升高，～崇高"。①

√升高～崇高～光辉：　　尧 Yao < *ŋʲábʹ

翘　*gàbʹ　"高耸"

高　*kábʹ　"高"　　　　　　暠　*kábʹ?　"灿烂，明亮"

　　　　　　　　　　　　　熇　*χáq　"闪耀，明亮"

　　　　　　　　　　　　　嚣　*χáq　"亮泽"

乔　*gàbʹ　"崇高"　　　　　侨　*gàbʹ　"高"

　　　　　　　　　　　　　峤　*gàbʹ　"山巅"

　　　　　　　　　　　　　蹻　*gàq　"抬高"

---

① 在重新构拟上古汉语时，当笔者用单星号（★）进行标注时，这便意味着笔者此时很大程度上依据了蒲立本（E. G. Pulleyblank, 1922—2013）所提出的系统，他在过去多年的诸多文章中勾勒了这一系统（如 "The Consonantal System of Old Chinese," *Asia Major*, Vol. 9, 1961-1962, pp. 58-144 and 206-255; "An Interpretation of the Vowel Systems of Old Chinese and Written Burmese," *Asia Major*, Vol. 10, 1963, pp. 200-221; "Some Further Evidence Regarding Old Chinese *s* and Its Time of Disappearance," *Bulletin of the School of Oriental and African Studies*, Vol. 36, 1973, pp. 368-373; "The Final Consonants of Old Chinese," *Monumenta Serica*, Vol. 33, 1977-1978, pp. 180-206; "The Chinese Cyclical Signs as Phonograms," *Journal of the American Oriental Society*, Vol. 99, 1979, pp. 24-38）。当笔者用双星号（★★）进行标注时，这便意味着笔者此时所依据的是自己的看法。

		憍	*kàb'	"高昂"
		撟	*kàb'?	"升高"
		驕	*kàb'	"高傲，崇高"
敖	*ŋáb'	"举止高傲"	傲	*ŋáqs	"高傲"
		驁	*ŋáb'	"高傲"
曒	*kʰáb'?	"光辉"	（三皎）

在上文提及的黑天神话中，有一个非常相似之处。黑天在宇宙中战胜了水蛇卡利亚，合并了圣山本身。在圣像中，黑天举起的手臂是山本身的轴线，并且他和山看似融为一体。约翰·斯特拉顿·霍利指出"黑天就是山"是一则根深蒂固、不言自明的古老信条。[*]

同样地，"共工"一名也应该被还原为一个语义相合的词语。事实上，我们相信这层含义是可以被标识出来的。"共工"一名的词根是"好斗的"（bellicose）或者"放纵的"（wanton）。

放纵的～无序的～好斗的
a. √GDaŋ ~ Glaŋ   鬨 *gáŋʷs < **gdáŋʷ<s, ~ *gʳáŋʷ< **gdáŋʷs "争斗"
                 讼 *gʳàŋʷ < **glàáʷ "争议，争论"
                 凶 *χàŋʷ < **χdàŋʷ "违法"

可以被归入"放纵的，好斗的"的一个衍生义是"失控之水"（如"洪水"）。

---

[*] John Stratton Hawley, "Krishna's Cosmic Victories," *Journal of the American Academy of Religion*, Vol. 47, No. 2, 1979, pp. 201–221.——译者

b. √GDaŋ ~ GLaŋ：无序的"失控之水"

洪　*áŋ^w < **gdáŋ^w "洪水"

汹　*χàŋ^w < **χdàŋ^w "奔流之水"

泽　*kʼáŋ^v s < **kláŋ^v s "洪水"

~ *ʔáŋ^w < gláŋ^w；*gáŋ^w < **gdááŋ^w（也读作*gə́ŋ^w）

我们在《孟子·滕文公下》中见到了"蛇龙"二字词组，笔者想指出这两个字在起源上是同一词根（"共"）的一分为二（dimidiation）和语义化（semanticization），意思是"放纵的无序"（wanton disorder）。李方桂教授（1902—1987）已经揭示了上古汉语**gl(j)- 如何产生中古汉语 dź-，如"蛇"在中古汉语中读作 dźia:。* 联绵词"蛇龙"是这种读音变化的例子，在其中，-l(j)- 通过语义化而被保留下来（这可以被认为是一种俗词源，那时尚未被完全简化为中古汉语 dź-，但是已经不稳定了）。因此，"蛇龙" < 中古汉语 dźia:-luɔŋ < *gràŋ^w < **glàŋ^w 在源头上属于词根 √GDaŋ ~ Glaŋ。

这并非是在这个字族中出现一分为二联绵词的唯一例子。《左传·昭公二十九年》记载共工有一位名叫句龙（*káw-làŋ^w < **klàŋ^w）的儿子。** 显而易见，这就是同一词根 √Glaŋ 的一分为二形式。最后，笔者认为从这些其他资料来看，我们有充足的理由把"共工"一名视为同一词源的重复变体。司礼义（Paul Leo-Mary Serruys，1912—1999）教授（在私下交流中）已经提出双音词"共工"可能代表了对"洪工"（flood worker）的非常早期的语义化，仿佛是以"洪工"为潜在基础的。

---

* 李方桂：《几个上古声母问题》，载《"总统"蒋公逝世周年纪念论文集》，台北："中研院"，1976年，第1143—1150页。——译者

** "共工氏有子曰句龙。"——译者

无论如何，不管是"共工"一名，还是"洪水"的各种称呼，抑或是双音词"蛇龙"和"句龙"（共工名义上的儿子的名字），它们都是原初词源 $GDaŋ \sim Glaŋ$ 的语义化，意思是"放纵的无序""混乱"，可以在原初神话中被发现，在那里，他们作为配角，与主角尧争斗。[1]

在我看来，原初的神话冲动源于一种人们普遍感受到的紧张感，一方面是渴求一个稳定有序的社会，另一方面是一种超越人类控制的永恒无序感。这个神话是将这些无形的焦虑还原为一个具体事件（亦即"崇高的"尧与"放纵的"共工在宇宙间的诸神之战）的结果。由于随后的神话史实化的广泛影响，这一神话的细节在很大程度上仍然不为人知。在某种程度上，这个神话被史实化了，亦即被转变为尧（传说中的历史统治者）与共工（尧的不负责任的官员）之间的人类争斗（human struggle），并且用人类官僚制术语来描述。这便是《尧典》表面上记述的内容。与此同时，对这个神话的另一种史实化也在相当程度上独立进行着，这个神话变成了：社会秩序遭到一场毁灭性洪水的威胁，但这场洪水最终被禹（另一位传说中的上古时代历史人物）制服。这个版本的神话在《尚书·皋陶谟》和《孟子》中被保存下来。这两种神话史实化虽然最初相互独立，但是后来似乎相互影响。这便能解释为何我们发现"滔天"一词既描述了官员共工，又描述了洪水的范围。

笔者将此称作"颠倒的神话史实说"（reverse euhemerism），它不同于古希腊人的通常用法，因为没有任何中国神话可以被我们称作被遗忘了的中国历史，只有一部被假定保存完好的古代中国历史，笔者建议将其称为"拟人化"（humanized）神话。然而，神话史实说的真正重

---

[1] 亦可见"鸿"（** $gdáŋ^w$），假借"洪"，而在《左传·文公十八年》中，一位皇帝的儿子名叫"浑敦"（disorder）。（"昔帝鸿氏有不才子，掩义隐贼，好行凶德，丑类恶物，顽嚚不友，是与比周，天下之民，谓之浑敦。"——译者）

要之处并不在于历史是否变成了神话,或者神话是否变成了历史,而是在于历史与神话之间的区别已被抹除,因此,神人之间的区隔也已消失。中国人似乎完全抹除了这种区别,而这正是古代中国宗教和神话的特征,应当引起我们的注意。

汉律残片[*]

〔荷〕何四维 著

陈龙 译

1984年初，考古人员在江陵县张家山附近发掘清理了一座汉墓（编号M247），出土了1000多枚竹简[①]，与十几年前在一座秦墓中发现的云梦睡虎地秦简颇为相似[②]，因为出土文献主要是律令等法律文书，同时包括了非韵文的文本以及吉凶宜忌的日书历谱。

在江陵张家山汉墓中，有500多枚竹简包含了似可追溯至公元前187年以前的律令；其中甚至包括了一些秦律。由于考古发掘报告[③]在发掘结束后不久便发表了，因此难称详细或完备，不过它提到了以下一些律令名：

---

[*] 本文译自 A. F. P. Hulsewé, "Fragments of Han Law," *T'oung Pao*, Vol. 76, Livr. 4/5, 1990, pp. 208–233。何四维（1910—1993），荷兰著名汉学家、莱顿大学教授，主要研究领域为中国古代法律史，代表作：*Remnants of Han Law*, Leiden: E. J. Brill, 1955、*Remnants of Ch'in Law*, Leiden: E. J. Brill, 1985。——译者

① 张家山汉墓竹简整理小组：《江陵张家山汉简概述》，《文物》1985年第1期，第9—15页。另见陈耀钧、阎频《张家山汉墓的年代及其相关问题》，《考古》1985年第12期，第1124—1129页。

② A. F. P. Hulsewé, "The Ch'in documents discovered in Hu-pei in 1975," *T'oung Pao*, Vol. 64, 1978, pp. 179–180.

③ 参见注释1。

1. 二年律令,"第二年的法律和法令",但并不清楚其所指的是哪个时代的"第二年"。

2. 律令二十□种,"二十□种的法律和法令"。

3. 津关令,"有关渡口和关卡的法律"。

4. 金布律,"有关货币的法律"。

5. 徭律,"有关徭戍丁役(公役义务)的法律"。

6. 置吏律,"有关官员任用的法律"。

7. 校律,"有关核验的法律"。

8. 传食律,"有关驿传饭食供给标准的法律"。

9. 行书律,"有关文书传送的法律"。①

10. 杂律,"有关混杂主题的法律"。

11. □市律,"有关□市场的法律"。

12. 均输律,"有关使运输平均的法律"。

13. 史律,"有关史(或卜、祝?)的法律"。

14. 告律,"有关告劾之事的法律"(或者我们是否应将它读为"hào lǜ",即"有关告归的法律"?因为我们知道在这方面存在着很多规定)。*

15. 钱律,"有关金钱的法律"。②

---

① 与上述第4条至第9条具有相同名称的法律也出现在秦律中。参见 A. F. P. Hulsewé, *Remnants of Ch'in Law*, Leiden: Brill, 1985, pp. 46 f., 63 f., 76 f., 78 f., 83 f., 85 f. and 233 f. below.

* 作者在这里的意思是说"告"也可以解释为"告归",读作"hào",因为服虔(约125—195)在其《汉书》注中,在注解"告归之田"时,曾言"告音如暤","告"应该读为"hào"而非"gào"。关于这个问题,可详见下文对"告归"的解释。——译者

② See Hulsewé, "The Ch'in Documents Discovered in Hu-pei in 1975," pp. 204-205.

16. 赐律,"有关赐赠的法律"。

17. 奴婢律,"有关奴婢的法律"。

18. 蛮夷律,"有关蛮夷的法律"。①

考古发掘报告提到这次发现的上述竹简汉律中包含有关"盗"和"贼"(即"蓄意谋杀",它等同于"有预谋作案"②)的律文,还有一些与《汉书》和《说文解字》所引《尉律》相似的律文③,不过考古发掘报告对此没有给出更具体的信息。

其他的法律文书还包含了大约200枚《奏谳书》即"向上汇报疑难刑狱之事的文书"④。换言之,这些文书是判例法。考古发掘报告注意到《奏谳书》包含了来自《左传》的案例,论事援引《春秋》并以《春秋》决狱的情况("经义决狱")在汉代实际上十分常见。⑤

然而迄今为止,这些被发掘出来的极其重要的竹简汉律尚未被公诸于世。*笔者一边等待着它们的刊布,一边打算发表一些文章,讨论那些似乎没有被包含在张家山汉简中的汉律,本文便是这些文章中的第一篇。

---

① 根据考古发掘报告,第17条法律(《奴婢律》)和第18条法律(《蛮夷律》)仅仅在其他法律中被提及。

② 关于"盗",参见 A. F. P. Hulsewé, "The Wide Scope of *tao*, 'to Steal', in Ch'in-Han Law," *Early China*, Vol. 13, 1988, pp. 166–200; 关于"贼",参见 A. F. P. Hulsewé, *Remnants of Han Law*, Vol. 1, Leiden: Brill, 1955, p. 253。

③ 关于《尉律》,参见本文第二部分的讨论。

④ 关于"谳",参见 Hulsewé, *Remnants of Han Law*, Vol.1, pp. 339, 390, note 211。

⑤ 董仲舒(约前176—前104)编辑了一部《春秋决狱》,其中的部分残章收录于沈家本的《汉律摭遗》和程树德的《汉律考》中。

* 参见张家山二四七号汉墓竹简整理小组编《张家山汉墓竹简》,北京:文物出版社,2006年。——译者

一、《任子令》

《汉书·哀帝纪》云："除任子令及诽谤诋欺法。"① 正是这句话使得《任子令》为世人所知。但《任子令》的具体内容尚不得而知，我们唯一知道的只是卫宏（主要活动于 25—57 年）的《汉仪注》（今佚）的一段引文：这段引文既有可能是《任子令》的原文，也有可能只是对《任子令》原文的概括。② 这段引文是：

> 吏二千石以上视事满三年，得任同产若子一人为郎。

古代的注释家都同意"任"的意思是"保举、确保、保证"，但是后来的一些学者（譬如周寿昌［1814—1884］、德效骞［H. H. Dubs, 1892—1969］③ 和严耕望［1916—1996④］）假设"任"的意思是"任命"，与后世对"任"的用法一致。然而在西汉时代，通常用"除"来表示"任命"的意思⑤，

---

① 《汉书》卷 11《哀帝纪》（H. H. Dubs, trans., *The History of the Former Han Dynasty*, Vol. 3, Baltimore: Waverly Press, 1955, p. 23），这份诏书于公元前 7 年六月颁布。

② 该句出自卫宏《汉仪注》，后来被应劭（主要活动于 140—206 年）在注解汉哀帝的那份诏书时引用。

③ 参见 H. H. Dubs, trans., *The History of the Former Han Dynasty*, Vol. 3, p. 23, note 2. 4。周寿昌的观点遭到了沈家本（《汉律摭遗》卷 19 "任子令"条）的驳斥。（沈家本的原文是"周寿昌曰：'任，用也，言以父德韦宗正等官，遂用其子为郎。'……按：任为保任之义，旧说皆同，周说似未可从。"——译者）

④ 严耕望：《秦汉郎吏制度考》，《"中央研究院"历史语言研究所集刊》第二十三本上册，1951 年。严耕望在其文章中明显如此暗示。

⑤ Hulsewé, *Remnants of Ch'in Law*, the articles A 71, 79, 100; B 7; C 1, 4; D. 另可见如淳对《汉书·景帝纪》中"列侯薨及诸侯太傅初除之官，大行奏谥、诔、策"一语的注（"凡言除者，除故官就新官也"——译者）。

这在秦律和《汉书》中均可发现①，或者也可以用"拜"来表示升官，而"任"只是表示"保举"②。此外，在上述《汉仪注》的引文中，"任"不可能作"任命"解，因为那等于是说某位高级官员被允许（allowed）③去任命朝廷官员！他们被允许推举他们的一位近亲（兄弟或者儿子）被任命为郎，但同时他们必须确保被任命者举止良好，这就像官员要推举某人担任某个职务，就必须对被推举者负责。这种责任已经被秦律界定，在秦律中，"任"正是被如此使用：

任人而任不善，以罪罪之。④

汉代许多的"选举不（以）实"（"不根据真实情况来进行选择与推举"）案例已经展现了这种情况，在这些案例中，那些保举者遭到了惩罚。⑤

在汉哀帝于绥和二年（前7年）正式废除《任子令》之前，人们就已经两度提出废除《任子令》的倡议了。早在建元六年（前135），硕儒董仲舒就已经在一份奏疏中暗示应当废除《任子令》。⑥几十年之后的地

---

① 参见《汉书》卷1《高帝纪》；H. H. Dubs, trans., *The History of the Former Han Dynasty*, Vol. 1, p. 69.
② Hulsewé, *Remnants of Ch'in Law*, the article C 1 and note 1.
③ "得任同产若子一人为郎"中的"得"的意思就是"被允许"（allowed）。
④ "如果一个人保举另一个人，而被保举者犯下错误，那么这个保举者将与被保举者一道受到惩罚"。《史记》卷79《范雎列传》；华兹生（Burton Watson, 1925—2017）的《史记》英译本缺漏了这句话。Burton Watson, trans., *Records of the Grand Historian of China*, New York and London: Columbia University Press, 1961, 1962.
⑤ 见下文在讨论"选举不以实"时举出的相关案例。
⑥ 《汉书》卷56《董仲舒传》（董仲舒上书曰："夫长吏多出于郎中、中郎，吏二千石子弟选郎吏，又以富訾，未必贤也。且古所谓功者，以任官称职为差，非谓积日累久也。故小材虽累日，不离于小官；贤材虽未久，不害为辅佐。是以有司竭力尽知，务治其业以赴功。

节二年(前68),时任博士谏大夫的王吉曾谏言:"今使俗吏得任子弟,率多骄骜,不通古今,至于积功治人,亡益于民,此伐檀所为作也。宜明选求贤,除任子之令。"①然而董仲舒和王吉的谏言未被汉武帝或者汉宣帝采纳,并且正如下文所示,虽然汉哀帝正式废除了《任子令》,但是《任子令》在整个东汉时期仍然有效。显而易见,正式废止令即便不是立即,也是很快就沦为了一纸空文,就像同一时期宣布的其他两种举措(限制私人所能拥有的地产和限制私人所能拥有的奴婢数量)所遭遇的结果一样。德效骞认为由于皇帝的支持,《任子令》在东汉时期仍然不时地被使用,但笔者认为德效骞的这种看法是错误的。毕汉思(Hans Bielenstein,1920—2015)教授则认为"汉光武帝恢复了《任子令》",并且"由于这种举措有负众望,故而当时的史官没有记载这一有损皇帝形象的事实",②但是笔者认为真实情况很可能并非如此。这些举措极其不受权贵高门欢迎,被他们心照不宣地无视;而且这不是首次出现法律被正式废除却仍然被使用的情况。笔者相信上述提及的三项举措很可能是由当时仍然掌权的王莽所提出的;③当王莽称帝之后,他对它们

(接上页)今则不然。累日以取贵,积久以致官,是以廉耻贸乱,贤不肖浑殽,未得其真。臣愚以为使诸列侯、郡守、二千石各择其吏民之贤者,岁贡各二人以给宿卫,且以观大臣之能;所贡贤者有赏,所贡不肖者有罚。夫如是,诸侯、吏二千石皆尽心于求贤,天下之士可得而官使也。遍得天下之贤人,则三王之盛易为,而尧舜之名可及也。毋以日月为功,实试贤能为上,量材而授官,录德而定位,则廉耻殊路,贤不肖异处矣。"——译者);W. Seuffert, "Urkunden zur staatlichen Neuordnung unter der Han Dynastie," *Mitteilungen des Seminars fur ostasiatische Sprachen*, Vol. 23-24, 1922, p. 37;[清]王鸣盛:《十七史商榷》卷25("选郎"条——译者)。

① 《汉书》卷72《王吉传》。
② H. H. Dubs, trans., *The History of the Former Han Dynasty*, Vol. 3, p. 23, note 3. 4; Hans Bielenstein, *The Bureaucracy of Han Times*, Cambridge: Cambridge University Press, 1980, p. 133.
③ 王莽肯定是在几个月之后才辞职的,参见《汉书》卷99《王莽传》;H. H. Dubs, trans., *The History of the Former Han Dynasty*, Vol. 3, p. 132.

稍作修订,便再次颁布,只不过它们和王莽颁布的其他类似举措一样以失败告终。① 汉光武帝并不需要恢复《任子令》,因为《任子令》实际上从未被废除过。

下面将依照时间的先后顺序,列出施用《任子令》的已知事例,不过笔者给出的时间也只是一个大致的范围,因为我们不可能得出精确的日期,② 另外笔者也省略了得出这些大致日期的推论过程:

1. 约公元前170年,袁盎得到兄长袁哙的保举(《史记》卷101《袁盎传》,Burton Watson, trans., *Records of the Grand Historian of China*, Vol. 1, p. 517;《汉书》卷49《爰盎传》)。

2. 约公元前150年,汲黯得到父亲(名字与官职不详)的保举,被任命为太子洗马(Hans Bielenstein, *The Bureaucracy of Han Times*, pp. 75—78;《史记》卷120《汲黯传》, Burton Watson, trans., *Records of the Grand Historian of China*, Vol. 2, p. 343;《汉书》卷50《汲黯传》)。

3. 约公元前130年,张安世得到父亲"酷吏"张汤的保举,张汤先为太中大夫,后于公元前126年升为廷尉,公元前121年升为御史大夫,公元前116年自杀。(见《汉书》卷59《张汤传》;张安世"以父任为郎"一事不见《史记》卷122《酷吏列传》;Arvid

---

① 参见《汉书》卷99《王莽传》;H. H. Dubs, trans., *The History of the Former Han Dynasty*, Vol. 3, pp. 286—287, 324—325;《汉书》卷24《食货志》;N. L. Swann, *Food and Money in Ancient China*, Princeton, NJ.: Princeton University Press, 1950, p. 210。

② 这些案例主要来自[宋]徐天麟(主要活动于1205—1226年后)的《西汉会要》(上海:商务印书馆,1935年,第463—465页)和《东汉会要》(上海:商务印书馆,1935年,第289—290页);另可参见严耕望《秦汉郎吏制度考》,第136—137页;沈家本《汉律摭遗》卷19"任子令"条。

Jongchell, trans., *Huo Kuang Och Hans Tid: Taxter ur Pan Ku's Ch'ien Han Shu*, Göteborg: Elanders Boktryckeri Aktiebolag, 1930, p. 156)

4. 约公元前 120 年，霍光得到同父异母哥哥、名将霍去病的保举。(《汉书》卷 68《霍光传》; Arvid Jongchell, trans., *Huo Kuang Och Hans Tid*, p. 49，阿维德·琼塞尔 [Arvid Jongchell, 1884–1951] 误解了"任"的意思。)

5. 约公元前 120 年，苏武兄弟得到父亲苏建的保举，苏建最初是校尉，后来官至代郡太守。(《汉书》卷 54《苏建传》; 此事不见于《史记》。)

6. 公元前 80—前 70 年，韦玄成得到父亲韦贤*的保举，韦贤于公元前 76 年担任大鸿胪，公元前 71 年担任丞相。(《汉书》卷 73《韦贤传》)

7. 公元前 70—前 66 年，杨恽得到兄长、安平侯杨忠的保举；二人是丞相杨敞之子，杨敞于公元前 74 年去世。(《汉书》卷 66《杨敞传》)

8. 稍早于公元前 71 年，辛庆忌得到父亲破羌将军辛武贤的保举，被任命为右校丞。(《汉书》卷 69《辛庆忌传》)

9. 很可能是公元前 70—前 60 年，萧育得到父亲萧望之的保举，被任命为太子庶子。萧望之在公元前 66 年担任平原太守，在公元前 65 年担任少府，在公元前 64—前 61 年担任左冯翊。(《汉书》卷 78《萧望之传》)

10. 公元前 68 年或者公元前 67 年，刘向（时年 12 岁）得到父

---

* 原文作"Wei Hsiang 相"，核诸《汉书》，有误，应为"韦贤"。——译者

亲刘德（时为宗正丞）的保举，被任命为辇郎。①（《汉书》卷36《楚元王传》）

11. 公元前65—前60年，陈咸得到父亲陈万年的保举，被任命为郎。陈万年当时是广陵太守，公元前61年任右扶风，后来（公元前51年）迁任太仆。（《汉书》卷66《陈万年传》）

12. 公元前60年左右，冯野王得到父亲冯奉世将军的保举，被任命为太子中庶子。（《汉书》卷79《冯奉世传》）

13. 公元前60年左右，史丹得到父亲史高的保举，被任命为太子中庶子。史高时为汉宣帝的重臣，于公元前66年被封乐陵侯。（《汉书》卷82《史丹传》）

14. 公元前50年左右，冯立得到父亲冯奉世将军的保举，被任命为郎。（《汉书》卷79《冯奉世传》）

15. 汉成帝时期（前37—前33），伏湛得到父亲伏理（时为高密太傅）的保举，被任命为博士弟子。（《后汉书》卷26《伏湛传》）

16. 汉成帝时期（前37—前33），桓谭得到父亲（姓名不详，时为太乐令）的保举，被任命为郎。（《后汉书》卷28《桓谭传》）

17. 很可能是公元前30—前20年，翟义得到后来成为丞相的父亲翟方进的保举，被任命为郎。翟方进在公元前28—前25年为博士，之后历任朔方刺史、丞相司直乃至丞相，公元前18年为京兆尹。（《汉书》卷84《翟方进传》）

18. 公元前1世纪最后10年，高诩得到父亲高容（时为光禄大夫）的保举，被任命为郎中。（《汉书》卷88《儒林传》）

---

① "辇"是由男孩拉动前行的轻车，在宫中使用。考虑到辇郎的年纪很轻，毕汉思教授的看法（"辇郎"是"车郎"的"另一种版本"，见 Hans Bielenstein, *The Bureaucracy of Han Times*, p. 165, note 100）似乎不太可能。

19. 公元前8年,董贤得到父亲董恭(时为御史)的保举,被任命为太子舍人。(《汉书》卷93《佞幸传》)

20. 汉哀帝时期(前6—前1),公孙述得到父亲公孙仁(时为侍御史)的保举,被任命为郎。(《后汉书》卷13《公孙述传》)

21. 元始年间(1—5),李忠得到父亲(时为高密都尉)的保举,被任命为郎。(Hans Bielenstein, *The Bureaucracy of Han Times*, p. 107;《后汉书》卷21《李忠传》)

22. 很可能是在王莽"篡位"前期至公元15年(陈元父亲于该年被免官)之间,陈元得到父亲陈钦的保举,被任命为郎。厌难将军陈钦在公元10—11年被派遣至边疆("巡出云中")抵抗匈奴。(《汉书》卷94《匈奴传》;J. J. M. de Groot, *Chinesische Urkunden zur Geschichte Asiens I, Die Hunnen der vorchristlichen Zeit*, Berlin-Leipzig: de Gruyter, 1921, p. 276;《汉书》卷99《王莽传》;H. H. Dubs, trans., *The History of the Former Han Dynasty*, Vol. 3, pp. 305, 318, 348, 352,《后汉书》卷36《陈元传》)

23. 很可能是在王莽时期(9—23),伏恭得到养父(也是他的叔父)伏黯的保举,被任命为郎。伏黯时为王莽手下的一名将军。(《后汉书》卷79《儒林列传》;关于伏黯,可见《汉书》卷99《王莽传》;H. H. Dubs, trans., *The History of the Former Han Dynasty*, Vol. 3, pp. 352 f.)

24. 王莽时期(9—23),王隆得到父亲(姓名不详)的保举,被任命为郎。(《后汉书》卷80《文苑列传》)

25. 很可能是在公元30—35年,马廖得到父亲马援的保举,被任命为郎。名将马援于公元30年归顺汉光武帝,公元33年任太中大夫,并肩负军事职责,公元35年任陇西太守。(《后汉书》

卷 24《马援传》)

26. 建武年间(25—56),宋均得到父亲宋伯(时为五官中郎将,这是一个相当于二千石的官职)的保举,被任命为郎。(《后汉书》卷 31《宋均传》; Hans Bielenstein, *The Bureaucracy of Han Times*, pp. 24, 27)

27. 公元 30—50 年,耿秉得到父亲耿国(自公元 29 年入侍后,历任射声校尉、驸马都尉等职)的保举,被任命为郎。(《后汉书》卷 19《耿弇列传》)

28. 公元 43 年之后,桓郁得到父亲桓荣(公元 43 年,"年六十余,始辟为大司徒府")的保举,被任命为郎。(《后汉书》卷 37《桓郁传》)

29. 公元 71 年之后,桓焉得到父亲桓郁(公元 71 年成为侍中,这是一个相当于二千石的官职,见 Hans Bielenstein, *The Bureaucracy of Han Times*, p. 51)的保举,被任命为郎。(《后汉书》卷 37《桓焉传》)

30. 公元 71 年之后,袁敞得到父亲袁安(公元 71 年"征为河南尹")的保举,被任命为太子舍人。(《后汉书》卷 45《袁敞传》)

31. 公元 94 年之后,黄琼得到父亲黄香(公元 94 年成为东郡太守)的保举,被任命为太子舍人。(《后汉书》卷 61《黄琼传》;《后汉书》卷 80《文苑列传》)

32. 公元 126 年之后,周勰得到父亲周举(公元 126 年"辟司徒李合府")的保举,被任命为郎。(《后汉书》卷 61《周举传》)

这一名单显示出《任子令》在整个汉代都一直有效,其至在王莽时期依然如此。

正如上文所示,关于《任子令》,我们至少知道了其概要,并且拥有了三十几份实例,然而对于因保举无用之徒而遭受惩罚的实例,我一无所知。相反,笔者比较了解一个相似的选择和推举人员担任公职的程序,它或者由太守和国相每年定期进行,或者由指定的高级官员遵照相关的皇帝诏书来实施,① 这是因为我们在这里掌握了十几份保举者因为"选举不(以)实"(不根据真实情况来选择与推举[人员担任公职])而遭受惩罚的实例。目前我们尚不清楚这些惩罚的法理依据,但是如果考虑到上文引述的秦律,那么我们可以假设那时存在这样的规定。由于这条规定被指出可能成了"令",故而我们的这一假设可以进一步得到证实。② 此外,关于被推举者所应具有的素质和能力,那时存在着具体的要求;我们可以在有关汉代博士的报告范本中找到这些具体要求,而其中对一些素质和能力的要求对其他官员也同样适用。③ 这些素质和能力包括了:"身无金痍痼疾,世六属不与妖恶交通王侯赏赐④,行应

---

① 有关这些推举制度的考察研究,参见 Hans Bielenstein, *The Bureaucracy of Han Times*, pp. 133 f。

② 参见下文论述。

③ 我们可以在类书《通典·职官九》(卷 27, 成书于 8 世纪)和《通志·选举略》(卷 58, 成书于 12 世纪)中找到相关要求,二者可能都来自归在应劭(主要活动于 140—206 年)名下的《汉官仪》,该书可见于孙星衍的《汉官七种》(Chen Tsu-lung, *Index du Han-kouan ts'i-tchong*, Paris, 1962, plate XXX)。李贤(651—684)在注解《后汉书·朱冯虞郑周列传》时援引了这句话,成为孙星衍重构《汉官仪》的基础之一。这些文本呈现出一些差异;《通典》和《通志》这两部类书犯了一个严重错误,将"世"看成了"卅",然后就写成了"三十"。(作者的意思是由于《通典》与《通志》的错误,"世六属不与妖恶交通王侯赏赐"中的"世六属"被错误地写成"卅六属""三十六属"。——译者)

④ "世六属不与妖恶交通王侯赏赐"只能被初步翻译为"几个世代以来,他的亲属没有参与邪恶的交易(譬如)与王侯勾结、交换礼物"[For generations his relatives have had no part in evil dealings (such as) communicating with kings or nobles, exchanging gifts],这尤其是因为在这一语境中,"六属"的真正意思让我十分困惑。

四科①，经任博士，下言某官某甲保举。"未来的官员必须"身无金痍痼疾"，这项要求确有其事，譬如公元前 7 年就曾有人蓄意袭击申咸，使其丢失官位②，而在约公元 80 年，王青也由于同样的原因而未能任官。③

以下名单记录了官员由于"选举不（以）实"（不根据真实情况来进行选择与推举）而遭受惩罚的实例。

1. 公元前 124 年，山阳侯张当居为太常，因为"择博士弟子故不以实"而被免职，并被判罚四年的苦役。（《史记》卷 19《惠景闲侯者年表》；Édouard Chavannes, trans., *Les Mémoires Historiques de Se-ma-Ts'ien*, Paris: Librairie d'Amérique et d'Orient, 1969, Vol. 3, p. 155, note 1；《汉书》卷 17《景武昭宣元成功臣表》；《汉书》卷 19《百官公卿表》）

2. 约公元前 58 年，严延年很可能在涿郡太守任上，"察狱史廉"，但是他推举的人接受了贿赂④，于是严延年"坐选举不实贬

---

① 四科对不同的官员要求共同的素质和能力："一曰德行高妙，志节清白；二曰学通行修，经中博士；三曰明达法令，足以决疑，能案章覆问，文中御史；四曰刚毅多略，遭事不惑，明足以决，才任三辅令。"参见《后汉书·百官志》李贤注所征引的应劭《汉官仪》。另外，四科取士，皆要求"有孝悌廉公之行"。

② 《汉书》卷 83《薛宣传》（"哀帝初即位，博士申咸给事中，亦东海人也，毁宣不供养行丧服，薄于骨肉，前以不忠孝免，不宜复列封侯在朝省。宣况为右曹侍郎，数闻其语，赇客杨明，欲令创咸面目，使不居位。会司隶缺，况恐咸为之，遂令明遮斫咸宫门外，断鼻唇，身八创。"——译者）；另见 A. F. P. Hulsewé, "Assault and Battery at the Palace Gates," in *Indo-Sino-Tibetica: Studi in onore di Luciano Petech*, ed. Paolo Daffinà, Roma: Bardi, 1990, pp. 194–195。

③ 《后汉书》卷 45《张酺传》（"青为小史，与父俱从都尉行县，道遇贼，酺以身卫全都尉，遂死于难；青亦被矢贯咽，音声流喝。前郡守以青身有金夷，竟不能举。"——译者）。不过王青后来因为另一件事而得到任命，参见 Hans Bielenstein, *The Bureaucracy of Han Times*, p. 140 and note 50。

④ "有臧不入身"，它很可能是一种减轻罪行的情况："他还没有得到非法所获之利"（the illegal profit had not reached him），但是在笔者看来，这句话的意思不是很清楚。

秩"。(《汉书》卷90《酷吏传》)

3. 公元前47年,富平侯张勃"选举故不以实,坐削二百户",这是因为汉元帝"诏列侯举茂材",张勃举陈汤,然而陈汤竟"父死不奔丧"。(《汉书》卷9《元帝纪》; H. H. Dubs, trans., *The History of the Former Han Dynasty*, Vol. 2, p. 308 ;《汉书》卷18《外戚恩泽侯表》;《汉书》卷59《张汤传》;《汉书》卷70《陈汤传》)

4. 公元前30年,御史大夫张谭"坐选举不实免"。(《汉书》卷19《百官公卿表》)

5. 公元前17年,护西域骑都尉韩立"坐选举不实免"。(《汉书》卷19《百官公卿表》)

6. 公元前12年,红阳侯王立因为推举了最近因贪污被免的陈咸而遭到弹劾。为此,陈咸被免职,王立由于是皇帝的舅舅,故而未遭起诉。(《汉书》卷84《翟方进传》)

7. 公元前1年,建平侯杜业时为上党都尉,遭司隶奏报之前为太常时(前3—前1)选举不实,于是杜业"坐免官,复就国"。(《汉书》卷17《景武昭宣元成功臣表》;《汉书》卷19《百官公卿表》;《汉书》卷60《杜业传》)

8. 约公元29—36年,王丹为太子太傅,"所举者陷罪,丹坐以免"。(《后汉书》卷27《王丹传》)

9. 公元44年,"大司徒戴涉坐所举人盗金下狱"(十几年前"丞相"被更名为"大司徒")。(《后汉书》卷23《窦融传》;但是《后汉书》卷1《光武帝纪下》的记载是"大司徒戴涉下狱死"。笔者不会具体讨论这两处文字的矛盾。)

10. 公元135年,太尉施延遭到免官,因为他在选举时贪污。(《后汉书》卷6《孝顺孝冲质帝纪》)

11. 稍早于公元 142 年,济阴太守胡广"以举吏不实免";尽管如此,他不久以后便"复为汝南太守"。(《后汉书》卷 44《胡广传》)

如果我们考虑到在大约三个世纪中每年有 2000 多人被保举[1](亦即三个世纪中共有将近 75000 人被保举),那么上述列举的违法行为在数量上是非常少的。笔者相信被记载下来的"选举不以实"案例数量不多,并不是因为(或者说至少不是因为)我们的文献必然无可避免地经过了拣选。笔者怀疑这也可能主要是因为保举者的惩罚被有系统地无视了,我们可以从常常重复出现的抱怨中推理出这一点。显而易见,那些掌权者通过两种方式牟利:一方面他们为自己宠爱之人提供官位,另一方面他们尽力逃避因为"选举不以实"而遭受的惩罚。

公元前 44 年,光禄大夫贡禹曾上书汉元帝,要求应当更有效地惩治太守与相国"选举不以实",而不仅仅是将其免官。[2]一个多世纪后的公元 58 年,汉明帝抱怨"今选举不实,邪佞未去,权门请托,残吏放手,百姓愁怨,情无告诉",他要求"有司明奏罪名,并正举者"。公元 76 年,继位的汉章帝也在一封诏书中抱怨"选举乖实,俗吏伤人,官职耗乱,刑罚不中"。[3]公元 126 年,侍中杨伦强调那些保举者不再受到惩治,[4]宦者吕强也在公元 184 年的奏疏中指出这一点。[5]公元 3 世纪

---

[1] 关于这一数字,可见 Hans Bielenstein, *The Bureaucracy of Han Times*, pp. 134-135。
[2] 《汉书》卷 72《贡禹传》。("相守选举不以实,及有臧者,辄行其诛,亡但免官,则争尽力为善。"——译者)
[3] 《后汉书》卷 2《显宗孝明帝纪》;《后汉书》卷 3《肃宗孝章帝纪》。
[4] 《后汉书》卷 79《儒林列传》。("本举之主不加之罪。"——译者)
[5] 《后汉书》卷 78《宦者列传》。("今但任尚书,或复敕用。如是,三公得免选举之负,尚书亦复不坐,责赏无归,岂肯空自苦劳乎!"——译者)

早期，何夔向曹操谏言应用"保举故不以实之令"（"有关故意不根据真实情况来保举[人员担任公职]的法令"）将是明智之举，这清楚说明了这条法令失效已久。①

不过笔者认为这些滥权行为仅仅影响了相当少的官员，没有严重损害官僚机器的运作，并且笔者完全同意毕汉思教授的观点，即"汉代官员在四个世纪中以合理的效率统治着中国"②。

二、《尉律》对令史测试的规定

《尉律》现存两份残片，就其中一份残片的内容而言，《尉律》是"尉的律令"（the Statutes of the Commandant）。在秦代和汉初，该律一直由郡尉负责，这一直持续到公元前148年，那时"郡尉"改称"都尉"，负责其所在地区的军事事务，辅佐郡守，职责之一是掌管被征发服徭役者（"卒"）（"掌佐守典武职甲卒"）。③ 上文提及的汉律残片非常清楚地表述了这一点："尉律卒践更一月休十一月。"（"《尉律》规定：'被征发服徭役者完成他的一个月职责，他可以休息十一个月。'"）④ 很明显这是指那些被法律征发服徭役的劳力需要在15—16岁期间完成这项徭役。⑤

---

① "保举故不以实之令"出自《三国志》卷12《魏书·何夔传》。
② Hans Bielenstein, *The Bureaucracy of Han Times*, p. 135.
③ Ibid., p. 94.
④ "尉律卒践更一月休十一月"见如淳（主要活动于211—265年）对《汉书·昭帝纪》的注。
⑤ Michael Loewe, *Records of Han administration*, Vol.1, Cambridge: Cambridge University Press, 1967, pp. 79-81, and pp. 162-164; A. F. P. Hulsewé, "Some Remarks on Statute Labour during the Ch'in and Han Period," in *Orientalia Veneziana I*, Florence: Olschki, 1984, pp. 195-204.

现在我们如果看看传统文本中关于《尉律》的另一条引文，那么将会发现它很有趣。笔者在此主要研究的是官僚制。[①]这条引文出现在两份备受推崇、忠实可靠的文本中，不过这两份文本对它的引用在文字上存在相当大的差别。这条引文首先出现在《汉书·艺文志》中，[②]《汉书·艺文志》被明确认为摘引自刘歆（约前50—23年）所编辑的皇家藏书目录。[③]这条引文也出现在许慎《说文解字·叙》（作于100年）中。[④]虽然这两份文献备受推崇，但是由于这条引文在两份文献中存在差别，故而仍然存在着许多困难，并且古往今来的注解往往无法令人满意，这也导致了对这条引文的任何翻译肯定只是初步的。

这两份文本均在讨论字体的时候引用了《尉律》，但是这两份文本自身的文体迥异！《汉书》讨论了文字是如何以不同的方式被构造的（所谓的"六体"），而《说文解字》谈论的是文字的不同书写风格（"书体"），即"八体"（大篆、小篆、刻符、虫书、摹印、署书、殳书、隶书）。令人感到惊讶的是，其中的《尉律》引文居然提及了"体"（styles）（在《汉书》中是"六体"，在《说文解字》中是"八体"），这与之前提及的

[①] 关于这份材料的研究，笔者认为只有张政烺的研究真正充满睿见（张政烺：《说文序引尉律解》，《中央研究院历史语言研究所集刊》第十七本，1946年，第131—135页）。笔者满怀感激之情在本文中利用了张政烺的研究成果。本文在此处的论述是对笔者另一篇论文的修订和精简，参见 A. F. P. Hulsewé, "The Shuo-wen Dictionary as a Source for Ancient Chinese Law," in *Studia serica Bernhard Karlgren dedicata*, eds. S. Egerod and E. Glahn, Copenhagen: Munksgaard, 1959, pp. 239-258。也可参见沈家本《汉律摭遗》卷17，"尉律"条；H. H. Dubs, trans., *The History of the Former Han Dynasty*, Vol. 2, pp. 339-340。"史书"（clerkly writing）等同于隶书。（"史书"出自作者所要讨论的这条引文，作者认为意指书体之一的隶书，详见下文。——译者）

[②] 《汉书》卷30《艺文志》。

[③] 同上。

[④] ［清］丁福保：《说文解字诂林》，台北：台湾商务印书馆，1976年。主要文本见于该书的第14卷，第6710b页，不同的注解可以见第6718a—6719b、6721b、6730a—6730b、6746a—6746b、6753b 和 6756a—6756b 页。

"六体""八体"一致。这条引文在这两份文本中写作：

《汉书》　　　汉兴萧何曹律亦著其法〇〇曰太史试学童
《说文解字》　〇〇〇〇〇〇〇〇〇尉律〇〇〇〇学僮

《汉书》　　　〇〇〇〇〇〇能讽〇书九千字以上乃得
《说文解字》　十七以上始试〇讽籀书九千字〇〇乃得

《汉书》　　　为史又以六体试之〇〇〇〇〇课最者以为
《说文解字》　为吏又以八体试之郡诣太史并课最者以为

《汉书》　　　尚书 御史史书[1] 令史吏民上书字或不正
《说文解字》　尚书 〇〇史〇　〇〇〇〇〇书〇或不正

《汉书》　　　辄举劾〇
《说文解字》　辄举劾之

　　尽管《说文解字》中的引文显得更具逻辑性，然而我们也能理解《汉书》中的引文。首先，其中最重要之处在于学童接受太史的考试和评等，从而最终被任命为史或者抄写员（copyist），为中央政府效命，因此丢弃郡县部分的文字（即《说文解字》中的"郡诣太史并"）可以令法律更为严格。两份文本中的引文不一致，可能与后来的编辑活动有关，也可能与《说文解字》的版本流变有关。其次，这里的次要重点在于

---

[1] H. H. Dubs, trans., *The History of the Former Han Dynasty*, Vol. 2, pp. 339–340.

《说文解字》的引文要求这些年纪"十七以上"的学童应当能熟练掌握八体,但这实际上是无法实现的。我们可以观察到当时通常受教育者并不精通古代的书体,这一点从当时解读公元前 2 世纪发现的古老文本* 时遭遇的困难中便可看出。① 解决这种困难的办法是根据一个(理论上)更早版本的规则,假设目前文本中的"体"字可能是一个更加指代具体实在的词,譬如"曹"(office),我们可以在各级政府机构中找到它。这非常符契引文中的"试":"试"不该解释为"考试"(to examine),其含义是"试用"(to try out),亦即通过派学童去官署见习来察看他们是否适任。虽然这种解释非常吸引人,但是没有更多的证据去证明它是一种正确解决问题的方式。

与之相似,"九千字"可能与"九章"异名同实,尤其指代标题中带有"九章"字样的算术书,譬如《九章算术》(作于公元前 1 世纪)或者比它更早一点的算术书。② 不过,倘若这种解释是错误的,那么"九千字"的真正意思是什么?"九"(完美的数字)是否意指"所有成千上万的文字"(all the thousands of character)? 抑或是"九"意指"所有"不同的蒙书? ③ 抑或是它意指学童最初必须阅读的正典,譬如《论语》《诗

---

* 作者在此应是指西汉时发现的古文《尚书》,事见《汉书》卷 30《艺文志》。——译者

① 为了方便起见,可参见 Paul Pelliot, "Le Chou-king en caracteres anciens et le *Chang chou che wen*," *Mimoires concernant l'Asie orientale*, Vol. 2, 1916, pp. 121f。

② 关于这一主题的更多信息,可见张荫麟《〈九章〉及两汉之数学》,《燕京学报》第 2 期,1927 年,第 301—312 页;姚振宗对《艺文志》的研究(《二十五史补编》卷 2,上海:中华书局,1955 年,第 1507 页和第 1674 页;卷 4,第 5586 页以下);杜石然:《中国科学技术史稿》第 1 卷,第 182 页以下;张家山汉墓竹简整理小组:《江陵张家山汉简概述》,第 9—15 页,因为最近发现了一份明显可以称作《算术书》的算术文本,其年代可以确定为公元前 2 世纪前期。

③ 有关此类蒙书的研究,可参见 Derk Bodde, *China's First Unifier*, Leiden: Brill, 1938, pp. 157–158。

经》，不顾这两部著作的字数加起来就已经超过了"九千字"？

不过暂且将在解释这些细节时所碰到的困难置于一边，这条《尉律》条文呈现了一种相当出人意料的"选举"（selection and recommendation）制度，它不是"选举"担任公职的高级官员，而是"选举"作为属官的史。王充（约27—96）在其《论衡》中指出："令史虽微，典国道藏，通人所由进。"① 我们知道一些由"令史"晋升高阶官位的事例，但是这些人几乎都没有将他们最初的位置（"令史"）归因于《尉律》所勾勒出的这套程序。

三、"告归"②

30多年前，杨联陞教授发表了《帝制中国的作息时间表》（"Schedules of Work and Rest in Imperial China"）一文。他在文中讨论了"休假"（holiday），但是除了"休沐"以外，他没有触及汉代其他的休假。③ 我在此尝试填补这一研究空白。

---

① ［汉］王充：《论衡》卷13，参见黄晖《论衡校释》卷2，台北：台湾商务印书馆，1964年，第605页；Alfred Forke, trans., *Lun heng*, Vol. II, p. 107（译文存在一些错误）。

② 关于这一主题的早期研究，可参见大庭脩「漢代官吏の勤務と休暇」,『聖心女子大學論叢』第4卷，1954年，后收录于氏著『秦漢法制史の研究』，東京：創文社，1983年，第567—590页。相关的简要研究，可见严耕望：《秦汉地方行政制度》第2卷，台北："中研院"历史语言研究所，1961年，第393—396页；A. F. P. Hulsewé, "The Ch'in Documents Discovered in Hupei in 1975," *T'oung Pao* Vol. 64, No. 4-5, 1978, pp. 204-208（该文已收录于本书，即《1975年湖北发现的秦代文献》。——编者）。

③ 该文最初发表于 *Harvard Journal of Asiatic Studies* (Vol. 18, No. 3-4, 1955, pp. 301-325)，后收录于 Yang Lien-sheng, *Studies in Chinese Institutional History*, Cambridge, Mass.: Harvard University Press, 1961, pp. 18-42。

"告归"在汉代以前的一些文本中被提及,全部与秦有关,[①] 萧何在秦律基础上创制的首部汉律据说包含了"大臣有宁告之科"[②],然而这些文本没有提供更多的信息。因此,我们不得不求助各类《汉书》注。

《汉书·高帝纪》记载汉高祖在担任亭长的时候,曾经"告归之田"。[③] 有一份内容丰富的文献[*]包含了关于这句话的各类注释。

根据服虔(约125—195)的看法,"告音如暤,呼之暤","告"应该读为"hào"而非"gào",但是孟康表示"告又音嚳",应该读为"kù",李斐(生活于3世纪?)则详细说明"休谒之名,吉曰告,凶曰宁"。

孟康还进一步提出了别的看法,其中包含了重要的信息,因为他引用了一部汉律以及与之相关的规定:"汉律:'吏二千石有予告、有赐告。'"孟康对此给出了解释,笔者不认为孟康接下去所说的话是同一部汉律的内容,尽管它们可能包含了从其他律令中摘取的语句。孟康的解释是:

(1)予告者,在官有功最,法所当得者也。

---

① 《战国策·秦策》,上海:商务印书馆,第1卷,第15页; J. J. L. Duyvenaak, *The Book of Lord Shang*, London: Probsthain, 1928, p. 32;《史记》卷87《李斯列传》; Derk Bodde, *China's First Unifier*, p. 24. 关于秦律,参见 Hulsewé, *Remnants of Ch'in Law*, p. 44, the article A 33、睡虎地秦墓竹简整理小组:《睡虎地秦墓竹简》,北京:文物出版社,1978年,第47页。

② 《后汉书》卷46《陈忠传》。"大臣有宁告之科"出现在121年一份给皇帝的奏疏中,《后汉书》误将此事发生的时间记载为"建元"年间,实则应为"建光"年间。根据《后汉书·陈忠传》记载,这条法令已经被汉光武帝(25—56年在位)废除了。

③ 《汉书》卷1《高帝纪》(H. H. Dubs, trans., *The History of the Former Han Dynasty*, Vol. 1, p. 34 没有提及以下细节)。这后来在《后汉书》卷39《刘赵淳于江刘周赵列传》的李贤注("告,请假也。汉制,吏病满三月当免,天子优赐其告,使得带印绶,将官属,归家养病,谓之赐告也。"——译者)中被再次提及。

* 作者指的是王先谦的《汉书补注》。——译者

(2)赐告者,病满三月当免,(3)天子优赐其告,使得带绶印将官属归家治病。至成帝时,郡国二千石赐告不得归家,(4)至和帝时,予赐皆绝。

(1)那时存在着一项正式法令(名称不详):"三最予告"(《汉书》卷79《冯奉世传》),亦即官员考课三次得"最",方得予告。官员很可能在九月被"课"(考绩),官员要在那时准备"上计",即向上级提交"计"(关于地方情况的年度报告)。① "最"代表了最优等,"殿"(字面义是"后军")代表了最劣等。然而我们从中既无从得知告归的时长,也难以知晓告归的实际开始时间。

(2)一般而言,"病满三月免"(一个人生病了三个月,就会被免职)。这曾两次发生在谷永的身上,第一次是在公元前22年他任安定太守的时候,第二次是在公元前9年或公元前8年他任大司农的时候。② 第一次的时候,谷永似乎是自动被免的*,但第二次的时候是"有司奏请免"**,就像史家所补充的那样,也许是因为这与"故事"(先例 precedent)相反("故事,公卿病,辄赐告"***)。也许汉成帝并不喜欢谷永,因为汉成帝久无继嗣,谷永反复以此切谏汉成帝。

在实际的历史中,至少存在着一个郡国二千石赐告归家的例子。这就是冯野王。公元前23年,他时为琅琊太守,病"满三月赐告,与妻

---

① 关于所谓的"上计"制度,可参见严耕望《秦汉地方行政制度》第2卷,第257—268页;鎌田重雄《秦漢政治制度の研究》,东京:日本学术振兴会,1962年,第369—412页。
② 《汉书·谷永传》;《汉书》卷19《百官公卿表》。
* 《汉书·谷永传》:"永远为郡吏,恐为音所危,病满三月免。"——译者
** 《汉书·谷永传》:"岁余,永病,三月,有司奏请免。"——译者
*** 《汉书·谷永传》:"公卿病,辄赐告,至永独即时免。"——译者

子归杜陵就医药"。① 然而，御史中丞劾奏冯野王"持虎符② 出界归家"，即私自离开了琅琊。这一劾奏遭到了杜钦反对，杜钦当时在大将军王凤府中任职（"杜钦时在大将军莫府"——译者）。杜钦指出"今有司以为予告得归，赐告不得，是一律两科，失省刑之意"。为了支持自己的观点，杜钦引用了一条律令："吏二千石告，过长安，谒。"不过他没有提及其中的"告"究竟是予告还是赐告。如淳（主要活动于 221—265 年）在注解这段文字时，引用了一段文字来支持杜钦的观点："吏二千石以上告归归宁，道不过行在所者，便道之官无辞。"③ 杜钦继续表示"二千石病赐告得归有故事"，而在这条法令中，没有提及"不得去郡"。尽管如此，史家还是认为"郡国二千石病赐告不得归家，自此始"（即公元前 23 年）。

目前笔者仅仅知道三则"赐告"的事例，但在其中的一则事例中，主人公因为生病而被赐告归，那就是汲黯，事情发生在公元前 128 年。④ 在其他两则事例中，两人都是由皇帝亲自赐告。第一个人是卫绾，公元前 150 年"上以为绾长者，不忍，乃赐绾告归"；第二个人是石庆，公元前 107 年他被赐告归，因为他年老体衰，不再适任丞相一职。⑤

---

① 《汉书》卷 79《冯奉世传》。

② 符节长四或五英寸，铜制，虎形，纵向切分为两半，每一半都刻有郡县铭文和数字。一半存于京城，由符节令掌管，另一半由太守保管。若要发兵，必须要有存于京城的右半部分虎符，唯有右半部分虎符与地方指挥官保管的左半部分虎符相合，通过勘验，这项命令才能生效。参见大庭脩『秦漢法制史の研究』，第 263—270 页。

③ 《后汉书·苏不韦传》记载了一条与之相似的法律，它规定"免罢守令，自非诏徵，不得妄到京师"。

④ 《史记》卷 120《汲黯传》（"黯多病，病且满三月，上常赐告者数，终不愈。最后病，庄助为请告。"——译者）; Burton Watson, trans., *Records of the Grand Historian of China*, Vol. 2, p. 345；《汉书》卷 50《汲黯传》（文字基本同史记。——译者）。

⑤ 关于卫绾，可见《史记》卷 103《卫绾传》; Burton Watson, trans., *Records of the Grand Historian of China,* Vol. 1, p. 551；《汉书》卷 46《卫绾传》；关于石庆，可见《史记》卷 103《石庆传》（"上以为丞相老谨，不能与其议，乃赐丞相告归。"——译者）; Burton Watson, trans., *Records of the Grand Historian of China,* Vol. 1, p. 548；《汉书》卷 46《石庆传》。（"上以为庆老谨，不能与其议，乃赐承相告归。"——译者）

对于东汉时期的相关事例,笔者一无所知。

值得特别关注的是为葬其祖父母、父母并为之服丧而告归*。这既与丧期长短无关,也与是否应当暂时"去官"的问题无关。德效骞已经研究过这个问题,而杨树达更是相当全面地研究了这个问题,我恳请对此有兴趣的读者参考这两个人的重要研究成果。① 简而言之,服丧并暂时"去官"三年(实际上是二十五月②)的习俗很少在西汉时期被掌权官员遵守;但到了 2 世纪,它变成了一件被要求必须普遍遵守的事情。

我们目前尚未知晓任何包含"告宁"法令的法律文本,但是这类法律文本确实存在过,我们可以清楚地从公元 121 年的奏疏中看到这一点,③ 还可以清楚地从准许少部分官员告归的事例中看到这一点,有关这些事例的文本明确表示这么做是"以令"("因为律令")。居延汉简显示出当时用了许多不同的称谓来指代对这类告归的申请,如"取宁""取急""取丧"或者直接是"宁",而用"予宁"来指代对这类告归的批准。④ 被允许归宁者将获发"过所",从而允许他们通过检查关卡。⑤ 居延汉简甚至包括了一份"吏宁书"登记表。⑥ 显然,只有官员被准许归宁,因为没有发现任何允许士兵归宁的汉简。尽管如此,我们在公元前 66 年的一封诏书中发现"人从军屯及给事县官者,大父母死未满三月,皆勿徭,

---

* 可称为"宁告""告宁""归宁"。——译者

① H. H. Dubs, trans., *The History of the Former Han Dynasty*, Vol. 3, pp. 40-42. 杨树达:《汉代婚丧礼俗考》,上海:商务印书馆,1934 年,第 237—256 页,其中包括了许多时间可被确认的细节。

② 《后汉书》卷 46《陈忠传》:"制服二十五月。"

③ 参见上文对"大臣有宁告之科"的讨论以及注释。

④ 参见森鹿三『東洋學研究:居延漢簡篇』,東京:同朋舎,1975 年,第 71—75 頁。

⑤ 同上书,第 74 页。

⑥ 同上书,第 75 页。

令得葬送"①。

四、赗赠②

正如杨树达所说的那样，按照礼俗，亲故往往以财物送丧家，有以缣帛者，有以钱者。③《说文解字》收录了两个很可能与之相关的字，用来命名这类财物，即"祝"和"禭"。还有另外一个字"赗"，意思是"资助丧礼的需要"④，它尤其表现为钱物形式以及来自政府。在这一方面，存在着一条"公令"⑤："吏死官，得法赗。"⑥

贵臣或者封王死去后，天子赗送甚厚。《后汉书》记载自东汉"中兴"（25）至汉和帝（89—105年在位），"皇子始封薨者，皆赗钱三千万，布三万匹；嗣王薨，赗钱千万、布万匹"⑦。《后汉书》还记载了另一段内容：从110年起，"封王薨，减赗钱为千万，布万匹；嗣王薨，五百万，布五千匹"，一个例外是济北王刘寿，在他120年去世后，遵

---

① 《汉书》卷8《宣帝纪》；H. H. Dubs, trans., *The History of the Former Han Dynasty*, Vol. 2, pp. 223-224；另可见《后汉书》卷46《陈忠传》，其中记载了要求皇帝重新确认公元前66年的"旧令"（"元初三年有诏，大臣得行三年丧，服阕还职。忠因此上言：'孝宣皇帝旧令，人从军屯及给事县官者，大父母死未满三月，皆勿繇，令得葬送。请依此制。'"——译者）。
② 关于该主题的另一项研究，参见鎌田重雄『秦漢政治制度の研究』，第539—542页。
③ 杨树达：《汉代婚丧礼俗考》，第208—209页。
④ 《说文解字》将其解释为"助丧用"。
⑤ 这似乎是我们目前关于这部律令所能知道的唯一内容，这部律令中的其他规定尚不清楚。
⑥ 如淳（主要活动于221—265年）在其对《汉书·何并传》中"死虽当得法赗"一语的注中，提到了"吏死官，得法赗"这条规定。
⑦ 《后汉书》卷42《光武十王列传》。

照旧规,"特赐钱三千万,布三万匹"①。偶尔当贵臣妻子去世时,皇帝也有赙送,譬如在77年就出现了这样的事例。②

然后,在某些情况下,政府在为葬礼提供货财时,并没有称之为"赙",这里有一些事例为证。

第一,我们发现在公元前200年12月,汉高祖下令:"士卒从军死者为槥,归其县,县给衣衾棺葬具,祠以少牢,长吏视葬。"③

第二,在公元前80年,汉昭帝下令在一位秩二千石以下的功臣年老时赏赐"酒肉诸果物",并且在这位功臣有可能将要去世时,特别赏赐寿衣(shroud)和特殊祭品。④

第三(但远不是最后一个事例),在居延汉简中发现了一份可能作于公元前50年的文本。⑤ 就其风格而言,它是某种命令,可能是一份诏令的残片,也可能是一份法律或法令的文本。就像第一则事例(汉高祖公元前200年的诏书)一样,它与战争牺牲者有关,在那时即指那些在公元前60年左右对羌人作战中牺牲的人。⑥ 简文如下:

---

① 《后汉书》卷55《章帝八王传》。
② 《后汉书》卷39《刘般传》(原文是"建初二年,迁宗正。般妻卒,厚加赗赠,及赐冢茔地于显节陵下。般在位数言政事。其收恤九族,行义尤著,时人称之"。——译者)。这里举的是刘般妻子的事例,刘般是汉室后代,为世人敬重,时为宗正。
③ 《汉书》卷1《高帝纪》;H. H. Dubs, trans., *The History of the Former Han Dynasty*, Vol. 1, p. 119;此事不见于《史记》。此处的"长吏"很可能是指县令、县丞和县尉,参见 Hulsewé, *Remnants of Ch'in Law*, p. 37, note 33。
④ 《汉书》卷72《禹贡传》。(原文是"赏赐四时杂缯绵絮衣服酒肉诸果物"——译者)
⑤ 参见劳榦:《居延汉简考释之部》,台北:"中央研究院"历史语言研究所,1960年,第95页,编号:4645(268)267-19;需要注意的是,在同一批中的一枚汉简(《居延汉简考释之部》,第95页,编号4646[279]267-20)上,写有"甘露四年"(或公元前50年)的日期。
⑥ 《汉书》卷8《宣帝纪》;H. H. Dubs, trans., *The History of the Former Han Dynasty*, Vol. 2, p. 242;另可参见《汉书》卷69《赵充国传》、《后汉书》卷87《西羌传》。

1. 各持^①下吏^②为羌人所杀者赐葬钱三万其印绶^③吏五万又上子一人名尚书^④卒徒

2. 奴婢三千赐伤者各半之皆以郡见钱给长吏^⑤临致以安百姓○早取以(问?)钱……^⑥

最后的这份文本非常有趣,因为这些死后获赐的受益人不仅有官员和军官,还有普通的士兵("卒"^⑦),甚至包括了苦役犯("徒"^⑧)和奴婢。这份文本的另一个新颖之处在于那些负伤者也得到了补偿金。在此,确定这份汉简的时间变得至关重要。我们是否应该基于同一地点所发现的汉简而将这份汉简确定为公元前50年?或者说,汉简上的命令是在公元前60年左右对羌人军事行动结束后不久发布的吗?就第一个例子而言,在战争结束几十年后,没有多少负伤者仍然活着。

最后,一方面,根据规定,那些战殁官员的儿子可以被上报担任尚书,很可能被安排进入禁卫军(羽林),另一方面,在实践中,那些

---

① 句首两个字("下持")的意思不明。

② "下吏"秩一百石或者更少;见《汉书·百官公卿表》的"少吏"条目("百石以下有斗食、佐史之秩,是为少吏"——译者)。

③ "绂"是某种印章丝绳。印章的丝绳和缎带不同,表现在颜色和长度上(其宽度都是一尺六寸[约合37厘米],参见《后汉书·舆服志》),还表现在编织的紧密度上。这些缎带大多被称为"绶",笔者不太清楚为何劳榦径直将"绂"与"绶"等同(《居延汉简考释之部》,第13页),因为"绂"被解释为"韨"(蔽膝)(丁福保:《说文解字诂林》卷8,第3443a页)。更多内容详见林巳奈夫「佩玉と绶」,『東方学報』第45卷,1973年,第22—25页。

④ 劳榦(《居延汉简考释之部》,第13页)非常正确地指出了"又上子一人名尚书"指的是《汉书·百官公卿表》和《汉书·龚胜传》的内容,即战殁官员的儿子、兄弟、孙辈或侄甥会被上报并被任命为羽林郎。

⑤ 详见上文关于"长吏"的注释。

⑥ 句末的几个字,即"早取以(问?)钱",意思不明。

⑦ "卒"是指被征发服法定兵役的人。

⑧ 关于"徒",参见 A. F. P. Hulsewé, *Remnants of Han Law*, Vol.1, pp. 130 ff.

在履行职责时去世的功臣之子可以得到分封,这两个方面也许可以进行比较。①

五、越职

在讨论官僚制的时候,我们应该提及一部特别的法律,不过令人遗憾的是,它只有律名被保存下来:它就是《越宫律》。

从这一律名中,我们似乎看不出这一法律与吏制的任何关系;依靠一位敏锐的现代学者,我们方才得以在二者之间建立联系。但是首先我们必须给出传统的信息,唯有如此,之后才能呈现最近才提出的解决方案。

传统的信息极为简略。《晋书》简要概述了自西汉期开始的立法,在介绍了萧何的工作之后,提及了"张汤越宫律二十七篇"。② 相关信息仅此而已。

这条简短的文字引发了诸多疑问。为什么要给出这条孤立的信息? 644 年奉命编修《晋书》的唐代作者在哪里找到了它?对于第一个问题,相关的回答也许是张汤作为汉武帝的"酷吏",闻名于世,所有熟稔《诗经》和《汉书》的读者将会认为此处提及张汤,乃是标志着张汤能够影响汉代的立法。③ 关于第二个问题,《晋书》的这段文字也许

---

① 参见 A. F. P. Hulsewé, "Han China-a Proto 'Welfare State'?" *T'oung Pao* Vol. 73, No. 4-5, 1987, pp. 283-284。

② 《晋书》卷 30《刑法志》;内田智雄『譯注中國歷代刑法志』,東京:創文社,1964 年,第 93 頁。

③ 张汤于公元前 126—前 121 年任廷尉,公元前 121 年升任御史大夫,公元前 116 年自杀。见《汉书》卷 59《张汤传》。

源自644年唐修《晋书》时尚存的十八家晋史，只不过这些史书目前已经佚失；臧荣绪（415—502）的《旧晋书》[①]似乎最有可能是这段文字的来源。

我们完全不知道《越宫律》的内容，因为没有关于它的更多信息。伟大的法律史家沈家本（1840—1913）猜测它可能处理未经允许进入（"阑入"）宫殿或者官府的行为，这一观点后来被内田智雄（1905—1989）采纳。[②]

苏联列宁格勒[*]的克洛尔（J. L. Kroll, 1931—2021）教授[**]认为《越宫律》及其难解的名称与官僚制有关。这是因为他发现不仅在类书《太平御览》（编修于977年[***]）的现存版本中，而且在该书的两宋时期版本中（所涉及的相关内容收录于19世纪的两部著作中），这部法律的名称都被写作《越官律》。[③]"越官"一词可以在《韩非子·二柄》所载的轶闻中找到。[④]故事的内容是"韩昭侯醉而寝，典冠者见君之寒也，故

[①] Yang Lien-sheng, "Notes on the Economic History of the Chin Dynasty," *Harvard Journal of Asiatic Studies*, Vol. 9, No. 2, 1946, p. 107. 该文收录于 Yang Lien-sheng, *Studies in Chinese institutional history*, pp. 119–120。

[②] 沈家本：《汉律摭遗》卷16《越宫律》；内田智雄『譯注中國歷代刑法志』，第96頁，注释24。

[*] 今俄罗斯圣彼得堡。——译者

[**] 克洛尔教授即俄国著名汉学家 Юрий Львович Кроль（拉丁转写作 J. L. Kroll 或 Yury Lvovich Kroll），彼时工作于苏联科学院东方学研究所列宁格勒分所（今俄罗斯科学院东方学研究所圣彼得堡分所）。——译者

[***] 原文作"975年"，有误，应为977年（北宋太平兴国二年）。——译者

[③] J. L. Kroll, "Chang T'ang's Statute on Going beyond the Official Functions," *Archiv Orientalni*, Vol. 38, 1970, p. 316；《太平御览》卷638。而19世纪的两部著作是：（1）[清]严可均《全晋文》卷75（完成于1836年，出版于1887年，载《全上古三代秦汉三国六朝文》卷2，北京：中华书局，1958年，第1891页）；（2）[清]姚振宗：《汉书艺文志拾补》卷2（完成于1891年），载《二十五史补编》，上海：中华书局，1955年，第1472—1473页。

[④] 《韩非子·二柄》；W. K. Liao, trans., *The Works of Han Fei Tzu*, Vol. 1, London: Probsthain, 1939, p. 49。

加衣于君之上",韩昭侯醒来后,杀典冠,因为典冠"越官""越其职也"。同时,他惩罚典衣("罪典衣"),因为典衣忽视自己的职责("失其事")。

然而没有任何一份汉代文本提及了"越官"一词;我们没有在两汉史书的文献索引中找到"越官"一词,也尤其无法在《后汉书》[①]和《佩文韵府》中找到它。我们所能找到的同义词是"越职",克洛尔教授在其论文的第 322—323 页也已经提到了这一点;他提到了四个例子,我在此基础上增添了一个例子。这些例子是:

1. 公元前 64 年 6 月,汉宣帝在一封诏书中抱怨"擅兴徭役,饰厨传,称过使客",将该行为称为"越职逾法"。[②]

2. 公元前 30 年之后,梅福曾上书曰:"位卑而言高者,罪也,越职触罪。"[③]

3. 公元前 12 年之后不久,谷永(时为北地太守)曾保举薛宣为御史大夫,然后指出自己的行为属于越职。[④]

4. 公元元年左右,刘向解释公元前 717 年的日食显示出在那个遥远的年代,诸侯霸主和其他领导者都越职了。[⑤]

5. 公元 40 年左右,朱浮(时为太仆)曾就"博士之选"上书,以此作为未经允许就提出谏言的理由。[⑥]

[①] 藤田至善『後漢書語彙集成』,京都:京都大学人文科学研究所,1960 年。
[②] 《汉书》卷 8《宣帝纪》;H. H. Dubs, trans., *The History of the Former Han Dynasty*, Vol. 2, p. 232。
[③] 《汉书》卷 67《梅福传》。
[④] 《汉书》卷 83《薛宣传》("是用越职,陈宣行能"——译者);《汉书》卷 85《谷永传》("是以敢越郡吏之职,陈累年之忧"——译者)。
[⑤] 《汉书》卷 27《五行志》("伯正越职"——译者)。
[⑥] 《后汉书》卷 33《朱浮传》("浮又以国学既兴,宜广博士之选,乃上书曰:'……故敢越职。'"——译者)。

令人遗憾的是，这些文字都不足以证明"越职"确实受到了惩罚。在上述引用的三段文字中，发言者由于未经允许便上书，故而乞求皇帝原谅自己的越职，而他们最后没有被惩罚！在上述引用的第一段文字中，汉宣帝将某种行为谴责为"越职"，但是他没有威胁要进行惩罚，而上述引用的第四段文字中，惩罚的问题没有被当成理所当然之事而得到讨论。

因此，尽管考虑到克洛尔教授对《越宫律》名称的解释可能是正确的，然而恐怕我们对《越宫律》的真实内容仍然一无所知。

在故闻与异说"之间"

——本卷导读

陈 龙

汉学发展数百年,自有其传统可溯,亦有其范式可观。在跨文化互动中,汉学之于中国学术的价值无可小觑。中国学术寻绎自身之于海外学术的启示与意义,亦可以汉学为镜鉴。

就汉学刊物而言,《通报》(*T'oung Pao*)自是不可绕过的路标。作为欧洲首份国际汉学专业学术刊物,《通报》由荷兰莱顿汉学开创者施古德(Gustaaf Schlegel, 1840—1903)与法国著名东方学家考狄(Henri Cordier, 1849—1925)于1890年4月合作创立,荷兰博睿出版社(Brill)负责出版发行,迄今已逾百年。观其历年编者絮语,可知《通报》的宗旨一以贯之,那便是破解传统汉学研究窠臼,抉发中国与东方的丰富文献,拓掘崭新的研究进路与领域。以"通"为名,显示出《通报》坚信跨地域、跨语言、跨文化、跨学科的学术共同体通力协作至关重要,"个人偏见或敌意"当被摒弃,学术"客观性"与高标准应被持守,[①]惟其如此,"方能照亮研究的晦暗之处"[②]。在一个多世纪的国际汉学发展中,

---

① Henri Cordier, "Préface," *T'oung Pao*, Second Series, Vol. 1, No. 1, 1990, p. 1.
② "Avertissement des Directeurs," *T'oung Pao*, Vol. 1, No. 1, 1890, p.III.

《通报》扮演了亲历者与推动者的重要角色，铸就了国际学术声誉，成长为国际汉学最重要的学术期刊之一，引领着学术发展走向。不夸张地说，《通报》乃百年汉学史的缩影，是了解汉学的绝佳窗口。

事实上，早在民国时期，汉学已受瞩目，被推许为"东西文化融合之先声"[①]。而《通报》也得到中国学者措意与使用，渗入中国现代学术发展进程。彼时，中国学界对《通报》的地位颇为推崇，视其为"研究中国学之重要刊物"[②]、"国际专门杂志"[③]、"国际汉学代表刊物"[④]乃至"国际汉学刊物之权威"[⑤]。在中国学者看来，《通报》出版"从未间断"[⑥]，网罗各国"知名之士"执笔为文，文献材料"极丰富"，尤为擅长"介绍新刊"，详述新近往生的汉学家之"著述及生平"。[⑦]于是，"研究中国学术史不可不参考"《通报》之说不胫而走。[⑧]缘此，当时学界勤于追踪、整理与介绍《通报》最新出版信息[⑨]，李俨、罗常培、朱谦之、闻宥、凌纯声、王静如、黎东方、戴裔煊等著名学者都曾在研究中参引《通报》相关成果。[⑩]

---

① 小可：《中国文在海外竟有大放光明之一日》，《时报》1931年2月19日，第1版。
② 刘华瑞：《中国文化在国际上地位》，上海：国际文化中国协会，1935年，26—27页。
③ 王光祈：《近五十年来德国之汉学》，《新中华》1933年总第1卷第17期，第50页。
④ 梁盛志：《瀛海汉学丛录》，《中国公论》1943年总第8卷第9期，第52页。
⑤ 梁盛志：《外国汉学研究之检讨》，《再建旬刊》1940年总第1卷第8期，第16页。
⑥ 同上。
⑦ 真：《西洋汉学论文提要·I通报》，《史学消息》1937年总第1卷第5期，第10页。
⑧ 同上。
⑨ 同上书，第10—19页；毓：《〈通报〉T'oung Pao 第三十四卷第一至第五分》，《图书季刊》1939年总新第1卷第4期，第120—125页；修：《〈通报〉T'oung Pao 第三十五卷第一至第三分合订本》，《图书季刊》1940年总新第2卷第2期，第127—128页。
⑩ 参见王静如《中台藏缅数目字及人称代名词语源试探》，《中央研究院历史语言研究所集刊》1931年总第三本第一分；罗常培《知彻澄娘音值考》，《中央研究院历史语言研究所集刊》1931年总第三本第一分；罗常培《国音字母演进史》，上海：商务印书馆，1933年；罗常培《唐五代西北方音》，上海：中研院历史语言研究所，1933年；凌纯声《松花江下游的赫哲族》，北京：中研院历史语言研究所，1934年；闻宥《广西太平府属土州县司译语考》，《中央研究院历史语言研究所集刊》1936年总第六本第四分；闻宥《西藏缅甸系语文

时任《通报》主编的汉学巨擘伯希和(Paul Pelliot，1878—1945)与中国学界交往密切，颇受国人瞩目，其在《通报》上曾评论了王静如《西夏文汉藏译音释略》一文，王静如为此还专门予以回应。①

现代中西交通史研究得益于《通报》之处甚多。张星烺《中西交通史料汇编》便援引了诸多《通报》文献。冯承钧更是主张"研究一国之文化，应旁考与其国历史有关系诸民族之事迹，缘历史种族皆不免有文化之互相灌输也"②，指出现代"西方治汉学者，要以法国学界为中心"，汉学研究的成就成绩"十九皆散见于巴黎《亚洲学报》、荷兰《通报》、河内《远东学校校刊》三大刊物之内"，③但可惜国人鲜少注意海外汉学"探考寻求之成绩"④。有鉴于此，冯承钧系统性"网罗"⑤、翻译并应用了《通报》上众多中外交通与西域南海史地研究的重要文献，承担"责无旁贷"的"整理对勘"工作⑥，以期"补我史籍之缺"并"示学子以研究方法之一端"⑦，以"科学方法"从事"综合比较之研究"⑧。在中国现代存

(接上页)略说》，《边疆研究论丛》1941年总第1期；李俨《中国算学史》，上海：商务印书馆，1937年；朱谦之《扶桑国考证》，上海：商务印书馆，1940年；戴裔煊《僚族研究》，《民族学研究集刊》1948年总第6期；季羡林《浮屠与佛》，《中央研究院历史语言研究所集刊》1948年总第二十本。

① 参见王静如《西夏研究》(第二辑)，北京：中研院历史语言研究所，1933年。
② 冯承钧：《叙言》，〔法〕烈维：《大孔雀经药叉名录舆地考》，冯承钧译，上海：商务印书馆，1931年，第1页。
③ 冯承钧：《序》，〔法〕伯希和等：《史地丛考续编》，冯承钧编译，上海：商务印书馆，1933年，第1页。
④ 冯承钧：《序》，〔法〕烈维等：《史地丛考》，冯承钧编译，上海：商务印书馆，1931年，第3页。
⑤ 冯承钧：《叙言》，〔法〕烈维：《大孔雀经药叉名录舆地考》，冯承钧译，第1页。
⑥ 同上。
⑦ 冯承钧：《翻译之缘起及旨趣》，〔法〕沙畹：《中国之旅行家》，冯承钧译述，上海：商务印书馆，1931年，第5页。
⑧ 冯承钧：《译者序》，〔法〕莱维、孝阅纳：《法住记及所记阿罗汉考》，冯承钧译，上海：商务印书馆，1930年，第2页。

亡危急之秋,对边疆史地的注目,其所蕴含的民族忧患意识与现实关怀不言而喻。这些著译不仅在视野、史料、方法与思想上对中国学界影响甚大,也以严肃的方式诠释了"学术救国"的题中之义。

因此,今人了解《通报》,在故闻与异说之间,既能把握海外汉学的学术传统、经典范式与时代趋势,亦可更加全面深入地参详中国现当代学术史,直探其跨文化基底与时代精神,从而为中国学术的当代发展与未来筹划提供宝贵经验。

职是之故,本卷从《通报》历年刊发的历史学作品中,甄选了两类代表性文章。第一类出自各国汉学旗帜之手,涵盖了德国莱比锡汉学与海德堡汉学、荷兰莱顿汉学、法国汉学、美国西雅图汉学、日本京都学派,呈现了海外汉学的各类经典范式与重要传统。第二类由不同领域的专家所作,例示了自20世纪70年代以降,海外汉学从博识型向专业型的整体发展趋势。以下将追索选文作者的学思历程,梳理研究范式,略述选文要旨,期冀对读者理解本卷选文、海外汉学乃至中国学术史有所裨益。

一

莱比锡大学虽是德国历史上第三所设立汉学系的大学,却拥有最悠久的汉学传统,1878年便设立了第一个汉学教授席位。[①]蔡元培、林语堂都曾在此求学,学成后反哺中西学术。作为莱比锡学派(Leipzig

---

[①] 参见〔德〕魏思齐《德国汉学研究的历史与现况》,《世界汉学》2006年第1期,第52页。

School)的旗帜人物,何可思(Eduard Erkes, 1891—1958)在第二次世界大战后执掌莱比锡大学汉学系,奋力复兴了凋敝萧索的莱比锡汉学,使其成为民主德国汉学中心,为德国培养了众多汉学人才,对德国汉学战后复兴贡献卓著。[1] 何可思师从德国著名汉学家、莱比锡学派奠基者之一孔好古(August Conrady, 1864—1925),研究领域超越了传统语文学畛域,涵盖中国古代历史、考古、宗教、哲学、文学、语言、民族学、社会学等不同学科,发扬了莱比锡学派的文化史研究传统。何可思1913年的博士论文研究并译注了宋玉《招魂》,补充了孔好古的屈原《天问》研究,1917年的教授资格论文聚焦《淮南子》的世界观,后又在《泰东》(Asia Major)与《通报》分别发表了署宋玉名下的《风赋》《神女赋》《九辩》的英译注[2],《亚洲艺术》(Artibus Asiae)则刊发了其《老子河上公章句》英译注。[3] 这些著译影响深远,备受推崇,譬如何可思的宋玉研究被誉为西方宋玉研究的经典之作,《老子河上公章句》英译注至今仍被学者视作西方唯一专业译本与研究。[4]

纳粹独裁时期,何可思因其民主进步的政治立场与德国社会民主

---

[1] 参见〔德〕柯若朴《德国莱比锡大学汉学研究的历史、现况与未来》,韩承桦译,《汉学研究通讯》2017年第4期,第42页; Martin Kern, "The Emigration of German Sinologists 1933-1945: Notes on the History and Historiography of Chinese Studies," *Journal of the American Oriental Society*, Vol. 118, No. 4, 1998, pp. 507–529。

[2] Eduard Erdes, "The Feng-fu (Song of the Wind),"; *Asia Major*, Vol. 3, 1926, pp. 526–533; "Shen-nü-fu 神女賦, the Song of the Goddess," *T'oung Pao*, Second Series, Vol. 25, No. 5, 1928, pp. 387–402; "Sung Yü's Chiu-pien," *T'oung Pao*, Second Series, Vol. 31, No. 3–5, 1935, pp. 363–408.

[3] 何可思的译注分三期刊载于《亚洲艺术》1945年总第8卷,第119、121—196页;《亚洲艺术》1946年总第9卷,第197—220页;《亚洲艺术》1949年总第12卷,第221—251页。

[4] 参见〔德〕陈金梁《道之二解:王弼与河上公老子注研究》,杨超逸译,西安:西北大学出版社,2021年,第5页。

党的党员身份而遭受迫害,被禁止教学,并被解除德国莱比锡民族学博物馆(Museum für Völkerkunde)策展人的职务,其宣扬无神论与历史唯物主义思想的著作《上帝是如何被创造的》(*Wie Gott erschaffen wurde*,1925)遭到纳粹无情焚毁。身处逆境,何可思仍坚持以独立学者身份继续研究,在《通报》和《华裔学志》(*Monumenta Serica*)等汉学权威刊物上发表多篇中国古代动物研究的论文(由人至兽,巨大的反讽与无言的抗议!),开拓了崭新的学术领域,并继续推进早先的《楚辞》研究。[1] 何可思以坚定的理性主义立场研究历史、宗教和传说,对神秘主义予以祛魅,尤其于纳粹独裁期间,在著述中强调学术研究的"真正科学精神"(true scientific spirit)[2]与"科学基础"(scientifically founded basis)[3]。这既延续了德国近代以来的解神话化(demythologizing)历史批判学传统与马克思主义宗教批判立场,实则也抨击了当时猖獗的纳粹德国雅利安人神话,从而在一个极端年代,坚守了理性的精神、知性的真诚与道德的勇气,政治价值与历史意义不言而喻。

德国现代早期汉学家曾被批评因"未曾亲历中国"而"不能得到最可靠的知识"[4],相较之下,何可思多次访问中国(1912,1920—1932,1954—1955),[5]对中国历史文化、社会变革与学术进展有了更全面真切

---

[1] Hans van Ess, "History of Pre-Modern Chinese Studies in Germany," *Journal of Chinese History*, Vol. 7, 2023, pp. 504-505; Käte Finsterbusch, "In Memoriam: Eduard Erkes 23. Juli 1891-1892. April 1958," *Artibus Asiae*, Vol. 21, No. 2, 1958, p. 168.

[2] Eduard Erkes, "Review," *Artibus Asiae*, 1937, Vol. 7, No. 1-4, 1937, p. 325.

[3] Eduard Erkes, "Review," *Artibus Asiae*, 1940, Vol. 8, No. 1, 1940, p. 51.

[4] 不详:《汉学在德国的现状》,朱筠译,《中华月报》1936年总第4卷第8期,第50页。

[5] Lionello Lanciotti, "Eduard Erkes (1891-1958)," *East and West*, Vol. 9, No. 4, 1958, p. 379.

的体认,深切同情中国人民遭受的苦难,坚决反对一切对中国的种族压迫和殖民掠夺。[1] 或许由于访华期间恰逢仰韶文化发现和中国现代考古学诞生,何可思很早就注目中国现代考古学的贡献,强调必须重视出土文献与古文字研究,任何历史学和语文学研究都无法脱离考古学,但出土材料需要与传世文献对勘互证,不可盲从。此种持衡之见迄今仍有重要学术价值。

本卷收录的两篇文章《夏朝历史真实性考》与《中国古代占卜术》均是何可思对美国著名汉学家顾立雅(Herrlee Glessner Creel,1905—1994)《中国的诞生:中国文明形成期研究》(*The Birth of China: A Survey of the Formative Period of Chinese Civilization*,1936)[2] 一书的回应与补充。在顾立雅著作出版后,何可思曾于《亚洲艺术》上撰文评论[3],两篇选文亦可视作何可思在书评基础上展开的更深入研究与全面申说,将书评中的扼要评论敷以成文。知晓书评大意,有助于深化对两篇选文的理解。在书评中,何可思称赞顾立雅清晰扎实地描述了中国早期历史,使用了《诗经》《左传》等重要传世文献,充分吸纳了包括甲骨文、金文、殷墟考古发现等当时最新出土文献,但与此同时,何可思批评顾立雅以出土文献否定传世文献,将《竹书纪年》《尚书》等传世文献斥为伪作[4],视夏朝君主世系为后世伪造,过分疑古辨伪,既失

---

[1] Von Helga Scherner, "Mein Zugang zu China: Erinnerungen an Eduard Erkes (1891-1958)," *China heute*, 2008. www.chinatoday.com.cn/ctgerman/buk/txt/2008-12/29/content_172349.htm. 访问时间:2024 年 2 月 1 日。

[2] Herrlee Glessner Creel, *The Birth of China: A Survey of the Formative Period of Chinese Civilization*, London: Jonathan Cape, 1936.

[3] Eduard Erkes, "Review," *Artibus Asiae*, Vol. 7, No. 1-4, 1937, pp. 250-254.

[4] 当代汉学界关于《竹书纪年》的最著名争论当非倪德卫(David S. Nivison,1923—2014)与夏含夷(Edward L. Shaughnessy,1952—)之争莫属,参见〔美〕倪德卫《〈竹书纪年〉解谜》,魏可钦、解芳等译,邵东方校,上海:上海古籍出版社,2015 年;〔美〕倪德卫《天

之于陋，也有失偏颇。相反，依何可思之见，"传说不仅仅是发明，倘若历史学家发现了一则传说，这不意味着他可以回避这一传说，不去揭示这则传说何以形成、有何意涵"①。顾立雅在20世纪30年代曾来华留学，常与顾颉刚交游，受到古史辨派影响，盛赞《古史辨》乃"恢弘巨制"（marvelous treasury）②，顾立雅《中国的诞生：中国文明形成期研究》一书即作于此时，书中遭何可思批评的观点显示出古史辨派的鲜明色彩。有鉴于此，何可思的评论亦可视为对古史辨派的隔洋回应。

如果说何可思是成长于"二战"前的德国汉学权威，振兴了德国传统汉学重镇，那么德国海德堡大学资深教授、柏林—勃兰登堡科学院院士鲁道夫·瓦格纳（Rudolf G. Wagner，1941—2019）就是"二战"后成长起来的新一代德国汉学祭酒，也是德国汉学传统的集大成者，一手将名不见经传的海德堡大学汉学研究所（Institut für Sinologie, Universität Heidelberg）打造为欧洲汉学重镇，并令其图书馆跻身欧洲顶尖汉学图书馆行列，铸就了海德堡汉学的国际声誉。

鲁道夫·瓦格纳先后研习汉学、政治学、哲学等，亦曾跟随德国著名哲学家伽达默尔（Hans-Georg Gadamer，1900—2002）研习哲学阐释学，为其后思想文化的阐释研究奠定了坚实理论基础，"前理解结构"（fore-structure of understanding）、"视域融合"（fusion of horizons）、"效果历史"（effective history）、"对话"（dialogue）等阐释学核心观念亦成为瓦格纳的重要方法论工具。在德国、法国、美国等地的丰富研究

（接上页）文、断代与历史——倪德卫早期中国自选集》，香港：中华书局（香港），2021年；〔美〕夏含夷《兴与象：中国古代文化史论集》，上海：上海古籍出版社，2012年；〔美〕夏含夷《重写中国古代文献》，周博群译，上海：上海古籍出版社，2012年。

① Eduard Erkes, "Review," *Artibus Asiae*, Vol. 7, No. 1–4, 1937, p. 252.

② H. G. Creel, "On the Birth of *The Birth of China*," *Early China*, Vol. 11-12, 1985-1987, p. 4.

经历、同中日学界的密切交流以及跨学科的学术积淀,令瓦格纳得以充分融合多元学术传统与研究进路。其研究成果丰硕,新意迭出,领域广泛,几乎涵盖整个中国历史,绳武前代博识通学的汉学大家,在他这一代学术分工日趋细密的汉学家中颇为罕见①,遂有"汉学界的'广大教主'"②之称。同时,瓦格纳十分注重方法论探究,为不同领域开辟了崭新丰富的研究进路。

在道家思想与魏晋南北朝研究方面,瓦格纳的1969年慕尼黑大学博士论文《慧远向鸠摩罗什提问》(*Die Fragen Huiyuans an Kumārajīva*)探究鸠摩罗什、慧远的翻译工作。在此过程中,他发现了魏晋玄学对慧远的影响,并自1970年起将目光由佛教移向王弼与魏晋玄学研究,积数十年功力,完成了王弼研究三部曲③,通过应用阐释学的文本复原与政治现场还原,更新了学界对王弼和魏晋玄学的理解,蜚声海内外。瓦格纳尤其注重还原王弼的社会政治历史现场,凸显王弼思想与魏晋玄学的政治维度,从而成为最早对魏晋玄学展开政治读解的学者之一,回应并发展了汤用彤关于魏晋玄学"从宇宙论到本体论"的经典判断。④瓦格纳的"王弼研究三部曲"也是《老子》与道家研究领域的最

---

① Marianne Bastid-Bruguière, "Rudolf Wagner as Historian," *The Journal of Transcultural Studies*, Vol. 12, Supplement (2021), p. 75.

② 夏晓虹:《汉学界的"广大教主"——我眼中的瓦格纳教授》,《读书》2019年第8期,第146—153页。

③ Rudolf G. Wagner, *The Craft of a Chinese Commentator: Wang Bi on the* Laozi, Albany, N.Y.: State University of New York Press, 2000; *A Chinese Reading of the* Daodejing: *Wang Bi's Commentary on the* Laozi *with Critical Text and Translation*, Albany, N.Y.: State University of New York Press, 2003; *Language, Ontology, and Political Philosophy: Wang Bi's Scholarly Exploration of the Dark (Xuanxue)*, Albany, N.Y.: State University of New York Press, 2003. 中译本包含了上述三书,参见〔德〕瓦格纳《王弼〈老子注〉研究》,杨立华译,南京:江苏人民出版社,2008年。

④ Tze-ki Hon, "Review," *The Journal of Asian Studies*, Vol. 63, No. 4, 2004, p. 1115.

重要成果之一,炉火纯青地使用阐释学资源,细腻考辨文本字句,区分了《老子》原文、王弼注解(及其所见的《老子》文本)、后世对《老子》原文和王弼注的添改,获誉"凭一己之力,推动道家研究前进数十年"[①],被著名汉学家夏含夷(Edward L. Shaughnessy, 1952—)称赞将持久屹立于学术界[②]。瓦格纳的《老子》研究也获得了中国学界的认可与推崇,汤一介便肯定瓦格纳的《老子》研究"很有意义",与钱钟书的《管锥篇》一道代表了学界在"用西方解释学,并参照中国自先秦以来对经典注释的方法或某些原则"在研究中国的阐释问题方面所取得的"可喜的成就"。[③]

而在中国近现代研究领域,瓦格纳深入研究太平天国、五四运动、近代中国民族危亡("瓜分"狂潮)、古史辨等重要议题,提出丰富洞见,同时重视研究中国近现代新闻报刊出版业,成立并领导"中国公共领域的结构与变迁"(Structure and Development of the Chinese Public Sphere)研究小组,回应哈贝马斯的"公共领域"理论,推动了不限于单一语言的近现代中国新闻报刊出版业与公共领域研究的发展。[④] 其间,贯穿着瓦格纳独树一帜的跨文化图像研究,譬如《点石斋画报》研究、乔治·华盛顿图像在中国的流传研究等[⑤],产生了重要学术影响。对他

[①] Jay Goulding, "Review," *China Review International*, Vol. 14, No. 1, 2007, p. 67.

[②] Edward L. Shaughnessy, "Rudolf Wagner and Wang Bi," *The Journal of Transcultural Studies*, Vol. 12, Supplement, 2021, p. 89.

[③] 参见汤一介《论创建中国解释学问题》,《社会科学战线》2001年第1期,第251—252页。

[④] Rudolf G. Wagner, "The Early Chinese Newspaper and the Chinese Public Sphere," European Journal of East Asian Studies, Vol. 1, No. 1, 2001, pp. 1-33; Rudolf G. Wagner ed., *Joining the Global Public*, New York: State University of New York Press, 2007.

[⑤] Rudolf G. Wagner, "Joining the Global Imaginaire: The Shanghai Illustrated Newspaper *Dianshizhai huabao*," in *Joining the Global Public*, New York: State University

而言，近现代中文报刊与外文报刊关系"复杂与密切"，若将"中国报刊"限定为"中文资料的历史书写"，便会罔顾其多语言、跨文化的基底，而"正是这一特征使得晚清和民国时期的中国报刊变得如此丰富而错综复杂"[①]。

瓦格纳也将视线投向中国现当代文学，把中国文学视作"整个世界文化和世界文学遗产熏陶出来"的"国际现象"[②]，探幽索隐，涉及新编历史剧、散文等独特文体以及苏联文学对中国现当代文学的影响。他从不将文学与社会政治隔绝，而是以晦涩难解的文本为多棱镜，透视文学与社会政治之间的复杂关系，由此他也被称作给中国文学研究提供重要方法的"文学考古学家和文学侦探"[③]。

凡此种种，彰显了瓦格纳的跨学科、跨文化、跨语言、跨媒介研究旨趣。瓦格纳力图在陈旧的西方中心论与美国汉学家柯文（Paul A. Cohen，1934— ）的"在中国发现历史"（discovering history in China）二元分断之外，创辟新的研究进路。对瓦尔纳而言，"跨文化互动是一切文化的生命线"（transcultural interaction is the lifeline of all culture）[④]，缺乏与外界交流的文化将会死于窒息，动态的跨文化研究实

---

of New York Press, 2007, pp. 105-174（中译文参见〔德〕鲁道夫·瓦格纳《进入全球想象图景：上海的〈点石斋画报〉》，徐百柯译，《中国学术》2021 年第 4 辑总第 8 辑，第 1—96 页）。Rudolf G. Wagner, "Living up to the Image of the Ideal Public Leader: George Washington's Image in China," *The Journal of Transcultural Studies*, Vol. 10, No. 2, 2019, pp. 18-77.

① 〔德〕鲁道夫·瓦格纳：《晚清的媒体图像与文化出版事业》，赖芊晔等译，台北：传记文学出版社，2019 年，第 292 页。

② 何休：《欧洲汉学学会主席瓦格纳教授访谈录》，《现代中国文化与文学》2005 年第 2 期，第 194 页。

③ Howard Goldblatt, "Review," *World Literature Today*, Vol. 66, No. 1, 1992, p. 204.

④ Rudolf G. Wagner, "Editor's Note," *The Journal of Transcultural Studies*, Vol. 3, No. 2, 2012, p. 4.

乃"启发性、创造性、解放性的行为"①,这在当下尤为如此,再也没有"孤立"地"只对本民族发生影响"而"不影响别的民族"的文化②。为此,瓦格纳特别创办了《跨文化研究学刊》(The Journal of Transcultural Studies),并合作建立"'全球语境中的亚洲与欧洲'卓越研究群"(Cluster of Excellence "Asia and Europe in a Global Context"),推动跨文化研究发展。

有鉴于此,瓦格纳被誉为"'跨文化动力'的鲜活模范"③,曾先后荣获莱布尼茨奖(1993)、卡尔·雅斯贝尔斯奖(2019),④1995年当选柏林—勃兰登堡科学院院士,1996—1998年担任欧洲汉学学会会长。遥想1949年,此前曾长期任教于海德堡大学的著名哲学家卡尔·雅斯贝尔斯(Karl Jaspers,1883—1969)在《论历史的起源与目标》一书中提出著名的"轴心时代"(Achsenzeit)理论,旨在从"整体图景中来把握历史的统一"⑤,借由论证人类的共同起源与目标,寻求"人类历史最大的广度以及最高的统一"⑥,从而在"不再有局外者的存在了。世界成为了封闭体,地球整体的统一已经到来。……所有重大的问题都成为了世界性的问题,现在的状况成为了人类整体的状况"⑦的情形下,团结人

---

① Rudolf G. Wagner, "Editor's Note," *The Journal of Transcultural Studies*, Vol. 5, No. 2, 2014, p. 7.
② 何休:《欧洲汉学学会主席瓦格纳教授访谈录》,《现代中国文化与文学》2005年第2期,第194页。
③ Barbara Mittler, "Rudolf Wagner (1941-2019)," https://u.osu.edu/mclc/2019/10/31/rudolf-g-wagner-1941-2019/. 访问时间:2024年5月27日。
④ 瓦格纳在去世前已得知自己荣获雅斯贝尔斯奖,但在颁奖礼举行前一个月溘然离世。
⑤ 〔德〕卡尔·雅斯贝尔斯:《论历史的起源与目标》,李雪涛译,上海:华东师范大学出版社,2018年,第305页。
⑥ 同上书,第6页。
⑦ 同上书,第146页。

心,增进相互理解与关爱,克服"狭隘的视域"[①],弥合"二战"后四分五裂、互为仇雠的世界文化图景,创造人类崭新的未来。瓦格纳自第二次世界大战的废墟中成长起来,身处冷战最前线的西德,纳粹极端民族主义殷鉴不远,德国社会对"二战"期间自身罪恶行径的反思持续深入,故而瓦格纳对跨文化世界史观、世界文化与世界文学的矢志不渝其来有自,与雅斯贝尔斯的苦心孤诣可谓遥相呼应,也同《通报》以"通"为志业的初衷深切契合。

选文《中古时代中国的生活方式与药物》乃瓦格纳的代表作之一。此文流传甚广,影响颇大,既呈现了瓦格纳严谨深厚的语文学功力与细腻精湛的文本批评技艺,又凸显了其跨学科、跨文化的宏阔视野与还原社会政治现场的基本方法,被誉为"继鲁迅、余嘉锡、王瑶之后有关这一课题的最为详尽的研究、最为重要的成果"[②]。颇值一提的是,该文作于美国加州,彼时,瓦格纳正在加州大学伯克利分校从事研究,在那里遇见了高谈阔论、钟爱迷幻药的嬉皮士文化,又恰巧读到了何晏服用寒石散的自述,油然而生时空穿越的似曾相识之感,内外激荡,成为其撰写该文的契机。该文发表后,一些读者甚至依循其中所列药物清单与制作过程,如法炮制,尝试制造现代寒石散,这既是当时社会文化风气使然,亦是该文影响力的缩影。

而在德国以西,《通报》创始人之一施古德(Gustaaf Schlegel,1840—1903)所奠基的荷兰莱顿汉学,历经高延(Jan Jakob Maria de Groot,1854—1921)与戴闻达(Jan Julius Lodewijk Duyvendak,

---

① 〔德〕卡尔·雅斯贝尔斯:《论历史的起源与目标》,李雪涛译,第1页。
② 程章灿:《欧美六朝文学研究管窥》,《南京理工大学学报(社会科学版)》2008年第1期,第4页。

1889—1954）两任掌门人，由莱顿大学第四任汉学教授何四维（A. F. P. Hulsewé，1910—1993）继承衣钵。1928 年，何四维负笈莱顿大学，师从戴闻达。1931—1933 年，何四维在北京学习汉语，并跟随梁启超之弟梁启雄学习古汉语。旧都风物令何四维终生怀想。此间，在荷兰汉学重视中国法律研究的风气中①，受到同在莱顿求学、日后成为中国法律史名家的范可法（Marius H. van der Valk，1908—1978）直接影响，何四维开始关注中国法律史，并着手研究唐律，立志完整译注新旧唐书的《刑法志》。自 1933 年底至 1935 年，何四维在日本京都学习日语并继续从事唐代法律制度研究，1947 年起任教于莱顿大学。鉴于德国汉学家卡尔·宾格尔（Karl Bünger，1903—1997）在 1946 年出版了《唐法史源》（*Quellen zur Rechtsgeschichte der T'ang-Zeit*）一书②，覆盖了何四维的唐律研究课题，而恩师戴闻达彼时又力图在莱顿大学发展汉代研究，何四维遂将兴趣移向汉代。1956 年，何四维继任莱顿大学汉学教授直至 1975 年退休。③ 期间，何思维曾与法国汉学巨擘戴密微（Paul Demiéville，1894—1979）联合主编《通报》长达 17 年。莱顿汉学第五任掌门人兼《通报》联合主编之一的许理和（Erik Zürcher，1928—2008）、比利时鲁汶大学首任汉学教授李倍始（Ulrich libbrecht，1928—2017）、著名比较文学理论家佛克马（Douwe W. Fokkema，1931—

---

① 荷兰汉学十分重视中国法律史研究，其中一个重要原因是荷属东印度殖民政府需要根据中国法律传统来裁断殖民地的华人内部纠纷，在 1945 年印度尼西亚获得独立前，包括何四维在内的许多荷兰年轻汉学家会被派至荷属东印度殖民政府工作。参见〔荷〕田海：《在荷属东印度群岛与语文学之间（1919—1974）》，《荷兰的中国研究：过去、现在与未来》，耿勇、刘晶、侯喆译，上海：上海社会科学院出版社，2021 年，第 97 页。

② 中译本参见〔德〕卡尔·宾格尔《唐法史源》，金晶译，北京：商务印书馆，2023 年。

③ Erik Zürcher, "In Memoriam Anthony Hulsewé (1910-1993)," *T'oung Pao*, Second Series, Vol. 80, No. 1-3, 1994, pp. 2-3.

2011)、曾任《通报》联合主编之一的汉学名家伊维德(Wilt L. Idema, 1944—)与前任荷兰驻华大使贺飞烈(Ph. De Heer, 1950—)均出自何四维门下。

何四维被公认为中国法律研究和简帛学权威，尤以秦汉法律研究著称于世，其为《剑桥中国秦汉史》(*The Cambridge History of China: Volume 1, The Ch'in and Han Empires, 221 B.C.–A.D. 220*)所撰写的"秦汉法律"("Ch'in and Han Law")一章详略得当，研究深入，颇受学界称誉。1955年，何四维出版了《汉律遗文》(*Remnants of Han Law*)一书，[①]译注了《汉书·刑法志》以及《汉书·礼乐志》第一部分("礼")，究析了汉代法律与法律制度，主张法律是社会不可分割的组成部分，不可单纯狭隘地研究法律。该书材料翔实，视野宏阔，考辨精微，成功引发了西方学界对中国法律研究的新兴趣[②]，被汉学名家杜希德(D. C. Twitchett, 1925—2006)誉为后世难以绕开的汉代法律研究经典之作，填补了西方学界中国早期法律史研究空白，全面呈现了法律对社会经济的深刻影响。[③]该书影响扩及其他领域，被瑞典汉学家毕汉思(Hans Bielenstein, 1920—2015)推许为在整个汉学界举足轻重，对汉代历史和中国制度史研究具有重要价值。[④]何四维在书中自述深受年纪相仿的瞿同祖《中国法律与中国社会》(1947)一书启发，清醒地认识到中国法律实乃中国社会的具体产物，法律的施行(application)有别

[①] A. F. P. Hulsewé, *Remnants of Han Law*, Leiden: E. J. Brill, 1955.

[②] Charles O. Hucker, "Review," *The American Historical Review*, Vol. 68, No. 2, 1963, p. 462.

[③] D. C. Twitchett, "Review," *Bulletin of the School of Oriental and African Studies, University of London*, Vol. 21, No. 1–3, 1958, pp. 652–654.

[④] Hans Bielenstein, "Review," *The Journal of Asian Studies*, Vol. 17, No. 4, 1958, p. 615.

于法律的理论规范(theoretical norms)。① 揆诸瞿同祖的《中国法律与中国社会》,可知此种启发肇端于瞿氏著作开宗明义,申明"法律是社会产物,是文化之一部,我们断不能像分析学派那样将法律看成一绝对孤立的存在,而忽略其与社会环境的关系。……我们也不要忘了法律是社会制度之一,更不要忘了与其他社会制度的功能关系。……此外,意识形态也在我们讨论范围之内。研究任何制度都不可忽略其结构后的概念,否则是无法了解那制度的,至多只知其然而不知其所以然。……讲到法律的实效问题……在中国,无论研究法律史或现行法的人……只一味注重法律条文,绝未想到这条文究竟是否有实效,推行的程度如何,与人民的生活有什么影响,只能说是条文的,形式的,表面的研究,而不是活动的,功能的研究。法官律师或法学家只须回顾一下社会事实,便不难发现社会事实与法律条文的实际距离"②。思路相契也令何四维《汉律遗文》一书获得瞿同祖激赏,瞿同祖不仅撰写书评,称赞《汉律遗文》乃西方世界首部研究汉代法律条文与制度的著作,对中国历史与法律研究不可或缺,极具价值③,更邀请何四维为《中国法律与中国社会》1961年英译本作序④。此后,基于研究须以文本为基础的信念,何

---

① A. F. P. Hulsewé, *Remnants of Han Law*, Leiden: E. J. Brill, 1955, p. 22. 有些学者虽也曾提及何四维受到瞿同祖影响,却未直接参阅何四维著作的具体语句,不知何四维阅读的是瞿同祖著作的1947年中文原本而非1961年英译本(*Law and Society in Traditional China*)。这导致一些学者不仅做出了错误的学术史论断,而且困惑于何四维1955年出版的英文著作何以能够受到瞿同祖1961年英文著作的影响。

② 瞿同祖:《中国法律与中国社会》,上海:商务印书馆,1947年,第1页。

③ Ch'ü T'ung-tsu, "Review," *Harvard Journal of Asiatic Studies*, Vol. 19, No. 3-4, 1956, pp. 416-424.

④ 事实上,何四维之所以应瞿同祖之邀,欣然为瞿同祖著作1961年英译本作序,也与其读过1947年中文原作密切相关。该序言支持瞿同祖关于中国传统社会静态稳定结构的看法,日后引发了诸多讨论。参见 A. F. P. Hulsewé, *Forward* to T'ung-tsu Ch'ü, *Law and Society in Traditional China*, Paris and The Hague: Mouton & Co., 1961.

四维还曾与著名英国汉学家鲁惟一（Michael Loewe，1922—　）合力为西方学界译注了《汉书·西域传》与《汉书·张骞李广利传》。[1]该译本被西方学界誉为"西域早期历史研究的标准参考书"[2]，也被日本学者推许为同类著作中的"最高的杰作"，代表了当时世界的"最高水准"[3]，价值无可估量。此项对传世文献的翻译与研究也推动了何四维对《史记》《汉书》展开细致文本对勘的编纂学研究。[4]

相较于对唐律与清律的研究，秦汉法律研究需要面对材料残缺稀少的巨大困境。有鉴于此，何四维注目中国考古动态，综摄传世文献与出土文献，重视出土文献的刊布、转录与研究，这既延续了荷兰莱顿汉学深厚的语文学传统，勘定了文本字词的确切意义，又进一步扩展了研究方法和视角。何四维曾先后研究了张家山汉简、睡虎地秦简、居延汉简、敦煌汉简、武威汉简等秦汉法律写本[5]，极大地推动了当代西方简帛学发展。直至去世前，何四维仍在坚持不懈地追踪天水放马滩秦简、包山楚简、江陵雨台山楚简、银雀山汉简等出土文献刊布与研究动态，以

---

[1] A. F. P. Hulsewé and M. A. N. Loewe, *China in Central Asia, the Early Stage: 125 B.C.- A.D. 23. An Annotated Translation of Chapters 61 and 96 of the* History of the Former Han, Leiden: E. J. Brill, 1979.

[2] Paolo Daffinà, "The *Han Shu Hsi Yü Chuan* Re-Translated: A Review Article," *T'oung Pao*, Second Series, Vol. 68, No. 4-5, 1982, p. 339.

[3] 榎一雄「史記大宛伝と漢書張騫·李広利伝との関係について」,『東洋學報』1983 年总第 64 卷第 1—2 号，第 12—13 页。

[4] A. F. P. Hulsewé, "A Striking Discrepancy between the *Shih chi* and the *Han shu*," *T'oung Pao*, Second Series, Vol. 76, No. 4-5, 1990, pp. 322-323.

[5] A. F. P. Hulsewé, "Han-Time Documents, a Survey of Recent Studies Occasioned by the Finding of Han-Time Documents in Central Asia," *T'oung Pao*, Second Series, Vol. 45, No. 1-3, 1957, pp. 1-50; A. F. P. Hulsewé, "Han China: A Proto 'Welfare State'? Fragments of Han Law Discovered in North-West China," *T'oung Pao*, Second Series, Vol. 73, No. 4-5, 1987, pp. 265-285; A. F. P. Hulsewé, "The Wide Scope of Tao 盗 'Theft,' in Ch'in-Han Law," *Early China*, Vol. 13, 1988, pp. 166-200.

至于为了等待江陵张家山汉简法律文书刊布[1]，终生未能完成学界翘首以盼的《汉律遗文》一书第二卷，令人惋惜。

选文《1975年湖北发现的秦代文献》与《汉律残片》("Fragments of Han Law")呈现了何四维综摄传世文献与出土文献的秦汉法律史研究方法。1976年夏，新出土的睡虎地秦简释文在《文物》上刊布[2]，改变了学界对秦律真实面貌近乎一无所知的局面。何四维得知后，立刻觉察了其重要学术价值，毅然放下手边《汉律遗文》第二卷的研究工作，转而全力研究睡虎地秦简，写下《1975年湖北发现的秦代文献》一文，初步译注了睡虎地秦简中的一些重要律文，为日后西方学界对睡虎地秦简的研究奠立了重要文本基础。该文堪称何四维睡虎地秦简研究的滥觞，也是西方学界最早介绍睡虎地秦简的两篇文章之一。[3]此后，何四维持续追踪睡虎地秦简研究动态，于1985年出版了《秦律遗文》(Remnants of Ch'in Law)一书，整理发表了睡虎地秦简全部律文译注。[4]该书囊括了当时发现的所有秦律，备受学界推崇，被誉为睡虎地秦简研究乃至中国早期法律研究的必读书目[5]，迄今仍是西方学者研究中国法

---

[1] 1983年，江陵张家山汉墓被发掘，但直至1993年8月，《文物》方才首次刊布张家山汉简《奏谳书》第一部分释文（第二部分释文刊布于《文物》1995年第3期），何四维则于1993年12月16日因突发心脏病，溘然离世。

[2] 云梦秦墓竹简整理小组：《云梦秦简释文（一）》，《文物》1976年第6期，第11—14页；《云梦秦简释文（二）》，《文物》1976年第7期，第1—10页；《云梦秦简释文（三）》，《文物》1976年第8期，第27—37页。

[3] 另一篇则出自鲁惟一之手，两篇文章均刊载于《通报》。Michael Loewe, "Manuscripts Found Recently in China: A Preliminary Survey," *T'oung Pao*, Second Series, Vol. 63, No. 2-3, 1977, pp. 128-130.

[4] A. F. P. Hulsewé, *Remnants of Ch'in Law*, Leiden: E. J. Brill, 1985.

[5] Robin D.S. Yates, "Social Status in the Ch'in: Evidence from the Yün-meng Legal Documents. Part One: Commoners," *Harvard Journal of Asiatic Studies*, Vol. 47, No. 1, 1987, pp. 199.

律史的"基石"[1]。《汉律残片》一文则鉴于当时张家山汉简内容未完全刊布,转而讨论了《任子令》《越宫律》等未被张家山汉简包含在内的汉律,提出了许多真知灼见,解决了不少学术疑难。

在欧洲汉学中,法国汉学不仅历史悠久,而且开创了第一个现代汉学学派,长期独占鳌头。[2]选文《竹林七贤与当时社会》即出自以竹林七贤与建安七子研究享誉世界的法国汉学代表侯思孟(Donald Holzman,1926—2019)之手。侯思孟的独特贡献在于融摄国际汉学的不同传统,令法国汉学在20世纪下半叶别开生面。侯思孟出生于美国,1953年以阮籍诗歌研究获得耶鲁大学博士学位,随后负笈法兰西,师从彼时钻研《庄子》与魏晋玄学的汉学巨擘戴密微,从事嵇康研究,1957年荣获巴黎大学博士学位。20世纪60年代末,侯思孟曾前往中国台湾地区,跟随著名学者台静农(1903—1990)和屈万里(1907—1979)研习中国文学,深入中国本土文史研究传统。[3]侯思孟亦熟稔日本汉学,持续追踪东亚汉学研究动态,曾合作出版《日本宗教与哲学:日文参考与研究资料指南》(*Japanese Religion and Philosophy: A Guide to Japanese Reference and Research Materials*)[4],分门别类,收录尽千份近现代日文重要文献,每份文献都附有简要介绍与评价,成为日本研究的重要手册。自1968年起,侯思孟执掌负有盛名的法国高等汉学

---

① 参见〔美〕夏含夷:《西观汉记——西方汉学出土文献研究概要》,上海:上海古籍出版社,2017年,第336页。

② 参见〔美〕韩大伟:《传统与寻真——西方古典汉学史回顾》,王文章主编:《汉学的世界——国际汉学研究论文集》,北京:生活·读书·新知三联书店,2019年,第199页。

③ 参见陈文芬《寻找中国诗歌中的美——访汉学家侯思孟教授》,《国学新视野》2011年冬季号,桂林:漓江出版社,2011年,第24页。

④ Donald Holzman, Motoyam Yukihiko et al., *Japanese Religion and Philosophy: A Guide to Japanese Reference and Research Materials*, Ann Arbor: The University of Michigan Press, 1959.

研究所（Institut des Hautes Études Chinoises）长达 23 年之久（1968—1990）[1]，积极推动当代法国汉学多元化发展。

在学术研究方面，侯思孟广涉中国中古时代哲学、宗教、文学、节庆等不同领域，所论的诸多话题此前未有学者涉足。1957 年，侯思孟出版了世界首部全面研究嵇康的著作《嵇康的生平与思想》（La vie et la pensde de Hi K'ang），被汉魏六朝文学研究名家康达维（David R. Knechtges，1942— ）誉为"最翔实的"[2]嵇康诗歌研究。1976 年，侯思孟出版了《诗歌与政治：阮籍的生平与作品》（Poetry and Politics: The Life and Works of Juan Chi (A.D. 210-263)）一书，这是"世界上首部全面研究阮籍生平与思想的著作"[3]，备受学界许，被英国华裔汉学家刘陶陶誉为阮籍研究"最权威"[4]之作。汉学名家伊沛霞（Patricia Ebrey，1947— ）更是盛赞侯思孟对阮籍的研究超越了诗歌研究的传统畛域，实乃"对 3 世纪思想史的原创性探究，引人入胜"。[5] 除此以外，侯思孟也细致深入地研究了沈括、陶渊明、曹植等人的生平与创作。[6] 著名汉学家施文林（Wayne Schlepp，1931— ）便称许侯思孟对这些人物

---

[1] 侯思孟为第五任所长，前四任所长分别为葛兰言、伯希和、戴何都、吴德明。侯思孟退任后，施舟人、魏丕信、戴仁曾分别执掌该所。该所图书馆是欧洲最重要的汉学图书馆之一。

[2] David R. Knechtges, "Review," Revue Bibliographique de Sinologie, Vol. 17, 1999, p. 337.

[3] James M. Hargett, "Review," World Literature Today, Vol. 52, No. 2, 1978, p. 339.

[4] Tao Tao Sanders, "Review," Bulletin of the School of Oriental and African Studies, Vol. 41, No. 1, 1978, p. 223.

[5] Patricia Ebrey, "Review," The Journal of Asian Studies, Vol. 39, No. 1, 1979, p. 151.

[6] Donald Holzman, "Shen Kua and His Meng-ch'i pi-t'an," T'oung Pao, Second Series, Vol. 46, No. 3-5, 1958, pp. 260-292. 李约瑟称赞该文翔实完整地呈现了沈括的生平，参见 J. Needham, "Review," Revue Bibliographique de Sinologie, Vol. 4, 1958, p. 96。Donald Holzman, "Ts'ao Chih and the Immortals," Asia Major, Vol. 1, No. 1, 1988, pp. 15-57。

的研究具有方法论意义,"可被广泛应用于对同时代文学与思想的研究中"(wide applicability in the study of the literature and the thought of the period)[①]。

如果说戴密微虽大声疾呼法国汉学应当重视文学研究,却鲜少躬亲文学研究,那么侯思孟的切身实践仿若空谷足音,将美国汉学对中国文学的关注与法国汉学的厚重传统融贯一体,真正弥补了十九世纪以来偏重历史、哲学与宗教研究的法国汉学在文学研究领域的长期欠缺,重新激活了法国汉学此前在十八世纪对中国文学的重视态度,提升了文学研究在二十世纪法国汉学中的地位,做出了法国汉学"在其它学科中那样惹人注目……更有意义的贡献"[②]。除了文学研究外,侯思孟对寒食节的研究也享誉世界,而其《关于中国座椅起源》一文溯源绳床之说,[③]被视为定论,解决了胡适、李济等前辈学者所欲追究而未克其事的重要问题。[④]

侯思孟详于细读,精于考证,敏于细节,却不止步于此,而是融摄宏观俯瞰与微观透视,聚焦文学与政治的互动关系。他强调"中国文学……深刻地嵌入中国的历史之中"[⑤],乃时代的产物,研究者若仅仅依赖逻辑推论,迷信理论的抽象论说,溺于形式主义、新批评、结构主义等内部读解方法,一味否定社会分析法与传记批评法,罔顾社会历史现场,则最终将无法透彻理解历史对象,错失诗歌深意。侯思孟重视研究

---

① Wayne Schlepp, "Review," *Pacific Affairs*, Vol. 51, No. 3, 1978, p. 511.
② 〔法〕戴仁编:《法国中国学的历史与现状》,耿昇译,上海:上海辞书出版社,2010年,第492页。
③ Donald Holzman, "A propos de l'origine de la chaise en Chine," *T'oung Pao*, Second Series, Vol. 53, No. 4-5, 1967, pp. 279-292.
④ 翁同文:《中国坐椅习俗》,北京:海豚出版社,2011年,第3—9页。
⑤ 〔法〕侯思孟:《中国文学深刻地嵌入中国历史》,以会译,《文学遗产》1989年第4期,第133页。

对象的生平与历史背景材料,着力还原社会历史现场,在具体复杂的语境中细致考察研究对象的作品与思想,在不同的历史事件中对研究对象予以定位,将抽象化、一般性论说予以具体化、语境化,详细呈现文学、思想与历史的互动关系,进而以小见大,揭橥一个时代的核心特征与独特风貌,推动对同时代其他作品与思想的研究。在魏晋研究中,侯思孟指出阮籍、嵇康、陶渊明等魏晋名士绝非与世隔绝,蹈空虚言,单纯追求超验形而上学,更未堕入逃避主义、颓废主义,而是在持续回应社会政治现实。他们"非常清楚地意识到其周围正在发生的变化,在生活和作品中对此做出了强烈反应,在某种程度上,已经成为这些变化的化身",[1] 所谓的出世姿态与求仙话语反映的是对现实政治的愤懑不满,是反政治而不是非政治的行为,"恰恰由于政治在中国古代生活中几乎占据了绝对的首要地位,才使得退隐(对政治生活的摒弃)在中国变得如此重要"[2]。

选文《竹林七贤与当时社会》即是浓缩侯思孟上述方法论的典范之作,得到了戴密微(Paul Demiéville,1894—1979)和法国日本学家哈格纳(Charles Haguenauer,1896—1976)的指导,乃西方学界最早全面研究竹林七贤的成果,直至今日仍是西方汉学研究的权威之作,[3] 被学者反复征引,成为无法绕开的学术路标。选文深深透露出侯思孟强烈的历史现场意识,还原竹林七贤所处的社会语境,注目竹林七贤与

---

[1] Donald Holzman, *Poetry and Politics: The Life and Works of Juan Chi (A.D. 210-263)*, Cambridge: Cambridge University Press, 1976, p. 1.

[2] Donald Holzman, "Le désengagement hors du politique: quelques notes sur l'évolution de la conception de la «retraite» dans la Chine ancienne et médiévale," *Extrême-Orient Extrême-Occident*, No. 4, 1984, p. 44.

[3] Paul W. Kroll and David R. Knechtges, "About Donald Holzman," in *Studies in Early Medieval Chinese Literature and Cultural History: In Honor of Richard B. Mather & Donald Holzman*, Provo, Utah: The T'ang Societies, 2003, p. xxvi.

社会的互动关系,深化了鲁迅、王瑶等前辈学者的相关研究,与《嵇康的生平与思想》及《竹林七贤在中国历史中的地位》("The Place of the Seven Sages of the Bamboo Grove in Chinese History")[1]等其他作品共同构成了侯思孟早年对竹林七贤的深入思考。

第二次世界大战之后,美国汉学日趋隆盛,从边缘走向中心,改变国际汉学原有版图。其中,美国华盛顿大学的西雅图汉学吸纳了众多知名的欧洲汉学家[2]与中国学者(譬如萧公权、李方桂、施友忠),兼采欧美汉学与中国学术之长,跃居美国汉学重镇行列,尤为引人瞩目。选文《共工与洪水——〈尧典〉中颠倒的神话史实说》的作者、华盛顿大学教授鲍则岳(William G. Boltz)即为西雅图汉学的领军人物。

鲍则岳是中国古文字研究权威,代表作《中国文字体系的起源与早期发展》(The Origin and Early Development of the Chinese Writing System,1994)备受称誉。鲍则岳承继并发扬了高本汉(Bernhard Karlgren,1889—1978)、蒲立本、卜弼德(Peter A. Boodberg,1903—1972)的古文字研究遗产,将语文学作为研究基石与前提条件,以跨文明对话、跨文化比较为基本视域,引入比较语言学、比较语音学、比较方言学、比较神话学、比较宗教学等理论与实例,强调若欲理解某个文明与文化,首先要阅读它的文字,其次应了解它的语言。[3]语言文字是构成一个文明与文化身份的核心特征,也是"中国文明"(Chinese Civilization)有别于"文明在中国"(Civilization in China)的关键所

---

[1] Donald Holzman, "The Place of the Seven Sages of the Bamboo Grove in Chinese History," *Occidental Paper (Kansai Asiatic Society, Kyoto)*, No. 3, 1955, pp. 1-13.

[2] 譬如罗逸文(Erwin Reifler,1903—1965)、戴德华(George E. Taylor,1905—2000)、卫礼贤之子卫德明(Hellmut Wilhelm,1905—1990)、梅谷(Franz H. Michael,1907—1992)。

[3] William G. Boltz, "Desultory Notes on Language and Semantics in Ancient China," *Journal of the American Oriental Society*, Vol. 105, No. 2, 1985, p. 309.

在，对探究中国文明的起源与特质至关重要。[1] 有鉴于此，鲍则岳对马王堆帛书、郭店楚简等出土文献研究用力甚深，被誉为西方简帛《老子》研究祭酒。尽管如此，鲍则岳不曾盲信出土文献而贬低传世文献。相反，依鲍则岳之见，传世文献的变化常常契合文本自身内在特质，有时甚至可能甚少变化，更接近文本原始真貌，更何况出土文献常常也是当时的传世文献，并不必然具有先天优势。[2] 这就要求采用谨严的文本批评（textual criticism），对勘传世文献与出土文献，厘清文本的增删变动情况、结构组织风格以及与其他文本的关系。文本批评的第一步是"汇校"（recensio），对勘作品的所有已知写本与其他重要版本，建立"写本谱系"（stemma codicum）；第二步是"查核"（examinatio），筛选出最接近文本原貌的最佳读解。文本批评是一个动态过程，不断深入、变化、修正甚至自我否定。[3] 此种基于语文学的文本批评类似于接近云雾缭绕的高山，"它的轮廓逐渐清晰，但即便再怎么靠近，仍然雾茫茫一片，仿佛在挑衅我们"[4]，这恰恰是文本批评需要克服并且不得不持续克服的挑战。

选文《共工与洪水——〈尧典〉中颠倒的神话史实说》在研究方法上并未将列维-斯特劳斯（Claude Levi-Strauss，1908—2009）等人的结构主义神话理论武断嫁接于中国材料，或者刻意将结构主义理论与中国材料牵强比附，[5] 而是在比较神话学的视域下，应用了鲍则岳自身提

---

[1] William G. Boltz, "Early Chinese Writing," *World Archaeology*, Vol. 17, No. 3, 1986, pp. 420–421.

[2] William G. Boltz, "Reading Early Chinese Manuscripts," *Journal of Chinese Studies*, No. 47, 2007, pp. 459–460.

[3] William G. Boltz, "Textual Criticism and The Ma Wang tui *Lao tzu*," *Harvard Journal of Asiatic Studies*, Vol. 44, No. 1, 1984, pp. 186–187.

[4] Ibid., p. 224.

[5] William G. Boltz, "Review," *Bulletin of the School of Oriental and African Studies, University of London*, Vol. 46, No. 1, 1983, p. 179.

倡的文本批评法，融贯语言学、语音学等方法。选文堪称共工、蚩尤、中国洪水神话乃至中国早期神话研究的经典之作，被称赞以精妙的词源学方法考察了"共工"之名，澄清了对古代中国文化英雄转变为人的方式的误解[1]，吉德炜更盛赞该文揭橥了中国神话的深层结构与根本意涵[2]。选文提出"颠倒的神话史实说"（Reverse Euhemerism），概括了中国语境中历史与神话的独特关系，有别于植根于古代近东文明与西方古典文明的"神话史实说"（Euhemerism），修正了博厄斯（Franz Boas, 1852—1942）的神话即自传体民族志的经典观点。"颠倒的神话史实说"已成为鲍则岳与中国神话研究界的标识性概念，推动了久已停滞的西方汉学中国神话研究[3]，进而被应用于汉学其他领域乃至世界大洪水神话研究。

相较于欧美汉学，日本汉学历史悠久，自成一体，成就非凡，对中国现代学术发展亦有甚大影响。作为日本"京都学派"旗帜，宫崎市定（1901—1995）享誉学界，被尊为二十世纪最伟大的汉学家之一，创辟了"宫崎史学"[4]。其涉猎之广，令人叹服，其中，对中国古代城市研究用力甚深，发表了大量论著，[5]从世界史的视角，提出久负盛名的中国城市国

---

[1] Lionel M. Jensen, "Wise Man of The Wilds: Fatherlessness, Fertility, and the Mythic Exemplar, Kongzi," *Early China*, Vol. 20, 1995, p. 423.

[2] David N. Keightley, "Main Trends in American Studies of Chinese History: Neolithic to Imperial Times," *The History Teacher*, Vol. 19, No. 4, 1986, p. 533.

[3] Anne Birrell, "Où Dédale rencontre You Chui," in *Approches critiques de la mythlogie chinoise*, Montréal: Presses de l'Université de Montréal, 2008, pp. 37-50.

[4] 池田誠《宫崎市定先生を偲んで》,《東洋史研究》1996 年总第 54 卷第 4 号，第 8 页。

[5] 宫崎市定「中国城廓の起原異說」,『歴史と地理』1933 年总第 32 卷第 3 号；「漢代の鄉制」,『史林』1935 年总第 21 卷第 1 号；「中國上代は封建制か都市國家か」,『史林』1950 年总第 33 卷第 2 号；「中国における聚落形体の変遷について——邑・国と鄉・亭と村とに対する考察」,『大谷史学』1957 年第 6 号；「中國における村制の成立——古代帝國崩壊の一面」,『東洋史研究』1960 年总第 18 卷第 3 号；「六朝時代華北の都市」,『東洋史

家（city state）理论。依宫崎市定之见，城市国家是人类文明起源的基本要素，也是研究人类古代世界的核心概念，绝非西方中心论史观下的古希腊罗马所专擅，世界各地都存在过城市国家时代。① 中国古代史应被视为城市国家成长、发展与解体的过程②，即由林立并存的城市国家发展为兼并他国的领土国家，最终抵达无可匹敌的帝国阶段。随着汉王朝衰亡，中古时代大幕就此拉开。到汉代为止，中国的城市"一直是以农民为主体的农业城市，战国时期工商业发展的经济大城市是随着中央集权的权力出现的二次现象"，同时，战国城市的发展不同于中古时代与近代的城市发展，主要源自军事、政治而非单纯的经济因素。宫崎市定的此种观点嗣后成为"日本学术界的定论"。③

选文《中国汉代的城市》即为宫崎市定中国城市研究的重要成果，融汇了宫崎市定中国城市理论的要义，亦是其唯二的以法文公开发表的文章之一。④ 选文出自1961年4月17日和20日宫崎市定在法兰西公学院（Collège de France）的两次讲座。彼时其正受邀担任巴黎大学客座教授（1960年10月—1961年6月），与曾旅居日本、时任法兰西

（接上页）研究』1961年総第20巻第2号；「戦国時代の都市」，『東方学会創立十五周年記念東方学論集』，東京：東方学会，1962年；「漢代の里制と唐代の坊制」，『東洋史研究』1962年総第21巻第3号；「中國上代の都市國家とその墓地（補遺）——商邑は何處にあったか」，『東洋史研究』1970年総第28巻第4号。

① 〔日〕宫崎市定：《宫崎市定中国史》，焦堃、瞿柘如译，杭州：浙江人民出版社，2015年，第322—323页。

② 〔日〕宫崎市定：《宫崎市定亚洲史论考》，张学锋、马云超等译，上海：上海古籍出版社，2017年，第578页。

③ 〔日〕江村治树：《古代城市社会》，〔日〕佐竹靖彦主编：《殷周秦汉史学的基本问题》，北京：中华书局，2008年，第21页。

④ 另一篇是宫崎市定为戴密微纪念文集所撰文章，参见 Miyazaki Ichisada, "Le developpement de l'idee de divination en Chine," in *Mélanges de sinologie offerts à Monsieur Paul Demiéville, Vol. 1*, Paris: Presses Universitaires de France, 1966, pp. 161–165。

公学院教授兼《通报》主编之一的戴密微交往颇多,后曾为戴密微纪念文集撰文,并在京都大学接待了访问演讲的戴密微。[①]选文以"人们不禁会被东西方城市演变中的某些相似性震撼。我相信如果深入挖掘世界历史,我们将可以从人性深处的共同根源中汲取更多"这段话结笔,既是当时对话现场的鲜明写照,也彰显了宫崎市定坚定的世界史立场:"不管我们使用什么方法,都必须绞尽脑汁不忘世界史,准备站在世界史的立场上对个别的历史进行最具体的研究。……越是与世界史有关联,研究的价值就越高。"[②]正如"京都学派"第三代学者谷川道雄(1925—2013)所言,宫崎市定借由将中国史与世界史有机融合,阐明了中国史既是"东西文化交流的结果",也是"自身独自发展的结晶"。[③]这也正是"京都学派"的基本立场。

嗣后,宫崎市定又受邀赴美交流访问,担任哈佛大学客座教授(1961年10月—1962年7月)。尽管宫崎市定此前与第二次世界大战后的欧美学界已有一些接触,譬如在20世纪50年代,曾经组织日本学者参与法国汉学家白乐日(Étienne Balazs,1905—1963)发起的"或许是首个汉学国际团队合作项目"[④]的"宋史研究计划"(Sung Project),[⑤]但在欧美两大汉学中心持续数年的亲身交流经验,令宫崎市定真切领略了第二次世界大战后西方汉学百花竞妍、迅猛发展的景象,深受震

---

① 戴密微在1947—1975年担任《通报》主编。戴密微与日本学界关系密切,学术成就深受日本学者敬重。1966年,戴密微应邀访问日本,在宫崎市定所执教的京都大学发表演讲。
② 〔日〕宫崎市定:《宫崎市定中国史》,焦堃、瞿柘如译,第16—17页。
③ 〔日〕谷川道雄:《日本京都学派的中国史论——以内藤湖南和宫崎市定为中心》,李济沧译,《史学理论与史学史学刊》2003年第1辑,第305页。
④ Pierre-Étienne Will, "French Sinology," *Journal of Chinese History*, Vol. 7, No. 2, 2023, p. 563.
⑤ 耿昇:《法国汉学家白乐日及其国际视野》,《全球史与中国》第一辑,郑州:大象出版社,2017年,第185页。

撼①，油然兴起强烈的危机意识，大声疾呼日本学界必须放弃固步自封的倨傲心态，睁眼看世界："日本自诩为中国研究领域唯一的先进国家，但难道不应该舍弃此种自信，虚心坦怀地再次反躬自省吗？"②尽管此种反思意识符契《通报》跨越边界、协力合作的开放精神，但必须看到，当时日本汉学界的"迟疑"或"封闭"其实也包含了某种对美国学术中的冷战意识形态与现实政治动机的警惕与抵制。可资为证的是，就在宫崎市定发表上述文字的1962年，由于美国福特基金会决定以巨额资金挹注日本东洋文库，日本汉学界爆发了事关学术伦理与价值取向的论争，可被视为"1960年安保运动在中国研究界的延长"，针对美日安保条约中的"美日文化协力体制"。③

二

除上述学派代表的力作外，本卷还涵括了国际汉学一些特定领域的专家名文，借以反映数十年来国际汉学专业细化的发展趋向。

选文《汉代长安的城墙》由美国学者霍塔陵（Stephen James Hotaling）所作，综合传世文献与出土材料，详加考辨，澄清矛盾之处，纠正前人足

---

① 宫崎市定在此期间写下了《巴黎通信》《法国通信》《巴黎生活印象》《巴黎大学文学部教授会》《法兰西公学院》《法国的官僚主义》等众多访学见闻与思考文章。参见〔日〕宫崎市定《九品官人法研究》，韩升、刘建英译，韩升校，北京：中华书局，2008年，第408—410页。

② 宫崎市定「アメリカにおける中国研究瞥見」，『史林』1962年总第45卷第6号，第941页。

③ 邵轩磊：《北美中国学在日本的受容——以1962年福特基金会论争为例》，朱政惠、崔丕编：《北美中国学的历史与现状》，上海：上海辞书出版社，2013年，第554页。

立喜六(1871—1949)、毕安祺(Carl Whiting Bishop, 1881—1942)、王仲殊(1925—2015)、古贺登(1926—2014)的研究疏失,尝试复原汉代长安城墙各项尺寸,所得出的不少数据已为后世学者确证,为推进长安城墙研究奠定了基础。该文是西方学界首次对汉长安城墙展开严格的学术研究,被李约瑟(Joseph Needham, 1900—1995)、鲁惟一(Michael Loewe, 1922—)、毕汉思、白莲花(Flora Blanchon, 1943-2012)、倪豪士(William H. Nienhauser, 1943—)、施寒微(Helwig Schmidt-Glintzer, 1947—)、康达维、陆威仪(Mark Edward Lewis, 1954—)、夏南悉(Nancy Shatzman Steinhardt, 1954—)、柯睿(Paul W. Kroll)、李安敦(Anthony J. Barbieri-Low)、马格里(Giulio Magli)等众多汉学名家征引,影响甚大,具有重要学术史价值。

选文《论汉初风与方向的命名》出自美国知名汉学家、《淮南子》与中国早期天文学研究权威[①]马绛(John S. Major)之手,乃其《淮南子》与中国天文学研究代表作之一。马绛最初由美国汉学巨擘卜德(Derk Bodde, 1909—2003)引导,迈入汉初思想史研究,后受专治科学史的美国汉学名家席文(Nathan Sivin, 1931—2022)影响,注目中国科学史研究。博士阶段,马绛进入哈佛大学求学,获得费正清(John King Fairbank, 1907—1991)、史华慈(Benjamin I. Schwartz, 1916—1999)、余英时等汉学大师指导,1973年提交博士论文《汉初思想中的地形学与宇宙论:〈淮南子〉第四章》(Topography and Cosmology in Early Han Thought: Chapter 4 of the Huai-nan-tz)。毕业后,马绛一度执教美国达特茅斯学院(Dartmouth College),后离开学院,以独立学者身份在纽约从事研究工作。

---

① Stephen Field, "Review," China Review International, Vol. 2, No. 1, 1995, p. 181.

正如美国汉学家罗慕士（Moss Roberts，1937— ）所言，美国汉学传统上聚焦先秦儒学与宋明理学。[1] 相较之下，汉代道家思想不受青睐，《淮南子》更遭冷落，被认为纯属"材料汇编"，"缺乏清晰的组织原则或观点"。[2] 同时，主流汉学侧重于哲学、文学、历史等领域研究，对中国古代科学技术或漠不关心，或一味贬抑，常常忽视了宇宙论、天文学、占星术深刻影响乃至形塑了中国古代社会生活。[3] 为扭转上述偏见，马绛数十年来致力于以《淮南子》为基点，将文本与历史融为一体，自然史、科技史与社会史、政治史、思想史紧密集合，[4] 持续深化《淮南子》与中国宇宙论、天文学、科技史研究。其间，他也曾与李约瑟合作开展朝鲜时代科技史研究。[5]

马绛将《淮南子》视为进入汉初历史世界的关键窗口，强调《淮南子》作于新旧交替的历史转折期，继往开来，承继旧有传统，创发崭新思想，绝非《吕氏春秋》的"简单衍生或重述"[6]，也非《老子》《庄子》《韩非子》的复制延伸，而是中国早期思想的百科全书。马绛除了独自详细译注《淮南子》部分章节，还曾先后与汉学家桂思卓（Sarah

---

[1] Moss Roberts, "Review," *Journal of the American Oriental Society*, Vol. 130, No. 2, 2010, p. 306.

[2] John S. Major, "Review," *Asian Folklore Studies*, Vol. 63, No. 2, 2004, p. 345.

[3] John S. Major, "Review," *Harvard Journal of Asiatic Studies*, Vol. 40, No. 1, 1980, p. 279.

[4] 这也是马绛学术评价的重要原则，譬如他曾据此称赞白馥兰（Francesca Bray）的研究令中国农业史与社会史紧密融合。John S. Major, "Review," *Isis*, Vol. 76, No. 4, 1985, pp. 634-635。

[5] Joseph Needham, John S. Major et al., *The Hall of Heavenly Records: Korean Astronomical Instruments and Clocks, 1380-1780*, Cambridge: Cambridge University Press, 1986.

[6] John S. Major, *Heaven and Earth in Early Han Thought*, New York: State University of New York Press, 1993, p. 6.

A. Queen)、迈耶(Andrew Meyer)、罗浩(Harold Roth)联袂完成英语世界首部《淮南子》完整译本①,与桂思卓合译《春秋繁露》②,为西方汉学界汉代早期思想研究提供了坚实的文献基础。马绛与之相关的研究清晰深入,深受推许,被鲁惟一称赞"不仅仅是为了那些对文本及其意涵所知甚少的汉学家而作"③,还致力于对中国科学史与哲学史有所贡献,揭橥前人未曾发明之处。这为汉代宇宙论研究提供了"无价资源"(invaluable resource)④,推动了学界对汉初自然哲学的研究⑤。

选文《淝水之战(383年)的神话》出自另一位美国汉学专家、加州大学伯克利分校东亚系教授迈克尔·罗杰斯(Michael C. Rogers,1923—2005)之手。赵元任自1947年起执教加州大学伯克利分校东方语言系,罗杰斯是其在美国最早的学生之一。⑥ 1953年,罗杰斯自加州大学伯克利分校东方语言系毕业并留系任教,后曾担任该系主任。他掌握多种东亚语言,教授中、日、韩语言,治中国史、高丽史与中韩关系史⑦,曾获韩国政府宝冠文化勋章。罗杰斯极为关注历史编纂学,

---

① Liu An, *The Huainanzi*, eds. and trans. John S. Major et al., New York: Columbia University Press, 2010.

② *Luxuriant Gems of the Spring and Autumn*, attributed to Dong Zhongshu, eds. and trans. Sarah A. Queen and John S. Major, New York: Columbia University Press, 2016.

③ Michael Loewe, "Huang Lao Thought and the 'Huainanzi'," *Journal of the Royal Asiatic Society*, Vol. 4, No. 3, 1994, p. 389.

④ Livia Köhn, "Review," *Revue Bibliographique de Sinologie*, Vol. 13, 1995, p. 459.

⑤ Hermann Tessenow, "Review," *Isis*, Vol. 86, No. 2, 1995, p. 313.

⑥ 加州大学伯克利分校的赵元任档案收录了1968—1970年间罗杰斯与赵元任的通信。参见 https://oac.cdlib.org/findaid/ark:/13030/c83b64nb/entire_text/,访问时间:2024年5月25日。

⑦ 相关成果包括:*Outline of Korean Grammar*, Berkeley and Los Angeles: University of California Press, 1956;"Sung-Koryŏ Relations: Some Inhibiting Factors," *Oriens*, Vol. 11, No. 1-2, 1958, pp. 194-202;"Factionalism and Koryŏ Policy under the Northern Sung," *Journal of the American Oriental Society*, 1959, Vol. 79, No. 1, 1959, pp. 16-25;"Studies

致力于回返历史现场,重审传统历史叙事,细致考辨史料的来源与性质,分析编纂过程、叙事特点与形成原因。其在学术史上浓墨重彩的一笔,当属潜心译注《苻坚载记》。译文不到 100 页,前言、注释、参考文献相加却厚达近 300 页[1],为西方学界提供了翔实可靠的研究文献,被誉为"学术丰碑"[2]。选文浓缩了这项研究的关键方法与核心观点,挑战了淝水之战的传统历史叙事,引发学者广泛讨论与征引,虽不乏质疑者[3],却也被陶晋生称赞"引人入胜,启人思考,见解独到"(fascinating, stimulating, and original)[4]。

聚讼纷纭中,著名学者陈世骧为罗杰斯这项研究所作的序言值得再三品味。陈世骧是罗杰斯在加州大学伯克利分校东方语言系的同事。他将罗杰斯对淝水之战的重探与西方学界对马拉松战役的新探并论,

---

(接上页)in Korean History," *T'oung Pao*, Second Series, Vol. 47, No. 1-2, 1959, pp. 30-62; "The Thanatochronology of Some Kings of Silla," *Monumenta Serica*, Vol. 19, 1960, pp. 335-348; "The Regulation of Koryŏ-Chin Relations (1116-1131)," *Central Asiatic Journal*, Vol. 6, No. 1, 1961, pp. 51-84; "Some Kings of Koryŏ as Registered in Chinese Works," *Journal of the American Oriental Society*, Vol. 81, No. 4, 1961, pp. 415-422; "The Late Chin Debates on Dynastic Legitimacy," *Sung Studies Newsletter*, No. 13, 1977, pp. 57-66; "National Consciousness in Medieval Korea: The Impact of Liao and Chin on Koryŏ," in *China among Equals: The Middle Kingdom and Its Neighbors, 10th-14th Centuries*, eds. Morris Rossabi, Berkeley and Los Angeles: University of California Press, 1978, pp. 151-172; "P'yŏnnyŏn T'ongnok: The Foundation Legend of the Koryŏ State," *The Journal of Korean Studies*, Vol. 4, 1982-1983, pp. 3-72; 1986; *College Korean*, Berkeley and Los Angeles: University of California Press, 1992。

① Michael C. Rogers, *The Chronicle of Fu Chien: A Case of Exemplar History*, Berkeley and Los Angeles: University of California Press, 1968.

② John L. Rawlinson, "Review," *The Historian*, Vol. 33, No. 1, 1970, p. 142.

③ 如 Donald Holzman, "Review," *T'oung Pao*, Second Series, Vol. 57, 1971, pp. 182-186;孙卫国《淝水之战:初唐史家们的虚构?——对迈克尔·罗杰斯用后现代方法解构中国官修正史个案的解构》,《河北学刊》2004 年第 1 期,第 77—83 页。

④ Jing-shen Tao, "Review," *The Journal of Asian Studies*, Vol. 29, No. 2, 1970, p. 426.

指出罗杰斯绝非单纯指责既有的历史叙事,更非全然否定神话的积极意义,而是以王国维式"同情之了解"(sympathetic understanding)态度去"穿透每个阴暗角落"(penetrate every arcane corner),重审"传奇的光晕"(legendary aura),"重估最受推崇的'事实',揭示传奇化背后的动机、过程与影响"。① 为此,罗杰斯综摄文学批评与心理学研究方法,捕捉文本的不同层面,尤其是潜隐文本,深究文本中的相关修辞、典故与性格塑造,确证了对历史之为"文"("文字的艺术"[art of letters])的理解,有助于把握中国历史编纂学的具体运作方式,并深入理解和反思中国国民心理。换言之,简单地将罗杰斯的研究与解构历史等量齐观,将会错失其中的丰富意涵。

选文《唐代国家垄断铸币之争》出自融合国际汉学不同传统的唐史专家何汉心(Penelope A. Herbert, 1945—)之手。何汉心博士就读于唐史研究重镇英国剑桥大学,师从唐史研究巨擘杜希德(D. C. Twitchett, 1925—2006),期间曾前往日本访学,受业于日本著名汉学家藤枝晃(1911—1998)和西嶋定生(1919—1998)。1974 年,何汉心获博士学位,博士论文为《张九龄的生平与著述》(*The Life and Works of Chang Chiu-ling*)。1974—1975 年,何汉心在澳大利亚国立大学从事博士后研究期间,获得早年治晚唐五代史的王赓武教授指导。此后,何汉心先后任教于澳大利亚国立大学、澳大利亚莫道克大学、台湾中兴大学、台湾淡江大学、日本大阪大学、台湾中国文化大学,游走于东西方不同学术传统之间,并在自身研究中令这些传统相互激荡、相互交织,受到学界交口称誉。其代表作包括《明皇:张九龄著作中的唐代皇

---

① Shih-Hsiang Chen, *Forward* to Michael C. Rogers, *The Chronicle of Fu Chien: A Case of Exemplar History*, pp. iii–vii.

权》(Under the Brilliant Emperor: Imperial Authority in T'ang China as Seen in the Writings of Chang Chiu-ling, 1978)、《日本遣唐使与留学生》(Japanese Embassies and Students in T'ang China, 1979)、《汉学研究方法论》(Chinese Studies Research Methodology, 1982)、《推诚方能：初唐铨选的当代评估》(Examine the Honest, Appraise the Able: Contemporary Assessments of Civil Service Selection in Early Tang China, 1988)[1], 众多重要中文史料被她出色地翻译为英文。此外，何汉心英译了日本著名汉学家砺波护(1937—)的名作《嵩岳少林寺碑考》[2], 并担任过日本东方学会《亚洲学报：东方学会会刊》(Acta Asiatica: Bulletin of the Institute of Eastern Culture) 1988年总第55卷专号"中国唐代研究"(Viewpoints on T'ang China)的英文译者。

何汉心专治唐代政治制度史，聚焦君权与官僚制的关系，探究统治者如何应对官僚制，加强集权统治。其作品在学界颇具影响，被反复征引，譬如其对张九龄的研究补充了蒲立本（Edwin G. Pulleyblank, 1922—2013）名著《安禄山叛乱背景》(The Background of the Rebellion of An Lu-shan)的缺漏，是英语学界首次详细探究张九龄的生平与思想，分析了君权与相权之争，被推崇为经典之作；《推诚方能：初唐铨选的当代评估》一书被法国汉学家、法国高等汉学研究所前所长吴德明（Yves Hervouet, 1921—1999）称赞为"严谨细致……有力地增进了我们对唐代制度的了解"[3]; 其师杜希德在为《剑桥中国史》撰文时，曾多次征引

---

[1] 该书封面的标题是《推诚方能：唐朝铨选》。

[2] Tonami Mamori, *The Shaolin Monastery Stele on Mount Song*, trans. P. A. Herbert, ed. Antonio Forte, Kyoto: Istituto Italiano di Cultura, Scuola di Studi sull'Asia Orientale, 1990.

[3] Yves Hervouet, "Review," *Journal of the Economic and Social History of the Orient*, Vol. 35, No. 1, 1992, p. 96.

何汉心的作品；唐史研究权威麦大维（David L. McMullen, 1939— ）在其名著《唐代中国的国家与学者》（State and Scholars in T'ang China, 1988）中多次援引何汉心的唐代制度史研究成果；[①] 在唐史名家、《通报》前任主编之一柯睿（Paul W. Kroll）编辑的《中国唐代核心读本》（Critical Readings on Tang China, 2018）中，何汉心共有3篇文章被收录于第一卷《历史：政治、思想与军事》（History-Political, Intellectual, and Military）中，数量超过了杜希德、魏侯玮（Howard J. Wechsler, 1942—1986）、蒲立本、麦大维等海外唐史名家，凸显了何汉心唐史研究的重要学术价值。[②] 柯睿回顾唐史研究在杜希德、麦大维等大师凋零后逐渐式微，不禁慨叹"何汉心的作品真的太少了，其作品虽然精湛，却未能广泛流播，学界也尚无后继者"[③]，堪称唐史研究一大损失。言语间，颇有将何汉心视为杜希德、麦大维的合格传人之意。

本卷选文《唐代国家垄断铸币之争》乃何汉心的代表作，以小见大，由钱币铸造与管理之争折射出汉唐制度与思想变迁，含摄政治史、经济史、思想史等不同领域，横跨千年，彰显了何汉心的整体思维与宽阔视野，也展现出其细腻精湛的文献分析能力，延展和具化了其师杜希德的唐代财政史研究。[④] 选译该文，有助于增进中国学界对海外唐史研究的认识。

[①] 中译本参见〔英〕麦大维《唐代中国的国家与学者》，张达志、蔡明琼译，北京：中国社会科学出版社，2019年。
[②] Paul W. Kroll ed., *Critical Readings on Tang China, Volume 1*, Leiden and Boston: Brill, 2018.
[③] Paul W Kroll, "On the Study of Tang Literature," *Tang Studies*, Vol. 27, 2009, p. 7.
[④] 杜希德的唐代财政史研究经典之作参见〔英〕杜希德《唐代财政》，丁俊译，上海：中西书局，2016年。

三

  正如杨慧林教授所言,"当汉学家借助西方的概念工具为中国思想'命名'时,同样也使中国思想进入了西方的概念系统"①。这意味着海外汉学以"他者"之眼观察中国,既将中国文化予以他异化阐释,也将中国文化带入了他异化语境,开始了别样的播撒旅行。以此为中介,当其回返中国,新的篇章又将拉开帷幕。于是,在迂回与进入交织的旅行中,"自我"与"他者"的身份不断游移,彼此的传统与范式也在不断转化与更新,乃至两厢激荡、相互回馈、彼此成全,无论是汉学之于中国学术的启示,还是本卷翻译工作的意义,或也正在于此。一百年前,借助冯承钧等人的译介与援用,以《通报》为代表的海外汉学嵌入中国现代学术发展进程中,并经由中国现代学术的海外传播而得到了回馈。一百年后,这趟旅行是否仍会存续,又会开启怎样的篇章,这一切恐怕只能交由读者诸君了。

---

① 杨慧林:《汉学及其"主义"中的身份游移》,《读书》2012年第2期,第5—6页。

图书在版编目（CIP）数据

原始察终：《通报》史学文萃 / 陈龙编.北京：商务印书馆，2024.--（《通报》百年文萃）.--ISBN 978-7-100-24225-7

I.K207-53

中国国家版本馆CIP数据核字第2024G1R422号

权利保留，侵权必究。

主编：张靖

《通报》百年文萃

原始察终：《通报》史学文萃

陈龙 编

商 务 印 书 馆 出 版
（北京王府井大街36号 邮政编码100710）
商 务 印 书 馆 发 行
北京市白帆印务有限公司印刷
ISBN 978-7-100-24225-7

2024年11月第1版　　开本 880×1230 1/32
2024年11月北京第1次印刷　印张 13½
定价：82.00元